230

LES EXPRESSIONS IDIOMATIQUES DE L'HÉBREU BIBLIQUE

Signification et Traduction
Un essai d'analyse componentielle

ISSN 0575-0741

CAHIERS DE LA REVUE BIBLIQUE

33

LES EXPRESSIONS IDIOMATIQUES DE L'HÉBREU BIBLIQUE

Signification et Traduction
Un essai d'analyse componentielle

par

Jean-Marc BABUT

PARIS
J. GABALDA et Cie Éditeurs
Rue Pierre et Marie Curie, 18
—
1995

ISBN 2-85021-080-3
ISSN 0575-0741

Résumé

L'auteur définit d'abord ce qu'on peut appeler expression idiomatique : une locution plus ou moins stéréotypée dont la **signification** est **exocentrique**, c'est-à-dire extérieure à l'apport sémantique de ses éléments constituants. Il dresse alors une liste d'environ 140 expressions idiomatiques propres à l'hébreu biblique.

Puis il précise une **méthode** pour élucider leur signification : à l'intérieur d'un sous-corpus linguistiquement homogène, établir un domaine sémantique, ensemble d'unités sémantiquement apparentées à l'expression étudiée. Par l'analyse des rapports de celle-ci avec les contextes où elle paraît, et par comparaison avec les autres items du domaine sémantique auquel elle appartient, faire ressortir les composants sémantiques distinctifs de l'expression à étudier.

Cette méthode d'analyse componentielle est alors appliquée à plus d'une demi-douzaine d'**expressions idiomatiques de l'hébreu biblique**, choisies en fonction de la diversité de leurs structures et des difficultés qu'elles présentent au traducteur.

La conclusion propose une **classification** des expressions idiomatiques de l'hébreu biblique et jette un **regard** à la fois **critique et prospectif** sur la méthode employée. Celle-ci est applicable tant aux recherches de la lexicographie hébraïque ou autre) qu'à l'exégèse des passages difficiles ou au contrôle d'une traduction.

DIE IDIOMATISCHEN AUSDRÜCKE DES BIBLISCHEN HEBRÄISCH
Bedeutung und Übersetzung
Ein Versuch komponentieller Analyse
Zusammenfassung

Der Autor definiert zu Beginn was die Linguistik unter idiomatischem Ausdruck versteht : eine mehr oder weniger feste Redewendung deren Bedeutung exozentrisch, das heißt unabhängig vom semantischen Wert ihrer konstituierenden Elemente, ist. Danach estellt er eine Liste von etwa 140 dem biblischen Hebräisch eigenen idiomatischen Audrücken

Darauf folgt die Beschreibung einer Methode, welche deren Bedeutung zu ermitteln erlaubt : Bestimmung, innerhalb eines linguistisch homogenen Unter-Korpus, eines semantischen Bereiches als Gesamtheit der mit dem untersuchten Ausdruck semantisch verwandten Grössen. Herausstellen der distinktive semantischen Komponenten des untersuchten Audrucks mittels der Analyse der Beziehung zwischen diesem Ausdruck und den verschiedenen Kontexten in denen er erscheint einerseits, und mittels des Vergleichs mit den anderen Grössen des semantischen Bereichs welchem er zugehört andererseits.

Diese Methode der komponentiellen Analyse wird dann auf mehr als ein halbes Dutzend idiomatischer Ausdrücke des biblischen Hebräisch angewendet, welche aufgrund der Verschiedenheit ihrer Strukturen und ihrer Übersetzungsschwierigkeit ausgewählt wurden.

Der Schluß schlägt eine Klassifizierung der idiomatischen Ausdrücke des biblischen Hebräisch vor und wirft einen zugleich kritischen und erforschenden Blick auf die angewendete Methode. Diese erweist sich als anwendbar in den Bereichen der (hebräischen oder einer anderen) Lexikographie, der Exegese schwieiriger Texte und auch der Übersetzungskontrolle.

IDIOMS IN BIBLICAL HEBREW
Meaning and Tranlation, Trying out Componential Analysis
Summary

The author defines what, in linguistics, is called idioms : a more or less stereotyped locution whose **meaning** is **exocentric**, that is outside the semantic supply of the different elements that make it up. He draws up a list of about 140 idioms specific to biblical Hebrew.

He, then, defines **a method** to elucidate their meaning : inside a linguistically homogeneous subcorpus, establish a semantic domain, a set of units semantically related to the expression under study. By analysing the relations of that expression with the contexts in which it appears and by comparing it with other items belonging to the same semantic domain, bring out the distinctive semantic constituents of the expression under elucidation.

That method of componential analysis is then applied to **over half a dozen idioms** of biblical Hebrew, chosen in relationship to the diversity of their structures and the difficulties they present for translators.

The conclusion offers a **classification** of biblical Hebrew idioms and **considers, critically and for future use, the method** employed. It can be employed equally well in lexicographical research (Hebrew or other) and in the exegesis of difficult passages or to check a translation.

The most urgent need in semantics is for
fresh empirical evidence obtained by
painstaking study of concrete lexical data.
U. Weinreich

Explorations in Semantic Theory,
in Current Trends in Linguistics,
vol. III, Theoretical Foundations
Mouton,
La Haye - Paris, 1966, p. 473.

ABRÉVIATIONS ET SIGLES

Renvois aux textes

Les **livres bibliques** sont abrégés ici selon le code adopté par la TOB, les références sont notées selon le code de l'Alliance Biblique Universelle, comme par exemple Ps 31.15.

Les textes de **Qumrân** sont cités selon le code adopté aujourd'hui par la majorité des spécialistes. On peut renvoyer ici à la *Lista de MSS Procedentes de Qumran*, de F. García Martínez, *in* Henoch XI,2-3, 1989, pp. 151-232. Par exemple : 1 QS IV,11 (chapitre V) renvoie au rouleau de la Règle trouvé dans la première grotte, colonne 4, ligne 11.

Autres abréviations

A	Alexandrinus
AASF	Annales Academicæ Scientiarum Fennicæ
AB	The Anchor Bible
ABU	Alliance Biblique Universelle
ad loc.	*ad locum*
Af	Af'el
An Bibl	Analecta Biblica
Aq.	Aquila
AT	Ancien Testament
ATD	Das Alte Testament Deutsch
BA	La Bible d'Alexandrie
BC	Bible du Centenaire
BDB	BROWN, DRIVER, BRIGGS, Hebrew and English Lexicon of the Old Testament
BEThL	Bibliotheca Ephemeridum Theologicarum Lovaniensium
BFC	Bible en Français Courant
Bibl.	Biblica
BHK	Biblia Hebraica, edidit Rud. KITTEL
BHS	Biblia Hebraica Stuttgartensia
BJ	Bible de Jérusalem
BKAT	Biblischer Kommentar Altes Testament
BO	Bible Osty
BP	Bible de la Pléiade
BRF	Bible du Rabbinat Français
BWAT	Beiträge zur Wissenschaft vom A.T.
BZAW	Beihefte z. ZAW
c.à.d.	c'est-à-dire
CAT	Commentaire de l'Ancien Testament
CBQ	Catholic Biblical Quarterly
cf.	*confer*
chap.	chapitre
cj	conjecture
coll.	collection
CTAT	Critique Textuelle de l'Ancien Testament
DEB	Dictionnaire Encyclopédique de la Bible
DGN	Die Bibel im heutigen Deutsch (Die Gute Nachricht)
DHAB	Dictionnaire d'Hébreu et d'Araméen Bibliques
dt	deutéronomique
Dtr	écrits deutéronomistes
dtr	deutéronomiste

E	Élohiste
EB	Études Bibliques
EHS	Einheitsübersetzung der Heiligen Schrift
ETR	Etudes Théologiques et Religieuses
FRLANT	Forschungen zur Religion und Literatur des A. und N. Testaments
FS	Festschrift
GEL	Greek-English Lexicon of the New Testament based on Semantic Domains
GLECS	Comptes- rendus du Groupe Linguistique d'Études Chamito-Sémitiques
GLLF	Grand Larousse de la Langue Française
GB	GESENIUS-BUHL, Hebräisches und Aramäisches Handwörterbuch über das Alte Testament
HAL	Hebräisches und Aramäisches Lexicon zum Alten Testament
HAT	Handbuch zum Aten Testament
Hi	Hif'il
HKAT	Handkommentar zum Alten Testament
HOL	W. HOLLADAY , A Concise Hebrew and Aramaic Lexicon of the Old Testament
ICAT	Introduction Critique à l'Ancien Testament
ICC	The International Critical Commentary
ibid.	*ibidem*
id.	*idem*
J	Yahviste
JAOS	Journal of the American Oriental Society
JBL	Journal of Biblical Literature
KAT	Kommentar zum Alten Testament
KBL	KOEHLER-BAUMGARTNER, Lexicon in Veteris Testamenti Libros
KJV	King James Version
KÖN	E. KÖNIG, Hebräisches und Aramäisches Wörterbuch zum Alten Testament
Kt	Ketib
LAPO	Littératures Anciennes du Proche-Orient
LBG	La Bible grecque des Septante (M. HARL, G. DORIVAL, O. MUNNICH)
LD	Lectio Divina
LDC	Lectio Divina Commentaires
litt.	littéralement
L&S	LIDDELL & SCOTT, Greek-English Lexicon
LXX	Septante
MS	Manuscrit
n.	note
n.a.	*nota accusativi*
NAB	New American Bible
NEB	New English Bible
NRSV	New Revised Standard Version
Ni	Nif'al
NIV	New International Version
NJV	New Jewish Version (A New Translation of the Holy Scriptures According to the Traditional Hebrew Text)
NSR	Nouvelle Version Segond Révisée
NT	Nouveau Testament
op. cit.	*opus citatum*
OTL	Old Testament Library
p.	page
P	Sacerdotal
pp.	pages
Pi	Pi'el
Po	Po'al, Po'el, Polal, Polel
Q	Qal
Qr	Qeré
RB	Revue Biblique
REB	The Revised English Bible
RHPhR	Revue d'Histoire et de Philosophie Religieuses
RLB	Die Bibel nach der Übersetzung Martin Luthers
RSV	Revised Standard Version

s.	et suivant(e)
SB	Sources Bibliques
SBS	Stuttgarter Bibelstudien
ss.	et suivant(e)s
sub art.	*sub articulo*
s.v.	*sub verbo*
Sym.	Symmaque
TAPOT	The Theory and Practice of Translation (voir Taber & Nida)
TBT	The Bible Translator
TEV	Today's English Version
THAT	Theologisches Handwörterbuch zum Alten Testament
Tg	Targoum
TgJ	Targoum du pseudo-Jonathan
TgN	Targoum du codex Neofiti 1
TgO	Targoum d'Onqelos
ThR	Theologische Rundschau
TM	Texte massorétique
TOB	Traduction Œcuménique de la Bible
TWAT	Theologisches Wörterbuch zum Alten Testament
v.	verset
Vg	Vulgate
vs	opposé à
VT	Vetus Testamentum
VTS	Vetus Testamentum Supplements
WMANT	Wissenschaftliche Monographien zum A. und N. Testament
ZAH	Zeitschrift für Althebraistik
ZAW	Zeitschrift für Alttestamentliche Wissenschaft
ZOR	ZORELL, Lexicon hebraicum et aramaicum Veteris Testamenti

Sigles

†	tous les textes en cause sont cités
×	(nombre de) fois
//	parallèle
*	*partim* - ou renvoi à une note hors numération. Accolé à un mot hébreu, l' * indique que la forme n'est pas attestée
<	dérivé de
>	produit

Les ouvrages cités en abrégé le sont par le nom de l'auteur, la date de publication et le numéro de page correspondant. Ainsi : "E.A. NIDA 1975/1, 115" envoie au *Componential Analysis of Meaning* de cet auteur, p 115 (voir p. 252).

INTRODUCTION

Le présent travail est le fruit des perplexités d'un traducteur. Si, comme le définit excellemment le "Petit Robert", traduire est "faire que ce qui était énoncé dans une langue le soit dans une autre, en tendant à l'équivalence sémantique et expressive des deux énoncés", la tâche du traducteur implique pour le moins deux phases successives. En premier lieu répondre à cette question : "Qu'est-ce que cela veut dire ?" ou plutôt, dans le cas d'un texte ancien comme celui de la Bible hébraïque, "Qu'est-ce que cela voulait dire ?" Ensuite trouver "Comment le dire ?"

La première phase est donc de déchiffrement. Or répondre à la question "Qu'est-ce que cela voulait dire ?" ne va pas toujours de soi. Outre des problèmes textuels, grammaticaux et historiques - car un texte n'a de sens que s'il est situé - les textes anciens à traduire posent encore souvent au traducteur des problèmes lexicaux. Déjà certaines acceptions d'entrées lexicales comme אֱמֶת, חֶסֶד ou צְדָקָה, pour n'en citer que quelques-unes, ne correspondent exactement à aucun mot particulier du français, d'où la difficulté de les traduire. Mais l'hébreu biblique, comme toutes les langues d'ailleurs, possède aussi des séquences récurrentes, qu'une traduction mot pour mot ne saurait rendre de façon satisfaisante. Telle est pourtant la solution adoptée par le plus grand nombre de versions bibliques en usage, qui laissent ainsi le lecteur deviner tant bien que mal le sens de l'expression. Que signifie pour lui, en effet, "Fais briller ta face sur ton serviteur", qu'on lit au Ps 31.17 dans la Traduction Œcuménique de la Bible (TOB), la Nouvelle Version Segond Révisée (NSR), la Bible de la Pléiade (BP), la Bible Osty (BO) et, sous une forme presque identique, dans la Bible de Jérusalem (BJ) et la Bible du Rabbinat Français (BRF) ?

Une telle méthode est dangereuse : le traducteur croit avoir saisi le sens de la séquence et s'imagine que celui-ci sera évident pour le lecteur. Mais ce dernier n'a pas à l'esprit tout ce que sait ou a pensé le traducteur et, dans la mesure où l'expression ne lui est pas familière, il risque d'y insérer une signification plus ou moins arbitraire. C'est ainsi que dans les milieux pastoraux d'autrefois on rapportait le cas de cette vieille huguenote, lectrice assidue des Ecritures dans une version du dix-huitième siècle, chez qui le mot *Séla*, qu'elle trouvait de temps à autre non traduit dans les Psaumes, provoquait une sorte de béatitude paradisiaque. Il est vrai que le sens de סֶלָה reste à ce jour encore inconnu[1], mais une note judicieusement placée aurait évité des méprises de ce genre. Autre exemple : le "prophétiser" que les versions en usage proposent pratiquement partout pour rendre l'hébreu נִבָּא induit des malentendus considérables, puisque "prophétiser" a en français le sens de "prédire".

La traduction dite concordante ne témoigne pas seulement de désinvolture à l'égard du lecteur. Elle masque parfois aussi l'ignorance des traducteurs. Il ne devrait pourtant pas y avoir de honte à le reconnaître : l'hébreu biblique recèle encore nombre de mystères à élucider.

Connaître la valeur exacte de telle acception ou de telle expression est donc impératif pour tout traducteur qui refuse *a priori* le principe de la traduction concordante et cherche l'équivalence fonctionnelle.

Mais comment élucider le sens de tel mot exotique ou de telle expression émanant d'un milieu culturel si différent du nôtre ? On se tourne d'instinct vers les dictionnaires disponibles. Or l'information qu'ils fournissent a deux origines. Leur première source est traditionnelle. Chacun sait ce qu'un dictionnaire d'hébreu biblique emprunte à ses devanciers. Cette information traditionnelle peut d'ailleurs remonter parfois très loin dans le passé, jusqu'aux versions anciennes. Mais elle n'est guère contrôlable par les moyens habituels de la philologie[2]. Les dictionnaires tiennent compte évidemment aussi des recherches plus récentes - c'est leur seconde source d'information; un ouvrage comme HAL est riche de références à ce genre de travaux. Mais ils n'indiquent pas toujours leur préférence et n'offrent pas les moyens de vérifier la fiabilité des propositions citées[3]. Or les moyens d'investigation adoptés dans les travaux de référence sont parfois discutables, comme l'est par exemple le recours à l'étymologie ou aux autres langues sémitiques de l'Antiquité proche-orientale. Nul ne songerait, en effet, à expliquer le *actually* anglais par le *actuellement* français ou vice versa.

D'autres méthodes d'accès au sens doivent donc être trouvées. Jusqu'à présent les découvertes de la linguistique et plus particulièrement de la sémantique - qui n'en est, il est vrai, qu'à ses premiers pas - n'ont guère été exploitées par les sciences bibliques. Cette science nouvelle du langage devrait pourtant permettre non seulement de rectifier un certain nombre d'erreurs graves qui ont encore

- -

1   Voir HAL III, 714b.

2   Par exemple *לְחוּם (So 1.17; Jb 20.23) est compris comme *chair* par LXX et Syr., mais comme *cadavre* par Tg.

3   Voir par exemple l'article שְׁבוּת dans HAL IV, 1289b–1290b.

droit de cité chez trop de spécialistes bibliques[4], mais aussi d'ouvrir des voies nouvelles assez prometteuses. C'est précisément ce qu'on se propose d'essayer de mettre en œuvre dans le travail qui suit.

*

Le champ lexicographique de l'hébreu biblique contient environ 6 300 entrées, non compris les 2 745 noms propres de l'Ancien Testament. C'est relativement peu en comparaison d'une langue comme le français[5], mais beaucoup s'il faut tester la connaissance que l'on a de chacune. Il a donc fallu choisir. On s'est alors limité à un type particulier de séquences récurrentes, à savoir les expressions dites idiomatiques de l'hébreu biblique.

Ce sujet posé, il est de bonne méthode de dresser un état de la question. Mais y a-t-il seulement un état de la question ? Si l'on considère l'ensemble du problème traité ici, à savoir son objet (les expressions idiomatiques) et la méthode d'investigation adoptée (l'analyse componentielle), la réponse est plutôt réservée : à notre connaissance il n'y a pas eu jusqu'ici d'étude approfondie consacrée aux expressions idiomatiques de l'hébreu biblique, pas même du français (ni sans doute de l'anglais), et à notre connaissance l'analyse componentielle n'a été appliquée - et encore surtout à titre démonstratif - qu'à des unités lexicales simples. Ce n'est pas à dire cependant qu'on part ici de zéro ni en ce qui concerne l'objet ni en ce qui concerne la méthode.

En ce qui concerne l'**objet** de la recherche, il y a longtemps que les lexicographes et les étymologistes ont été intrigués par des tournures qui "s'écartent de l'usage normal de la langue", pour employer une expression de P. Guiraud[6]. Dans son *Les locutions françaises*[7], cet auteur cite plusieurs recueils de locutions publiés depuis *Les curiositez françoises* de Oudin (1640) jusqu'au *Dictionnaire des locutions françaises* de M. Rat (1957), en passant par les explications étymologiques du dictionnaire de Littré. Mais il accorde une place privilégiée au *Französisches etymologisches Wörterbuch* de Walter von Wartburg, pour la qualité particulièrement bien informée des étymologies proposées. Entre temps Emile Moussat publiait de 1952 à 1960 sous le titre *Ce que parler veut dire* une série d'entretiens radiodiffusés consacrés à ce genre

- -

4   Il faut renvoyer ici aux remarques de J. BARR, notamment à sa *Sémantique du langage biblique*.

5   Un dictionnaire comme le Petit Robert comporte environ 20 000 entrées, plus une trentaine de mille pour les termes techniques et scientifiques.

6   1967 (3ème édition), p. 5.

7   *ibid.*, p. 106–107.

d'expressions, les compétences philologiques de l'auteur apportant à la qualité des étymologies proposées une garantie que n'offrent pas certains ouvrages ultérieurs, lesquels d'ailleurs ne font pas état de sa publication. Il faut relever aussi le gros *Bouquet d'expressions imagées* de Cl. Duneton[8], qui développe et élargit un premier inventaire de telles expressions publié en 1978 sous le titre *La puce à l'oreille*. Mais le critère de sélection reste bien flou pour satisfaire le linguiste. Outre d'«expressions imagées», voire «populaires» (Cl. Duneton), on parle de «locutions françaises», de «façons de parler qui ont fait fortune parce qu'elles ont plu par leur caractère expressif» (M. Rat).

En linguistique d'une façon générale et en sémantique plus particulièrement la terminologie, qui est souvent propre à chaque auteur ou à chaque école, est loin d'être unifiée, ce qui représente un incontestable handicap pour la recherche. Dans la description qui suit, il faut donc s'attendre à ce qu'une même réalité soit représentée par des termes différents.

A.J. Greimas est, à notre connaissance, le seul chercheur francophone à avoir traité des "idiotismes"[9], ces «éléments troubles du fonds lexical du langage, non conformes aux définitions habituelles - le plus souvent grammaticales - d'unités lexicographiques». Une telle définition est trop floue pour être opérationnelle. A.J. Greimas distingue alors des idiotismes bilingues (jugés tels par comparaison avec d'autres langues) et des idiotismes intralingues. Parmi ces derniers, qu'il définit comme «éléments lexicaux réalisés à l'intérieur d'unités syntagmatiques plus grandes que le mot, mais plus petites que les cadres de la proposition», il distingue - mais sans exemplifier toujours les catégories qu'il propose - des idiotismes «connotés» et des idiotismes «phraséologiques» (= non connotés)[10]. L'idiotisme *le plancher des vaches* est selon lui «connoté», parce que «le signifié nouveau [de cet idiotisme] a perdu tout rapport avec le sens de *plancher* et de *vaches*». C'est dire que l'idiotisme selon Greimas véhicule un signification étrangère à celle de ses composants. Mais qualifier un tel phénomène de «connotation» paraît abusif, dans la mesure où la connotation, loin de remplacer la signification dénotée, la complète au contraire de «tout ce qu'un terme peut évoquer, suggérer, exciter, impliquer de façon nette ou vague» (A. Martinet)[11].

Parmi les catégories retenues par A.J. Greimas, on relèvera celle des «groupes de mots figés» (par exemple, *mettre une question sur le tapis* ou *à bras ouverts*),

---

8   Paris 1990. Voir aussi B. LAFLEUR, Dictionnaire des locutions idiomatiques françaises, Paris 1991.

9   Idiotismes, Proverbes, Dictons in Cahiers de lexicologie 1960/2, pp. 41–61.

10   L'auteur ne donne aucun exemple d'idiotisme phraséologique.

11   Cité par Jacques Roggero in Dictionnaire de la linguistique (sous la direction de G. Mounin), *s.v.* connotation.

catégorie dans laquelle il inclut la sous-catégorie des «idiotismes fossiles» (par exemple *à son corps défendant* ou *dans son for intérieur*). Un tel classement amène l'auteur à une définition plus précise : «Seuls les syntagmes lexicaux ayant les dimensions de groupes de mots caractérisés par une haute fréquence de rencontre de leurs éléments constitutifs et éprouvés par la commutation méritent le nom d'idiotismes au sens étroit.» On observera que poser ici la possibilité d'une commutation implique que l'idiotisme ainsi défini fonctionne comme une unité sémantique.

Reconnaissant que «le problème des idiotismes est un des problèmes prioritaires de la description lexicale» (comme obstacle de taille à toute traduction automatique), A.J. Greimas n'a pourtant pas poursuivi l'étude linguistique de ceux-ci. Sa *Sémantique structurale* de 1966 n'y fait plus allusion.

Avec un tout autre vocabulaire, moins technique, et une méthode plus pragmatique, **P. Guiraud** permet, dans son *Les locutions françaises* de 1967, de cerner le phénomène linguistique qu'il appelle "locution". Il définit celle-ci comme une «expression constituée par l'union de plusieurs mots formant une unité syntaxique et lexicologique»[12]. Selon cet auteur les locutions se définissent par trois caractères :

- l'unité de forme et de sens,
- un écart de la norme grammaticale ou lexicale,
- des valeurs métaphoriques particulières.

De la locution P. Guiraud donne finalement la définition suivante[13] : «expression d'origine marginale - le plus souvent technique, mais aussi dialectale, argotique ou affective, stylistique - qui est passée dans la langue commune sous une forme figée et hors de l'usage normal». Ce caractère hors normes lui permet de qualifier les locutions comme «tours idiomatologiques», c'est-à-dire qui s'écartent de l'usage normal de la langue.

Au niveau de la terminologie, cette dernière formule est la seule qui évoque, chez P. Guiraud, un rapport formel entre la «locution» et ce que nous appelons expression idiomatique. Mais sur le fond, les trois traits distinctifs de la locution, dans la terminologie de P. Guiraud, rapprochent celle-ci, on le verra, de l'expression idiomatique. Les deux premiers en particulier évoquent en tout cas ce que nous appellerons stéréotypie, monosémie et sens exocentrique de l'expression idiomatique.

- -

12   p. 5.
13   *op. cit.*, p. 7.

Travaillant pour des traducteurs, **E.A. Nida** devait relever le cas des *idioms*, ces expressions complexes qui ne peuvent jamais être rendues mot pour mot dans une traduction, puisque leur signification ne résulte pas de la signification des mots qui les composent. Esquissée dans *The Theory and Practice of Translation* (1969) de E.A. Nida et Ch. Taber[14], l'analyse de ce fait de langue est repris de façon plus méthodique et approfondie par E.A. Nida seul dans son *Componential Analysis of Meaning* (1975)[15] et illustrée par des exemples empruntés à l'anglais des USA. Il est prudent, en effet, quand on explore un domaine linguistique plus ou moins inconnu, d'opérer d'abord dans sa langue maternelle, ce qu'on ne se privera d'ailleurs pas de faire ici. Mais le premier ouvrage ne signale comme *idioms* propres aux langues bibliques que quelques exemples déjà élucidés - ou présumés tels - et cités en traduction anglaise littérale. On mentionnera pour mémoire et en vrac καρπὸς τῆς ὀσφύος (Ac 2.30), υἱοὶ τοῦ νυμφῶνος (Mc 2.19), κλείω τὰ σπλάγχνα (1 J 3.17), κέρας σωτηρίας (Lc 1.69)[16], ἀναζώννυμαι τὰς ὀσφύας (1 P 1.13)[17], σωρεύω ἄνθρακας πυρὸς ἐπὶ τὴν κεφαλήν (Rm 12.20)[18], etc. Dans son index alphabétique grec, le *Greek-English Lexicon of the New Testament* de J.P. Louw et E.A. Nida, paru en 1988, mentionne sous le titre *unit(s)* les séquences récurrentes à considérer comme unités sémantiques, et le corps du dictionnaire les classe souvent comme *idioms* dans les champs conceptuels qu'ils constituent avec des unités lexicales de forme simple. Il devrait être alors possible de dresser un inventaire assez complet de ces formes complexes propres au NT[19].

Dans le *From one language to another*, de **J. de Waard** et **E.A. Nida** (1986), les *idioms* sont traités comme un cas particulier de *figurative meanings*[20] par opposition au *literal meaning*.

Peut-être eût-il mieux valu parler ici avec J.A. Loewen[21] de *non literal meanings*, car ces

- -

14   pp. 45–46, 89, 106–107, 182.

15   pp. 113 ss, 165–166. Voir aussi *Exploring Semantic Structures*, 1975, 126.

16   Cf. קֶרֶן־יִשְׁעִי, Ps 18.3.

17   Cf. אֱזָר חֲלָצֶיךָ, Jr 1.17 etc.

18   Cf. ׳פ גֶּחָלִים חֹתֶה עַל־רֹאשׁ, Pr 25.22.

19   On notera pourtant par exemple que κέρας σωτηρίας (Lc 1.69), signalé comme *idiom* dans TAPOT, 89, n'est pas annoncé comme tel dans GEL, mais expliqué à partir d'une extension figurée du sens de κέρας/corne (GEL I, 682a, *sub* n° 76.16). Nombre d'expressions idiomatiques (mais pas toutes) ont une signification figurée. Mais où passe la limite entre ce qui n'est que signification figurée et ce qui est expression idiomatique ?

20   pp. 152–158.

expressions qui font problème au traducteur n'ont pas toutes un sens littéral (ou apparent, ou endocentrique). Pour certaines, en effet, le sens apparent a complètement disparu, comme c'est le cas en français pour *en son for intérieur* ou en hébreu pour בִּי אֲדֹנִי (= sauf votre respect). Dans de tels cas il ne peut y avoir de signification figurée, et pour cause.

Les auteurs y examinent les problèmes de traduction posés par un certain nombre de tournures comme הִשְׁלִיךְ נַעֲלוֹ עַל (litt. jeter sa sandale sur, Ps 60.10; 108.10), qu'ils expliquent comme un geste symbolique signifiant qu'on prend possession de quelque chose, ou comme le υἱοὶ τῆς ἀπειθείας (litt. fils de désobéissance) d'Ep 2.2, séquence qui n'est d'ailleurs pas retenue comme *unit* par GEL. Etant donné que l'ouvrage est consacré essentiellement aux problèmes de traduction, on ne peut pas s'attendre à ce qu'il traite de manière exhaustive du problème particulier des *idioms* du grec et de l'hébreu bibliques.

Nombre de spécialistes n'ont pas attendu, il est vrai, la publication de ces ouvrages récents pour se pencher sur ces séquences qui mettent à rude épreuve la sagacité des hébraïsants, des traducteurs et des lecteurs des versions bibliques en usage. Il suffit pour s'en faire une idée au moins partielle, de se référer aux bibliographies particulières qui sont proposées au début des chapitres III à IX et, pour les expressions non examinées dans ce travail, de consulter les index récapitulatifs de revues spécialisées comme Bibl., JBL, RB, TBT, VT, ZAH, ZAW. On peut mentionner aussi deux études d'ensemble, le *Stilistik, Rhetorik, Poetik in Bezug auf die biblische Literatur* de E. König (1900) et le *Formelhafte Wendungen der Umgangssprache*, de I. Lande (1949). A quoi l'on peut ajouter les remarques occasionnelles de A.B. Ehrlich dans ses *Randglossen* (1910-1914). Les deux premiers réunissent de manière méthodique nombre de matériaux épars, mais les stéréotypes ainsi collectionnés ne sont pas tous des expressions idiomatiques, tant s'en faut. La plupart, en effet, sont parfaitement compréhensibles à partir des éléments qui les composent.

Mais ces recherches ne disposaient pas des outils que la linguistique moderne propose aujourd'hui - ou ne les ont pas utilisés. Ils ont dû faire appel aux seules ressources traditionnelles de la philologie, de la syntaxe et de l'étymologie. C'est dire que les résultats proposés, malgré la très grande minutie de certains travaux[22], restent souvent sujets à caution et presque toujours discutables. En fait c'est l'intuition des chercheurs qui a été le plus souvent déterminante, mais, quand les résultats obtenus ainsi par plusieurs auteurs indépendants sont parfaitement inconciliables, comme c'est le cas par exemple pour שׁוּב שְׁבוּת ou pour מִלֵּא אַחֲרֵי יהוה, on peut se poser la question de la fiabilité des méthodes employées.

- -

21   TBT 26/2 et 26/4 (1975), 27/2 (1976).

22   L'étude de שׁוּב שְׁבוּת par I. Willi-Plein est exemplaire à cet égard.

*

Ce constat invite donc à chercher une autre **méthode** d'investigation. Dans ce domaine encore il est bien évident qu'on ne part pas non plus de zéro. A la recherche d'une sémantique en quelque sorte parallèle à la phonologie structurale de A. Martinet, **B. Pottier**[23] a été en France l'initiateur d'une analyse sémique qui essaie d'isoler les traits minimaux de signification, les *sèmes*, pendants sémantiques des traits pertinents de la phonologie, et des *sémèmes*, qui combinent des sèmes et sont les pendants des phonèmes de la phonologie.

Il n'a guère été suivi en France, mais d'autres travaux se développaient parallèlement aux USA, dont ceux de **E.A. Nida**. Son *Componential Analysis of Meaning* déjà mentionné définit d'abord les composants d'une signification. Sur cette base il étudie les relations sémantiques de différentes unités lexicales, les diverses significations (acceptions) d'une même entrée lexicale et met au point une procédure d'analyse pour établir la structure componentielle d'une signification référentielle simple. Au cours de sa démarche, il rencontre le phénomène des *idioms*, groupes de mots porteurs d'une signification d'ensemble qui n'est pas la somme des significations de leurs diverses parties. Il montre ainsi que ces formes complexes doivent être étudiées comme des unités sémantiques, qui peuvent prendre place dans des champs conceptuels à côté d'unités lexicales traditionnelles.

L'analyse que mène E.A. Nida est de portée générale. C'est pourquoi les exemples qu'il étudie au passage sont en général empruntés à l'anglais, parfois aussi à telle langue amérindienne. Mais une application particulière de ces méthodes d'analyse aux problèmes de traduction des textes bibliques est développée dans le *From one Language to another* de **J. de Waard** et **E.A. Nida** déjà cité. Un intérêt certain de cet ouvrage pour les hébraïsants est l'analyse comparative qu'on y trouve pour quelques séries comme קרשׁ, חרם et חלל ou חסר, אהבה et חן. Ce type d'analyse se révèle particulièrement fécond et devrait déboucher sur un renouvellement de la lexicographie des langues bibliques. C'est d'ailleurs chose faite pour le grec avec le *Greek-English Lexicon* déjà mentionné.

Un point de méthode mérite cependant réflexion et appellera sans doute quelque amendement. Tant en ce qui concerne l'hébreu que le grec bibliques, les analyses menées dans ces deux derniers ouvrages présupposent implicitement que les textes bibliques dits originaux forment des corpus linguistiquement homogènes.

- -

23   La linguistique générale, théorie et description, Paris 1974. Voir aussi Le langage, coll. Les dictionnaires du savoir moderne, Paris 1973.

C'est d'ailleurs le présupposé de <u>tous</u> les dictionnaires bilingues de langues bibliques. Mais ce présupposé doit être mis en question. Il est certain qu'un signifiant comme δικαιοσύνη ne répond pas au même signifié chez Paul et chez Matthieu. Pour l'AT, à défaut de pouvoir délimiter nettement des sous-corpus comme "textes dt-dtr", "textes sacerdotaux", etc. - puisque d'une part le débat actuel sur l'extension de ces ensembles est loin d'être achevé, et que d'autre part ils ne recouvriraient sans doute pas la totalité du corpus vétérotestamentaire - il devrait être possible d'opérer sur des sous-corpus plus étendus comme "hébreu classique" (en gros jusqu'à l'exil inclus) et "hébreu tardif" (Qo, Est, Esd, Ne, 1-2 Ch), en distinguant peut-être encore dans le premier sous-corpus la "prose classique" et les "textes poétiques". De tels ensembles devraient permettre de définir des états de langue à peu près cohérents et donc d'établir des rapports sémantiques entre éléments réellement comparables. En une première approximation on satisferait ainsi à l'exigence incontournable d'une analyse synchronique.

Dans l'étude qu'on aborde ici, on essaiera de travailler sur des sous-corpus de dimensions plus réduites, qu'on définira de manière pragmatique, selon les cas. Sur les procédures employées à cette fin, on se reportera ci-après aux pp. 61 à 64.

Les expressions idiomatiques seront définies dans un premier chapitre, qui permettra d'en dresser une liste d'un peu moins de 140 items attestés dans la Bible hébraïque (voir pp. 41-56).

Un deuxième chapitre précisera la méthode adoptée pour approcher la signification de ce type d'expressions. Cette méthode peut évidemment être appliquée à tout autre type d'unités sémantiques. C'est l'analyse componentielle, ainsi nommée parce qu'elle cherche à faire apparaître les composants sémantiques de l'unité étudiée.

Enfin les chapitres suivants seront autant d'applications particulières de cette méthode d'analyse à quelques expressions choisies parmi celles qui semblent présenter le plus de difficultés pour les traducteurs. Leur variété est d'ailleurs suffisante pour offrir un éventail intéressant de divers types d'expressions idiomatiques existantes.

*

Terrain encore presque vierge, méthodes nouvelles d'investigation : on ressent l'impression de s'aventurer dans une sorte de *no man's land*, où les chausse-trapes ne manquent pas, qui jouxte des territoires parfois largement exploités et toujours hautement revendiqués, ceux des sciences bibliques d'abord, de la linguistique ensuite, essentiellement de la sémantique, sa branche la moins explorée, mais aussi de la lexicographie, de la rhétorique encore - au sens tardif restreint de la science des tropes - voire de la stylistique. Bref, plutôt que d'une recherche pluridisciplinaire, ce qui impliquerait chez l'auteur une somme de compétences qu'il n'a pas, il faut parler ici d'une recherche interdisciplinaire, pour laquelle on sollicite la bienveillance des maîtres des territoires voisins, à qui l'on contestera peut-être parfois telle ou telle prétention, mais à qui l'on offrira un moyen intéressant de mieux exploiter leurs ressources.

On part donc à la découverte. C'est pourquoi, plutôt que de proposer une présentation synthétique des résultats obtenus, ce qui impliquerait qu'on dispose d'un recul auquel il semble prématuré de prétendre, on a intentionnellement conservé dans l'exposé qui suit la démarche analytique et pragmatique qui fut celle de la recherche elle-même. Il sera donc loisible de suivre pas à pas la progression de celle-ci, quitte à découvrir à l'occasion que la procédure débouche sur une impasse et nécessite qu'on recherche une autre voie d'accès. Au reste tout échec est profitable. On s'en rendra compte, par exemple, quand on s'apercevra que le contexte d'une expression n'est pas toujours aussi éclairant qu'on l'espérait et qu'un tel constat, même négatif, est exploitable et permet une nouvelle avancée.

On espère en fin de compte convaincre le lecteur attentif de cette étude que la recherche biblique a encore de beaux jours devant elle au service de ceux ou celles qui traduisent, expliquent et diffusent ce livre unique où l'on trouve le secret du salut pour notre pauvre monde.

CHAPITRE I

DÉFINITIONS ET INVENTAIRE

DES PROBLÈMES DE TRADUCTION

Tout traducteur rencontre donc tôt ou tard telle ou telle de ces expressions qui surprend, soit que le sens apparent détonne dans le contexte où elle apparaît (ainsi, dans une réplique de Job à ses amis : אֶשָּׂא בְשָׂרִי בְשִׁנָּי = "je saisirai ma chair entre mes dents", Jb 13.14), soit que le rapprochement des mots constituant l'expression provoque chez le lecteur une impression d'exotisme, voire d'incongruité (comme dans הֶאֱרִיךְ אַפּוֹ = "allonger son nez", en Es 48.9 ou Pr 19.11). De telles expressions se rencontrent dans toutes les langues[1]. Mais le choix des mots assemblés pour exprimer tel ou tel sens varie d'une langue - et d'une culture - à l'autre[2]. C'est pourquoi, en première approximation, on parlera ici d'*idiotismes*, "toute construction qui apparaît propre à une langue donnée et ne possède aucun correspondant syntaxique dans une autre langue"[3].

Une telle définition est cependant trop large pour être opérationnelle dans le cas qui nous occupe. Elle présente à notre avis deux inconvénients majeurs :

En premier lieu il n'est guère satisfaisant d'analyser les structures d'une langue en référence à une autre. Chaque langue a sa propre cohérence structurelle et devrait donc être analysée pour elle-même.

- -

1   En français *Se mettre sur son trente et un*. En allemand *auf großem Fuße leben* = mener grand train. En anglais *the coast is clear* = la voie est libre.

2   L'allemand *Auf eigenen Füßen stehen* a comme équivalent sémantique français *voler de ses propres ailes*. Pour des correspondances analogues entre le français et l'anglais des USA on pourra se reporter à Robert A. PERREAU et Margaret J. LANGFORD, Lexique américain–français de la langue idiomatique, Paris 1972.

3   Dictionnaire de linguistique, *ad loc.* A. Baltayan dans le *Dictionnaire de la linguistique* (sous la direction de G. MOUNIN) en donne une définition analogue : «Elément ou construction de la langue, propre à une communauté linguistique donnée, et qui ne possède pas d'équivalent formel exact en traduction dans les autres langues.»

Le second inconvénient de la définition citée plus haut est son caractère imprécis. A la limite tout ou presque dans une langue serait alors idiotisme[4]. Ainsi en est-il de l'état construit ou de l'infinitif absolu préposé en hébreu biblique : de telles structures n'ont aucun correspondant syntaxique en français, langue qui dispose de moyens syntaxiques autres pour exprimer les mêmes apports sémantiques[5].

EXPRESSIONS IDIOMATIQUES

La plupart des expressions qui font problème pour le traducteur sont mieux définies comme "expressions idiomatiques". Sous cette appellation, en effet, le même Dictionnaire de linguistique classe «toute forme grammaticale dont le sens ne peut être déduit de sa structure en morphèmes et qui n'entre pas dans la constitution d'une forme plus large»[6]. A l'appui de cette définition sont proposés deux exemples : *Comment vas-tu ?* et *How do you do ?* (= enchanté [de faire votre connaissance]). La clause restrictive introduite en fin de définition semble donc réserver l'appellation "expression idiomatique" à un petit nombre d'énoncés autosuffisants quant au sens. Dans l'hébreu biblique on isolera ainsi des expressions comme אִישׁ לְאֹהָלָיו (chacun à ses tentes = sauve qui peut !), דָּמוֹ/דָּמָיו בְּרֹאשׁוֹ (que son sang soit sur sa tête !) ou וְהִי מָה (que soit quoi = quoi qu'il en soit). Mais du coup se trouvent exclues de cette classification des expressions comme en français "avoir maille à partir avec" dans *un inspecteur corse avec lequel il avait eu déjà maille à partir* (M. AYMÉ) ou "à tire larigot" dans *bois et mange à tire larigot* (M. JOUHANDEAU)[7] ou, en hébreu, אֱזֹר חֲלָצָיו ("ceindre ses hanches" = se tenir prêt à faire quelque chose) ou encore רָאָה אוֹר ("voir la lumière" = vivre). De telles expressions, en effet, «entrent dans la constitution de formes plus larges». Comment les classer dans de telles conditions ? La définition adoptée plus haut paraît donc par trop restrictive, et l'on peut se demander s'il ne vaudrait pas mieux renoncer à sa clause terminale, pour pouvoir inclure des expressions du genre de celles qu'on vient de citer. A moins d'interpréter autrement cette seconde clause, notamment en considérant qu'elle veut exclure toute amplification de l'expression. On reviendra plus loin sur ce point.

- -

4   Voir A.J. GREIMAS, Idiotismes, Proverbes, Dictons, *in* Cahiers de Lexicologie, 1960/2, 44. Voir aussi B. POTTIER *et alii in* Le Langage, coll. Les Dictionnaires du savoir moderne, Paris, 1978, *s.v.* idiotisme.

5   P. JOÜON 1947, §§ 123, 129.

6   s.v. *idiomatique*. Dans le *Dictionnaire de la linguistique*, J. Donato situe les mêmes faits sous l'appellation <u>locution</u> : «groupe de mots constituant soit un signifié unique (*chanter pouilles*), soit une structure syntaxique isolable [...]. Sorte de syntagme figé : *Au fur et à mesure – mettre la charrue avant les bœufs.*» Il rejoint ainsi la terminologie adoptée par P. Guiraud.

7   Ces exemples sont empruntés respectivement à GLLF et au Petit Robert.

La première clause, quant à elle, recoupe, au moins partiellement et en termes différents, la définition que E.A. Nida propose pour ce que l'anglais appelle *idioms*[8] : "combinaison de mots qui possède à la fois une structure sémantique littérale et une structure non littérale, sans que la connection entre les deux (structures) puisse être décrite comme représentant un processus d'addition." Ailleurs[9] le même auteur caractérise ainsi l'expression idiomatique : "le sens du tout ainsi formé n'est pas la somme des sens des parties." Autrement dit l'expression idiomatique est caractérisée par un sens global **exocentrique**[10], par opposition au sens endocentrique de la plupart des unités lexicales ou des chaînes syntagmatiques, lequel apparaît habituellement comme la somme des sèmes ou composants sémantiques élémentaires constituants.

Ainsi le sens de *renouer* est la somme de trois sèmes : re– (= une nouvelle fois), nou– (= noeud) et –er (= action de). En hébreu le sens de הִגְבַּהְתִּי (j'ai fait grandir) est la somme des sèmes de הִ (factitif), גבה (être grand) et תִּי (je + mode accompli).

La première définition proposée par E.A. Nida comporte elle aussi une clause restrictive, à savoir "sans que la connection entre la structure littérale et la structure non littérale puisse être décrite comme représentant un processus d'addition". Il s'agit ici, pensons-nous, de différencier l'expression idiomatique d'autres formations à sens exocentrique, comme la métaphore.

La *métaphore* se caractérise par la sélection d'un composant sémantique supplémentaire[11] d'origine purement culturelle. On veut dire par là que, par rapport à un même référent, les signifiants correspondants appartenant à deux langues différentes ne donneront pas lieu à un même développement métaphorique. Quand ainsi, en reprenant l'adage latin *homo homini lupus*, on déclare : "l'homme est un loup pour l'homme," ni le locuteur ni l'interlocuteur ne songent un instant à assimiler l'homme à ce canidé des régions froides, plus grand que le chien, aux oreilles

--- --- --- --- --- --- --- --- ---

8   E.A. NIDA 1975/1, 113.

9   *id.*, 1975/2, 126.

10 R. JAKOBSON 1963 dit encore sous une autre forme que "la signification de la formule ne peut être déduite de l'addition des significations de ses constituants lexicaux, le tout n'est pas égal à la somme des parties" (p. 47).

11 M. LE GUERN 1973, 22 définit ainsi le caractère spécifique de la métaphore : *en obligeant à abstraire au niveau de la communication logique un certain nombre d'éléments de signification, elle permet de mettre en relief les éléments maintenus.* Là où E.A. Nida voit l'introduction d'un composant supplémentaire, M. Le Guern parle d'abstraction des éléments de signification. Le problème n'a pas à être discuté ici. On se bornera à constater que, par des voies différentes, les deux analystes parviennent à des conceptions sensiblement analogues du phénomène métaphorique.

droites et à la queue fournie pendante. Du loup métaphore on ne retient que le caractère de férocité implacable qui lui est prêté dans la mentalité populaire d'Occident. Ce trait supplémentaire n'est pas distinctif, il est d'origine purement culturelle. Dans le cas présent, la connotation est fortement péjorative.

Il en va tout autrement quand, bénissant ses douze fils, Jacob déclare : "Benjamin est un loup (זְאֵב, Gn 49.27)." Ici, et contrairement à tous les autres emplois métaphoriques du mot dans l'AT (Jr 5.6 : image des envahisseurs; Ez 22.27; So 3.3 : chefs et juges prévaricateurs; Ha 1.8 : Chaldéens), la connotation est indéniablement admirative[12] : la voracité du loup est prêtée à Benjamin pour souligner son caractère redoutable. Le composant sémantique supplémentaire sélectionné par la métaphore hébraïque est non pas la férocité, comme dans l'Occident latin, mais le caractère redoutable. C'est dire combien le choix de ce composant supplémentaire est arbitraire. C'est dire aussi que la métaphore, comme presque toutes les expressions idiomatiques[13] a un sens apparent et un sens exocentrique.

On notera cependant que, si le composant supplémentaire ainsi sélectionné dans le phénomène métaphorique est étranger à l'acception qui sert de base à la métaphore, il n'est pas sans lien pour autant avec les autres composants de cette acception. Si le choix qui le sélectionne est d'ordre culturel et donc arbitraire (férocité par opposition à caractère redoutable), le lien qui rattache ce composant supplémentaire aux composants de base n'est quand même pas arbitraire : féroce ou redoutable sont des traits du comportement du *canis lupus* ou du moins de l'image que s'en font les humains. On pourrait ajouter que, contrairement à d'autres animaux sauvages redoutables, tels le lion qui sert de symbole à Juda en Gn 49.9, le loup est relativement petit, comme l'était la tribu de Benjamin.

SENS APPARENT ET SENS EXOCENTRIQUE

Qu'en est-il du lien entre le sens exocentrique et le sens apparent de l'expression idiomatique, quand ce dernier existe encore ? La réponse peut varier du tout au tout selon le cas considéré. Ainsi גֶּחָלִים חֹתֶה עַל־רֹאשׁ פ' (prendre des braises sur la tête de quelqu'un, Pr 25.22) est un cas peut-être désespéré : l'expression est *hapax* et le contexte où elle figure fort réduit, comme dans presque toutes les sentences du livre des Proverbes. De plus la LXX, suivie par Paul en Rm 12.20, lisait peut-être un autre texte ou interprétait חתה, qui signifie

- -

12   Voir Cl. WESTERMANN, BKAT I/3, 275, qui note que cet emploi métaphorique est un cas unique dans l'AT.

13   Presque toutes, mais non pas toutes ! En français *il y a belle lurette* ou *prendre la poudre d'escampette* n'ont pas de sens apparent. *Lurette* et *escampette* ne sont pas des unités sémantiques. On ne les rencontre que dans les expressions citées. En hébreu מִלֵּא אַחֲרֵי יהוה (litt. remplir derrière le Seigneur) n'a pas non plus de sens apparent. Peut-être cette formation s'explique-t-elle par la chute d'un élément devenu implicite. Encore faudrait-il pouvoir préciser lequel. En d'autres cas (belle lurette < belle heurette), il y a déformation phonétique d'unités dont le sens n'était plus perçu.

habituellement prendre du feu, au sens de σωρεύω (amasser). On se trouve donc ici devant une expression idiomatique dont le sens apparent est à peu près clair, mais dont le sens exocentrique est probablement indéchiffrable, du moins dans l'état actuel de nos connaissances.

Dans d'autres cas au contraire le lien entre sens apparent et sens global reste assez facile à établir. Pour l'examen de ce lien on choisira quelques expressions dont le sens global est bien élucidé. Ainsi :

1) *Se cacher (couvrir) les pieds*, qu'on trouve en Jg 3.24 à propos du roi moabite Eglon sous la forme מֵסִיךְ הוּא אֶת־רַגְלָיו et en 1 S 24.4 dans le segment narratif וַיָּבֹא שָׁאוּל לְהָסֵךְ אֶת־רַגְלָיו. Nous avons là un euphémisme signifiant "satisfaire un besoin naturel"[14].

En fait le sens général de l'expression n'est pas sans rapport avec le sens apparent ou littéral. L'expression ne fonctionne, en effet, que dans un milieu culturel où le vêtement masculin est une tunique assez longue. On se cache donc les pieds quand on s'accroupit, et l'on s'accroupit pour la nécessité. Il apparaît donc que l'effet (les pieds cachés) est mis pour la cause (s'accroupir), cette dernière étant elle-même l'effet d'une cause logiquement antérieure qu'on veut précisément éviter de formuler. On passe donc du sens apparent au sens global par une cascade de deux métonymies de l'effet pour la cause. Mais quand on met en regard le sens apparent (se cacher les pieds) et le sens global, on constate que ce dernier peut être considéré comme exocentrique. Dans ce cas de telles expressions idiomatiques fonctionnent comme la métaphore simple du loup analysée plus haut : tout se passe comme si intervenait ici un composant sémantique supplémentaire, lequel est d'origine purement culturelle.

Dans le chapitre qu'il consacre à la métaphore, M. Le Guern[15] cite la théorie avancée par le groupe μ[16], selon laquelle "la métaphore se présente comme le produit de deux synecdoques". Ce n'est pas le lieu de discuter ici du bien-fondé de cette théorie. Mais si, avec M. Le Guern[17], on peut penser que "la distinction entre métonymie et synecdoque [...] ne semble pas fondamentale pour le sémanticien", il peut être intéressant de rapprocher cette théorie de l'observation qu'on a pu faire ici sur un certain type d'expressions idiomatiques.

2) *étendre son aile sur une femme*. On trouve cette expression deux fois dans la Bible hébraïque, en Ez 16.8 dans le contexte וָאֶפְרֹשׂ כְּנָפִי עָלַיִךְ et en Rt 3.9 sous la

- -

14   Voir J. DE WAARD, Do you Use "Clean Language" ? in TBT 22/3, 1971.

15   1973, 13.

16   J. DUBOIS *et alii*, Rhétorique générale, Paris, 1970.

17   *op. cit.*, 36.

forme וּפָרַשְׂתָּ כְנָפֶךָ עַל־אֲמָתְךָ. Par métaphore כָּנָף (aile) désigne ici le *pan* du manteau, ce qui se comprend d'autant mieux que le verbe פרשׂ sert régulièrement à désigner le déploiement des ailes d'un oiseau ou des chérubins sur l'arche de l'alliance (Ex 25.20; 37.9; Dt 32.11; 1 R 6.27; 8.7; Jr 48.40; 49.22; Jb 39.26; 2 Ch 3.13; 5.8). פרשׂ כְּנָפוֹ désigne donc le geste qui consiste à lever le bras pour déployer un pan de son manteau et y abriter éventuellement quelqu'un. On remarquera au passage l'ellipse du terme désignant manteau (מְעִיל, 1 S 15.27; 24.5,12) ou vêtement (בֶּגֶד, Ag 2.12). Mais le geste de déployer le pan de son manteau a une portée symbolique dans l'ancien Israël : effectué sur une femme il signifie qu'on la prend pour épouse. Il est difficile de dire si, en Rt 3.9, Boaz est invité par Ruth à effectuer réellement ce geste symbolique, mais en Ez 16.8 le sens de l'expression est certainement métaphorique, puisque c'est Dieu qui, recourant à l'image des épousailles avec Israël, décrit ainsi comment il a contracté par serment alliance avec son peuple (וָאָבוֹא בִבְרִית אֹתָךְ, "je me suis engagé par alliance envers toi").

L'expression פרשׂ כנפו résulte donc d'un double processus métaphorique, ce qui explique que le hiatus est net entre le sens apparent et le sens global. On peut se demander, comme dans le cas précédent, si l'élément de sens ainsi introduit n'a pas la même fonction que le composant sémantique supplémentaire dans la métaphore simple. Ce qui distingue ici l'expression idiomatique de la métaphore est que la première est une formation complexe articulant au moins deux unités lexicales.

3) Autre euphémisme, bien élucidé lui aussi, : בּוֹא אֶל־אִשָּׁה (= entrer chez une femme). La relation sexuelle est toujours sous-entendue et induite par le contexte. En Gn 39.14 cependant, la présence de לִשְׁכַּב עִמִּי (encore un euphémisme !) immédiatement après la séquence בָּא אֵלַי montre que cette dernière est probablement à comprendre au sens propre (entrer chez) et non en un sens exocentrique. La même juxtaposition se retrouve en 2 S 12.24 et laisse à penser que là aussi la séquence וַיָּבֹא אֵלֶיהָ est à prendre au sens endocentrique : avant de passer la nuit avec Bethsabée (וַיִּשְׁכַּב עִמָּהּ), David doit entrer dans l'appartement de celle-ci.

L'expression est à sens unique. En d'autres termes, quand le couple בוא אל est affecté d'un agent féminin et d'un destinataire masculin, il ne comporte jamais le composant "relation sexuelle". Cela est tout à fait évident en des passages comme 1 S 25.36 (au retour de sa rencontre avec David, Abigaïl entre chez son mari Nabal et le trouve ivre) ou 1 S 28.21 (la nécromancienne d'Ein-Dor s'approche de Saül évanoui) ou enfin 1 R 1.15 (Bethsabée entre chez David, mais c'est pour une démarche en faveur de son fils Salomon). Le cas de 2 S 11.4 est, selon toute probabilité, analogue : David envoie chercher Bethsabée, elle entre chez lui (וַתָּבוֹא אֵלָיו), mais c'est l'euphémisme déjà rencontré וַיִּשְׁכַּב עִמָּהּ qui dénote la relation sexuelle proprement dite. Dans ces quatre derniers cas donc la séquence בוא

אל ne constitue pas d'expression idiomatique : il n'y a pas de sens exocentrique. Pour qu'il y ait expression idiomatique, il faut que l'agent de l'action soit masculin et le destinataire féminin. On tient donc ici une variété particulière d'expressions idiomatiques : la séquence récurrente n'acquiert un sens exocentrique et ne devient par conséquent expression idiomatique que sous certaines conditions. Le même phénomène est repérable dans le cas de רָאה פְּנֵי פ׳ (= "voir la face de quelqu'un", ci-après p. 53, n° 111), où l'exocentricité du sens n'est induite que sous la condition que le פְּלֹנִי soit situé plus haut que le sujet dans la hiérarchie sociale (Dieu ou le roi). Ce type particulier pourrait recevoir l'appellation provisoire d'expression idiomatique conditionnelle.

Le cas d'Est 2.12-14 peut paraître ambigu : Esther, au bout des douze mois de préparation, quitte le premier harem pour faire son entrée chez le roi (לָבוֹא אֶל־הַמֶּלֶךְ) . Bien que le texte biblique soit muet sur l'issue de ce déménagement, celle-ci ne fait aucun doute (v. 14 : le soir ...le matin). Mais les restrictions d'emploi notées plus haut (le sens n'est exocentrique qu'avec un agent masculin) laisse entendre qu'en Est 2.12-14 la séquence בוא אל n'est pas expression idiomatique. Cet exemple permet de mettre en évidence une seconde particularité de l'expression idiomatique, à savoir son caractère relativement stéréotypé, jusque - c'est le cas ici - dans son emploi syntaxique. On reviendra plus loin sur ce point particulier.

Le caractère exocentrique du sens global de telle séquence est, on l'a vu, une des caractéristiques de l'expression idiomatique. C'est dire que, malgré les apparences, un certain nombre de stéréotypes complexes ne sont **pas** des expressions idiomatiques dès l'instant que leur sens est endocentrique.

Ainsi la séquence מַה־לִּי וָלָךְ, que l'on trouve six fois dans la Bible hébraïque[18] et dont le NT offre à six reprises un décalque[19] sous la forme τί ἐμοὶ (ἡμῖν) καὶ σοί; La plupart des versions en usage la rendent ainsi : "Qu'y a-t-il entre toi et moi ?", ce qui est, il faut le reconnaître, assez peu éclairant sur le sens[20]. Le sens de la séquence n'a pourtant rien d'exocentrique. L'ensemble se présente d'abord,

- -

18   Jg 11.12; 2 S 16.10; 19.23; 1 R 17.18; 2 R 3.13; 2 Ch 35.21, à quoi l'on peut ajouter deux variantes : מַה־לָּכֶם וְלַיהוה (Jos 22.24) et מַה־לְּךָ וּלְשָׁלוֹם (2 R 9.18–19).

19   Mt 8.29; Mc 1.24; 5.7; Lc 4.34; 8.28; Jn 2.4; cf. 1 Co 5.12.

20   Heureuses exceptions dans la TOB : *Qu'y a-t-il de commun entre vous et le Seigneur ?* pour Jos 22.24, et *Que t'importe la paix ?* pour 2 R 9.18–19. Il est vrai qu'il s'agit de variantes signalées dans la note 18 ci–dessus. On sort donc du stéréotype dominant et on échappe à la "traduction obligatoire". En BFC, les mêmes passages sont rendus respectivement par *Qu'y a-t-il entre vous et le Seigneur* et *De quoi te mêles-tu ?*

en effet, comme une proposition nominale [21], dont le décalque français est *Quoi à toi et à moi ?* et dont le sens est *Qu'y a-t-il à toi et à moi ?* Le prédicat *à toi et à moi* désigne à l'évidence "ce qui est commun à toi et à moi", ou, plus simplement dit, "ce qui nous est commun" (avec un *nous* inclusif). L'ensemble équivaut à "Qu'avons-nous de commun, toi et moi ?". La séquence complète se présente d'autre part comme une question rhétorique, c'est-à-dire une question dont la réponse est si évidente que l'interlocuteur ne peut la nier sans mauvaise foi. C'est, pour le locuteur, un procédé   visant à neutraliser l'opposition de l'auditeur. L'ensemble signifie donc : "Qu'avons-nous de commun, toi et moi ? - Rien". La séquence est donc l'équivalent d'une affirmation sans réplique : "Nous n'avons rien de commun, toi et moi." Les contextes permettent, selon les cas, de nuancer : "C'est mon affaire, non la tienne !" ou "Mêle-toi de ce qui te concerne". Privée de sens exocentrique, une expression comme מַה־לִּי וָלָךְ n'est donc pas une expression idiomatique. D'une manière générale, le caractère exocentrique du sens global est nécessaire pour qu'une séquence puisse être considérée comme "expression idiomatique".

On renoncera donc aussi à classer le couple חרה אַפּוֹ (environ 80 occurrences) parmi les expressions idiomatiques. Pour אַף, l'acception *colère* revient 210 fois contre 25 seulement pour l'acception *nez*. On doit donc la considérer comme une métaphore (morte). Dans ces conditions, le couple חרה אפו fonctionne comme la combinaison de deux métaphores, dont la seconde n'est fort probablement plus perçue comme telle.

Un jugement du même ordre devrait être porté sur la séquence בחן לבּוֹת וּכְלָיוֹת (sonder les reins et les cœurs, Jr 11.20; Ps 7.10). Malgré l'aspect exotique qu'elle présente au lecteur francophone, l'expression prise comme un tout ne comporte pas de sens exocentrique. בחן, en effet, est employé au sens usuel de "tester" et, de leur côté, לֵב et כְּלָיוֹת aux sens métaphoriques conventionnels respectifs de sièges de la personnalité et de la conscience. D'autre part, sans changement notable de sens, Jr 17.10; 20.12; Ps 26.2 articulent les mêmes termes de toute autre façon, ce qui montre que la séquence ne présente pas de caractère stéréotypé.

Il en va de même pour la séquence אֲשֶׁר תִּמְצָא יָדֶךָ ("ce que ta main trouvera" = comme l'occasion se présentera, Jg 9.33; 1 S 10.7; 25.8; Qo 9.10; cf. Lv 12.8; 25.28). Malgré, encore une fois, l'aspect "exotique" que présente l'expression, le sens du tout se déduit du sens des parties composantes; ce sens n'est donc pas exocentrique : מצא peut signifier, en effet, "trouver sans l'avoir cherché" (comme en Gn 4.14, par exemple), et יָדְךָ (ta main) intervient comme structure

---

21   P. JOÜON 1947, § 154.

métonymique (synecdoque de la partie pour le tout) pour désigner l'interlocuteur lui-même.

STÉRÉOTYPIE

Qu'en est-il du caractère stéréotypé des expressions idiomatiques, déjà mentionné au passage ? La stéréotypie est indiscutable dans quelques unes des expressions examinées plus haut. Ainsi, par exemple, dans (אִישׁ) פָּרַשׂ כְּנָפוֹ (עַל־אִשָּׁה). Par comparaison des formulations en Ez 16.8 et Rt 3.9 avec les autres occurrences du couple פרשׂ (déployer) + כָּנָף (aile)[22], on constate que notre expression utilise כָּנָף toujours au singulier, alors que le mot est partout ailleurs au duel, et qu'elle est seule à utiliser la préposition עַל, les autres occurrences du couple attestant אֶל ou לְ. Le caractère stéréotypé de l'expression est donc bien établi ici.

Un constat du même genre peut être fait pour la séquence "se couvrir les pieds" (Jg 3.24; 1 S 24.4) : le couple סכך (Hi) + רַגְלָיו n'existe pas en dehors de l'expression. La particule אֶת־, qui relie les deux éléments du couple, est également une exclusivité de celle-ci : ailleurs (Ex 40.21; Ps 5.12; 91.4) la racine סכך se construit toujours avec עַל ou לְ. Il est vrai qu'une expression "se couvrir les pieds" est attestée une fois ailleurs, en Es 6.2 : les séraphins utilisent en effet deux de leurs six ailes pour "se couvrir les pieds". On relèvera cependant deux différences majeures entre le libellé de notre expression et celui d'Es 6.2. D'abord le texte d'Es 6 recourt à la racine כסה (Pi) et non à סכך (Hi); ensuite le parallélisme רַגְלָיו (ses pieds) / פָּנָיו (son visage) montre que le premier de ces termes doit être pris au sens propre, ce qui exclut, pour le couple יְכַסֶּה רַגְלָיו d'Es 6.2 toute possibilité de sens exocentrique. La stéréotypie de la séquence הסיך רגליו est donc bien attestée.

Quant à la séquence אִישׁ בּוֹא אֶל־אִשָּׁה, son caractère stéréotypé a été relevé plus haut; on n'y reviendra donc pas. La stéréotypie paraît cependant moins établie en d'autres cas. On aura ainsi l'occasion de mentionner les variations de formulation qu'il est possible de relever à propos du thème de "l'endurcissement du coeur"[23]. Des variations moins nombreuses, mais tout aussi évidentes apparaissent dans le vocabulaire du thème "ceindre ses reins". Si, sur ce dernier

- - - - - - - - - - - - - -

22   Ex 25.20; 37.9; Dt 32.11; 1 R 6.27; 8.7; Jr 48.40; 49.22; Jb 39.26; 2 Ch 3.13; 5.8.
23   Voir au chapitre V, p. 124.

point, on se limite aux cas de la formulation nue, c'est-à-dire sans complément[24],
on constate que, mis à part 1 R 18.46[25], qui utilise d'ailleurs l'*hapax* שׁנס (Pi),
"ceindre" correspond à deux verbes hébreux différents : חגר = A, אזר = B, et
"reins" également deux termes : מָתְנַיִם = a, חֲלָצַיִם = b. Ce qui permet de dresser le
tableau suivant :

Références	Texte massorétique	verbe	subst.
Ex 12.11	מָתְנֵיכֶם חֲגֻרִים	A	a
2 R 4.29	חֲגֹר מָתְנֶיךָ	A	a
2 R 9.1	חֲגֹר מָתְנֶיךָ	A	a
Jr 1.17	תֶּאְזֹר מָתְנֶיךָ	B	a
Jb 38.3	אֱזָר־נָא ... חֲלָצֶיךָ	B	b
Jb 40.7	אֱזָר־נָא ... חֲלָצֶיךָ	B	b

figure 1

Les trois premiers items forment un groupe homogène, jumelant la racine
חגר et le duel מָתְנַיִם. Il en va de même pour les deux occurrences de Jb, qui
articulent, quant à elles, la racine אזר et le duel חֲלָצַיִם. Entre ces deux groupes, le
texte de Jr propose une forme mixte adoptant pour complément de la racine
אזר le duel מָתְנַיִם.

Au niveau sémantique, on peut hésiter sur le sens réel du couple חגר
מָתְנַיִ dans les trois premiers passages : l'expression désigne-t-elle la simple action
concrète de serrer sa ceinture (pour y passer les pans du vêtement et permettre
ainsi une plus grande liberté de mouvements avant un déplacement à pied ou un
travail manuel)[26] ? Ou avons-nous déjà une expression idiomatique à sens
exocentrique, signifiant que celui qui se ceint les reins ou qui a les reins ceints est
prêt ou doit être prêt pour un départ imminent ? En Ex 12.11, מָתְנֵיכֶם חֲגֻרִים est
placé en parallèle avec נַעֲלֵיכֶם בְּרַגְלֵיכֶם (litt. vos sandales à vos pieds) et avec
וּמַקֶּלְכֶם בְּיֶדְכֶם (litt. et votre bâton dans votre main). Ces deux derniers couples
peuvent être compris au sens endocentrique, bien que les équipements qu'ils

---

24 On écarte donc (provisoirement) le cas de Pr 31.17.
25 Le sens de וַיְשַׁנֵּס מָתְנָיו est endocentrique; il n'y a donc pas ici d'expression idiomatique.
26 G. DALMAN, Arbeit und Sitte in Palästina, V, 232–240, cité par V. HAMP in TWAT II, 1009.

décrivent soient eux aussi symboliques d'un départ imminent. Par analogie on pourrait donc présumer qu'en Ex 12.11 le couple חגר מתניו - qui a d'ailleurs subi une transformation passive - n'a pas non plus, malgré sa portée symbolique, de sens exocentrique et ne constitue donc pas une expression idiomatique proprement dite. Le sens apparent serait le seul sens réel. En revanche un tel parallélisme n'existe pas en 2 R 4.29 et 9.1, où Elisée fait suivre l'ordre חֲגֹר מָתְנֶיךָ d'un autre, dont le sens est dénué de toute valeur exocentrique, respectivement "prends à la main *mon* bâton" ou "prends *cette* fiole d'huile". En fin de compte, le sens apparent de l'expression est tout à fait compatible avec les trois contextes considérés, mais un sens exocentrique comme "se préparer pour un départ imminent" n'est pas incompatible avec ces mêmes contextes. L'introduction d'un tel sens, de valeur essentiellement culturelle, suggérerait pour ce type d'expression idiomatique une structure de nature métaphorique fonctionnant non pas à partir d'une unité lexicale unique, mais à partir d'une association déjà stéréotypée de deux unités lexicales (métaphore du geste).

Le cas du couple אזר חֲלָצָיו en Jb 38.3 et 40.7 est tout différent. Ici le sens "départ immédiat" est d'autant plus certainement absent que Job est enfin face à Dieu et va devoir subir, sans se dérober, un redoutable interrogatoire. La présence d'un sens exocentrique est donc évidente : Job est invité à *se tenir prêt*, l'insertion de כְּגֶבֶר suggérant que l'épreuve à affronter va être difficile. Si, malgré les hésitations analysées ci-dessus, on considère חגר מתניו comme une expression idiomatique, il faut admettre que אזר חלציו ne lui est pas équivalent : la première séquence comporte en plus le composant sémantique "départ immédiat".

Le contexte de Jr 1.17 est fort proche de celui de Jb 38.3 et 40.7 : un homme est face à Dieu et à l'autorité de sa parole. La différence, c'est qu'il ne s'agit pas ici d'un interrogatoire, mais d'une mission à remplir. Ceci étant, comme en Jb, le caractère redoutable de ce qui attend Jérémie est formulé clairement dès la fin du verset. On considérera donc que la formule mixte propre à Jr (אזר מתניו) a le même sens exocentrique que אזר חלציו propre à Jb.

Il résulte de l'analyse qui précède que l'expression idiomatique est caractérisée par une certaine stéréotypie : à la différence formelle entre חגר מתניו et אזר חלציו correspond une différence entre les sens exocentriques, même si les sens apparents sont quasiment identiques.

On peut observer en outre que l'insertion ou l'adjonction d'un complément modifie du tout au tout le statut et donc le sens d'une séquence récurrente. Cela est parfaitement évident en Pr 31.17, où il est dit de la femme de valeur חָגְרָה בְעוֹז מָתְנֶיהָ (elle ceint *de force* ses reins). On retrouve certes les termes mêmes de l'expression signalée en Ex 12.11; 2 R 4.29; 9.1, mais il n'est plus question ici de se préparer à quelque chose, encore moins d'un départ imminent, ce que confirme la

seconde partie du verset, qui reprend la même idée sous une autre image : וַתְּאַמֵּץ
זְרֹעוֹתֶהָ (elle affermit ses bras). Le thème est celui de l'énergie[27]. Par cette simple
adjonction l'expression idiomatique vole en éclats. Il n'y a plus de sens
exocentrique, mais un sens complexe qui résulte de l'apport des divers morphèmes
impliqués.

Si l'on considère la formule de Pr 31.17 comme une amplification – d'ailleurs destructrice – de
l'expression idiomatique, la clause restrictive de la définition donnée par le Dictionnaire de
linguistique pour l'expression idiomatique (voir p. 22) peut recevoir une interprétation plus
positive : "qui n'entre pas dans la constitution d'une forme plus large" pourrait signifier que
l'expression idiomatique ne supporte pas d'amplification. Ce serait une manière de définir son
caractère stéréotypé. On regrettera toutefois que cette clause soit formulée d'une manière aussi
ambiguë dans la définition citée.

La stéréotypie de l'expression idiomatique est toutefois relative. L'exemple de
la formule mixte propre à Jr 1.17 montre que si ce trait est suffisant, il n'est pas
absolument nécessaire. On pourrait dire dans ce cas particulier qu'on se trouve
devant une stéréotypie de l'image. Il est évident d'autre part que la stéréotypie de
l'expression idiomatique ne doit pas être considérée de manière par trop rigide. Si
telle expression fonctionne comme un verbe, elle doit pouvoir se plier aux
nécessités de la flexion. Cela apparaît clairement dans les formulations rassemblées
au tableau de la figure 1[28].

UNIVOCITÉ DE L'EXPRESSION IDIOMATIQUE

On aura pu le constater à l'examen des quelques expressions considérées
jusqu'ici : non seulement l'expression idiomatique possède un sens différent de son
sens apparent, mais ce sens est univoque. L'expression idiomatique diffère sur ce
point de la plupart des entrées lexicales, lesquelles ont un champ sémantique,
c'est-à-dire disposent d'une gamme plus ou moins étendue d'acceptions possibles
déterminées par les contextes où ces unités prennent place. En d'autres termes,
l'expression idiomatique n'est pas polysémique[29].

Certes son emploi peut évoluer avec la langue. L'expression française *faire
long feu*, qui signifiait à l'origine "traîner en longueur et finir pas échouer", est
usitée aujourd'hui surtout sous forme négative. Quand on dit, en effet, "l'affaire
n'a pas fait long feu", on exprime de manière imagée qu'elle a été rondement

- -

27   L'hébreu localise volontiers l'énergie dans les reins; voir V. HAMP in TWAT II, 1010.
28   p. 29.
29   Voir E.A. NIDA 1975/1, 116.

menée et avec succès[30]. On aura plus loin l'occasion de constater ainsi un certain glissement d'emploi pour une expression comme הקשה ערפו (raidir la nuque) dans l'hébreu de Qumrân par rapport à l'usage qu'en font les textes canoniques, puis le Siracide. Mais on notera qu'à chaque nouvel état de la langue la signification reste univoque et inchangée.

C'est pourquoi ne pourra être considérée comme expression idiomatique une séquence comme תקע כף/כפים. L'expression est en effet polysémique : selon les contextes, elle peut désigner des applaudissements (Ps 47.2), une manifestation de *Schadenfreude* (Na 3.19) ou la conclusion d'un contrat (Pr 6.1; 17.18; 22.26). Le même type de polysémie affecte les couples apparemment synonymes הכה (ב)כף et ספק/שפק כפים. Une telle polysémie (inventoriée par les dictionnaires) peut fort bien être de nature diachronique. La difficulté de dater nombre de textes vétérotestamentaires ne permet pas toujours de s'assurer qu'une polysémie est réellement synchronique.

Pour des motifs du même ordre on peut hésiter à retenir comme expression idiomatique proprement dite une séquence comme הדר פני פ׳, dont le sens varie entre "honorer" (Lv 19.32, // מפני שיבה קום : "se lever devant les cheveux blancs") et "favoriser" (Lv 19.15, // נשא פני־פ׳ : "relever le visage de quelqu'un").

Une même séquence fonctionne parfois tantôt au sens endocentrique, tantôt au sens exocentrique. C'est le cas de ראה פני פ׳ (litt. voir la face de quelqu'un). En Gn 31.2,5; 46.30; 48.11; Dn 1.10, le sens endocentrique s'impose. Mais en Gn 32.21; 33.10; 43.3,5; 44.23; Ex 10.28 (2x),29; 2 S 3.13 (2x); 14.24,28; 2 R 25.19; Jr 52.25; Jb 33.26, le sens est exocentrique : l'expression signifie alors "être admis en présence de". Ce sens exocentrique est repérable au fait que la personne dont la face "est vue" (Dieu, ou le roi ...) se trouve, dans la hiérarchie d'autorité, placée plus haut que celle qui "voit". Le critère de stéréotypie ne s'applique ici que partiellement pour distinguer les deux acceptions. Quand l'expression paraît au sens endocentrique, elle se présente le plus souvent sous la forme ראה את־פני פ׳, mais on notera que la particule את־ est absente en Gn 48.11. Inversement, alors que l'expression à sens exocentrique se présente habituellement sans cette particule, celle-ci est cependant présente en 2 S 3.13[31]. Dans la plupart des cas la présence de את־ signale donc le sens endocentrique. Que cette particule soit attestée en Ex 33.23 inclinerait à opter pour un tel sens en ce verset, bien qu'il s'agisse de la face de Dieu lui-même, lequel est *a priori* au sommet de la hiérarchie d'autorité.

- -

30   Voir Cl. DUNETON 1978, 199.

31   Sous sa forme réfléchie נראה את־פני פ׳, la particule את־ est paradoxalement présente dans au moins six occurrences sur neuf : Ex 34.23,24; Dt 16.16 (2×); 31.11; 1 S 1.22, mais absente en Es 1.12; Ps 42.3. En Ex 23.17, אל est probablement mis fautivement pour את־ (cf. Ex 34.23).

TROIS CRITÈRES DE REPÉRAGE

On retiendra donc, pour conclure cet examen de quelques séquences récurrentes, que l'expression idiomatique doit satisfaire à trois conditions inégalement contraignantes :

1) elle est obligatoirement le support d'un **sens exocentrique**, parfois fort différent du sens apparent ou littéral - quand ce dernier est encore décelable, ce qui est le cas le plus fréquent. Il n'est pas toujours possible de reconstituer le rapport qui existe entre le sens apparent et le sens exocentrique[32].

2) Elle est caractérisée par une **stéréotypie** relativement bien assurée.

3) elle supporte un **sens univoque**.

C'est dire que l'expression idiomatique doit être traitée non à partir des morphèmes qui la constituent, mais comme une unité sémantique unique[33]. Telle est sans doute la principale faiblesse de nombre d'études consacrées jusqu'ici à des locutions restées plus ou moins énigmatiques, dont le caractère d'expression idiomatique proprement dite n'a pas été reconnu, et pour cause. Il manquait aux chercheurs l'outil linguistique que beaucoup ne pouvaient exploiter du fait de son caractère relativement récent.

AUTRES TYPES D'EXPRESSIONS À SENS EXOCENTRIQUE

A côté des expressions idiomatiques proprement dites, E.A. Nida[34] distingue d'autres formations à sens exocentrique, qu'il nomme respectivement *unitary complexes* et *composites*. A notre connaissance ces appellations n'ont pas encore reçu d'équivalent chez les linguistes de langue française. Nous proposons donc, à titre expérimental, les appellations respectives d'**unités complexes**[35] et de **composés sémantiques**.

1. Les unités complexes
E.A. Nida les définit comme des formations de deux ou plusieurs mots "dont

- -

32   Ce rapport est dénommé *literalization* par W.L. CHAFE 1970.
33   Voir E.A. NIDA 1975, 11.
34   *ibid.*, 114–115.
35   La traduction littérale de *unitary complexes* est "complexes unitaires". Il semble cependant judicieux de mettre l'accent sur le fait que ces complexes forment de véritables unités sémantiques, au même titre d'ailleurs que les expressions idiomatiques.

la combinaison, considérée comme un tout, fonctionne autrement que la classe sémantique du mot pivot". En d'autres termes, la classe sémantique de l'unité complexe n'est pas la même que celle de ce mot pivot. Entre autres exemples proposés par l'auteur, la *Maison Blanche* désigne, au moins dans certains contextes, non pas un bâtiment, mais une institution. On pourrait citer ici *pomme de terre*, que les dictionnaires classent à part de *pomme*, indice que la classe sémantique de *pomme de terre* n'est pas celle des fruits, contrairement à *pomme*, mais, selon la terminologie usuelle, celle des légumes.

L'hébreu biblique possède aussi nombre d'unités complexes. On se contentera ici d'un relevé partiel effectué au cours de précédentes lectures ou de travaux de traduction. Par ordre alphabétique des mots pivots on peut citer ainsi :

- אוֹר פָּנִים (litt. "la lumière du visage", Ps 4.7; 44.4; 89.16; Pr 16.15), qui n'est pas une lumière, mais une disposition bienveillante.

- אֵם הַדֶּרֶךְ (litt. "la mère du chemin", Ez 21.26), bifurcation.

- אֶרֶךְ אַפַּיִם (Ex 34.6; Nb 14.18; Jl 2.13; Jon 4.2; Na 1.3; Ps 86.15; 103.8; 145.8; Pr 14.29; 15.18; 16.32; Ne 9.17) : "long de narines" = patient, et אֹרֶךְ אַפַּיִם (Pr 25.15) "longueur de narines" = patience.

- Avec בֵּן (fils) l'hébreu biblique a formé quantité d'unités complexes, comme בֶּן־אָדָם (individu), בְּנֵי־הָאֱלֹהִים (êtres célestes), בְּנֵי אַשְׁפָּה (flèches), בֶּן־בְּלִיַּעַל (vaurien), בֶּן־בָּקָר (tête de gros bétail), בִּן־לַיְלָה ("fils d'une nuit" = sans lendemain, Jon 4.10), בְּנֵי־חַיִל ("hommes mobilisés pour la guerre", 13×) , בְּנֵי־הַנְּבִיאִים ("membres d'une confrérie prophétique", 11×), בֶּן־מָוֶת ("digne de mort", 1 S 20.31; 2 S 12.5), בְּנֵי רֶשֶׁף (Jb 5.7, étincelles ?), בֶּן־שֶׁמֶן ("fertile", Es 5.1), בְּנֵי־תְמוּתָה ("promis à la mort", Ps 79.11; 102.21 etc.). On observera que l'unité du couple est dans la plupart des cas fortement marquée par le *maqqef*.

La *Koinè* du N.T. a reproduit ce type de locution dans des expressions comme υἱοὶ τῆς βασιλείας (Mt 8.12; 13.38), υἱοὶ τοῦ νυμφῶνος (Mc 2.19 //), υἱοὶ τοῦ πονηροῦ (Mt 13.38), υἱὸν γεέννης (Mt 23.15), υἱὸς εἰρήνης (Lc 10.6), υἱοὶ τοῦ αἰῶνος τούτου (Lc 16.8; 20.34), υἱοὶ τοῦ φωτός (Lc 16.8; Jn 12.36; 1 Th 5.5) etc.

- בַּעַל (= maître) entre lui aussi dans la constitution de plusieurs unités complexes, comme בַּעַל אַף ("irascible", Pr 22.24), בַּעַל דְּבָרִים ("plaignant", Ex 24.14), בַּעַל הַלָּשׁוֹן ("le charmeur [de serpent]", qui chuchote,[לחש], Qo 10.11), בַּעַל מִשְׁפָּט ("adversaire en justice", Es 50.8), בַּעַל נֶפֶשׁ ("avide", Pr 23.2), etc.

- A l'exemple de בֵּן, בַּת (= fille) est utilisé pour constituer des unités complexes comme בַּת־יְרוּשָׁלַיִם, בַּת־יְהוּדָה, בַּת־בָּבֶל, בַּת־אֱדוֹם (Lm 4.21), etc., pour désigner respectivement les populations d'Edom, Babylone, Juda, Jérusalem etc., voire les villes elles-mêmes de Babylone, Jérusalem etc., qui sont ainsi personnifiées. בַּת־עַיִן (Ps 17.8; Lm 2.18) est la prunelle de l'œil. בַּת־שְׁנָתָהּ (Lv 14.10; Nb 6.14; 15.27), comme בֶּן־שְׁנָתוֹ (Lv 12.6; Ez 46.13) ou בַּת־תִּשְׁעִים שָׁנָה (Gn 17.17) sert à désigner l'âge d'un animal ou d'une personne.

- On peut relever encore les euphémismes suivants : דֶּרֶךְ נָשִׁים (Gn 31.35) / אֹרַח כַּנָּשִׁים (litt. "le chemin comme les femmes", Gn 18.11) : ce qui est propre aux femmes, à comparer avec דֶּרֶךְ כָּל־הָאָרֶץ (litt. "le chemin de toute la terre", Gn 19.31; Jos 23.14) : ce qui est propre à tous les humains, c.à.d. la mort; מֵימֵי רַגְלַיִם (2 R 18.27 Qr; Es 36.12 Qr) : "l'eau des pieds" pour l'urine, qui se dit normalement שַׁיִן.

- De nombreux couples de termes antinomiques expriment l'idée de totalité. Ainsi : עָצוּר וְעָזוּב ("retenu et laissé", Dt 32.36; 1 R 14.10; 21.21; 2 R 9.8; 14.26). Voir aussi אוֹר וָחֹשֶׁךְ ("lumière et ténèbre", 19×); מֵאִישׁ וְעַד אִשָּׁה ("de l'homme jusqu'à la femme", 8×); אָרְחִי וְרִבְעִי ("mon cheminer et mon coucher", Ps 139.3); מֵבִין עִם תַּלְמִיד ("le maître avec le disciple", 1 Ch 25.8); טוֹב וָרָע ("ce qui est bon et ce qui est mauvais", 32×); יָמִין וּשְׂמֹאל ("à droite et à gauche", 36×); שִׁבְתִּי וְקוּמִי ("son coucher et son lever", Ps 139.2; Lm 3.63); צֵאתְךָ וּבֹאֶךָ ("ta sortie et ton entrée", 2 R 19.27 etc.), cf. יָצֹא וָבֹא ("sortir et entrer", 21×); הָמֵית וְהַחֲיוֹת ("faire mourir et faire vivre", 2 R 5.7); מִנֶּפֶשׁ וְעַד בָּשָׂר ("de l'âme jusqu'à la chair", Es 10.18); עָשִׁיר וְעָבְיוֹן ("riche et pauvre", Ps 49.3); פְּרִי וְשֹׁרֶשׁ ("fruit et racine", Am 2.9); צַדִּיק וְרָשָׁע ("le juste et le méchant", Ez 21.8-9); גָּדוֹל אוֹ קָטֹן ("grand ou petit", 1 S 20.2; cf. 1 Ch 25.8); קַיִץ וָחֹרֶף ("été et hiver", Ps 74.17); רֹאשׁ וְזָנָב, כִּפָּה וְאַגְמוֹן ("la tête et la queue, le rameau et le jonc", Es 9.13); רִאשׁוֹן וְאַחֲרוֹן ("premier et dernier", 15×); רָחוֹק וְקָרוֹב ("lointain et proche", 11×); רַע וָטוֹב ("mauvais et bon", 28×), etc.[36].

- עַצְמִי וּבְשָׂרִי (litt. "mon os et ma chair" = mon plus proche parent) : Gn 29.14; Jg 9.2; 2 S 5.1; 19.13-14; 1 Ch 11.1. cf. Gn 2.23. Voir aussi Ps 38.4; Jb 2.5 .

- רַע עַיִן ("mauvais de l'œil" = envieux, avare ou jaloux, Pr 23.6; 28.22; cf. Si 14.3,10).

Une telle liste n'est donnée ici qu'à titre indicatif; elle n'a aucune prétention à l'exhaustivité.

2.   Ce qui différencie les **composés sémantiques** des unités complexes est que la combinaison qu'ils constituent appartient à la même classe sémantique que le mot pivot. Mais les unités lexicales articulées au terme pivot ne permettent pas de

------

36   On trouvera d'autres couples de ce type dans l'article de G. LAMBERT, Lier–délier, l'expression de la totalité par l'opposition de leurs contraires, *in* Vivre et Penser 3, (RB) 1944, 91–103.

déterminer le sens de l'expression prise comme un tout. Le sens global est donc ici encore exocentrique[37].

Un bon exemple de composé sémantique français est *chêne vert*. Le chêne vert n'est pas défini par la couleur de son feuillage, commune à tous les chênes. C'est une variété de chêne, à côté d'autres variétés comme le chêne pubescent, le chêne rouvre, le chêne-liège etc.

L'hébreu biblique a lui aussi ses composés sémantiques. On peut citer, par exemple :

- אֹהֶל מוֹעֵד (Ex 27.21 etc.). L'expression désigne une tente, comme l'indique le mot pivot אֹהֶל, mais la rencontre (מוֹעֵד) qu'elle abrite n'est pas n'importe quelle rencontre, c'est celle de Moïse et de Dieu (Ex 33.7-11), en sorte que ce composé sémantique fonctionne quasiment comme un nom propre. On peut en dire autant du couple אֹהֶל הָעֵדוּת (Nb 17.23; 18.2 etc.).

- אִישׁ־אַף (Pr 29.22) et אִישׁ לָשׁוֹן (Ps 140.12) désignent des hommes possédant comme tous les autres un nez (אַף) et une langue (לָשׁוֹן), mais le premier est agressif (יְגָרֶה מָדוֹן = "il entame/provoque une querelle"), tandis que le second est probablement un calomniateur. En revanche le couple אִישׁ חֵמָה ("un homme coléreux", Pr 15.18) ne peut être considéré comme un composé sémantique, puisque son sens est endocentrique. De même pour des couples comme אִישׁ(־)(הָ)אֱלֹהִים ou אִישׁ מִלְחָמָה (Ex 15.3).

A la vérité, trancher entre l'exocentricité et l'endocentricité du sens de tel composé sémantique ne va pas toujours de soi. Ainsi dans אִישׁ דָּמִים (litt. "homme de sang", 2 S 16.7,8; Ps 5.7) ou son pluriel אַנְשֵׁי דָמִים (Ps 26.9; 55.24; 59.3; 139.19; Pr 29.10), c'est דָּמִים qui a un sens exocentrique (mort violente), sens que l'on retrouve en d'autres couples qui ne sont pas des composés sémantiques, comme par exemple דּוֹרֵשׁ דָּמִים (Ps 9.13 : "YHWH réclame [des comptes] pour un meurtre)" ou בֵּית הַדָּמִים (2 S 21.1 : la lignée de Saül est ainsi qualifiée de "dynastie meurtrière" [des Gabaonites]). A propos de אִישׁ־אַף et de אִישׁ־לָשׁוֹן donnés plus haut comme exemples de composés sémantiques, le même genre d'observation pourrait être avancé : אַף (nez) peut prendre aussi, par métaphore, la valeur de colère, comme en Ex 32.12 (חֲרוֹן אַף, l'ardeur de la colère). De même לָשׁוֹן peut prendre la valeur métonymique de parole (ce que produit la langue), comme en Ex 4.10. On a noté cependant que le אִישׁ־אַף de Pr 29.22 est, plus qu'un personnage coléreux, un personnage agressif. De même le אִישׁ לָשׁוֹן de Ps 140.12 est plus qu'un homme qui se sert de sa langue pour parler, le contexte le désignant plutôt comme calomniateur. Reste que la frontière entre l'endocentrique et l'exocentrique est parfois difficile à déterminer.

- -

37   E.A. NIDA 1975/1, 115.

- Malgré son caractère bien stéréotypé, on hésite à classer אִישׁ חַיִל (litt. "homme de force") parmi les composés sémantiques. Son sens est en effet loin d'être univoque : selon les contextes il désigne un propriétaire foncier aisé, donc "bon pour le service armé", le soldat mobilisé ou, hors de tout contexte militaire, l'homme de valeur (Gn 47.6), parallèlement à la femme de valeur (אֵשֶׁת־חַיִל) louée en Pr 31.10.

- אִישׁ מָוֶת ou אַנְשֵׁי־מָוֶת (litt. "homme[s] de mort", respectivement 1 R 2.26 et 2 S 19.29) devraient pouvoir être considérés comme composés sémantiques, car le sens du tout (digne de mort) est plus complet que la somme des sens partiels. Pour la même raison on inclura dans la liste אַמַּת־אִישׁ (litt. "coudée d'homme" = coudée usuelle ou ordinaire, Dt 3.11), comme aussi le חֶרֶט אֱנוֹשׁ d'Es 8.1 (burin ordinaire).

- גֹּבַהּ אַף (litt. "hauteur du nez" = prétention, Ps 10.4) appartient-il à la même classe sémantique que גֹּבַהּ (hauteur, grandeur) ? Oui, si l'on précise que גֹּבַהּ a ici la même valeur métaphorique que dans גֹּבַהּ רוּחַ (arrogance, Pr 16.18) ou גֹּבַהּ לֵב (orgueil, 2 Ch 32.26). Dans de telles conditions, on peut le considérer comme composé sémantique, le sens de l'expression globale étant exocentrique.

- חֲזַק מֵצַח ("dur de front" = résolu ou obstiné : Es 48.4; Ez 3.7,8(2×),9; cf. τὸ πρόσωπον ἐστήρισεν, Lc 9.51.

- הַר (הָ)אֱלֹהִים (montagne de Dieu), dans la mesure où la séquence désigne une montagne particulière (l'expression est parallèle à חֹרֵב en Ex 3.1; 1 R 19.8 et à הַר־בָּשָׁן Ps 68.16), peut être considéré aussi comme composé sémantique, même en Ex 4.27; 18.5; 24.13 où la précision חֹרֵב n'est plus ressentie comme nécessaire puisqu'elle a été donnée en 3.1. En revanche la séquence ne peut être considérée comme constituant un composé sémantique en Ez 28.16, dès l'instant que le sens endocentrique "montagne de la divinité" s'impose, et cela d'autant plus que l'expression ne peut plus être regardée comme stéréotypée, les deux termes constituants se trouvant amplifiés par קֹדֶשׁ au v. 14.

- לֶחֶם אוֹנִים (le pain de deuil) est certainement porteur, lui aussi, d'un sens exocentrique en Os 9.4, seule occurrence de l'expression. Certes, c'est le pain qu'on partage lors des rites funéraires (sens endocentrique), mais de ce fait même il est impur et rend impur quiconque en consomme. L'expression fonctionne donc globalement comme un processus métaphorique, le sens exocentrique correspondant au composant sémantique "impur", lequel est d'origine purement culturelle.

- מוֹצָא שְׂפָתַיִם (ce qui sort des lèvres) est plus qu'une simple parole. Employée à propos d'un vœu (Nb 30.13; Dt 23.24, et vraisemblablement Jr 17.16), l'expression est utilisée également par Dieu lui-même pour désigner de façon quelque peu solennelle une <u>parole donnée</u>, sur laquelle on ne revient pas (Ps 89.35). Selon les cas, l'expression désigne donc une promesse, voire un souhait formulé devant Dieu. On peut considérer מוֹצָא פִי (Dt 8.3) comme une variante formelle de ce composé sémantique.

- מַיִם רַבִּים (grandes eaux)[38] garde certainement un sens endocentrique en des passages comme Nb 20.11; Jr 51.13; Ez 17.5,8; 19.10; 31.5; 32.13; 2 Ch 32.4, où le contexte impose le sens d'eaux abondantes. Mais le sens de la séquence est déjà exocentrique quand celle-ci vient en parallèle avec יָם ("la mer", comme en Es 23.2-3; Ez 27.26; Ha 3.15; Ps 77.20; 107.23). Ailleurs, en parallèle implicite ou explicite avec תְּהוֹם (l'abîme), le sens prend un contenu mythologique, comme en 2 S 22.17; Ez 26.19; 31.15; Ps 18.17; 29.3; 32.6; 144.7; Ct 8.7. Malgré son caractère stéréotypé, l'expression ne peut prétendre au statut de composé sémantique pour toutes ses acceptions.

- עַם־הָאָרֶץ (le peuple du pays) a été étudié de près par R. de Vaux[39]. Selon cet auteur, le sens de la séquence a évolué au fil des époques. A l'origine, l'expression désignait "l'ensemble des hommes libres jouissant des droits civiques" comme en Gn 23.12-13; 42.6; Nb 14.9; 2 R 16.15; Jr 1.18; 34.19; 37.2; 44.21; Ez 7.27; 22.29; 45.22. Puis le sens s'est élargi, l'expression en venant à désigner tous les nationaux, comme en Lv 4.27; 20.2,4; 2 R 11.14,18; 21.24; 23.30; 24.14; Ag 2.4; Za 7.5; Dn 9.6. En Esd et Ne enfin, elle s'emploie au pluriel (sauf en Esd 4.4) pour désigner les populations étrangères qui ont occupé le pays en l'absence des Juifs exilés (Esd 3.3; 9.1,2,11; Ne 9.30; 10.29,31,32). A l'époque rabbinique enfin, l'expression vise les non-pratiquants, ceux qui n'ont pas été éduqués dans la Tora. Quoi qu'il en soit, chacune de ces acceptions successives fonctionne comme un composé sémantique, puisqu'elles désignent toutes un type bien déterminé de population (עַם) que le second terme (הָאָרֶץ) ne suffit pas à définir.

Selon l'interprétation TOB, עֵץ טוֹב (2 R 3.19,25) désignerait un arbre fruitier. L'expression aurait alors sa place parmi les composés sémantiques. On observera toutefois que l'arbre fruitier se dit plutôt עֵץ פְּרִי (Gn 1.11) ou עֵץ מַאֲכָל (Ez 47.12). עֵץ טוֹב n'a donc probablement pas de sens exocentrique, ce qu'ont bien vu, nous semble-t-il, des traductions comme BJ (arbre de rapport), BO (arbre utile), RSV (good tree) ou RLB (guten Bäume), pour n'en citer que quelques-unes. טוֹב désigne en effet ce qui est conforme à son objet[40]. עֵץ טוֹב serait donc un arbre qu'on peut exploiter, soit pour ses fruits, soit pour ses feuilles, soit pour son bois. Dans la hiérarchie sémantique, עֵץ טוֹב est situé plus haut que עֵץ פְּרִי ou עֵץ מַאֲכָל.

- - - - - - - - - - - - - - -

38   Voir Ph. REYMOND, L'eau …, VTS 6, 1958, 182 ss. Mais l'auteur ne consacre pas d'étude
      particulière à la séquence מַיִם רַבִּים.

39   R. DE VAUX 1958, 111-113.

40   A. LACOCQUE 1967, 44.

- Le sens de מַשְׁתִּין בְּקִיר (celui qui urine sur le mur) est discuté : appellation méprisante du mâle ? ou du chien ? Ce composé sémantique est attesté six fois : 1 S 25.22,34; 1 R 14.10; 16.11; 21.21; 2 R 9.8.

- רוּחַ הַיּוֹם (litt. "le vent du jour", Gn 3.8) appartient à la même classe sémantique que רוּחַ (vent). Mais l'expression définit un vent particulier, à classer à côté de רוּחַ קָדִים (vent d'est, Ex 10.13), רוּחַ מִדְבָּר (vent du désert, Jr 13.24), רוּחַ־יָם (vent d'ouest, Ex 10.19), bien que ces dernières expressions aient un sens endocentrique. רוּחַ הַיּוֹם désigne probablement la brise du soir[41].

- רֵיחַ (הַ)נִּיח(וֹ)חַ (Ex 29.18,25,41, etc.). Malgré la légère variante marquée par la présence (Gn 8.21) ou l'absence (partout ailleurs) de l'article, l'expression est bien stéréotypée en hébreu. נִיחוֹחַ, en effet, n'est jamais attesté, en tout cas dans les sources écrites, hors de l'expression[42]. Il détermine רֵיחַ (odeur, parfum) employé ailleurs dans le domaine profane, pour faire entrer le couple ainsi formé dans le vocabulaire liturgique, plus précisément même sacrificiel. Le sens est discuté[43] : satisfaction, agrément[44] ou apaisement[45]. Cette incertitude serait justiciable d'une analyse componentielle[46], qui confirmerait l'une ou l'autre de ces options ou les infirmerait toutes deux au profit d'une troisième.

- רֵעַ הַמֶּלֶךְ (1 Ch 27.33) ou רֵעֶה הַמֶּלֶךְ (1 R 4.5) sont des titres honorifiques attribués à certains peronnages de la cour, proches du roi régnant. רֵעֶה דָוִד (2 S 15.37; 16.16) est probablement un item particulier de la même classe sémantique. R. de Vaux[47] préfère "familier du roi" à "ami du roi" et évoque la possibilité que רֵעַ הַמֶּלֶךְ et רֵעֶה הַמֶּלֶךְ ne recouvrent pas la même réalité[48].

- שַׂעַר הָרַגְלַיִם (litt. "les poils des pieds", Es 7.20) désigne, par un euphémisme déjà rencontré, les poils pubiens.

- -

41   Cl. WESTERMANN 1974, 346.

42   Ce n'est pas le cas en araméen biblique : Dn 2.46 emploie נִיחֹחִין seul au sens de parfums, en liaison avec מִנְחָה (offrande), et Esd 6.10 dans le même sens.

43   K. KOCH, in TWAT V, 443.

44   GB, s.v. נִיחֹחַ.

45   KBL, suivi par HAL.

46   Sur cette méthode, qu'on se proposera plus loin d'appliquer au déchiffrement de quelques expressions idiomatiques, nous renvoyons au chapitre suivant.

47   1975, 188.

48   L'expression est fréquemment reprise dans le premier livre des Maccabées sous la forme φίλος (τοῦ) βασιλέως : 1 M 2.18; 3.38; 7.8; 10.20; 11.57; 13.36; 14.39; 15.32.

- Quel que soit le sens discuté de שָׂכִיר, salarié ou mercenaire[49], שְׂנֵי שָׂכִיר (Es 16.14; 21.16) est une formation à sens endocentrique. Ce n'est pas le cas pour שְׁנָתַיִם יָמִים (Gn 41.1; 2 S 13.23; 14.28; Jr 28.3,11). L'expression diffère certainement de la formule simple שְׁנָתַיִם, qu'on trouve en Gn 11.10; 45.6; 1 R 15.25; 16.8; 22.52; 2 R 15.23; Am 1.1. Cette dernière désigne vraisemblablement une période supérieure à un an et s'étalant sur deux années[50]. En revanche, שְׁנָתַיִם יָמִים désigne deux années pleines.

La présente liste de composés sémantiques est proposée ici à titre indicatif, pour faire apparaître les problèmes que soulève ce type d'expression. Elle n'a aucune prétention non plus à l'exhaustivité.

EXPRESSIONS IDIOMATIQUES DE L'HÉBREU BIBLIQUE

Après cet examen consacré aux expressions idiomatiques et aux locutions apparentées, unités complexes et composés sémantiques, il convient de dresser un inventaire des expressions idiomatiques proprement dites de l'hébreu biblique. La liste qu'on trouvera ci-dessous a été dressée à partir de relevés effectués au gré des textes rencontrés, puis étoffée au cours d'une lecture méthodique du *Wilhelm Gesenius' hebräisches und aramäisches Wörterbuch*[51]. Les omissions étant inévitables dans ce genre de travail, quelques-unes d'entre elles ont pu être réparées grâce à la lecture complémentaire d'ouvrages intéressés aux locutions particulières de l'hébreu biblique[52]. Aucun de ces ouvrages, et pour cause, ne s'intéresse cependant aux expressions idiomatiques comme telles.

On a eu l'occasion d'autre part de se rendre compte combien, malgré l'effort de précision que se sont imposé les linguistes pour les définitions qu'ils proposent, les frontières restent parfois incertaines. Ainsi entre expression idiomatique et métaphore[53], ou entre sens exocentrique et sens endocentrique d'une même expression, comme dans le cas de חגר מתנים ou אִישׁ דמים. C'est dire que la liste ci-après est et reste sujette non seulement à compléments, mais aussi à discussion.

---

49   HAL, 1237b.

50   Ce qui peut être utile pour la difficile question de la chronologie des rois d'Israël et de Juda.

51   1949, édition reproduisant sans changement la 17ème édition datée de 1915.

52   Ed. KÖNIG, Stilistik, Rhetorik, Poetik, in Bezug auf die biblische Literatur, Leipzig, 1900. P. DHORME, L'emploi métaphorique des noms de parties du corps en hébreu et en akkadien, Paris, 1923. R.P. LAVERGNE, o.p., L'expression biblique, Paris, 1947. Irene LANDE, Formelhafte Wendungen der Umgangssprache im AT, Leiden, 1949.

53   Cf. J. DE WAARD, Biblical Metaphors and their Translation, in TBT 25/1, January 1974, 109.

La sélection a été opérée à partir des critères d'exocentricité et de stéréotypie, mais certaines éliminations ont été imposées par l'absence évidente d'univocité, comme dans le cas de הִכָּה בַּף (ou מחא, ספק, תקע), "battre des mains" pouvant en effet prendre des valeurs aussi diverses que "applaudir", "tourner en dérision" ou "manifester de l'agacement". Inversement, l'absence de stéréotypie a semblé déterminante pour exclure l'euphémisme désignant la relation sexuelle. En dépit d'un sens exocentrique et univoque, il se présente, en effet, sous des formes par trop diverses : שכב עם (26×), שכב את (את pouvant être la *n. a.* ou la préposition, les deux représentant 21 occurrences), שכב אֵצֶל (Gn 39.10 †), sans parler de l'accusatif direct qu'on trouve en Dt 28.30. Une telle série d'expressions doit être classée dans la catégorie des métaphores (mortes)[54].

Les séquences récurrentes retenues comme expressions idiomatiques ont été classées ci-après selon l'ordre alphabétique des mots-pivots. Ces derniers sont indiqués dans la deuxième colonne du tableau qui suit. En principe les mots choisis comme "pivots" sont ceux qui ont paru les plus spécifiques. Il est vrai qu'un tel choix ne va pas toujours de soi et pourra paraître parfois arbitraire. Une autre entrée sera donc offerte en index à partir des autres mots constituants et renvoie par le numéro d'ordre aux expressions correspondantes. Les références sont indiquées au complet quand leur nombre est inférieur à 10.

N°	mots-pivots	Expr. idiom.	Sens apparent	nb
1	אֹהֶל	אִישׁ לְאֹהָלָיו	"chacun à ses tentes" = sauve qui peut !	10×
2	אוֹר	הֵאִיר עֵינַיִם	"éclairer les yeux" Ps 13.4; 19.9; Pr 29.13; Esd 9.8	4×
		cf. אוֹר עֵינַיִם	Ps 38.11 (U.C.)	
3		הֵאִיר פְּנֵי פ׳	"éclairer la face de qqn" Nb 6.25; Ps 31.17; 67.2; 80.4,8,20; 119.135; Qo 8.1; Dn 9.17	9×

- -

54 L'expression a un équivalent français formel, *coucher avec*, lequel a complètement perdu aujourd'hui son caractère primitif d'euphémisme. Les dictionnaires le rangent, en effet, au registre du langage familier.

4	אוֹר	רָאָה אוֹר	"voir la lumière" = vivre Ps 36.10; 49.20; Jb 3.16; cf. Es 53.11 (1QIs^{ab}); Jb 33.28	3–4×
5		נָתַן אוֹר	"donner la lumière" = appeler à la vie Jb 3.20	1×
6	אֹזֶן	גִּלָּה אֹזֶן	"dévoiler l'oreille" = communiquer, révéler	13×
		cf. גְּלוּי עֵינַיִם	Nb 24.4,16	
		cf. גָּלָה עֵינַיִם	Nb 22.31; Ps 119.18	
7		הִטָּה אָזְנוֹ	"étendre/incliner son oreille" = être attentif	26×
8		תִּצַּלְנָה/תִּצַּלֶינָה אָזְנָיו	"ses oreilles tinteront" 1 R 3.11; 2 R 21.12; Jr 19.3	3×
9	אזר	אָזַר חֲלָצָיו (מָתְנָיו)	"ceindre ses reins" = se tenir prêt à Jr 1.17; Jb 38.3; 40.7	3×
10	אַיֵּה	אַיֵּה יהוה/אֱלֹהִים/הֵיךְ	"Où est YHWH/(ton) Dieu ?"	15×
11	אכל	אָכַל אֶת־בְּשַׂר פּ׳	"manger la chair de qqn" Ps 27.2; cf. Dn 3.8; 6.25	1×
		cf. לֹא שָׂבַע מִבְּשַׂר פּ׳	n° 133	
12		אָכַל עַל/אֶל־הַדָּם	"manger sur le sang" 1 S 14.33,34	2×
13	אָלָה	בָּא/הֵבִיא בְּאָלָה	"(faire) entrer dans la malédiction" Ez 17.13; Ne 10.30; cf. n° 14	2×
14		נָשָׂא אָלָה בְ	"prêter une malédiction" = ? 1 R 8.31; 2 Ch 6.22	2×
15	אסף	אָסַף נַפְשׁוֹ	"ramasser sa vie" Jg 18.25; Ps 26.9	2×

16		נֶאֱסַף אֶל־עַמָּיו	"être réuni aux siens"
			Gn 25.8,17; 35.29; 49.33;
			Nb 20.24; 27.13; 31.2; Dt 32.50
	cf.	נֶאֱסַף אֶל־עַמּוֹ	"à sa parenté"
			Gn 49.29
	cf.	נֶאֱסַף אֶל־אֲבוֹתָיו	"à ses pères"
			Jg 2.10

17 אַף   שִׂים אַף   "mettre le nez"   1×
                                  Jb 36.13

18 אֶצְבַּע   שָׁלַח אֶצְבַּע   "envoyer le doigt"   1×
                                  = accuser
                                  Es 58.9; cf. 1 QS 11,2

19 ארב   אָרַב (לְ)דָם   "guetter (pour) le sang"   2×
                                  Pr 1.11; 12.6

20 ארך   הֶאֱרִיךְ אַפּוֹ   "allonger son nez"   2×
                                  = patienter
                                  Es 48.9; Pr 19.11

21 בוא   בּוֹא אֶל אִשָּׁה   "entrer chez une femme"   25×
                                  = coire
     cf. בּוֹא עַל אִשָּׁה   Gn 19.31; Dt 25.5.
     cf. קָרַב אֶל אִשָּׁה   Gn 20.4; Lv 18.14; Dt 22.14;
                                  Es 8.3; Ez 18.6

22   בִּי אֲדֹנִי/נָי   pas de sens apparent   14×
                                  = sauf votre respect

23 בלע   עַד־בִּלְעִי רֻקִּי   "jusqu'à ce que j'avale ma salive"   1×
                                  Jb 7.19

24 בֶּרֶךְ   תֵּלַכְנָה בִרְכַּיִם מַיִם "les genoux s'en vont en eau"   2×
                                  Ez 7.17; 21.12

25 בָּשָׂר   נָשָׂא בְשָׂרוֹ בְשִׁנָּיו "lever sa chair dans ses dents"   1×
                                  Jb 13.14.

26	גֶּחַל	גֶּחָלִים חֹתֶה עַל-רֹאשׁ פּ׳	"prendre des braises sur la tête de quelqu'un" = ? Pr 25.22	1×
27	גלה	גִּלָּה כְּנַף-אָבִיו	"découvrir le pan de son père" Dt 23.1; 27.20	2×
28		גִּלָּה עֶרְוַת פּ׳	"découvrir la nudité/le sexe de"	26×
29	גֶּפֶן	תַּחַת גַּפְנוֹ וְתַחַת תְּאֵנָתוֹ	"sous sa vigne et son figuier" = jouir d'un bonheur tranquille 1 R 5.5; Mi 4.4; Za 3.10	3×
30	דבר	דִּבֶּר עַל-לֵב פּ׳	"parler sur le cœur de qqn" Gn 34.3; 50.21; Jg 19.3; 2 S 19.8; Es 40.2; Os 2.16; Rt 2.13; 2 Ch 30.22; 32.6	9×
31	דָּבָר	לָקַח עִמּוֹ דְּבָרִים	"prendre avec soi des paroles" Os 14.3	1×
32	דָּם	דָּמוֹ בְרֹאשׁוֹ	"Que son sang soit sur sa tête !" Jos 2.19 (2x); 1 R 2.33,37; Ez 33.4 + formes apparentées, par ex.	5×
		דָּמוֹ עַל רֹאשׁוֹ	2 S 1.16; 1 R 2.32	
33	דֶּרֶךְ	דֶּרֶךְ כָּל-הָאָרֶץ	"le chemin de toute la terre" = le destin universel, la mort Gn 19.31; Jos 23.14; 1 R 2.2	3×
34		הָלַךְ עַל-דֶּרֶךְ	"aller sur le chemin" = entreprendre quelque chose Gn 24.42; Jg 18.5; 1 S 9.6	3×
35	זַו	מִזַּו אֶל-זַו	"de toutes sortes" ? Ps 144.13 (2x)	2×
36	זְרוֹעַ	בִּזְרוֹעַ נְטוּיָה	"le bras étendu" cf. בְּיָד חֲזָקָה, n° 59	15×
37		גָּדַע זְרוֹעַ	"trancher le bras" 1 S 2.31	1×
		cf. מִלֵּא יָד פּ׳	n° 53	

38	חגר	חָגַר מָתְנָיו	"ceindre ses reins" = se préparer à partir Ex 12.11; 2 R 4.29; 9.1	3×
39	חזק	חִזֵּק יַד/יְדֵי פ׳	"fortifier la/les mains" = encourager Jg 9.24; 1 S 23.16; Es 35.3; Jr 23.14; Ez 13.22; Jb 4.3; Esd 6.22; Ne 2.18; 6.9	9×
		cf. הֶחֱזִיק יְמִינֶךָ	Es 41.13, // עָזַר	
40		חִזֵּק פָּנָיו	"se faire le visage dur" Jr 5.3 cf. Lc 9.51 τὸ πρόσωπον στηρίζαι τοῦ...	1×
41	חֵיק	(שִׁלֵּם/הֵשִׁיב) עַל/אֶל חֵיק פ	"rendre (retourner) vers la poche de quelqu'un" = lui rendre la monnaie de sa pièce Es 65.6(7); Jr 32.18; Ps 79.12	3×
42	חֵלֶב	חֶלְבּוֹ סָגַר	"fermer son péritoine" = être insensible Ps 17.10	1×
43	חלה	חִלָּה (אֶת־)פְּנֵי פ׳	"affaiblir (adoucir) la face de quelqu'un"	15×
44	חֲלָצִים	יָצָא מֵחַלְצֵי פ	"sortir des reins de qqn" = être de sa descendance Gn 35.11; 1 R 8.19; 2 Ch 6.9	3×
45	חלק	הֶחֱלִיק לָשׁוֹן	"lisser la langue" = flatter Ps 5.10; Pr 28.23	2×
		cf. הֶחֱלִיק אֲמָרִים	Pr 2.16; 7.5	
		cf. חֶלְקַת לָשׁוֹן	Pr 6.24	
46	חֵן	מָצָא חֵן בְּעֵינֵי פ׳	"trouver faveur" = être agréé	42×

47		אֶמְצָא חֵן בְּעֵינֶיךָ	"puissé-je trouver faveur à tes yeux !" = merci Gn 33.15; 34.11; 47.25; Ex 33.13; 2 S 16.4; Rt 2.2,13 cf. Gn 19.19	7×
48		אִם־נָא מָצָאתִי חֵן בְּעֵינֶיךָ	"Si j'ai trouvé faveur à tes yeux" = s'il te plaît Gn 18.3; 30.27; 33.10; 47.9; 50.4; Ex 33.13; 34.9; Jg 6.17; 1 S 20.19; 27.5 etc.	14×
49	חרף	חֵרֵף נַפְשׁוֹ	"déprécier sa vie" = risquer sa vie Jg 5.18	1×
50	חרץ	חָרַץ לָשׁוֹן	"pointer la langue" Ex 11.7; Jos 10.21	2×
51	חרק	חָרַק (בְּ)שִׁנָּיו (עַל)	"grincer des dents (contre)" Ps 35.16; 37.12; 112.10; Jb 16.9; Lm 2.16	5×
52	חשׂף	חָשַׂף זְרוֹעוֹ	"dénuder son bras" Es 52.10; Ez 4.7	2(4)×
53	יד	מִלֵּא יַד פ׳	"remplir la main de qqn" = lui donner l'investiture sacerdotale Ex 28.41; 29.9,29,33,35; Lv 16.32; 21.10; Nb 3.3; Jg 17.5,12; 2 Ch 13.9	10×
54		נָטָה יָדוֹ עַל	"étendre la main sur ou contre"	15×
		cf. נָתַן יָדוֹ בְּ cf. הָיְתָה יָדוֹ בְּ cf. נָשָׂא יָדוֹ בְּ		
55		נָשָׂא יָדוֹ לְ	"lever la main pour" = faire le serment de	13×

56		נָתַן יָדוֹ	"donner la main" = faire acte d'allégeance 2 R 10.15; Jr 50.15; Ez 17.18; Lm 5.6; Esd 10.19; 1 Ch 29.24; 2 Ch 30.8	7×
57		שִׂם יָד עַל־פֶּיו	"mettre la main sur sa bouche" = se retenir de parler Jg 18.19; Mi 7.16; Jb 21.5; 40.4 cf. Jb 29.9 (כַּף)	4×
58		שִׁית יָדוֹ עִם	"mettre la main avec" = faire cause commune avec : Ex 23.1	1×
59		בְּיָד חֲזָקָה cf. בִּזְרוֹעַ נְטוּיָה	"d'une main forte" n° 36	19×
60	יצא	יָצָא וּבָא cf. הוֹצִיא וְהֵבִיא	"sortir et entrer" "faire sortir et entrer"	21× 2×
61		יָצָא לִבּוֹ	"son cœur sortit" = il fut stupéfait Gn 42.28	1×
62		הוֹצִיא רוּחַ	"faire sortir l'esprit" = manifester sa mauvaise humeur Pr 29.11	1×
63	ירך	סָפַק עַל(אֶל) יָרֵךְ	"(se) frapper sur la fesse" = battre sa coulpe Jr 31.19; Ez 21.17	2×
64		שׁוֹק עַל־יָרֵךְ	"cuisse contre fesse" = à plate couture Jg 15.8	1×
65		שִׂם יָד תַּחַת יָרֵךְ פ'	"mettre sa main sous la fesse de quelqu'un" = lui jurer solennellement Gn 24.2,9; 47.29	3×

66	כָּנָף	פָּרַשׂ כְּנָפוֹ עַל־אִשָּׁה	"étendre son pan sur une femme" = l'épouser Ez 16.8; Rt 3.9	3×
67	כַּף	פָּרַשׂ כַּפַּיִם (אֶל)	"étendre les mains vers" = supplier	12×
68		שָׂם נַפְשׁוֹ בְכַפּוֹ	"mettre sa vie dans sa paume" = au péril de sa vie Jg 12.3; 1 S 19.5; 28.21; Ps 119.109; Jb 13.14	5×
69	כפר	כִּפֶּר פְּנֵי פ׳	"couvrir la face de qqn" = l'apaiser Gn 32.21	1×
70	כרת	כָּרַת בְּרִית	"couper une alliance" = se lier par un engagement	129×
71	כָּתֵף	נָתַן כָּתֵף סֹרֶרֶת	"mettre une épaule rétive" = s'opposer Za 7.11; Ne 9.29	2×
72	לֵב	גָּנַב/גִּנֵּב לֵב פ׳	"dérober le cœur de qqn" = le mystifier Gn 31.20; 2 S 15.6	2×
73		אֲשֶׁר נְשָׂאוֹ לִבּוֹ	"que son cœur porte" = volontaire Ex 35.21,26; 36.2 cf. 2 R 14.10; 2 Ch 25.19	3×
74		רָם לְבָבוֹ	"son cœur s'élève" = il s'enorgueillit Dt 8.14; 17.20; Ez 31.10; Os 13.6; Dn 11.12	5×
75		שָׂם לִבּוֹ/לְבָבוֹ (עַל/אֶל)	"mettre son cœur sur" = remarquer 1 S 25.25; 2 S 18.3 (2x) Es 41.22; Ez 44.5 (2x); Jb 1.8; 2.3 cf. Dt 32.46; Ez 40.4	8×

76		שִׂית לֵב לְ	"mettre son cœur à" = prêter attention 1 S 4.20; Jr 31.21; Ps 48.14; 62.11; Jb 7.17; Pr 22.17; 27.23	7×
77		עָלָה עַל־לֵב	"monter sur le cœur" 2 R 12.5; Es 65.17; Jr 3.16; 7.31; 19.5; 32.35; 44.21; 51.50; Ez 38.10 cf. 1 Co 2.9	9×
78	לָשׁוֹן	נַעֲלָה עַל־שְׂפַת לָשׁוֹן	"être hissé au bord de la langue" = devenir sujet de racontars Ez 36.3	1×
79	מָה	וִיהִי מָה cf. וְיַעֲבֹר עָלַי מָה	"Que soit quelque chose !" = quoi qu'il en soit 2 S 18.22,23 Jb 13.13 = advienne que pourra !	2×
80	מַטֶּה	שָׁבַר מַטֵּה־לֶחֶם	"casser le bâton du pain" = couper les vivres Lv 26.26; Ez 4.16; 5.16; 14.13; Ps 105.16; (Si 48.2)	5(6)×
81	מלא	מָלֵא לִבּוֹ (לַעֲשׂוֹת כֵּן)	"son cœur est rempli" (pour agir ainsi) = avoir l'audace de ... Est 7.5	1×
82		מִלֵּא אַחֲרֵי יהוה	"remplir derrière le Seigneur" Nb 14.24; 32.11–12; Dt 1.36; Jos 14.8–9,14; 1 R 11.6; (Si 46.6)	8(9)×
83	מַסֵּכָה	נָסַךְ מַסֵּכָה	"répandre une libation" = conclure un traité Es 30.1	1×
84	מֶתֶג	לָקַח אֶת־מֶתֶג הָאַמָּה מִיַּד	"prendre de la main de qqn la bride de l'avant-bras" = prendre le dessus ? 2 S 8.1	1×

85	נוע	הֵנִיעַ (בְּ)רֹאשׁ	"hocher la tête" = tourner en dérision ? défier ? 2 R 19.21; Es 37.22; Ps 22.8; 109.25; Jb 16.4; Lm 2.15; (Si 12.18; 13.7); cf. Mc 15.29	6(8)×
86	נוף	הֵנִיף יָדוֹ עַל	"balancer la main contre" = menacer ? Es 11.15; 13.2; 19.16; Za 2.13; Jb 31.21; (Si 12.18; 36.3)	5(6)×
		cf. הֵנִיעַ יָדוֹ	So 2.15; (Si 12.18)	
87	נַעַל	הִשְׁלִיךְ נַעֲלוֹ עַל	"jeter sa sandale sur" = revendiquer un droit sur Ps 60.10; 108.10 cf. Dt 25.9–10; Rt 4.7–8	2×
88	נֶפֶשׁ	שָׁפַךְ נַפְשׁוֹ לִפְנֵי	"verser sa vie devant" 1 S 1.15; Ps 42.5	2×
89		נָשָׂא נַפְשׁוֹ	"élever son gosier" = désirer Dt 24.15; 2 S 14.14; Os 4.8; Ps 24.4; 25.1; 86.4; 143.8; Pr 19.18	8×
90	נתן	מִי יִתֵּן	"Qui donnera ?" = Ah ! si …	25×
		cf. מִי יִתְּנֵנִי		
		cf. מִי יִתֶּנְךָ		
91	עטה	עָטָה עַל שָׂפָם	"couvrir sa moustache" = manifester sa honte Mi 3.7	1×
		cf. Lv 13.45; Ez 24.17,22	où le sens est endocentrique	
92	עַיִן	קָרַץ (בְּ)עַיִן	"cligner de l'œil" Ps 35.19; Pr 6.13; 10.10	3×

93		רָמוּ עֵינָיו	"ses yeux sont haut" = il est prétentieux Ps 131.1; Pr 30.13	2×
94		שִׂים עַיִן עַל פּ׳	"mettre l'œil sur qqn" = veiller sur/à Gn 44.21; Jr 24.6; 40.4; Am 9.4 cf. Jr 39.12 (עֵינַיִם)	4(5)×
95	עלם	הֶעְלִים עֵינָיו מִן	"cacher ses yeux" = vouloir ignorer Lv 20.4; 1 S 12.3; Es 1.15; Ez 22.26; Pr 28.27	5×
96	עמד	עָמַד לִפְנֵי פּ׳	"se tenir devant quelqu'un" = être à son service	61×
97		עָמַד עַל־דָּם	"se tenir sur le sang" Lv 19.16	1×
98		עָמַד עַל נַפְשׁוֹ	"se tenir sur sa vie" = être prêt à défendre sa vie Est 8.11; 9.16	2×
99	ענהIII	עִנָּה נַפְשׁוֹ	"humilier sa vie/personne" = jeûner Lv 16.29,31; 23.27,32; Nb 29.7; 30.14; Es 58.3,5; Ps 35.13	9×
100	ערף	פָּנָה עֹרֶף אֶל	"tourner la nuque" = ignorer (avec mépris) Jr 2.27; 32.33	2×
101		פָּנָה עֹרֶף לִפְנֵי	"tourner la nuque devant" = prendre la fuite Jos 7.12	1×
		cf. הִפְנָה־עֹרֶף	Jr 48.39	
102		הִקְשָׁה עָרְפּוֹ cf. עֹרֶף קָשֶׁה cf. קְשֵׁה עֹרֶף	"raidir la nuque"	11×

103	פֶּה	פֶּה אֶל־פֶּה	"bouche vers bouche"	1×
			= sans intermédiaire	
			Nb 12.8; cf. Esd 9.11	
		cf. פֶּה לְפֶּה	2 R 10.21; 21.16	
		cf. פִּיו עִם־פִּיו	Jr 32.4	
		cf. פִּיהוּ אֶת־פִּיךָ	Jr 34.3	
			cf. n° 110	
104		יָצָא מִפֶּה	"sortir de la bouche"	7×
			= être promis	
			Nb 30.3; 32.24; Jg 11.36; Es	
			45.23; 48.3; 55.11; Jr 44.17	
		cf. מוֹצָא פִי־יהוה		
		cf. מוֹצָא שְׂפָתַיִם		
		cf. פָּצָה פִּי	Jg 11.35–36	
		cf. פָּצָה שְׂפָתָי	Ps 66.14	
		cf. פָּתָה שְׂפָתָיו	Pr 20.19	
105	פטר	הִפְטִיר בְּשָׂפָה	"faire une fente avec la lèvre"	1×
			Ps 22.8	
		הֵנִיעַ רֹאשׁ //	n° 85	
		cf. הִרְחִיב פֶּה עַל	n° 131	
		cf. פָּעַר (בְּ)פִיו	Es 5.14; Ps 119.131;	
			Jb 16.10; 29.23	
106	פָּנִים	הִכִּיר פָּנִים	"distinguer le visage"	4(5)×
			= être partial	
			Dt 1.17; 16.19; Pr 24.23;	
			28.21; (Si 38.10)	
107		הִפִּיל פָּנָיו בְּ	"faire tomber son visage sur"	1×
			= faire grise mine à	
			Jr 3.12	
		cf. נָפְלוּ פָנָיו	Gn 4.5	
108		נָשָׂא פְנֵי פ׳	"élever le visage de qqn"	20×
			= lui faire bon accueil	
			(nuances de considération,	
			de partialité…)	
	ne pas confondre avec	נָשָׂא פָנָיו (אֶל)		
		(sens endocentrique)		
		cf. נְשׂוּא פָנִים	Jb 22.8	

109		הִסְתִּיר פָּנָיו מִפּ׳	"cacher son visage de qqn" = se désintéresser de lui	29×
110		פָּנִים אֶל־פָּנִים	"face à face" = sans intermédiaire Gn 32.31; Ex 33.11; Dt 34.10; Jg 6.22; Ez 20.35	5×
		cf. פָּנִים בְּפָנִים	Dt 5.4 cf. n° 103	
111		רָאָה פְּנֵי אֱלֹהִים/הַמֶּלֶךְ	"voir la face (de Dieu/du roi)" = être admis en sa présence	18×
		cf. נִרְאָה (אֶת־)פְּנֵי יהוה	"être vu de la face de" = se présenter devant YHWH	9×
112		הִתְרָאָה פָּנִים	"se voir (mutuellement) la face" = s'affronter 2 R 14.8,11; 2 Ch 25.17,21	4×
113		שָׂם פָּנָיו ל	"mettre son visage à" = former le projet de 2 R 12.18; Jr 42.15,17; 44.12; Dn 11.17,18 Qr	6×
		cf. נָתַן אֶת־פָּנָיו ל	2 Ch 20.3	
114		הֵשִׁיב אֶת־פְּנֵי פ׳	"retourner la face de quelqu'un" = le repousser, l'éconduire 1 R 2.16,17,20(2×); 2 R 18.24; Es 36.9; Ps 132.10; 2 Ch 6.42	8×
115	פתח	פָּתַח מָתְנַיִם	"délier les reins (la ceinture) de qqn" =lui ôter ses moyens Es 45.1	1×
116	צֵל	בְּצֵל יָדוֹ	"à l'ombre de sa main" = à portée de main ? sous sa protection ? Es 49.2; 51.16	2×
117	קצר II	קָצְרָה יָדוֹ	"sa main est (trop) courte" = il n'a pas les moyens de Nb 11.23; Es 50.2; 59.1	3×

118		קָצְרָה נַפְשׁוֹ	"sa respiration est (trop) courte" = il ne peut supporter Nb 21.4; Jg 10.16; 16.16; Za 11.8	4×
119		קָצְרָה רוּחוֹ	"son souffle est court" = il perd patience Mi 2.7; Jb 21.4	2×
120	קרא	קָרָא מִפִּיו אֶל	"énoncer de sa bouche à" = dicter à Jr 36.18	1×
121	קרב II	קְרַב אֵלֶיךָ	"approche vers toi" = ? Es 65.5	1×
122	קֶרֶן	רָמָה קַרְנוֹ	"sa corne est haute" 1 S 2.1; Ps 89.18,25; 112.9	4×
123		הֵרִים קֶרֶן	"élever la corne" 1 S 2.10; Ps 75.5–6; 92.11; 148.14; Lm 2.17; 1 Ch 25.5	7×
124	ראש	נָשָׂא ראשׁוֹ	"(re)lever la tête" = (re)prendre de l'assurance Jg 8.28; Za 2.4; Ps 83.3, Jb 10.15	4×
	cf. רוּם/הֵרִים ראשׁ			
125		נָשָׂא ראשׁ פ׳	"relever la tête de qqn" = distinguer, honorer qqn Gn 40.13,19 (ou sens endo-centrique ?),20; 2 R 25.27; Jr 52.31; (Si 33.26)	4(5)×
126		נָשָׂא ראשׁ (collectivité)	"lever la tête des ..." = faire le recensement des ... Ex 30.12; Nb 1.2,49; 4.2,22; 26.2; 31.49	7×

127		נָתַן/הֵשִׁיב בְּרֹאשׁ פּ' cf. שׁוּב בְּרֹאשׁ cf. דָּמוֹ בְּרֹאשׁוֹ	"(re)mettre sur la tête de" 1 R 2.33; Ab 15 n° 32	12×
128		נָתַן רֹאשׁ לְ	"mettre la tête "à = se mettre en tête de, décider de Nb 14.4; Ne 9.17	2×
129	רַגְלַיִם	הֵסִיךְ אֶת־רַגְלָיו	"se couvrir les pieds" Jg 3.24; 1 S 24.4	2×
130	רום	הֵרִים אֶת־יָדוֹ וְאֶת־רַגְלוֹ	"lever la main et le pied" = entreprendre quelque chose, (lever le petit doigt ?) Gn 41.44	1×
131	רחב	רָחַב/הִרְחִיב פֶּה עַל	"ouvrir largement la bouche contre" = narguer (un adversaire en mauvaise posture) 1 S 2.1; Es 57.4; Ps 35.21	3×
132	רֶסֶן	שִׁלַּח רֶסֶן	"laisser aller (lâcher) la bride" = se conduire sans retenue ? Jb 30.11	1×
133	שבע	לֹא שָׂבַע בִּבְשַׂר פּ'	"ne pas se rassasier de la chair de quelqu'un" Jb 19.22 cf. n° 11	1×
134	שבות/ית	שׁוּב (אֶת־)שְׁבוּת cf. הֵשִׁיב שְׁבוּת	pas de sens apparent	16× 10x
135	שׁוּלִים	גִּלָּה שׁוּלֵי (אִשָּׁה)	"dévoiler les pans" (du vêtement) d'une femme = démasquer son inconduite Jr 13.22; Na 3.5	2×

136	שכם	הַשְׁכֵּם וְדַבֵּר/הָעֵר/לַמֵּר/שָׁלֹחַ	"de bonne heure parler/adjurer/enseigner/ envoyer …" 1 S 17.16; Jr 7.13,25; 11.7; 25.3–4; 26.5; 29.19; 32.33; 35.14–15; 44.4; 2 Ch 36.15 cf. Pr 27.14	13×
137	שלך	הִשְׁלִיךְ אַחֲרֵי (גַּוּוֹ)	"rejeter derrière (son dos)" = faire fi de 1 R 14.9; Es 38.17; Ez 23.35; Ne 9.26. cf. Ps 50.17	4×
138	שֵׁן	בְּעוֹר שִׁנָּי	"avec la peau de mes dents" = sans rien du tout Jb 19.20	1×

Index des autres mots (renvoi aux numéros d'ordre de la liste ci-dessus) :

אָב : *16.* אָדוֹן : *22.* אַחֲרֵי : *82, 137.* אַתָּה : *84.* אַף : *20.* אֶרֶץ : *33.* בוא *Q, Hi : 13, 60.* בְּרִית : *70.* בָּשָׂר : *11, 133.* גרע *Q : 37.* גלה *Q : 6;* גנב *Q, Pi 72.* דָּם : *12, 19, 97.* היה *Q : 79.* הלך : *24, 34.* זְרוֹעַ : *52.* חזק : *59.* חֲלָצַיִם : *9.* יָד : *39, 65, 84, 86, 116, 117, 130.* יצא : *44, 104.* כָּנָף : *27, 66.* לֵב : *30, 61, 81.* לֶחֶם : *80.* לקח : *31, 84.* לָשׁוֹן : *45, 50.* מִי : *90.* מַיִם : *24.* מצא *46, 47, 48.* מָתְנַיִם : *9, 38, 115.* נטה *Q, Hi : 7, 36, 54.* נכר *Hi : 106.* נסר *Q : 83.* נפל *Hi : 107.* נֶפֶשׁ : *15, 49, 68, 96, 98, 118.* נשׂא *I : 14.* נתן : *5, 56, 71, 127, 128.* נשׂא *: 25, 55, 73, 89, 108, 124, 125, 126.* סגר : *42.* סכך *Hi : 129.* ספק : *63.* סרר *I : 71.* סתר *Hi : 109.* עבר : *79.* עוּר : *138.* עַיִן : *2, 46, 47, 48, 94, 95.* עלה *Q : 77; Ni 78.* עַם : *16.* עֶזְרָה : *28.* פֶּה : *57, 120, 131.* פנה : *100, 101.* פָּנִים : *3, 40, 69, 88, 96.* פרשׂ : *66, 67.* צלל *I : 8.* קרץ : *92.* קשׁה *Hi : 102.* ראה *Q : 4, 111; Hitp : 112.* רֹאשׁ : *26, 32, 85.* רֶגֶל : *130.* רוּחַ : *62, 119.* רום *Q : 74, 93, 122; Hi : 123.* רֹק : *23.* שׂים : *17, 57, 65, 68, 75, 94, 113.* שָׂפָה : *78, 104.* שָׂפָם : *91.* שבר *I : 80.* שׁוב *Q : 134; Hi 114, 127.* שׁוֹק : *64.* שׁית : *58, 76.* שלח *Q : 18; Pi 132.* שלך *Hi : 87.* שלם *Pi : 41.* שֵׁן : *25, 51.* שׁפך : *88.* תְּאֵנָה : *29.* תַּחַת : *29, 65.*

Les définitions que E.A. Nida a proposées respectivement des expressions idiomatiques et des unités complexes[55] ne permettent guère de tracer une frontière nette entre ces deux catégories de séquences à sens exocentrique. Ces définitions sont données en effet de manières autonomes. Celle choisie pour l'unité complexe - à savoir que la combinaison de deux ou plusieurs mots appartient à une autre classe sémantique que le mot pivot - est en fait applicable aux expressions idiomatiques proprement dites, puisqu'elle définit en réalité

---

55   1975/1, 113–115.

l'exocentricité du sens de la séquence. La liste partielle que nous avons dressée des unités complexes fait apparaître que ce type d'expressions à sens exocentrique inclut essentiellement les unités appartenant aux classes sémantiques des objets (O), comme אָם הַדֶּרֶךְ (= bifurcation) ou des abstraits (A), comme אֶרֶךְ אַפַּיִם (= patient). Quant à la liste, elle aussi provisoire, que nous avons dressée des expressions idiomatiques proprement dites, elle contient essentiellement des unités appartenant à la classe sémantique des événements (E) et quelques unités de la classe des abstraits (A), comme פֶּה אֶל־פֶּה ou פָּנִים אֶל־פָּנִים (= sans intermédiaire). Les expressions idiomatiques de la classe des abstraits diffèrent de leurs homologues des unités complexes par une structure syntaxique plus élaborée, comme on le voit en comparant les exemples cités ci-dessus ou מִזֶּן אֶל־זַן (= de toutes sortes) à une forme comme רַע עַיִן (= envieux), qui a été classée comme unité complexe.

Nombre de ces expressions ont déjà fait l'objet de recherches[56], mais guère en tant qu'expressions idiomatiques telles qu'on les a définies ici, c'est-à-dire en tant qu'**unités sémantiques**. Trop souvent, en effet, le caractère exocentrique du sens a été méconnu et la signification de l'expression recherchée à partir des morphèmes constituant l'expression, c'est-à-dire à partir du sens apparent ou endocentrique.

Certaines, il est vrai, semblent plus ou moins bien élucidées, grâce sans doute à l'apport du contexte. Mais cet apport nous semble avoir été saisi d'une manière souvent plus intuitive que déductive.

On constate enfin que, pour nombre d'entre elles, les versions en usage se sont contentées d'indiquer le sens apparent, sans doute par souci de conserver quelque "couleur locale", laissant au lecteur le soin de deviner le sens de l'expression.

La recherche qui suit porte sur des expressions de cette dernière catégorie et sur quelques cas où l'interprétation traditionnelle a semblé discutable. Le choix des quelques expressions à analyser porte incontestablement la marque de la subjectivité. Cependant, parmi les expressions idiomatiques qui font encore problème au traducteur, on a retenu, pour les examiner de plus près, quelques cas répondant à deux critères : tout d'abord un nombre suffisant d'attestations, pour permettre une étude documentée, ensuite une signification traditionnelle discutable, que celle-ci reste discutée (שׁוּב שְׁבוּת), ou méconnue, comme אָמְצָה חֵן בְּעֵינֶיךָ ou מִלֵּא אַחֲרֵי יהוה, soit qu'elle apparaisse comme difficilement compatible avec le contexte de l'expression ou son environnement culturel

---

56   Dans des dictionnaires comme HAL, THAT ou TWAT on trouvera les indications bibliographiques les plus significatives.

vétérotestamentaire comme דִּבֶּר עַל־לֵב, trop facilement interprété à l'occidentale comme porteur d'une signification affective. On observera cependant que, malgré la subjectivité du choix des expressions étudiées de plus près, celles-ci sont de types assez variés pour offrir un éventail significatif. On les présente ici sensiblement dans l'ordre où elles ont été étudiées.

Il ne faut pas se dissimuler enfin que certains cas *hapax* sont pour ainsi dire des cas désespérés, du moins dans l'état actuel de nos connaissances. Sans doute la création de nouveaux outils linguistiques permettant notamment de mesurer l'apport du contexte au sens d'une unité lexicale permettrait-elle de résoudre certains cas pour l'instant sans solution scientifique satisfaisante.

CHAPITRE II

MÉTHODE

COMPOSANTS SÉMANTIQUES

On se propose donc ici d'élucider le sens de quelques expressions idiomatiques en leur appliquant la procédure d'**analyse componentielle**.

Sous l'article *componentiel* on trouve dans le *Dictionnaire de Linguistique* une présentation sommaire de cette procédure. Cette dernière est le fruit des travaux de linguistes américains[1] publiés à partir de l'année 1955, ou français, comme B. Pottier[2]. A l'intention des traducteurs travaillant sous l'égide de l'Alliance Biblique Universelle, la méthode a été vulgarisée[3] et affinée essentiellement par les travaux de E.A. Nida[4]. Utilisée surtout pour la recherche des équivalents dans les langues cibles de la traduction biblique, elle a été moins exploitée, à notre connaissance, pour le déchiffrement des langues bibliques elles-mêmes[5]. Il faut relever toutefois que la théorie des domaines sémantiques a servi de base à l'élaboration du *Greek-English Lexicon of the New Testament*, publié sous la direction de J.P. Louw et E.A. Nida[6].

Dans la mesure où elles sont vivantes, les langues cibles de la traduction biblique pouvant être considérées comme linguistiquement homogènes, la procédure d'analyse componentielle peut leur être appliquée sans précaution particulière. Il n'en va pas de même pour les langues bibliques, notamment pour l'hébreu, dont la production littéraire s'étend sur près d'un millénaire, ce qui annonce d'inévitables variations linguistiques et réclame que l'on prenne quelques précautions relativement à l'état de langue dans lequel sont formulés les expressions ou les termes étudiés. On reviendra sur ce point particulier lors de l'exposé de la procédure à suivre.

L'analyse componentielle table sur le fait que le sens d'une unité sémantique résulte d'une combinaison d'éléments de signification qu'on appellera ici **composants sémantiques**.

- -

1   Une quinzaine d'ouvrages dus à une douzaine d'auteurs sont signalés par E.A. NIDA 1975/1, 32.

2   Vers une sémantique moderne *in* Travaux de linguistique et de littérature N° 2, Strasbourg, 1963; Recherches sur l'analyse sémantique en linguistique et en traduction, Nancy, 1963.

3   Ch. TABER et E.A. NIDA 1971.

4   1975/1 et 1975/2.

5   Voir cependant J. DE WAARD et E.A. NIDA 1986, 138–181.

6   United Bible Societies, New York, 1988.

Selon le niveau d'analyse souhaité, les composants sémantiques peuvent être de simples <u>sèmes</u>, c'est-à-dire des unités minimales de signification, ou des <u>sémèmes</u>, c'est-à-dire des faisceaux de sèmes[7].

L'existence de deux types de composants sémantiques apparaît bien quand on examine par exemple la série hébraïque אַיִל I/1[8] (bélier), גְּדִי (chevreau), גְּדִיָה (chevrette), טָלֶה (agneau), כִּבְשָׂה (agnelle ?), שְׂעִירָה (chèvre), רָחֵל (brebis), שֶׂה (tête de petit bétail), שָׂעִיר (bouc). Tous ces items ne sont pas situés au même niveau de la hiérarchie sémantique. Ainsi שֶׂה inclut tous les autres termes de la série. C'est dire que tous ceux-ci possèdent un certain nombre de composants sémantiques communs, ceux-là même qui constituent le sens de שֶׂה.

De même les items de la série des ovins (אַיִל I/1, טָלֶה, כִּבְשָׂה, רָחֵל) ont un certain nombre de **composants** sémantiques **communs**, au même titre que la série des caprins (שָׂעִיר, שְׂעִירָה, גְּדִיָה, גְּדִי).

A l'intérieur de chaque série, chacun des items se différencie des autres par au moins un **composant distinctif**. Par exemple אַיִל I/1 est différent de רָחֵל par la présence du composant mâle vs femelle, de même que טָלֶה et כִּבְשָׂה diffèrent ensemble des deux précédents par la présence du composant jeune vs adulte. On peut ainsi dresser le tableau suivant :

	mâle vs femelle	adulte vs jeune
אַיִל I/1	+	+
טָלֶה	+	−
כִּבְשָׂה	−	−
רָחֵל	−	+

figure 1

---

7 Selon la terminologie de B. POTTIER. Voir Le Langage (Les Dictionnaires du Savoir moderne), p. 453.

8 L'indice I/1 signifie que l'on considère ici l'homographe אַיִל classé en premier (I) dans un dictionnaire comme le DHAB, devant אַיִל II (grand arbre), et (1) la première acception de ce lexème proposée par le même dictionnaire, devant l'acception (2) "homme de pouvoir, gouverneur".

On voit alors qu'un même composant sémantique peut être considéré comme
commun ou distinctif selon les items comparés. Ainsi le composant "adulte" est
commun à אַיִל I/1 et רָחֵל, et distinctif si l'on compare l'un ou l'autre de ces deux
items à טָלֶה ou כִּבְשָׂה. Les composants distinctifs peuvent donc être repérés par
comparaison/opposition des divers items d'une série caractérisée par la présence
de composants communs.

DOMAINE SÉMANTIQUE

Des unités sémantiques qui ont des composants communs forment un
ensemble qu'on peut appeler **domaine sémantique**.

Il vaut mieux éviter ici l'appellation "champ sémantique". Avec le *Dictionnaire de Linguistique*[9] on
le réservera à l'ensemble des acceptions d'une même entrée lexicale, comme מוֹעֵד, qui désigne une
rencontre, mais aussi, par processus métonymique, le lieu de la rencontre, ou le moment de celle-ci,
voire l'objet de la rencontre, à savoir la fête.

Pour en rester à la série citée plus haut, on observera qu'une même unité
peut appartenir à plusieurs domaines sémantiques différents selon les besoins de
l'analyse. Ainsi טָלֶה peut être considéré comme appartenant au domaine
sémantique "ovin", mais aussi, avec כִּבְשָׂה, גְּרִי et גְּדִיָּה au domaine "jeunes animaux
du petit bétail", à moins que l'on considère un domaine sémantique plus vaste,
celui du petit bétail en général, auquel cas, à côté de שֶׂה (tête de petit bétail) on
devrait inclure encore des termes comme צֹאן (troupeau de petit bétail). Le
domaine sémantique apparaît donc comme un grandeur de dimension variable et
arbitraire, à ne pas confondre avec le "champ conceptuel", lequel réunit l'ensemble
des mots désignant, par exemple, la connaissance[10].

UNE ANALYSE SYNCHRONIQUE

Une fois délimité un domaine sémantique auquel appartient telle expression à
élucider, seuls deviennent pertinents les composants distinctifs de celle-ci, puisqu'ils
permettent de différencier cet item de ceux qui partagent avec lui un certain
nombre de traits communs. Dans la mesure où ces composants distinctifs
n'apparaissent que par comparaison/opposition avec les autres items du même
domaine sémantique, il faut s'assurer, en bonne méthode, qu'ils sont comparables,
c'est-à-dire qu'ils appartiennent au même état de langue. En d'autres termes, la
comparaison doit être **synchronique**.

- - - - - - - - - - - - - - - - - - - -

9   *s.v.* champ.
10   Dictionnaire de la Linguistique, p. 81.

Grammaires et dictionnaires traitent en général de l'hébreu biblique comme d'une langue homogène. On ne peut nier, en effet, la présence d'un grand nombre de constantes linguistiques, mais les indices ne manquent pas qui attestent des variations tant dans l'espace que dans le temps.

Dans l'espace, un texte comme Jg 12.6 témoigne déjà, par exemple, de différences phonétiques entre le parler du Galaad et celui d'Ephraïm, le premier désignant l'épi (ou le courant d'eau) par שִׁבֹּלֶת, le second par סִבֹּלֶת. Les différences devaient être plus profondes entre l'hébreu parlé dans l'Israël du Nord et celui qui avait cours en Juda. Elles pourraient expliquer nombre de difficultés présentées par le livre d'Osée[11], seul représentant certain de l'hébreu pratiqué au 8ème siècle en Ephraïm face au reste du corpus vétérotestamentaire où dominent les textes d'origine judéenne.

Mais les variations linguistiques sont surtout discernables dans le temps, compte tenu du fait que, depuis Débora (Jg 5), l'activité littéraire en Israël s'étale sur près de dix siècles. Entre les périodes pré- et postexilique, par exemple, on repère facilement des variations morphologiques (ainsi la particule אֲשֶׁר fait place à -שֶׁ dans les textes tardifs comme certains Psaumes, Ct, Lm ou Qo[12]), mais aussi, ce qui intéresse davantage notre propos, des variations sémantiques, dont l'évolution du sens d'expressions comme עַם הָאָרֶץ[13] est un exemple probant.

Avant de délimiter un domaine sémantique auquel appartient telle expression à étudier, il conviendra donc de définir le corpus à l'intérieur duquel on peut estimer avoir affaire à un même état de langue.

UNE ANALYSE COMPONENTIELLE

Les étapes d'une analyse componentielle devraient donc se présenter comme suit :

1. Délimitation d'un corpus à l'intérieur duquel on peut être assuré d'avoir affaire à un même état de langue. La distribution des occurrences relevées exigera, selon les cas, des procédures diverses pour le délimiter.

(a) S'il est possible de **dater** les occurrences, celles-ci peuvent être éventuellement regroupées en ensembles à l'intérieur desquels on peut estimer que la langue est à

- -

11   Mis à part les problèmes de conservation du texte.

12   Voir la concordance de Abraham Even Shoshan, p. 1097.

13   Voir p. 40–41.

peu près homogène. Dans la pratique, cette procédure reste cependant d'un maniement délicat. D'abord parce que nombre de textes sont, dans l'état actuel de nos connaissances, impossibles à dater avec quelque précision. Il est ainsi totalement inutile à notre propos d'apprendre que "certains éléments (du Lévitique) peuvent remonter à une très haute antiquité[14]". En second lieu l'analyse littéraire actuelle est en pleine mutation, notamment dans la conception qu'on se fait de la formation du Pentateuque[15] ou des livres dits historiques, en sorte que nombre de quasi-certitudes d'hier sont aujourd'hui battues en brèche en ce qui concerne histoire littéraire ou datation. On notera enfin que les spécialistes se divisent sur la date d'un livre aussi cohérent que celui de Ruth[16]. C'est dire combien certaines datations restent subjectives. Compte tenu de ces incertitudes, on devra parfois se contenter de la répartition simple adoptée par P. Joüon[17] entre les périodes pré- et postexilique de l'hébreu biblique. Ainsi, par exemple, pour les neuf occurrences de la séquence דִּבֶּר עַל־לֵב.

(b) Plus satisfaisante pour garantir l'identité d'état de langue est le cas d'**appartenance à une même unité littéraire**. C'est ainsi qu'on pourrait regrouper au moins une partie des occurrences de l'expression דְּמו/יו בְּרֹאשׁ : d'une part celles de 2 S 16.8--1 R 2.44, qui appartiennent à la "Chronique de la succession de David"[18] mise en évidence par L. Rost[19], d'autre part les onze occurrences propres à Ezéchiel.

(c) Il sera certainement plus exceptionnel de pouvoir rattacher telle expression à une **tradition commune**. C'est pourtant le cas pour l'expression מִלֵּא אַחֲרֵי יהוה, dont toutes les occurrences appartiennent à la tradition calébite[20].

(d) D'une manière plus générale on pourra examiner si l'**environnement** des occurrences relevées **présente des constantes** de vocabulaire et de style qui permettent de conclure à une certaine homogénéité de langue pour les textes considérés. Ainsi M. Weinfeld a-t-il mis en évidence un style littéraire qui domine la formulation d'une bonne partie des textes canoniques dans les années 650 à 500

---

14 TOB, édition à notes intégrales, Introduction au Lévitique.
15 A. DE PURY 1989.
16 R. RENDTORFF 1983, 273; O. KAISER 1984, 197–198.
17 P. JOÜON 1947, § 3b. On observera cependant que la "coupure linguistique", pour employer un terme de E. Blum (Le Pentateuque en question, p. 300), est à situer plus tard que le 6ème siècle. E. Blum a bien noté en effet que, contrairement aux Chroniques (vers 300 avant notre ère), les textes sacerdotaux sont encore "du côté de l'hébreu classique".
18 Voir notre article : Que son sang soit sur sa tête ! in VT XXXVI/4, (1986), 474–479.
19 Die Überlieferung von der Thronnachfolge Davids, Stuttgart, 1926.
20 Voir au chapitre consacré à cette expression, p. 176–178.

avant notre ère[21]. Ce style se caractérise non seulement par une dizaine de thèmes de prédilection, mais aussi par toute une phraséologie que l'auteur analyse longuement au cours de l'ouvrage. On tient là un outil des plus précieux pour établir un corpus linguistiquement homogène, à l'intérieur duquel il sera loisible de délimiter d'une manière synchronique tel domaine sémantique incluant l'expression à élucider.

2. La deuxième étape de la recherche portera sur les **contextes** dans lesquels apparaît l'expression étudiée. Leur examen doit permettre de faire ressortir les termes ou locutions de significations plus ou moins apparentées qui forment avec celle-ci un **domaine sémantique**, tous ces items partageant un ou plusieurs composés sémantiques communs.

Il faut relever ici qu'un domaine sémantique délimité de la sorte sera plus restreint que celui qu'on pourrait établir à partir de l'index inverse du lexique hébreu–français. Ce dernier comporte, en effet, les termes ou locutions appartenant à tous les états de langue représentés dans le corpus vétérotestamentaire. Le choix serait certainement plus riche, mais fallacieux dans la mesure où il inviterait à comparer ce qui, en réalité n'est pas plus comparable qu'un terme du français contemporain ne l'est à une forme identique du français de Rabelais ou de Calvin. En bonne méthode la comparaison <u>doit</u> être synchronique.

L'expérience prouve d'ailleurs qu'il n'est pas indispensable de disposer d'un choix étendu de termes à comparer. Un maximum de trois ou quatre items est souvent suffisant pour faire apparaître les quelques composants distinctifs qui caractérisent l'expression étudiée.

3. Une fois délimité un domaine sémantique linguistiquement homogène incluant l'expression étudiée, une comparaison terme à terme des items de cet ensemble fait apparaître **la présence ou l'absence de tel ou tel composant**. L'ensemble des observations relevées peut être alors rassemblé dans un tableau synoptique, comme celui qu'on trouvera plus loin dans la figure 2, comportant sur un axe vertical les divers items comparés et, sur un axe horizontal, les composants distinctifs mis en évidence. A la croisée des colonnes, le signe + indiquera la présence du composant correspondant, ++ sa présence renforcée, le signe - son absence, le signe ± sa présence facultative.

Dans un but de clarté, on choisira ici un exemple emprunté intentionnellement au français et organisé autour de l'expression idiomatique *prendre la poudre d'escampette*. Pour situer l'acception correcte des items retenus dans la comparaison, on la citera dans un contexte, exception faite pour "prendre la poudre d'escampette", puisque l'expression idiomatique est

---

21   Deuteronomy and the Deuteronomic School, 1983.

monosémique par nature. Dans le but de faire apparaître les divers composants sémantiques en jeu, il peut être utile de citer les définitions respectives des acceptions retenues telles qu'elles sont proposées par un dictionnaire usuel de langue[22]. On a donc ainsi :

déguerpir (= abandonner précipitamment la place)
dans "l'ordre a été reçu tout à coup ... de déguerpir" (GIDE).

se sauver (= s'enfuir pour échapper à un danger)
dans "il devint rouge comme le feu et se sauva à toutes jambes" (MUSSET).

s'esquiver" (= se retirer en évitant d'être vu)
dans "C'était ma tante et deux de ses amies. Je voulus m'esquiver ..." (NERVAL).

On peut constater alors que
- les quatre items ont au moins un composant commun, à savoir l'action de s'éloigner,
- les composants distinctifs sont, selon les cas : la hâte, la discrétion, la soudaineté, le désir d'échapper à un danger. La comparaison s'organise donc comme suit :

	hâte	discré-tion	soudai-neté	échapper à un danger
pr. l. poudre d'escampette	++	−	±	±
déguerpir	++	−	+	±
se sauver	+	−	−	+
s'esquiver	−	+	±	±

figure 2

Il ressort de cette comparaison que "prendre la poudre d'escampette" apparaît comme très proche de "déguerpir", la différence portant essentiellement sur le composant soudaineté, qui n'est que facultatif pour le premier item.

On peut observer encore qu'ajouter à la liste un terme comme "s'éloigner" n'apporterait aucune information utile. "S'éloigner" peut être considéré, en effet, comme commun à tous les items retenus pour la comparaison. C'est dire qu'il se situe au-dessus d'eux dans la hiérarchie sémantique. Pour les mêmes raisons

- -

22   Les définitions et les exemples sont empruntés au Petit Robert.

"s'enfuir", commun aux trois premiers items du tableau, ne permettrait, sauf pour "s'esquiver", de faire apparaître aucun composant distinctif.

Dernière observation sur cette troisième étape de l'analyse. En détaillant la procédure à partir d'un exemple emprunté au français, langue maternelle de l'auteur, on a sans doute gagné en clarté pour l'exposé de la méthode, mais on s'est aussi facilité la tâche, dans la mesure où les termes mis en jeu sont *a priori* compris pour ainsi dire d'instinct. Il en va autrement lorsqu'on part à la découverte des finesses d'une langue étangère, de surcroît morte depuis longtemps, dont le corpus disponible est somme toute relativement réduit, telle l'hébreu biblique.

4. La dernière étape de la méthode consiste à **traduire** l'expression idiomatique étudiée. La connaissance de ses composants sémantiques permet désormais d'en reconnaître la signification. Reste à lui trouver un équivalent dans la langue cible.

Cet équivalent doit remplir deux conditions. La première paraît évidente : il doit y avoir **équivalence de signification**. La plupart du temps le traducteur effectue son choix de manière intuitive, ce qui est en général suffisant, s'il travaille dans sa langue maternelle. L'analyse componentielle doit lui permettre cependant d'éclairer, voire de contrôler ce choix. Il peut être utile, en effet, de comparer la liste des composants sémantiques de l'expression (ou du terme) source, telle qu'elle a été établie à l'issue des deuxième et troisième phases de l'analyse, avec celle de l'équivalent pressenti ou déjà choisi. Si la correspondance n'est pas ex   , le traducteur repérera vite ce que sa traduction ampute ou ajoute au texte à traduire.

Chaque langue a sa manière propre de répartir en unités lexicales l'ensemble de l'expérience humaine[23]. C'est pourquoi les entrées lexicales d'une langue (A) ne correspondent que rarement à celles d'une langue (B). A un niveau d'analyse plus poussé on dira que chaque langue a sa manière propre de regrouper et combiner en unités sémantiques les unités plus petites que sont les composants sémantiques. C'est dire qu'une expression idiomatique de l'hébreu biblique peut avoir comme équivalent français une expression complexe (peut-être idiomatique, elle aussi), ou un simple "mot", s'il en existe un qui combine les mêmes composants sémantiques.

---

23   Voir Ch. TABER et E.A. NIDA 1971, 16–17.

La première condition posée plus haut vise donc la fonction informative du langage[24]. Mais la traduction ne saurait négliger pour autant la fonction expressive[25] ou poétique[26] du langage, celle qui **met en valeur** le message lui-même. Il est certain que l'expression idiomatique, par sa nature le plus souvent imagée, confère au discours couleur et piquant. Certes son contenu peut être rendu de manière neutre ou abstraite, mais la traduction, même correcte et complète quant au sens, ampute alors le texte d'un élément essentiel. Comme équivalent satisfaisant d'une expression idiomatique, le traducteur s'efforcera de trouver dans la langue cible une expression aussi imagée que possible, métaphore ou, mieux encore, expression elle aussi idiomatique. Si tant est qu'elle existe dans la langue cible !

CONCLUSION

L'analyse componentielle, telle qu'on s'est essayé à en détailler ici la méthode, doit pouvoir servir pour le moins deux objectifs :

1) approcher le sens d'unités simples ou complexes encore insuffisamment élucidées.

2) orienter et contrôler les choix du traducteur.

On compte l'appliquer ici essentiellement à découvrir ou à contrôler la signification d'expressions idiomatiques de l'hébreu biblique. Soumettre à cette méthode la totalité des expressions relevées au chapitre précédent représenterait une entreprise démesurée. On se limitera donc à quelques études ponctuelles d'expressions à notre sens mal voire non encore élucidées, répondant ainsi du mieux possible à ce vœu de U. Weinreich : "La chose dont on a le besoin le plus urgent en sémantique, c'est de résultats empiriques abondants, découlant d'une étude soignée de faits lexicaux concrets[27]."

_ _

24   Sur les fonctions du langage, voir J. DE WAARD et E.A. NIDA 1986, 25–32.

25   F. FRANÇOIS, _in_ Le Langage 1968, 18.

26   R. JAKOBSON 1963, 209 ss.

27   Explorations in Semantic Theory, _in_ "Current Trends in Linguistics", vol. III, La Haye, 1966, cité par G. Mounin dans Encyclopædia Universalis, _sub art._ Sémantique. Le texte original est cité en exergue du présent travail, p. 2.

CHAPITRE III

PARLER SUR LE CŒUR

Bibliographie

P. JOÜON, Locutions hébraïques avec la préposition עַל devant לֵב et לְבַב, Bibl. 5, 1924, 49–53.

P. HUMBERT, La logique de la perspective nomade chez Osée et l'unité d'Osée 2,4–22, *in* Festschrift Marti, BZAW, 41, Giessen 1925, 158–166.

A. NEHER, Le symbolisme conjugal, RHPhR 34, 1954/1, 32.

E.E. CAMPBELL Jr., Ruth, A New Translation with Introduction and Commentary, AB 7, New York, 1975.

G. FISCHER, Die Redewendung דבר על־לב im AT. Ein Beitrag zum Verständnis von Jes 40,2, Bibl. 65, 1984/2, 244–250.

Ph. TRIBLE, Texts of Terror, Philadelphia 1985[2], 65–91. Traduction française dans "Destinées tragiques", coll. Femmes Théologie à Minuit, Paris 1990.

UNE EXPRESSION IDIOMATIQUE

"Parler au cœur" est la traduction largement majoritaire, du moins dans les versions françaises en usage, de l'expression hébraïque דבר על־לב que l'on trouve neuf fois dans l'AT : Gn 34.3; 50.21; Jg 19.3; 2 S 19.8; Es 40.2; Os 2.16; Rt 2.13; 2 Ch 30.22; 32.6.

Traduire ainsi la séquence présuppose évidemment qu'on ne lui reconnaît *a priori* qu'un sens endocentrique. Mais n'est-ce pas au prix d'une certaine violence faite à l'hébreu ? Pour la personne à qui l'on s'adresse ou avec qui l'on parle, דבר Pi se construit normalement avec אֶל (Gn 24.50 etc.), בְּ (Nb 12.8 etc.), לְ (1 R 2.19 etc.), אֵת (avec, Gn 17.22 etc.) ou עָם (avec, Nb 22.19 etc.). L'emploi de עַל est exceptionnel en ce sens (Jr 6.10). דִּבֶּר עַל est plutôt "parler au sujet de" (1 R 9.5) ou "parler contre" (2 R 22.19).

Il est vrai qu'à l'époque tardive du Chroniste on constate que, sans doute par influence araméenne, עַל a tendance à remplacer אֶל. On reviendra sur ce point à propos des occurrences de la séquence chez le Chroniste. Mais on considérera pour l'instant que "parler au cœur" ne peut être le sens apparent de דבר על־לב, si tant est que l'expression en ait un. A la vérité on n'en trouve guère. Tout porte à admettre au contraire que l'expression véhicule un sens exocentrique. La chose semble particulièrement évidente en 2 S 19.8, où Joab adjure David de "parler sur le cœur" de ses soldats, ce que ce dernier consent à faire (v. 9), mais sans prononcer un seul mot ! Evidente au moins en ce passage, l'exocentricité du sens devient probable dans les autres.

On rencontre, il est vrai, une expression fort ressemblante en 1 S 1.13 : וְחַנָּה הִיא מְדַבֶּרֶת עַל־לִבָּהּ[1] . Mais à la différence des cas relevés ci-dessus, l'expression ne s'applique ici qu'au sujet de l'action, en l'occurrence la future mère de Samuel. Dans les neuf passages mentionnés, la tournure désigne au contraire toujours l'action d'une personne à l'égard d'un partenaire, individu ou groupe. Ainsi (a) Sichem face à Dina, le lévite à sa concubine, le(s) prophète(s) à Jérusalem, YHWH lui-même à Israël personnifié, Booz à Ruth; (b) Joseph face à ses frères, David à ses troupes, Ezékias aux lévites ou à ses officiers.

A côté de cette première constante dans l'emploi de la tournure, on peut relever la fixité quasi parfaite de sa forme : la seule variante apparaît en 2 Ch 32.6, où לֵב a fait place à לֵבָב, que nombre de dictionnaires traitent comme pratiquement équivalents.

Cette stéréotypie relativement bien assurée de la tournure dans sa forme et son emploi, mais surtout l'existence d'un sens exocentrique, montre que nous avons bien affaire à une expression idiomatique, à traiter donc comme une unité lexicale unique.

LE PROBLÈME DU SENS

Dès que l'on consulte versions (anciennes ou modernes), commentaires ou dictionnaires, il saute aux yeux que le sens de l'expression fait problème : la variété des traductions proposées est révélatrice de l'embarras dans lequel se trouvent traducteurs et commentateurs tant qu'ils lui cherchent un sens endocentrique. Outre "parler au cœur de", qui n'est d'ailleurs une traduction concordante qu'en apparence[2], on trouve en effet d'abord *parler*

- - - - - - - - - - - - - - - - -

1   Il est probable qu'on se trouve ici devant un cas où עַל a la valeur de אֶל . Nous renvoyons
     sur ce point à S.R. DRIVER, Notes on the Hebrew Text and the Topography of the Books of
     Samuel, Oxford 1913, cité par G. FISCHER, Bib 65/2, 1984, 244–250. Le sens (parler en
     soi–même) est le même qu'en Gn 24.45, où on lit effectivement לְדַבֵּר אֶל־לִבִּי .

2   P. JOÜON, dans son Commentaire philologique et exégétique de Ruth, Rome 1924 = 1953 (voir
     aussi Bibl. 5, 1924, 49–53), tente d'expliquer l'expression en observant que celle–ci à l'origine
     signifie probablement "parler sur – ou contre – le cœur", c'est–à–dire "lui dire des paroles

amicalement (ainsi *freundlich* d'une manière quasi systématique dans RLB), ou *affectueusement* (*tenderly*, ainsi NAB, NJV, NIV en Es 40.2), ou *avec douceur* (*gently*, comme NJV en Rt 2.13; mais déjà Jérôme en Gn 34.3; 50.21; Jg19.3, où il utilise *blanditiae, blande, blandari*, qui évoquent des paroles caressantes), et TgJ en Gn 34.3, où on lit פייוסין (des propos tendres, selon R. Le Déaut), ou *intimement, cœur à cœur* (comme TOB en Gn 34.3; 50.21). Cette première série vise à rendre le sens endocentrique de l'expression à partir de la valeur métaphorique de לֵב pris comme siège de l'affectivité. C'est dans cette perspective que Ph. Trible interprète, comme allant de soi, le sens de l'expression[3]. Dans la même ligne d'interprétation on trouve encore *chercher à conquérir le cœur* o u *l'affection*, (comme dans BFC, DGN, NAB, REB pour Gn 34.3) voire *faire la cour* (comme NJV en Jg 19.3 ou BFC et EHS en Os 2.16).

A côté de cette interprétation de לב comme métaphore de l'affectif - ce qui pourrait bien être un occidentalisme - on relève des traductions comme *parler raisonnablement, faire entendre raison, persuader* (BRF, EHS, REB, NIV, BFC, J.A. Soggin en Jg 19.3, ou NJV en 2 Ch 30.22). לב est alors compris en un autre sens métaphorique, comme siège de la raison et de la volonté, ce qui correspond mieux d'ailleurs à la valeur figurée la plus courante de ce mot en hébreu. C'est sans doute ici que, malgré la surprenante traduction qu'en donne BA, il faut classer le ἐλάλησεν κατὰ τὴν διάνοιαν τῆς παρθένου αὐτῇ de la LXX en Gn 34.3[4].

A mi chemin de ces deux types d'interprétation, W. Holladay propose dans son dictionnaire *s.v.* דבר Pi (*try to*) *persuade graciously* pour Gn 34.3[5].

D'autres traductions semblent traiter דבר על־לב comme un tout : *rassurer, apaiser, réconforter, consoler* (ainsi *set their mind at rest*, REB en Gn 50.21; voir aussi BC en Jg 19.3; 2 S 19.8; Es 40.2; Os 2.16; ou BJ en 2 S 19.8 ... et déjà *tristemque delinivit* de Vg en Gn 34.3 ou תנחומין (consolations) du TgO en Gn 50.21; Os 2.16; Rt 2.13), ou encore *encourager, exhorter, remonter le moral*[6], (comme *Mut zusprechen* en Es 40.2 pour DGN, *to speak words of*

- -

caressantes, ou simplement douces, selon la situation". Il se distingue ainsi de la plupart des interprètes en considérant ici לֵב comme synecdoque, c'est-à-dire comme phénomène de nature métonymique (voir M. LE GUERN, 1973, 28).

3   *Op. cit.*, p. 67.

4   *et lui parla en s'accordant au cœur de la jeune fille*, BA 1, 248. Nous comprendrions plutôt "en s'accordant à ce que la jeune fille pensait".

5   Mais pour le même texte *s.v.* לֵב HOL revient à la première interprétation mentionnée en proposant *speak pleasantly to s. one*. Outre Gn 34.3, HOL ne mentionne d'ailleurs notre expression que pour 2 Ch 30.22.

6   Voir G. FISCHER in Bibl. 65/2, 1984, 246–247 pour Gn 50.21; 2 S 19.8; 2 Ch 30.22; 32.6.

encouragement chez REB pour Os 2.16 [14], et une majorité de versions en français, allemand ou anglais pour 2 Ch 30.22 et 32.6). En fait ces versions n'ont pas identifié la tournure comme expression idiomatique, puisqu'elles l'interprètent encore à partir des mots qui la composent, y discernant un acte de parole (רבד) et un registre des émotions ou du courage (לב). On peut faire le même genre d'observation pour la traduction proposée par W. Rudolph en 2 Ch 30.22[7] : *Und Hiskia zollte allen den Leviten Anerkennung*, qu'il commente ainsi, mais sans justifier sa traduction : "Félicitations aux Lévites pour leur aide infatigable...". On verra cependant que les deux occurrences de 2 Ch constituent un cas à part.

Quelques suggestions isolées méritent d'être mentionnées pour leur originalité. On citera EHS en Gn 34.3 (*redete ihm [dem Mädchen !] gut zu* : prier avec insistance) et l'étonnant *to forgive her* de NAB en Jg 19.3, qui trahit l'androcentrisme inconscient du traducteur. Ici on n'a plus affaire à une traduction par concordance verbale, mais à une traduction déjà contextuelle, toute la question restant de savoir si l'intuition du traducteur a correctement saisi le rapport de l'expression à son contexte.

C'est aussi à des traductions contextuelles qu'aboutit G. Fischer dans son étude sur le sens de notre expression en Es 40.2[8], et ce malgré la méthode adoptée au départ de son étude, dans laquelle il étudie successivement les emplois de לב, puis de על־לב, comme si le sens de l'expression רבד על־לב résultait d'une combinaison des significations particulières des mots qui la composent. Pour les quatre textes Gn 50.21; 2 S 19.8; 2 Ch 30.22; 32.6, en effet, il constate que traducteurs et commentateurs sont quasiment unanimes à comprendre ici *remonter le moral, encourager*. Pour les autres textes de la série, Gn 34.3; Jg 19.3; Rt 2.13; Es 40.2; Os 2.16, G. Fischer se démarque des auteurs qui induisent trop rapidement du contexte que l'expression appartient au langage amoureux[9] étant donné que le destinataire du "parler-sur-le-cœur" est une femme. Selon les cas, G. Fischer propose *chercher à rasséréner* (Gn 34.3), *faire changer d'avis* (Jg 19.3), *se mettre au diapason de quelqu'un* (Rt 2.13), *rendre courage* (Es 40.2) ou *chercher à persuader* (Os 2.16). On voit mal comment une expression aussi stéréotypée que רבד על־לב peut se charger de sens aussi variés, mais G. Fischer est convaincant lorsqu'il démontre que notre expression n'appartient pas au langage amoureux.

- -

7   W. RUDOLPH 1955, *ad loc.* Voir aussi DGN : *Hiskija lobte die Leviten* Ce sens est repris par HOL *s.v.* רבד Pi : *show recognition.*

8   *Op. cit.*

9   Ainsi H.-J. FABRY, in TWAT IV, 430–431, s.v. לב.

Le même type de remarque vaut pour l'affirmation de E.E. Campbell Jr.[10] dans le commentaire qu'il consacre à Ruth. D'après lui notre expression revêt selon les cas l'un des trois sens suivants :
- persuader, séduire (*entice*) une femme (Gn 34.3; Jg 19.3; Os 2.16),
- réconforter, soulager, en parallèle à נחם Pi (Gn 50.21; Es 40.2 et ici),
- (de la part du roi) encourager son peuple (2 S 19.8; 2 Ch 20.32; 32.6).

Avant de clore cet inventaire des interprétations, il convient de relever des cas de **double traduction**[11] qu'on trouve dans la LXX. Ainsi en Gn 34.3 (dans l'Alexandrinus, qui reflète ici la récension d'Origène) : τοῦ λαλῆσαι ἐπὶ τὴν καρδίαν αὐτῆς τοῦ διαλλάξαι αὐτὴν ἑαυτῷ (c.à.d. pour se la réconcilier). Cette solution semble d'ailleurs suivie, mais dans l'ordre inverse, par Jérôme : *volens reconciliari ei atque blandiri*. Le traducteur - ou le réviseur - aurait ainsi juxtaposé à la traduction par concordance verbale une traduction par équivalence fonctionnelle, jugeant sans doute que le décalque grec de la formule hébraïque ne fournissait pas de sens satisfaisant au lecteur hellénisant. On retiendra de cet intéressant procédé le sens de *chercher à se réconcilier avec* proposé ici. Un phénomène du même genre peut être signalé en Es 40.2 où, après le quasi-décalque λαλήσατε εἰς τὴν καρδίαν Ιερουσαλημ, la LXX ajoute παρακαλέσατε αὐτήν, qui n'a aucun correspondant dans le TM.

De toutes ces interprétations les plus intéressantes sont certes les traductions informées essentiellement par le contexte plutôt que par les mots qui composent l'expression. Mais la grande diversité proposée pour un même contexte laisse perplexe. C'est ainsi que pour Jg 19.3 (le lévite et sa concubine), on nous propose *parler amicalement* (RLB)[12], *faire appel à* [sa conscience] (EHS, REB), *prier avec insistance* (DGN), *persuader* (BFC, NIV) ou encore *faire entendre raison* (BRF, TOB/note), *vouloir rassurer* (BC), *faire la cour* (NJV), *chercher à se réconcilier avec* (LXX/A, Vg) et même *pardonner* (NAB). On le constate, l'intuition des traducteurs fait jouer des données subjectives, probablement inconscientes. C'est cette subjectivité qu'il convient d'éliminer par une méthode si possible plus rigoureuse.

- -

10   1975, 100–101.

11   Ce phénomène n'est pas exceptionnel dans la LXX. D. BOURGUET, dans une étude à paraître, en a relevé plus d'une quarantaine de cas dans les seuls 28 premiers chapitres de Jérémie.

12   Pour des *paroles amicales* l'hébreu dispose pourtant de אִמְרֵי נֹעַם (Pr 15.26; 26.24), et *parler amicalement* se dit plutôt דִּבֶּר טוֹבוֹת אֶל (Jr 12.6) ou -אֶת (2 R 25.28; Jr 52.32), voire דִּבֶּר שָׁלוֹם עִם (Ps 28.3) ou -אֶת (Jr 9.7).

CORPUS

Avant tout examen méthodique de l'expression, il convient de vérifier si les auteurs des neuf passages étudiés s'expriment dans une langue homogène. Toute langue évolue avec le temps; au fil de l'histoire, les mots acquièrent par dérivation, métonymie ou métaphore des significations nouvelles, tandis que le sens originel s'estompe, voire disparaît de l'usage[13]. Il n'est pas évident *a priori* que דבר על-לב ait été employé en Israël avec le même sens au 8ème et au 3ème siècles avant notre ère. La question se pose donc de savoir si les neuf occurrences relevées appartiennent au même état de langue et forment en conséquence un corpus homogène.

Sauf les deux passages de Gn et les deux de 2 Ch, toutes les occurrences bibliques de notre expression appartiennent à des livres différents. Il n'est donc guère possible d'étudier celle-ci en comparant ses divers emplois dans une même unité littéraire. Faute de mieux, nous admettrons que les textes de dates relativement voisines se réfèrent à un même état de langue et permettent une comparaison légitime. Cela dit, comment se présentent nos textes sur l'échelle chronologique ?

Gn 34.3. On le sait, la datation traditionnelle des textes du Pentateuque a été profondément bouleversée depuis deux ou trois décennies par la remise en question de la théorie des sources. H. Gunkel[14] attribuait le chap. 34 à E, G. von Rad[15] y discerne un récit fondamental J complété par une variante parallèle. Après J. Wellhausen et R. de Vaux, Cl. Westermann[16] voit dans ce chapitre une combinaison de deux fils narratifs. Le premier (v. 1-3, 5-7, 11-12 etc.) peut remonter, selon lui, à la fin de l'époque patriarcale, le second pourrait provenir de l'époque de la conquête. Le rédacteur du nouveau récit ainsi constitué supposerait connue la mise en garde formulée en Dt 7 contre les mariages avec les Cananéens. Sa langue, proche de celle de P, et surtout son opposition à la tentation des mariages mixtes inviteraient à situer la rédaction du texte actuel autour de la période de l'exil. Si on se réfère à la datation que propose R. Rendtorff pour Dt et Dtr[17], il est possible de situer le travail du compilateur de Gn 34 entre la seconde moitié du 7ème siècle et la première du 6ème.

- -

13   Quand les Parisiens parlent du *métro*, à l'esprit d'aucun d'eux ne vient l'image de la *mère*. Ils se réfèrent pourtant au chemin de fer *métropolitain*, c'est-à-dire de la métropole ou *cité-mère*.

14   1901, 335–340.

15   1968, p. 337 de la traduction française.

16   1981, 651 ss.

17   1983, 196–198.

Dans l'hypothèse de la combinaison de deux fils littéraires en Gn 34, notre expression, qui appartient au premier fil narratif, serait assez ancienne, mais elle était encore utilisée autour de l'an 600 avant notre ère.

Gn 50.21. Les derniers tenants de l'hypothèse documentaire attribuent ce passage les uns à J, d'autres à E[18]. C'est dire la fragilité de cette hypothèse, qui a pourtant servi de dogme pendant plus d'un siècle à une bonne partie de la critique biblique. Pour Cl. Westermann, les v. 15-21 sont imputables au rédacteur qui a réuni la fin de l'histoire de Joseph à celle de Jacob. Ce rédacteur n'est pas le "Yahviste" auquel on doit selon lui l'histoire des patriarches. Si, avec R. Rendtorff[19], on peut situer l'achèvement de la Genèse à l'époque de l'exil, c'est donc aussi vers cette époque qu'il faut placer Gn 50.21 et l'emploi de l'expression qui nous occupe.

Jg 19.3. L'incise וּמֶלֶךְ אֵין בְּיִשְׂרָאֵל (cf. 18.1, mais, sous une forme plus complète, 17.6; 21.25) est attribuée par la recherche récente à la rédaction dtr[20] des "Prophètes antérieurs", et même à la couche la plus ancienne de celle-ci, Dtr G (= H)[21]. Mais l'oeuvre dtr n'est pas nécessairement postérieure à l'élaboration de Dt. R. Rendtorff en ferait même remonter l'essentiel à la première moitié du 7ème siècle (règnes d'Ezékias et de Manassé). Le même genre d'observation que pour Gn 34.3 peut être avancé ici : si notre expression a été conservée dans un récit relativement ancien (époque pré-monarchique), elle était encore usitée au 7ème siècle avant notre ère.

2 S 19.8. On le sait depuis l'étude de L. Rost[22] : ce texte appartient à "L'histoire de la succession de David", que l'on a d'abord attribuée à un contemporain de Salomon. Cependant à la suite des travaux de Würthwein, W.Dietrich, Veijola, Bickert entre autres[23], F. Langlamet[24] a mis au jour la composition complexe de cet ensemble. Selon lui, notre verset appartiendrait à la troisième des cinq couches rédactionnelles qu'il distingue en 2 S 9-- 1 R 2, à savoir les additions "benjaminites". La seconde couche (premier récit de la succession) serait due à un auteur ayant vécu peu après les événements rapportés, la quatrième (rédaction théologico-sapientielle) serait à dater de l'époque d'Ezékias. Dans cette perspective, les "additions benjaminites" se situeraient chronologiquement au 9ème ou au 8ème siècle. Le v. 8 appartiendrait à une édition pré-deutéronomiste des livres de Samuel.

- -

18   Voir H.-J. FABRY *in* TWAT IV, 430–431.

19   op. cit., p. 160.

20   M. WEINFELD 1972, 170.

21   SOGGIN J. A., 1987, 239.

22   1926.

23   Voir O. KAISER 1984, 159.

24   Voir RB 89, 1982.

Es 40.2. La datation de Es 40--55 ne soulève guère de difficultés. Avec P. Volz[25] on peut considérer que les chapitres 40--48, pour le moins, remontent à la période de huit ans qui sépare la bataille du Halys (546) de la chute de Babylone (538).

Os 2.16. Le ministère prophétique d'Osée a débuté dans les dernières années du règne de Jéroboam II (787-747) et s'est prolongé sans doute jusqu'aux dernières années qui précédèrent l'arrivée de Salmanasar V et le siège de Samarie. H. W. Wolff[26] observe que des passages comme 2.4-17 et 3.1-5 se réfèrent à une époque politiquement stable et économiquement prospère, qui correspond bien aux dernières années de Jéroboam II; on peut les situer aux alentours de l'an 750.

Rt 2.13. Mis à part 4.18-22, l'homogénéité littéraire de Rt ne fait guère problème. La datation du livre, en revanche, divise les spécialistes en deux camps. Pour les uns[27], l'oeuvre ne prend tout son sens qu'à l'époque monarchique et doit être considérée comme pré-deutéronomique. Pour les autres[28], elle est exilique, voire post-exilique, certains, comme O. Kaiser, la faisant même descendre jusqu'au 4ème siècle. Les arguments en faveur d'une date basse sont surtout de nature philologique : indices de langue tardive, présence d'aramaïsmes. On observera sur ce point que le corpus biblique a une extension trop limitée pour que de tels arguments soient vraiment décisifs. Le récit de Rt a sans doute son meilleur *Sitz im Leben* à l'époque de la dynastie davidique. L'analyse très complète proposée par E.E. Campbell Jr.[29] restreint la fourchette à l'intérieur de laquelle situer la rédaction de Rt aux seuls 9ème et 8ème siècles.

2 Ch 30.32; 32.6. La datation de Ch est elle aussi controversée. Les uns, comme N. Freedman et Newsome[30], situent l'ouvrage peu après la construction du second temple, vers 515; d'autres comme W. Rudolph[31] dans les premières décennies du 4ème siècle, d'autres enfin à la période hellénistique[32]. Cette datation tardive semble pouvoir être confirmée par la présence d'anachronismes comme la mention de catapultes en 2 Ch 26.15, ces armes n'ayant fait leur apparition au

---

25   1932, XV.

26   BKAT XIV/1 1961, XI et 39.

27   H. W.HERTZBERG 1954, W. RUDOLPH 1962, G. GERLEMAN 1965, R. RENDTORFF 1983.

28   Mgr H. LUSSEAU *in* ICAT, O. KAISER 1984, A. LACOCQUE *in* DEB, TOB (1988).

29   1975, 100.

30   Cités par R. Rendtorff 1983, 302.

31   1955.

32   Par exemple F. MICHAELI 1967 p. 25, qui propose la fourchette 330--250.

Proche-Orient qu'à partir de la conquête d'Alexandre le Grand[33]. C'est donc à la fin du 4ème siècle ou au début du 3ème que nous inclinerions à situer 1–2 Ch.

L'ensemble de ces résultats peut être visualisé sur le schéma suivant :

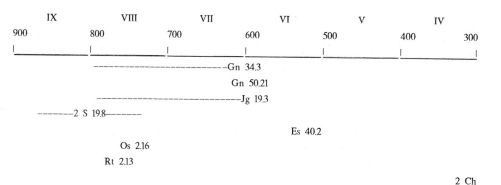

figure 1

On le voit, la distribution chronologique probable des neuf occurrences de notre expression permet de distinguer deux groupes inégaux. Le premier (Gn 34.3; 50.21; Jg 19.3; 2 S 19.8; Es 40.2; Os 2.16; Rt 2.13) atteste que notre expression était utilisée, en gros, entre la deuxième moitié du 8ème siècle et le début de la deuxième moitié du 6ème. Même si elle a des origines plus anciennes (Gn 34.3; Jg 19.3; 2 S 19.8), elle était encore comprise tant dans le royaume du Nord (Os 2.16) qu'en Juda (2 S 19.8), et cela de l'époque royale à la fin de l'exil. L'ensemble est réparti de façon assez homogène dans le temps sur une période d'un peu plus de deux siècles.

Le second groupe (2 Ch 30.22; 32.6) apparaît presque deux siècles et demi après la dernière en date des occurrences du premier groupe (Es 40.2). Il paraît sage de le tenir provisoirement à l'écart du corpus au sein duquel on doit maintenant tenter l'analyse componentielle de l'expression דבר על־לב .

33   Voir P. WELTEN et A.M. SNODGRAS, signalés par O. KAISER 1984.

ANALYSE COMPONENTIELLE

Les traits distinctifs de notre expression ne peuvent être dégagés que par comparaison avec d'autres termes ou expressions appartenant au même domaine sémantique[34]. Dans la mesure où l'on ignore *a priori* le sens de l'expression, il n'est pas possible d'établir ou d'esquisser d'emblée le domaine sémantique auquel on peut la rattacher. Il est cependant possible de se faire une première idée d'un tel domaine en essayant de dégager les **traits constants** que fait ressortir une comparaison des divers contextes dans lesquels elle apparaît. S'il n'est pas *a priori* impossible que le sens de l'expression idiomatique ait évolué avec le temps, il est en revanche peu probable qu'à un stade donné de cette évolution elle ait eu plusieurs acceptions différentes.

La datation de ces occurrences est trop approximative pour qu'on puisse les examiner dans l'ordre chronologique d'apparition. On les prendra donc simplement dans l'ordre du canon hébreu.

1. Les contextes littéraires

Gn 34.3 : Après avoir violé Dina, la fille de Jacob, Sichem s'est attaché à la jeune fille (דבק), il s'éprend d'elle (אהב) et "parle-sur-son [de la jeune fille] cœur". Après quoi il fait procéder par son père (v. 4) ou procède lui-même (v. 11-12) à une demande en mariage selon les règles.

Gn 50.21 : Après la mort de Jacob, ses fils craignent la vengeance de Joseph. Celui-ci les rassure (v. 19, 21 אל־תיראו), il explique que du mal conçu par ses frères Dieu a fait sortir un bien; il s'engage donc lui-même à pourvoir à leur subsistance. "(Ainsi ?) il les réconforta (נחם Pi) et 'parla-sur-leur-cœur'".

Jg 19.3 : La jeune femme judéenne d'un lévite installé en Ephraïm se fâche[35] - ותזנה - contre son mari et repart chez son père, à Bethléem. Au bout de quatre mois (la LXX a lu *un an et quatre mois*), le lévite part la retrouver dans le but de לדבר על־לבה להשיבו. La démarche vise donc un double but, le second (להשיבו,

---

34   J. de WAARD & E.A. NIDA 1986, 165–176.

35   Et non "lui fut infidèle" (NSR; NAB; NIV), car זנה I (se prostituer) n'est pas נאף (commettre adultère). Sur la base des versions anciennes et d'une racine parallèle de l'accadien, rejoignant d'autre part l'exégèse juive du siècle dernier, l'exégèse moderne lit ici le *hapax* d'une racine homophone זנה II, qu'elle interprète, selon les auteurs, par "se fâcher contre", "abandonner dans un moment de colère" ou "se rebeller contre son (= du mari) autorité". Nous renvoyons à l'analyse de D. Barthélemy dans CTAT I, 116. Les torts ne sont donc pas du côté de la femme, mais du mari. Ce point n'est pas sans importance pour l'interprétation de notre contexte.

le [cœur, Kt] ou la [femme, Qr] faire revenir) étant subordonné au premier. L'objectif final du lévite a été compris par la quasi-totalité des versions, anciennes et modernes, à partir du Qr לְהֲשִׁיבָהּ (= pour la ramener [chez lui]).

Mais le Kt לְהֲשִׁיבוֹ est loin d'être sans intérêt : le וֹ– renvoie à לִבָּהּ (son cœur). L'objectif du lévite est alors d'amener la jeune femme à changer d'avis. Dans cette lecture, la relation entre les deux époux est plus équilibrée, le Qr impliquant au contraire une attitude plus autoritaire de la part du mari. Quoi qu'il en soit, le but poursuivi par le lévite est un retour au *statu quo ante*, une cohabitation harmonieuse au pays où la famille s'est établie.

2 S 19.8 : En apprenant la mort d'Absalom, David ne peut cacher sa douleur. L'atmosphère de deuil, qui accueille l'armée victorieuse à son retour du combat, frustre celle-ci de l'honneur qui lui revient et provoque un malaise qui risque de conduire à une désertion générale. Pour éviter le désastre, Joab admoneste David en ces termes : "Sors (de la chambre où tu t'enfermes) et 'parle-sur-le-cœur' de tes sujets." David obtempère et va "s'asseoir à la porte". La nouvelle se répand aussitôt, et "le peuple" (l'armée, cf. v. 4) vient alors se présenter devant le roi.

On le voit : pour "parler-sur-le-cœur" de ses troupes, il suffit à David de "venir s'asseoir à la porte" (de manière que ses troupes puissent défiler devant lui). Ce genre de rite est interprété comme l'hommage dû à ceux qui ont remporté la victoire. Dans le cas présent, aucune parole ne semble nécessaire pour "parler-sur-le-cœur", aucune en tout cas n'est mentionnée.

Relevons pour terminer que דִּבֶּר עַל־לֵב peut faire l'objet d'un ordre (cf. Es 40.2) ou pour le moins d'une recommandation.

Es 40.2 : Etablir le contexte dans lequel notre expression apparaît ici réclame que l'on sache qui parle à qui. La quasi-totalité des traductions en usage et des commentaires semble considérer que la réponse va de soi : le prophète transmet aux déportés une parole de Dieu. En examinant le texte de plus près, K. Elliger[36] montre que la chose est moins sûre dès l'instant que l'on considère comme anormal que Dieu parle de lui-même à la troisième personne du singulier (v. 2b)[37]. Dans ces conditions le locuteur de 1b-2 n'est pas celui de 1a. En 1a, c'est Dieu qui s'exprime, en 1b-2, vraisemblablement un être céleste intervenant comme relais de la parole divine. דַּבְּרוּ עַל־לֵב n'est donc pas directement parallèle à נַחֲמוּ, et par conséquent ne doit pas être considéré comme plus ou moins synonyme de notre expression. Réconforter (נחם Pi) le peuple de Dieu doit s'effectuer par deux

- -

36 BKAT XI/1, 1978, 4–7.

37 Voir pourtant 41.16,20. et *op. cit.* p. 4.

actions successives développées au v. 2 : (a) "parler-sur-le-cœur" de Jérusalem et (b) lui annoncer que sa corvée est achevée et sa dette payée, en d'autres termes que la situation est apurée et la page tournée.

Os 2.16 : Osée personnifie volontiers Israël sous les traits de l'épouse infidèle de YHWH. Mais, contrairement à la situation décrite en Es 40.2, le contentieux entre les deux partenaires est loin d'être réglé. Le conflit est à son apogée et apparemment sans issue. YHWH annonce alors comment il compte rétablir une relation saine avec l'Israël infidèle. Pour le moment celui-ci met sa foi en Baal, le dieu utilitaire qui est censé procurer à ses fidèles les biens nécessaires à leur vie quotidienne. YHWH annonce donc qu'il va commencer par ruiner cette foi dévoyée en privant sa partenaire des biens qu'elle attend de Baal. Une fois consommée la rupture entre Israël et Baal, YHWH va s'efforcer de reconquérir l'infidèle : séduction, puis séjour au désert, où les Baals sont absents puisqu'il n'y a là ni culture ni élevage. C'est alors que YHWH "parlera-sur-le-cœur" d'Israël. Cette troisième phase marque l'achèvement de la reconquête amoureuse que YHWH entreprend auprès d'Israël. La situation espérée une fois rétablie, Israël recouvrera sa terre, notamment les vignobles qui en faisaient l'agrément. Surtout il *répondra* à son Dieu. De la rupture totale le "parler-sur-le-cœur" doit permettre de passer au dialogue retrouvé.

Rt 2.13 : Booz vient se rendre compte du travail des moissonneurs dans un de ses champs. La jeune femme inconnue qu'il aperçoit en train de glaner derrière ses ouvriers se révèle être Ruth, une étrangère (נָכְרִיָּה, v. 10), jeune veuve d'un parent à lui. Sachant les preuves d'attachement qu'elle a données à la famille de son défunt mari, Booz lui fait bon accueil (v. 8-12). La réponse de Ruth se déroule en deux parties antithétiques : (aa) אֶמְצָא־חֵן בְּעֵינֶיךָ, qui exprime une gratitude[38]. A l'appui de cette interprétation, E.E. Campbell[39] cite 1 S 1.18; 2 S 16.4. (ab) Tu m'as réconfortée (נִחַמְתָּנִי); (ac) Tu as "parlé-sur-le-cœur" de ta servante. (b) Dans la seconde partie de sa réponse, Ruth exprime son étonnement pour la faveur reçue et reprend le motif de son indignité, déjà formulé en d'autres termes au v. 10.

2. Les traits constants

La présence de notre expression en ces divers contextes permet de dégager les composants sémantiques constants, à savoir les traits que ces contextes révèlent en commun. On peut en relever trois.

-- -- -- -- -- -- -- -- -- -- -- -- -- -- -- -- -- -- --

38   Voir ci-après, chap. VII, p. 153–169.

39   *op. cit.*

(a) "Parler-sur-le-cœur-de" porte toujours sur une **relation interpersonnelle**. Elle désigne dans tous les cas une démarche effectuée par une personne auprès d'une autre (Gn 34.3; Jg 19.3; Rt 2.13) ou d'un groupe (Gn 50.21; 2 S 19.8), ce groupe pouvant d'ailleurs être personnifié (Os 2.16; Es 40.2).

Bien que le destinataire de la démarche soit un personnage féminin dans cinq des sept cas examinés, il ne semble pas possible, malgré H.W. Wolff[40], H.J. Fabry[41] et plusieurs autres interprètes, de limiter l'emploi de cette expression, même à ses origines, au domaine du dialogue amoureux[42].

(b) Celui qui effectue la démarche est toujours en **situation de supériorité hiérarchique**, l'homme par rapport à la femme (Gn 34.3; Jg 19.3; Rt 2.13), ou Joseph face à ses frères (il a été gravement lésé, mais il a le droit pour lui et dispose du pouvoir, Gn 50.21); ou David face à ses troupes (il s'est mis dans son tort en refusant de paraître en public, mais il est le roi); ou encore YHWH devant son peuple infidèle (Os 2.16) ou abattu (Es 40.2); ou enfin Booz qui, outre le fait qu'il est autochtone face à une étrangère, bénéficie d'un rang social supérieur.

(c) Dans la quasi-totalité des cas, la démarche vise à **surmonter une relation troublée**[43] : viol (Gn 34.3), haine et tentative de meurtre (Gn 50.21); dispute grave (Jg 19.3), adultère (Os 2.16), sévère châtiment (Es 40.2). Dans le cas de 2 S 19.8, l'absence de David, au moment où l'armée populaire rentre victorieuse du combat, est ressentie comme une rupture de contrat : le devoir du roi exigeait qu'il accueille ses troupes victorieuses. Entre Booz et Ruth enfin, on ne peut parler, il est vrai, de rupture, les deux protagonistes ne s'étant jamais rencontrés jusqu'alors. Mais entre eux existe pour le moins la double distance de l'appartenance ethnique et du rang social : Ruth n'est qu'une étrangère (נָכְרִיָּה v. 10), qui ne peut pas même prétendre au titre de servante chez Booz (v. 13).

On le voit, celui qui "parle-sur-le-cœur" est parfois le partenaire lésé (Joseph en Gn 50, Dieu en Os 2), mais parfois aussi celui à qui incombent les torts

---

40   BKAT XIV/1, 1961, 50–51.

41   TWAT IV, 430–431.

42   Cette impossibilité a bien été mise en évidence par G. FISCHER *in* Bibl. 65/2, 1984, 249–250.

43   Au sujet d'Os 2.16, A. NEHER dans RHPR 34, 1954/1, parle même de violence (contre P. HUMBERT dans BZAW 41, 1925). Il considère que דבר על־לב est toujours consécutif à une violence. Selon lui l'expression désigne "le réconfort que donne à la victime un homme qui vient de lui infliger un châtiment (Es 40.2) ou de lui faire subir un abus (Gn 34.3)". Observons cependant que ce schéma ne convient pas au cas de Joseph et de ses frères (c'est Joseph qui est la victime), et qu'en Os 2.16, même si le traitement infligé à Israël est rude, c'est YHWH qui reste le partenaire lésé.

(Sichem, David). Le cas du lévite de Jg 19 et de son épouse est ambigu : au départ, la jeune femme est la victime ou se considère comme telle, d'où son retour sous le toit paternel. Mais au bout de quatre mois, le mari abandonné doit se sentir lésé à son tour, puisqu'il entreprend le voyage pour essayer d'arranger la situation. On conclura que savoir à qui incombe la responsabilité de la rupture n'entre pas ici en ligne de compte pour déterminer la signification de notre expression. Ceci exclut donc d'une part tout composant sémantique du genre "réparer un tort", voire "pardonner" (NAB en Jg 19.3), et explique d'autre part que l'expression trouve sa place dans le dialogue de Booz et de Ruth, échange que ne vient obérer aucun grief de part ou d'autre.

3. Le domaine sémantique

3.1 Les items de comparaison.

L'examen des contextes a permis de repérer dans le voisinage sémantique de notre expression plusieurs termes ou expressions en rapport avec celle-ci et décrivant tel ou tel moment de la relation interpersonnelle impliquée :

- נחם Pi (*réconforter*) se retrouve trois fois en relation directe avec notre expression : Gn 50.21; Es 40.2; Rt 2.13.

- אַל־תִּירָאוּ ("n'ayez pas peur", Gn 50.21). L'action de *rassurer* est ici préalable à l'ensemble נחם Pi + דבר על־לב.

- מָצָא־חֵן בְּעֵינֵי פ׳ (litt. trouver faveur au regard de quelqu'un, Rt 2.10, 13) se réfère au même événement relationnel que דבר על־לב, mais du point de vue de celui (ou celle) qui est destinataire de l'action désignée. מצא־חן apparaît donc un peu comme étant à דבר על־לב ce que le passif est à l'actif[44].

- On peut ajouter à cette série נכר Hi (Rt 2.10), examiner attentivement, d'où *reconnaître* (par exemple un droit, Dt 31.17), *s'intéresser à, avoir égard à*. C'est un terme neutre, puisqu'il doit être précisé par לְטוֹבָה (pour le bien) en Jr 24.5 pour exprimer une appréciation favorable. En Rt 2.10, c'est le contexte, en l'occurrence le complément inattendu "une étrangère" (TOB : "me reconnaître, moi une inconnue") qui lui confère une valeur incontestablement positive.

---

44 Il est significatif que la TOB traduise ici : *tu* m'as considérée avec faveur" (v. 10) et "considère-moi avec faveur" (v. 13).

3.2 Les composants distinctifs

Quels rapports d'opposition דבר על־לב a-t-il avec les éléments de ce domaine sémantique ? נחם Pi, dans l'acception *réconforter* (au sens moral[45]), signifie aider quelqu'un à surmonter l'adversité. Mais cette adversité est extérieure à la relation proprement dite des deux partenaires. Dans דבר על־לב en revanche, l'obstacle à surmonter concerne précisément cette relation. Dans la hiérarchie sémantique נחם Pi se situe donc au-dessous de דבר על־לב.

חנן, racine à laquelle se réfère l'expression מצא־חן, signifie accorder une bonne chose à un malheureux ou à un subordonné, lui montrer de la bienveillance. Comme pour דבר על־לב, l'action décrite est le fait de celui qui est en situation de supériorité mais, à la différence de notre expression, l'action s'arrête à son objet; elle est à sens unique. Par contraste דבר על־לב apparaît comme créant une relation bilatérale, appelant et suscitant un effet de retour, par exemple une réponse (Os 2.17 : "elle répondra").

Contrairement à חנן (traiter quelqu'un en fonction d'un manque dont il souffre), נכר Hi (reconnaître, avoir de la considération, Rt 2.10, 19) décrit une action qui traite le vis-à-vis en fonction d'une qualité qu'il possède. Mais là encore la relation est à sens unique.

On a observé plus haut que "parler-sur-le-cœur" est sans rapport avec la culpabilité de l'un ou l'autre partenaire. Il ne paraît donc pas opportun d'étendre le domaine sémantique de דבר על־לב à des termes comme כפר Pi (recouvrir - d'un cadeau - le visage de quelqu'un, d'où l'apaiser) ou סכן Hi (se mettre en règle avec quelqu'un, Jb 22.21), ces termes ne figurant d'ailleurs pas dans les contextes considérés.

On peut résumer ces comparaisons internes au domaine sémantique de דבר על־לב à l'aide du tableau de la page suivante :

---

45   Pour réconforter au sens physique, l'hébreu utilise, selon les cas, סמך, רפד, סעד.

	situation hiérarchique	réciprocité	détresse du partenaire
Pi נחם	±	–	+
חנן	+	–*	±
Hi נכר	±	–	–
דבר על־לב	+	+	±

figure 2

* : L'effet de retour est exprimé par מצא חן.

SIGNIFICATION

La confrontation des divers contextes où apparaît notre expression, d'une part, et la comparaison de דבר על־לב avec d'autres termes ou expressions du même domaine sémantique, d'autre part, amènent à conclure qu'entre le 8ème siècle et le 6ème siècle cette expression devait signifier **(de la part d'un personnage en position de supériorité) offrir à un partenaire une (nouvelle) relation positive, (r)établir une relation de confiance mutuelle.**

La présence ou l'absence du composant **à nouveau** ne doit pas étonner : l'hébreu se permet volontiers de ne pas expliciter ce trait, le contexte devant être dans la plupart des cas suffisant pour le suggérer (ainsi בנה : "bâtir/rebâtir" 1 R 18.32; Jos 6.26; Jr 1.10 etc; נטע : "planter/replanter" Jr 1.10; 18.9; חיה : "vivre/revivre" 1 R 17.22; Ez 37.5 etc.).

Quelle traduction proposer pour notre expression ? Une locution comme *mettre à l'aise* conviendrait pour Rt 2.13, mais paraît trop faible pour les autres contextes, lesquels font état de contentieux, voire de conflits. Pour ces autres passages donc, si l'on cherche une expression elle aussi imagée plutôt qu'une formulation abstraite, et si l'expression ne risque pas, prise au sens propre, d'introduire un anachronisme, on pourra suggérer un équivalent comme *tendre la main* ou *faire la paix*.

L'EXPRESSION CHEZ LE CHRONISTE

1. Les deux passages où apparaît notre expression en 2 Ch (30.22; 32.6) révèlent des **contextes** assez différents de ceux qu'on a examinés jusqu'ici.

2 Ch 30.22 : Après la purification du temple qu'il a ordonnée, Ezékias rétablit le culte sacrificiel au cours d'une cérémonie grandiose de consécration et de louange (2 Ch 29). Les lévites se montrent plus zélés que les prêtres (29.34; cf. 30.3). Puis le roi invite tout Israël à venir célébrer la Pâque à Jérusalem. Grâce aux lévites, la célébration se déroule au mieux. Au cours de la fête, Ezékias "parle-sur-le-cœur" des lévites, qui montrent tant d'intelligence pour (le service de) YHWH, et la solennité se poursuit dans une atmosphère de joie générale.

2 Ch 32.6 : Le contexte correspond ici à une heure plus grave : Ezékias organise d'urgence la défense de Jérusalem contre les armées assyriennes menaçantes. Sur son ordre, on obstrue ou dissimule les sources ou les canaux d'adduction d'eau à l'extérieur de la ville, on restaure les fortifications, on forge des armes. Ezékias établit des officiers supérieurs, les réunit à ses côtés et "parle-sur-leur-cœur". Ce "parler-sur-le-cœur" trouve sa réalisation en un discours (לֵאמֹר et v.7-8a) aux résonnances dtr certaines[46]. Le récit conclut en notant que le peuple (= l'armée) "trouva un soutien (סמך Ni) dans ces paroles".

2. Composants sémantiques

On le voit, comme dans les sept occurrences du premier groupe, la relation entre partenaires est toujours inégale, mais la difficulté à surmonter ne réside plus ici dans les rapports interpersonnels des partenaires : entre Ezékias et les lévites ou les officiers il n'y a jamais eu de rupture, et la distance hiérarchique qui les sépare ne fait pas problème pour eux. Tout au plus les officiers manquent-ils peut-être encore d'une pleine confiance en YHWH (cf. 32.8). Mais l'assurance qui leur fait surtout défaut porte sur la tâche à accomplir : maintenir le rythme de la fête, pour les lévites, ou résister victorieusement à un ennemi supérieur, pour les officiers.

Parmi les composants de l'expression telle qu'on l'employait jusqu'à l'exil inclus, on retrouve chez le Chroniste la relation hiérarchique entre celui qui "parle-sur-le-cœur" et les destinataires de sa démarche. Mais contrairement aux sept cas du premier groupe, le "parler-sur-le-cœur" ne provoque plus ici un effet de retour qui modifie en bien la relation destinataire/sujet de l'action. Dans la langue du Chroniste, le "parler-sur-le-cœur" cherche plutôt à produire chez ceux qui en sont les destinataires un effet de relais de la volonté d'Ezékias.

---

46   M. WEINFELD 1972, 343–344.

3. Domaine sémantique et signification

Dans le voisinage des deux occurrences de notre expression chez le Chroniste on ne trouve guère de terme susceptible d'entrer dans le domaine sémantique de דבר על־לב. Même le סמך Ni de 32.8 ne décrit que l'effet indirect produit sur le peuple par le discours qu'Ezékias adresse aux officiers : "le peuple trouva un soutien dans les paroles d'Ezékias". Plus que le "parler-sur-le-cœur", c'est le contenu du <u>discours</u> du roi qui apporte un soutien à la population inquiète.

On peut ainsi schématiser le glissement survenu dans la signification de notre expression entre l'emploi "classique" attesté dans les sept premières occurrences et l'emploi qu'en fait le Chroniste.

	classique	Chroniste
relation inter-personnelle à double sens	+	−

figure 3

Il n'est donc plus question d'une confiance *mutuelle* à éveiller, mais d'une assurance à communiquer. Le *focus* s'est déplacé de la <u>relation</u> entre le sujet de l'action et ses destinataires aux <u>destinataires</u> eux-mêmes.

On peut se demander alors si דבר־על לב a encore, chez le Chroniste, le statut d'expression idiomatique, c'est-à-dire si celui-ci l'utilise encore au sens exocentrique, comme dans les textes classiques, ou si, à la faveur d'une évolution de la langue, notamment d'une assimilation du על au אל, il n'interprète pas la séquence en un sens endocentrique, imputant alors à לב une des valeurs métaphoriques traditionnelles (siège de la volonté). Dès lors une traduction littérale comme "parler au cœur" redevient légitime, si tant est qu'on puisse l'appeler traduction. Tout porte à croire que, pour le Chroniste, דבר על־לב n'existe plus en tant qu'expression idiomatique. Il n'en reste qu'une forme, qui a pour elle la noblesse de la formule antique, mais sans autre contenu que celui qu'on peut lui attribuer avec les moyens linguistiques du moment. Son sens est redevenu endocentrique.

Ce glissement dans la signification de דבר על־לב apparaît bien dans la traduction et le commentaire que W. Rudolph propose pour 2 Ch 30.22, où il l'interprète au sens de "féliciter"[47]. En 2 Ch 32.6 il comprend la séquence au sens de "encourager", "exhorter" (*Mut zusprechen*). Polysémie retrouvée, disparition d'un sens exocentrique, on peut dire que l'expression idiomatique est morte entre la période classique et le moment où écrit le Chroniste.

CONCLUSION : UNE EXPRESSION TOMBÉE EN DÉSUÉTUDE

Si la présente analyse est exacte, il faut admettre que le sens de la séquence a changé au cours de la période post-exilique.

Dans l'usage de toute langue les unités lexicales naissent, vivent (c'est-à-dire s'enrichissent et s'usent) puis tombent en désuétude. Les expressions idiomatiques quant à elles, ne s'enrichissent pas de significations nouvelles. Leur temps de vie, qui n'est marqué par aucun développement, est en quelque sorte un temps de survie. Si דבר על־לב semble avoir achevé son existence d'expression idiomatique avant la période du Chroniste, était-elle néanmoins encore perçue comme telle par les traducteurs de la LXX (après 285 avant notre ère) ? On peut hésiter. Dans presque tous les cas[48] les traducteurs se sont contentés de décalquer au mieux la tournure hébraïque (λαλῆσαι ἐπὶ/εἰς τὴν καρδίαν). Y a-t-il là un indice que le sens de l'expression ne leur était déjà plus accessible ? On pourrait être tenté de le penser, mais la pratique du décalque est trop répandue dans la LXX pour être interprétée comme un signe d'ignorance de la langue à traduire. C'est plus probablement dans le statut reconnu au texte de référence, texte sacré donc intouchable, que résident les raisons principales d'une option assez systématique pour la traduction par concordance verbale dans la LXX.

En revanche, les doubles traductions relevées en deux des neuf passages étudiés (Jg 19.3; Es 40.2) sont peut-être plus éclairantes sur la question posée. Les traducteurs de Jg et d'Es ont effectué leur travail au cours de la première moitié du 2ème siècle[49]. Celui d'Es a compris דבר על־לב au sens de réconforter, donc comme un synonyme de l'hébreu נחם Pi. Il avait donc encore le sentiment d'avoir devant lui une expression à sens global. Mais, pour lui, les composants sémantiques originaux de "relation interpersonnelle" et de "tentative de surmonter une rupture" n'étaient plus perçus. La compréhension qu'il avait de l'expression fait donc penser à celle du Chroniste. Quant à la double traduction de Jg 19.3 A,

---

47 *Hiskia zollte allen Leviten Anerkennung*, traduction qu'il commente ainsi : *ein Extralob für die Leviten.*

48 Sauf en Gn 34.3 ἐλάλησεν κατὰ τὴν διάνοιαν τῆς παρθένου αὐτῇ .

49 G. DORIVAL dans LBG, 110.

elle trahit le même genre d'évolution, mais il est difficile d'apprécier l'apport du texte de A tant qu'on n'en a pas identifié l'origine et la date.

Ces conclusions sont cependant à nuancer pour le traducteur de Gn 34.3, que l'on sait pourtant nettement plus ancien que ceux des livres prophétiques et des Ecrits[50]. Sa traduction ἐλάλησεν κατὰ τὴν διάνοιαν τῆς παρθένου αὐτῇ révèle qu'il n'a pas discerné en דבר על־לב une expression idiomatique comme telle, mais un syntagme[51] ordinaire, qu'il interprète à partir de ses composants. Faut-il voir là un indice que l'hébreu n'était pour lui qu'une langue (insuffisamment) apprise, ou que l'expression דבר על־לב avait déjà disparu de la langue ? Toujours est-il qu'il traite לב comme une métaphore morte (siège de la pensée, διάνοια) et méconnaît la valeur métaphorique de דבר dans notre expression. D'autre part son κατά pourrait bien être une accommodation de la traduction pour un texte qui n'était plus bien compris.

Pour une époque plus tardive[52], l'examen des Targoums confirme ce type de conclusion. Comme pour la LXX, il ne paraît guère possible de tirer argument d'un parti-pris certain des Targoums de décalquer le texte hébreu (par exemple למללא על לבה dans TgJ de Jg 19.3). Outre sans doute que le statut du TM joue certainement le même rôle que pour les traducteurs de la LXX, la parenté linguistique de l'hébreu et de l'araméen pourrait laisser penser *a priori* que l'auditeur ou le lecteur araméisant est mieux placé qu'un autre pour comprendre les stéréotypes de l'hébreu. En quatre points cependant les traducteurs targoumiques ont ressenti un besoin d'explicitation. Ainsi TgJ insère-t-il פייוסין (des propos tendres) en Gn 34.3, et l'on trouve l'insertion תנחומין ([des paroles] de réconfort) en TgJ et TgO de Gn 50.21, explicitation que l'on retrouve identique pour Os 2.16 et Rt 2.13.

Etan Levine (*in* The Aramaic Version of Ruth, Analecta Biblica 58, Biblical Institute, Rome 1973) commente le Tg de Rt dans le texte du ms Urbanus 1 de la Bibliothèque vaticane. Ce texte présente un certain nombre de variantes par rapport à celui édité par A. Sperber (1962) à partir du ms Or 2375 du British Museum.

Dans son commentaire de Rt 2.13, Levine relève que le terme נחמתא a reçu en judéo–araméen le sens spécifique de réconfort de l'âge messianique. Le Tg de Rt réinterprète donc notre expression à partir de son propre contexte théologique.

On peut se demander s'il n'a pas, en quelque sorte, réinventé notre expression en lui conférant un

- -

50   Voir G. DORIVAL dans LBG, 110–111.

51   On emploie ici le terme au sens saussurien. Voir F. de SAUSSURE, Cours de linguistique générale, Paris 1971, 170.

52   Le texte de base du Codex Neofiti remonte au 2ème/3ème siècle de notre ère. Cf. G. BIENAIMÉ en DEB, 1312a.

sens nouveau. Ce phénomène est à rapprocher de la "désidiomatisation" de l'expression telle que nous l'avons relevée chez le Chroniste; il n'a été rendu possible que par l'évolution de la langue.

Dans la même ligne que les traducteurs de la LXX avec leurs doubles traductions, les traducteurs targoumiques ne comprennent donc plus דבר על־לב comme une expression idiomatique, mais comme un syntagme ordinaire, assez peu clair au demeurant, puisqu'il a nécessité, selon eux, une explicitation. Celle qu'ils proposent est plus ou moins inspirée du contexte, mais n'a aucun rapport avec la signification qu'avait eue l'expression hébraïque en son temps. A l'époque des Tg, notre expression était bel et bien morte. Il ne restait d'elle qu'une stèle pour en évoquer le souvenir.

APPENDICE : STRUCTURE DE L'EXPRESSION

On l'a vu en examinant le contexte de דבר על־לב en 2 S 19.8, le verbe דבר est métaphorisé dans notre expression, puisqu'il en vient à perdre sa signification originelle : il ne signifie plus *parler*. Cette métaphore verbale constitue le mot-pivot de l'expression et situe cette dernière dans la classe sémantique des "événements" (E)[53].

Il est plus difficile de se prononcer sur la nature du second segment de l'expression : métaphore ou métonymie ? Les valeurs métaphoriques de לב sont assez variées. Pour un inventaire détaillé de celles-ci on se reportera à l'étude de E. Dhorme[54] et aux grands dictionnaires comme GB, HAL, THAT ou TWAT. Si לב a, dans notre expression, une valeur métaphorique, il faut alors, étant donné le sens que nous avons dégagé pour דבר על־לב, le considérer comme siège des intentions, des décisions ou de la volonté. Telle est l'opinion largement majoritaire chez les annotateurs et commentateurs, dont Rachi, malgré l'originalité de son interprétation pour Gn 34.3, est un témoin déjà ancien[55].

Cependant P. Joüon[56] analyse le sens apparent de notre expression à partir d'un usage métonymique de לב : "parler contre [ou sur] le cœur" de quelqu'un. A l'appui d'un tel emploi on peut citer[57] Ex 28.29-30 ou Ct 8.6 : par le moyen du

- -

53   Voir Taber et Nida 1971, 34 ss.

54   L'emploi métaphorique des noms de parties du corps en hébreu et en akkadien, Paris 1923.

55   *"Au cœur de la jeune fille". Des paroles qui pénètrent le cœur : Vois combien ton père a dû gaspiller d'argent pour un petit morceau de champ. Moi, je t'épouserai, et la ville et tous les champs alentour t'appartiendront.*

56   *op. cit.*

57   Avec GB, qui a bien relevé cette valeur particulière de לב, par laquelle précisément débute son article consacré à cette entrée lexicale.

"pectoral" (חֹשֶׁן), Aaron porte "contre son cœur" (עַל־לִבּוֹ) le nom des douze tribus
gravé sur les pierres précieuses qui ornent celui-ci; et la bien-aimée du Cantique
demande à son bien-aimé : "Mets-moi comme un sceau sur ton cœur" (עַל־לִבֶּךָ). Si
l'analyse de P. Joüon est pertinente, ce que nous sommes porté à penser,
l'expression apparaît comme la combinaison d'une métaphore (le pivot) et d'une
synecdoque, c'est-à-dire d'une structure métonymique[58]. Une telle structure
pourrait servir de critère dans un classement des expressions idiomatiques.

✻

---

58   Voir R. JAKOBSON 1973, 61–67, et M. LE GUERN 1973, 29–38.

CHAPITRE IV

LES OREILLES LUI TINTERONT

BIBLIOGRAPHIE

La signification de la séquence תִּצַּלְנָה שְׁתֵּי אָזְנָיו ne semble guère avoir intéressé les chercheurs. Pour l'étude des contextes (structure, composition) on pourra se reporter à

R. PETER-CONTESSE, La structure de 1 S 1—3, in TBT 27/3, 1976, 312–314.

Ph. de ROBERT, 1 S 3 : une vocation prophétique ? in Foi et Vie, Cahier biblique 23, 1984, 4–10.

UN PROBLÈME DE TRADUCTION

On n'entame ce chapitre qu'avec hésitation, sans être *a priori* certain d'avoir affaire ici à une expression idiomatique telle qu'elle a été définie plus haut. Mais le sens de la séquence récurrente reste une énigme à résoudre, au moins à l'intention des traducteurs. Que signifie, en effet, תִּצַּלְנָה (תְּצַלֶּינָה) שְׁתֵּי אָזְנָיו qu'on lit à trois reprises dans la Bible hébraïque, en 1 S 3.11; 2 R 21.12 et Jr 19.3 ? Cette question est légitimée par la variété des traductions qu'en proposent les versions en usage. La plupart, certes, préfèrent décalquer la tournure hébraïque. Ainsi, à titre d'exemple : *Je m'en vais faire en Israël une chose telle que les deux oreilles en tinteront à quiconque l'apprendra* (BJ en 1 S 3.11); ou *I am about to bring such desaster on Jerusalem and Judah that it will ring in the ears of all who hear of it* (REB en 2 R 21.12); ou encore *Ich bringe solches Unheil über diesen Ort, daß jedem, der davon hört, die Ohren gellen* (EHS en Jr 19.3).

La solution paraît d'autant plus séduisante que des expressions idiomatiques de forme voisine existent tant en français qu'en anglais. Ainsi *Les oreilles ont dû vous tinter* se dit à une personne dont on a beaucoup parlé en son absence[1]. En anglais *to ring in one's ears*, c'est hanter la mémoire[2]. La tournure allemande *die Ohren gellen jedem (der davon hört)*, quant à elle, n'a pas de sens exocentrique[3].

---

1   Petit Robert   *s.v. tinter*.

2   The Concise Oxford Dictionary of Current English, 1968, *s.v. ring*. Il est intéressant de noter que, lorsque les oreilles du français tintent, celles de l'anglais s'échauffent. *Les oreilles ont dû vous tinter* a comme équivalent *your ears must have been burning*.

3   Elle ne doit pas être confondue avec *es klingt mir in den Ohren*, qui a sensiblement le même sens que l'expression française correspondante.

Mais le parallélisme de forme entre l'hébreu et les locutions française ou anglaise a toutes chances de jouer comme un piège pour le traducteur. Quoi de plus tentant, en effet, que ces tournures idiomatiques qui semblent en même temps si bien "coller au texte" ? Il est évident, en tout cas, que le sens de l'expression française ne convient nullement aux trois contextes bibliques mentionnés. D'ailleurs le lecteur ne peut pas comprendre l'expression en son sens naturel. De la phrase où il la rencontre il retire plutôt l'impression qu'elle désigne un phénomène acoustique difficile à supporter. Le traducteur de 1 S 3.11 dans la TOB a dû le pressentir, puisqu'il rend ainsi ce verset : *Voici que je vais accomplir une chose en Israël à faire tinter les oreilles de quiconque en entendra parler.* L'emploi d'un factitif (faire tinter) déborde en réalité la forme de l'expression idiomatique française et suggère que le sens est autre, sans pour autant indiquer lequel.

L'anglais *to ring in one's ears* semble à première vue plus compatible avec les trois contextes bibliques de l'expression hébraïque : les catastrophes annoncées respectivement à Eli ou à Jérusalem seront suffisamment impressionnantes pour laisser un souvenir à la fois consternant et ineffaçable. Mais est-ce bien le sens de l'hébreu תצלנה שתי אזניו ? La coïncidence serait si belle que l'on se prend à douter. Chaque langue a son système propre de métaphores et d'expressions idiomatiques (voir ci-dessus, p. 20). Le passage à l'anglais de Jb 19.20b וָאֶתְמַלְּטָה בְּעוֹר שִׁנָּי rend prudent[4].

Notons pour compléter cet inventaire que les versions anciennes (LXX, Tg, Vg) se sont contentées de décalquer la formule hébraïque et se montrent donc de peu de secours pour révéler comment celle-ci était encore comprise à leur époque.

Quelques traductions récentes ont cependant déjoué le piège. Ainsi TOB en Jr 19.3 : *Quiconque l'apprendra en sera abasourdi*, ou encore J. Gray dans son commentaire de 2 R 21.12[5] : *the two ears of him who hears of it shall tingle* (picoter). Mais il faut surtout nommer ici les versions en langues courantes publiées par l'ABU, lesquelles se révèlent d'ailleurs tout à fait cohérentes malgré la diversité des traducteurs. Pour les trois passages indiqués, en effet, TEV, la plus ancienne, rend l'expression comme ceci : *that everyone who hears about it will be*

---

4   *Escape by the skin of one's teeth* = échapper de justesse. Ce sens ne convient guère au contexte de Jb 19.13–20. On attendrait plutôt "en ayant tout perdu" (BFC *ad loc.*), valeur qu'avait encore l'expression en anglais au 17ème siècle et au début du 18ème selon le New English Dictionary de Murray, 1919.

5   1970, 708.

stunned (le traducteur a choisi ici un équivalent relativement abstrait). DGN a adopté *so schrecklich ..., daß jedem, der die Nachricht davon hört, die Ohren wehtun werden*. BFC enfin est la seule à proposer un équivalent imagé : *... un malheur qui produira l'effet d'un coup de tonnerre*.

Pour achever ce tour d'horizon des interprétations existantes, on relèvera que les dictionnaires de langue, à l'exemple de la plupart des versions en usage, se contentent d'indiquer le sens littéral de l'expression (ainsi GB, HAL, HOL, *s.v.* צלל). Parmi les dictionnaires "théologiques", THAT n'a pas retenu notre expression sous l'entrée אֹזֶן, et TWAT n'offre même aucun article אֹזֶן, ce qui est pour le moins surprenant étant donné la relative fréquence des emplois figurés de ce terme dans l'AT et l'importance y accordée à l'acte d'écouter. Pour les dictionnaires, le sens de תִּצַּלְנָה שְׁתֵּי אָזְנָיו paraît ne pas poser de problème.

La signification de la séquence est donc loin d'être encore clairement établie. Si elle est aussi peu évidente, ne serait-ce pas qu'elle véhicule un sens exocentrique ?

EST-CE UNE EXPRESSION IDIOMATIQUE ?

La séquence présente au moins un caractère typique de l'expression idiomatique, à savoir une relative stéréotypie. Celle-ci souffre certes quelques légères variations : תְּצִלֶּינָה en 1 S 3.11 contre תִּצַּלְנָה ailleurs[6], et Jr 19.3 omet le שְׁתֵּי (les deux). Mais de telles variations ne peuvent avoir d'incidence sur la signification de l'ensemble. Le caractère stéréotypé de la séquence est d'ailleurs renforcé par le fait qu'elle est toujours précédée de la formule כָּל־שֹׁמְעוֹ/הּ (quiconque l'entendra). Cependant le caractère stéréotypé n'est pas suffisant pour qualifier une expression d'idiomatique.

L'exocentricité du sens est en fin de compte seule déterminante. Qu'en est-il dans le cas examiné ?

Hors de la séquence étudiée, la racine צלל I n'est attestée qu'une fois, en Ha 3.16, dans le contexte לְקוֹל צָלְלוּ שְׂפָתַי (à cette nouvelle mes lèvres ...). Elle a donc pour sujet "les lèvres". On s'interroge alors sur ce que lèvres et oreilles peuvent avoir en commun pour que les unes et les autres soient susceptibles d'opérer la même action dénotée par צלל.

En Ha 3.16, צָלְלוּ שְׂפָתַי vient en parallèle à וַתִּרְגַּז בִּטְנִי (mon ventre a tremblé), dans un contexte qui décrit en termes imagés à quel point le prophète est bouleversé par le bruit qu'il entend ou la

---

6   La forme תְּצִלֶּינָה est considérée par P. DHORME (1910 *ad loc.*) comme anormale.

nouvelle qu'il reçoit (קוֹל). GB, suivi par W. Rudolph[7] interprète צללו שׂפתי comme un claquement des dents. D'autres, comme C.A. Keller[8] gardent à שׂפה son sens habituel et interprètent צלל au sens de "balbutier", ce que le contexte rend possible, mais non certain. L'étroitesse du champ d'emploi de צלל ne permet guère de trancher. Cependant divers substantifs sont dérivés de cette racine : צְלָצַל (Dt 28.42 : grillon), צֶלְצְלִים (2 S 6.5; Ps 150.5 : castagnettes, ou cymbales), מְצִלָּה (Za 14.20, clochettes) et מְצִלְתַּיִם (13 ×, cymbales), ce qui conduit à penser que צלל I désigne vraisemblablement l'émission d'un son répétitif produit par percussion[9].

Appliquée aux oreilles, la racine צלל I ne peut être évidemment employée qu'en un sens métaphorique. Dans ces conditions l'expression (שְׁתֵּי) תִּצַּלְנָה אָזְנָיו pourrait n'être qu'une métaphore, vraisemblablement morte puisqu'elle est déjà bien stéréotypée.

Cependant une métaphore de ce genre est tout à fait inhabituelle avec אֹזֶן (l'oreille). Si en effet on passe en revue les racines verbales qui ont occasionnellement אֹזֶן pour sujet, on constate que normalement les oreilles écoutent (שׁמע, Es 30.21; 32.3 etc.) ou n'entendent pas (Ps 135.17); elles sont attentives (קַשֻּׁבוֹת, Ps 130.2; 2 Ch 6.40 etc.), tournées vers (אל, Ps 34.16); elles s'ouvrent (פקח Ni, Es 35.5; 48.8), elles captent (לקח, Jr 9.19; Jb 4.12), elles apprécient (בחן, Jb 12.11; 34.3); elles peuvent n'être jamais remplies (מלא Ni, Qo 1.8), ou au contraire être déclarées "lourdes" (כבד, Es 59.1), c'est-à-dire peu aptes à entendre. Autrement dit elles remplissent ou non leur office, qui est de percevoir son ou parole. En d'autres termes leur fonction est plutôt passive. Or l'emploi métaphorique de אֹזֶן, lequel est statistiquement dominant en hébreu biblique, porte exclusivement sur l'oreille en tant qu'organe de l'ouïe, accessoirement du discernement ou de la compréhension[10], mais jamais, hors de notre expression, comme organe susceptible d'émettre un son percutant répétitif (צלל) ou de produire la même impression que celui-ci.

Cette anomalie dans l'emploi métaphorique de אֹזֶן laisse pressentir que la séquence תִּצַּלְנָה שְׁתֵּי אָזְנָיו pourrait bien véhiculer un sens exocentrique et accéder au rang d'expression idiomatique. On se trouve probablement ici devant un cas limite entre métaphore complexe et expression idiomatique bien caractérisée.

- -

7   KAT XIII/3, 238.

8   CAT XI/b, 175.

9   Ce qui, pour Ha 3.16, appuie l'interprétation de GB et de W. Rudolph contre celle de C.A. Keller.

10   G. LIEDKE in TWAT I, 96–97.

CORPUS

A ce stade de l'analyse, la méthode adoptée réclame que l'on établisse un corpus de textes relevant d'un même état de langue. La séquence תצלנה שתי אזניו se lit dans trois unités littéraires : 1 S 3.1-19(4.1a); 2 R 21.1-18; Jr 19.1-15. Les deux dernières présentent une indéniable parenté stylistique du fait de nombreux stéréotypes, identifiés par les chercheurs récents comme caractéristiques de la phraséologie deutéronomiste[11]. Pour nous en tenir aux seuls versets contenant l'expression étudiée, on relève ainsi : הנני מביא (רעה) de 2 R 21.12 et Jr 19.3, qu'on retrouve en 1 R 14.10; 21.21; Jr 11.11; 19.15; 35.17; voir aussi Jr 4.6; 6.19; 32.42b; 45.5; 51.64 et encore 39.16. Dans les environs de ces deux occurrences de tels stéréotypes abondent. Ainsi עבדיו הנביאים (2 R 21.10), ou encore יען אשר ... (2 R 21.11-12; Jr 19.4), לכל-צבא השמים (2 R 21.5; Jr 19.13), העביר את-בנו לכן (2 R 21.6) et sa variante לשרף את-בניהם באש (Jr 19.5) etc. באש

L'attribution de 2 R 21.1-18 à l'œuvre dtr ne fait guère problème. Avec M. Weinfeld[12] on peut dater celle-ci de la première moitié du 6ème siècle.

Les discours en prose du livre de Jérémie, que depuis S. Mowinckel[13] la critique biblique regroupe sous l'appellation "source C", ont été longtemps considérés comme une partie de l'œuvre dtr[14]. La réalité est probablement plus nuancée[15]. En fait ce qui est en jeu dans la présente étape de la recherche en cours est moins de repérer l'origine littéraire d'un passage donné que l'état de langue auquel il ressortit. A défaut de connaître le milieu de sa production, l'époque où il a vu le jour, quand on peut la déterminer, peut aider à classer tel passage dans un corpus de textes à peu près contemporains. En ce qui concerne Jr 19.1-15, contexte où notre expression apparaît au v. 3, on a affaire à un ensemble qui s'est fort probablement constitué en plusieurs étapes[16]. Sur le récit d'un geste prophétique symbolique du prophète (la gargoulette brisée, v. 1, 2a, 10-11a) s'est greffé un discours qui explique et justifie ce geste (v. 2b-4, 7-11). Ce discours est attribué par W. Rudolph puis par W. Thiel à une intervention dtr, ce qui a été contesté par H. Weipert[17], qui l'attribue quant à elle au prophète d'Anatoth lui-même. Cela ne va pourtant pas sans soulever bien des questions. Quoi qu'il en soit, ces deux styles ont suffisamment de traits communs[18] pour qu'on puisse

- -

11   Voir M. WEINFELD 1972, pp. 350, 351.
12   1972 (1983).
13   1914.
14   W. RUDOLPH 1958; W. THIEL 1973, 1981.
15   Voir McKANE 1986 (Introduction et commentaire *ad loc.*).
16   W. McKANE 1986, 451–459, en repère six !
17   1973.

estimer qu'ils ressortissent à des périodes chronologiquement proches et appartiennent au même état de langue.

Le texte de 1 S 3.1-19, quant à lui, présente certes quelques affinités stylistiques avec les deux précédents. Ainsi le הנה אנכי עשה de 1 S 3.11 peut être rapproché du הנני מביא רעה déjà relevé en 2 R 21.12 et Jr 19.3, le אקים את כל־אשר דברתי de 1 S 3.12 rappelle le הקים דבר יהוה de textes dtr comme 1 R 2.4; 8.20; 12.15, et le לא הפיל מכל־דבריו ארצה de 1 S 3.19 fait peut-être écho au לא יפל מדבר יהוה ארצה de 2 R 10.10, autre texte dtr. Mais s'il y a ressemblance, il n'y a pas identité, et les conclusions de T. Veijola[19], qui attribue 1 S 3.11-14 à Dtr sont sans doute hâtives. 1 S 3.1-19 n'est pas dû à un rédacteur dtr, mais lui est très probablement antérieur : antérieur au 6ème siècle si, avec E. Würthwein[20] on date de cette époque les diverses couches de l'œuvre dtr; antérieur au règne de Josias si, avec F.M. Cross[21], on estime que les bases de l'œuvre dtr ont été posées en cette seconde moitié du 7ème siècle.

Les trois occurrences de l'expression peuvent donc être considérées comme relevant d'un même état de langue. On reconnaîtra cependant que cette constatation risque d'être sans grande portée pour ce qui nous occupe, car, ainsi qu'on va le voir, deux des trois contextes de l'expression sont fort peu éclairants pour celle-ci.

ANALYSE DES CONTEXTES

1 S 3.11. La composition de 1 S 3 fait incontestablement problème. Selon Ph. de Robert[22], les v. 12 à 14, qui se réfèrent explicitement à l'oracle de l'homme de Dieu rapporté en 2.27-36, auraient été substitués à un oracle annonçant le désastre du chap. 4 et la capture de l'arche. Effectivement le בְּיִשְׂרָאֵל du v. 11 se comprend mieux comme allusion à un désastre national qu'à une catastrophe familiale comme l'élimination de la lignée des Elides.

Dans le texte actuel, qui résulte donc d'un remaniement imputable sans doute aux milieux sadocides[23], le contexte utile de notre expression est représenté par le discours des v. 11-14, dans lequel YHWH annonce au jeune Samuel qu'il va mettre à exécution les menaces déjà proférées contre le prêtre Eli et sa lignée. On l'a vu,

- -

18   Voir ci–dessous et chap. V, p. 109.
19   1975, 38 ss.
20   1984, 503.
21   Cité par R. RENDTORFF 1983, 195. Voir aussi M. WEINFELD 1972 (1983), 7.
22   *op cit.*, p. 8 s.
23   *ibid.*, p. 10.

il y a ici référence à l'avertissement formulé par l'homme de Dieu anonyme de 2.27-36, passage que, contrairement à T. Veijola qui le considère comme dtr, M. Weinfeld[24] qualifie de "ancienne littérature historique". Le malheur annoncé n'est pas la mort des deux fils d'Eli, laquelle est présentée en 2.34 comme un signe (אות) précurseur. Le malheur lui-même est décrit en 2.31a par une formule imagée : *Je briserai ton bras et le bras de la maison de ton père* (וגדעתי את־זרעך ואת־זרע בית אביך). Cette formule est explicitée dans la suite immédiate : (a) elle implique, dans le cas présent une mortalité prématurée qui frappera la descendance d'Eli (2.31b, 32b-33); (b) d'autre part, même si, malgré 2.35, on renonce à voir avec TOB en צר מעון "un rival dans la Demeure"[25], la seconde facette du malheur annoncé sera la révocation à terme de la lignée d'Eli comme titulaire du sacerdoce suprême en Israël (2.35)[26]. L'allusion est donc claire à la destitution d'Abiatar par Salomon (1 R 2.26-27). Notons cependant que 2.33b pourrait bien faire allusion au massacre des prêtres de Nob, dont Abiatar fut le seul rescapé (1 S 22.18-20)[27].

Quoi qu'il en soit, qu'il s'agisse de la capture de l'arche ou de l'élimination de la lignée des Elides, pour Israël de tels événements sont difficilement imaginables. Le récit les annonce d'abord par le terme générique - et donc abstrait - דבר (chose). Notre expression תצלינה שתי אזני a comme fonction immédiate de décrire alors l'effet que produira "la chose". Le caractère inouï de cet effet est mis en évidence de deux manières. D'abord par le rapprochement de אזנים avec la racine צלל I. On a vu plus haut son caractère inattendu. Ensuite par la mention des deux oreilles des témoins indirects apprenant la nouvelle.

Le caractère extraordinaire de l'effet causé sur ceux-ci par l'intervention annoncée de YHWH doit induire évidemment que cette "chose" sera elle-même de nature extraordinaire. Peut-on préciser en quoi ? Ici encore il faut se référer au discours de l'homme de Dieu, discours qui rappelle en 2.30 que la pérennité de la lignée sacerdotale d'Eli était garantie par un engagement de YHWH. Père d'un Pinhas (2.34, cf. Ex 6.25), Eli est un Aaronide par Itamar (1 Ch 24.2-3). On peut donc estimer que 2.27-28 fait allusion à l'investiture de l'ancêtre (Ex 28--29) et que 2.30 se réfère à l'engagement impliqué par la déclaration de Ex 29.44b. Or l'impiété persistante des fils d'Eli constitue en quelque sorte une rupture de contrat, ce qui amène YHWH à annuler[28] le privilège conféré à la lignée d'Eli,

- -

24   1972 (1983), 240.

25   Voir D. BARTHÉLEMY 1982 *ad loc.*

26   גדע זרוע (2.31, abattre/trancher le bras) est une expression idiomatique (voir p. 44, n° 37). Appliquée à un prêtre, elle désigne sans doute l'annulation de l'investiture sacerdotale, elle–même désignée par מלא יד פ' (remplir la main, voir p. 46, n° 53).

27   Voir W. THIEL, 1973, 219 ss.

privilège qui devait avoir en Israël une valeur sacrée du même ordre que celui accordé à la dynastie davidique (2 S 7.16; cf. 1 R 11.38; Ps 132.11-12) ou que l'inviolabilité attribuée à Jérusalem (Ps 46.6; 125.1). C'est pourquoi l'événement qui marquera l'écroulement de ces réalités considérées comme sacrées sera ressenti comme une sorte de scandale pour la foi.

2 R 21.12. Dans la chronique accablante consacrée au règne de Manassé, le rédacteur deutéronomiste de la deuxième génération (Dtr P) a inséré un résumé du message des prophètes chargés d'annoncer les conséquences catastrophiques de l'idolâtrie dans laquelle le roi infidèle a entraîné le peuple de Juda. La description qu'il donne du malheur (רעה) annoncé au v.13 est évidemment une allusion aux événements tragiques de 587. Ceux-ci vont affecter deux réalités considérées pourtant comme intangibles, puisqu'elles ont bénéficié jusqu'alors de la garantie divine, à savoir Jérusalem et la dynastie davidique, cette dernière se voyant promise au sort de la lignée d'Akhab (v. 13). Ici encore l'événement annoncé est inouï et ne pourra manquer de frapper les esprits. Notre expression a pour fonction d'exprimer l'effet majeur produit par le malheur annoncé. On remarquera que le Kt אשר כל-שמעיו, avec son suffixe pluriel, anticipait sans doute les deux faces de ce malheur, le Qr ne visant qu'à assurer la correction grammaticale par l'accord avec le féminin רָעָה.

Jr 19.3. On l'a vu plus haut, depuis Giesebrecht (1898)[29] la plupart des commentateurs s'accordent à voir en Jr 19.1-13 une unité littéraire composite : le récit d'un acte symbolique (la gargoulette brisée : v. 1-2a*, 10-11a, 14*, 15) a été amplifié par une prophétie de jugement (v. 2a*b-9, 11b-13, 14*). Notre expression appartient à cette amplification, où l'on retrouve un schéma traditionnel de prédication : introduction (v. 2a*b-3), accusation (v. 4-5) et annonce du jugement (v. 6-9, 11b-13). Le malheur annoncé (רעה) au v. 3, qui "fera tinter les oreilles" de quiconque en entendra parler, est décrit lui-même aux v. 6-9 : tuerie-massacre (הַרֵגָה, v. 6), cadavres (נְבֵלָה, v. 7) abandonnés aux charognards, ville changée en désert effrayant (לְשַׁמָּה וְלִשְׁרֵקָה, v.8), famine extrême provoquant jusqu'à des scènes d'anthropophagie (v. 9). Contrairement à 2 R 21.12 examiné ci-dessus, le désastre annoncé par Jérémie ne concerne que la ville (Jérusalem) et sa population; le prophète d'Anatoth n'évoque pas ici le sort de la dynastie davidique.

L'intérêt du v.8, en ce qui concerne notre expression, tient au fait qu'il décrit lui aussi les effets produits par le malheur annoncé, mais sur ceux qui constateront *de visu* l'ampleur du désastre, שַׁמָּה וּשְׁרֵקָה, litt. "effroi et sifflement". On retrouve les deux termes associés en 25.9, 18 et 51.37, mais, dans les écrits

- -

28   חָלִילָה לִּי : *plus question* (de cela) plutôt que *abomination !* qu'on lit en TOB *ad loc.*
29   Voir W. THIEL 1973, 219 ss., mais aussi W. McKANE, 1986, 451–459.

deutéronomistes, la formule complexe connaît plusieurs variantes[30]. שַׁמָּה désigne le spectacle saisissant d'une dévastation rapportée au jugement divin[31]. Par développement métonymique le même terme en vient à désigner l'effroi provoqué par le spectacle de cette dévastation. Le second terme, שְׁרֵקָה, toujours associé à שַׁמָּה[32], désignerait le sifflement que les spectateurs du désastre émettraient pour conjurer les forces d'anéantissement dont ils ont l'effet sous les yeux[33]. Aux termes שַׁמָּה et שְׁרֵקָה correspondent, dans le seconde moitié du v. 8, les racines verbales elles-mêmes dont ces deux substantifs sont respectivement tirés, à savoir שׁמם et שׁרק, qui soulignent donc les sentiments de stupéfaction et d'effroi ressentis par les spectateurs du désastre.

Les trois contextes examinés ont beaucoup en commun : ils annoncent tous un désastre à venir pourtant inconcevable dans le cadre de la foi israélite. Notre expression y a pour fonction de souligner la gravité de ce désastre en décrivant la profonde impression qu'il produira non sur les victimes mais sur certains témoins. Dans les trois cas il s'agit de <u>témoins indirects</u> : ceux dont "les oreilles tinteront" sont exclusivement ceux qui en entendront parler (כָּל־שֹׁמְעוֹ en 1 S 3.11, כָּל־שֹׁמְעָהּ en 2 R 21.12 Qr et Jr 19.3). Notre expression décrit donc **l'effet produit** non par le désastre lui-même mais par la nouvelle qui en informera. Dans les trois cas la formule exprime la stupéfaction et l'horreur causées par l'ampleur de la catastrophe.

DOMAINE SÉMANTIQUE

1. Les items de comparaison

En 1 S 3.11 notre expression a pour fonction de qualifier la "chose" que YHWH s'apprête (הִנֵּה) à faire (עֹשֶׂה). Elle la qualifie, on l'a vu, par l'effet produit sur les témoins. Mais elle est seule dans le contexte à remplir cette fonction. Les v. 12-14 ne font, en effet, que définir la "chose" comme un jugement de condamnation (שׁפט) porté par YHWH sur la lignée d'Eli et en donner les motifs, à savoir le crime (עָוֹן) imputable à cette famille sacerdotale. Le contexte n'offre donc aucun parallèle à notre expression.

En 2 R 21.12-15 le problème se pose de la même façon : le malheur (רָעָה) que YHWH s'apprête (הִנְנִי) à faire venir sur Jérusalem et Juda est décrit aux v. 13-14 et légitimé aux v. 11 et 15, mais là aussi notre séquence est seule à dénoter l'effet

- - - - - - - - - - - - - - - - - - -

30   Voir M. WEINFELD 1972, 348 s.
31   Voir HAL, *s.v.* שַׁמָּה.
32   *Ibid. s.v.* שְׁרֵקָה.
33   *Ibid.* et note TOB sur Jr 18.16.

produit sur les témoins. Ce contexte n'offre non plus aucun parallèle à notre expression.

Comme dans les deux cas précédents, Jr 19.3-9 décrit le malheur annoncé et en relève les causes. Mais le v. 8 reprend en termes différents le thème de l'effet produit sur les témoins du drame par la catastrophe annoncée. Cet effet est décrit par les deux verbes שמם et שרק, qui dénotent la réaction des témoins indirects apprenant la catastrophe.

2. Les composants distinctifs

- שמם, c'est être saisi d'effroi devant un spectacle de désolation. Le verbe décrit donc l'effet d'horreur produit sur un témoin oculaire du désastre (cf. כֹּל עֹבֵר עָלֶיהָ : "quiconque passera près d'elle" - c.à.d. la ville anéantie).

- שרק, c'est siffler. Mais la valeur du sifflement émis dépend des contextes et en particulier des termes associés : expression de la raillerie, de la joie mauvaise (ou du mépris), voire de la stupeur mêlée de crainte superstitieuse[34], sans qu'il soit d'ailleurs toujours possible de trancher. Notons-le au passage : alors que שמם décrit l'effet produit sur le témoin oculaire de la catastrophe, שרק décrit de son côté une réaction active de celui-ci : il raille, il exprime la joie mauvaise qu'il ressent ou il conjure les forces maléfiques auxquelles est imputable le désastre qu'il contemple.

Il semble possible de résumer dans le tableau suivant la comparaison des trois items du domaine sémantique ainsi constitué.

	témoins directs vs indirects	crainte	réaction active
שמם	+	+	−
שרק	+	±	+
תצלנה שתי אזנים	−	+	−

figure 1

- -

34   Voir HAL, 1527, après M. NOTH 1968, 199 pour 1 R 9.8; W. ZIMMERLI 1969, 658 pour Ez 27.36; C.A. KELLER 1971, 204 pour So 2.15; E. DHORME 1926,364 pour Jb 27.23; W. RUDOLPH 1962, 225 pour Lm 2.16.

SIGNIFICATION

Les possibilités ne manquent pas en français pour exprimer de façon plus ou moins imagée la forte impression de surprise dénotée par notre expression. Selon les registres de langage adoptés, on aura le choix entre *être interloqué* (en perdre la parole), *éberlué* (frappé d'un trouble passager de la vue), *en rester pantois* (haletant), *être sidéré* (frappé par l'influence néfaste des astres), *estomaqué* (en avoir le souffle coupé), *être médusé* (frappé de stupeur par le spectacle de la Gorgone Méduse, qui changeait en pierres tous ceux qui la regardaient[35]), *en tomber assis* ... Ces diverses propositions peuvent s'employer indifféremment pour des témoins directs (oculaires) ou indirects et rendent bien leur réaction passive, mais expriment plus l'effet de surprise que la crainte ressentie devant les faits considérés.

La solution adoptée par la TOB en Jr 19.3 (Quiconque l'apprendra en sera *abasourdi*) semble déjà préférable. Malgré son étymologie[36] et probablement à cause de l'allitération avec assourdir, *abasourdir* est employé aujourd'hui en effet au sens de *étourdir par un grand bruit*, d'où aussi *jeter dans la consternation, la stupéfaction*. Les exemples proposés par GLLF font presque tous état d'un bruit qui court ou d'une nouvelle comme cause de l'abasourdissement, ce qui rend correctement justice au dernier composant sémantique que nous avons décelé dans l'expression אזנים (שתי) תצלנה. La meilleure solution nous semble être celle de BFC pour les trois occurrences concernées : *produire l'effet d'un coup de tonnerre sur ceux qui l'apprendront*; elle rend bien compte non seulement des trois composants distinctifs repérés, mais aussi de la crainte ressentie par le témoin, et elle présente en outre l'avantage de conserver dans la traduction le caractère imagé de l'expression hébraïque.

APPENDICE : STRUCTURE DE L'EXPRESSION

Bien que formée de plusieurs unités lexicales, l'expression idiomatique fonctionne comme une unité lexicale unique porteuse d'un sens monosémique et exocentrique. Celui-ci supplante donc le sens apparent ou littéral[37] de l'expression. Ce dernier a pourtant sa cohérence et pourrait être regardé comme le sens étymologique de l'expression. Il résulte, on l'a vu, de la combinaison de deux métaphores : אָזְנַיִם (les deux oreilles) et צלל I (tinter).

- -

35　Sauf la référence mythologique, cette dernière expression conviendrait assez bien à שׁמם.

36　*basir > basourdir,* verbes d'origine argotique signifiant *tuer.* Voir GLLF *s.v.* abasourdir.

37　Voir E.A. NIDA 1975/1, 113.

אֹזֶן, en effet, ne désigne pas, contrairement à Ex 21.6 ou 29.20, la partie visible de l'organe de l'ouïe, mais cet organe lui-même, ce sens de אֹזֶן découlant du premier par un développement métaphorique.

Quant à צלל I, il est évident qu'il n'est pas utilisé au sens propre comme en Ha 3.16, où il désigne la production d'un son par les lèvres. A proprement parler les oreilles ne produisent aucun son. Elles captent la nouvelle (כל-שְׁמֻעָה) d'un malheur et la retransmettent à l'auditeur sous forme d'un bruit à la fois stupéfiant et accablant[38].

Au niveau sémantique, notre expression décrit un "événement"[39]. Il ne faut donc pas s'étonner qu'au niveau syntaxique elle fonctionne comme un verbe. Le terme pivot en est la métaphore verbale. Il faudra examiner en temps voulu si cette structure combinant deux tropes de même nature peut servir à une classification des expressions idiomatiques.

---

38   On peut noter un dédoublement analogue dans l'expression française *n'en pas croire ses*
      oreilles.
39   Sur les quatre catégories sémantiques Objet, Evénement, Abstrait et Relation voir TABER et
      NIDA 1971, 34 ss.

CHAPITRE V

RAIDIR LA NUQUE

Bibliographie

B. COUROYER, "Avoir la nuque raide" : ne pas incliner l'oreille,
in RB 88, 1981/2, 216–225.

Fr. HESSE, Das Verstockungsproblem im A.T.
BZAW 74,
Berlin 1955, p. 13.

A la fin de la note qu'il consacre à cette expression dans la Revue Biblique, B. Couroyer propose avec modestie : «Si quelque chercheur, mis en appétit par cette Note, reprenait le problème et lui apportait une solution plus satisfaisante, je serais le premier à m'en réjouir.»

Un des mérites du travail de B. Couroyer est d'avoir remis en question l'interprétation traditionnelle et quasiment universelle de הקשה ערפו. Le résultat auquel il aboutit est clairement indiqué dans le titre de sa note. Il y parvient en constatant que notre expression est souvent mise en parallèle avec une autre, "incliner l'oreille". Son raisonnement exploite, semble-t-il, le principe suivant - d'ailleurs non expressément formulé - : qui dit parallèle dit plus ou moins synonyme - ou antonyme. Or ce principe ne nous semble pertinent qu'en première approximation. On se propose donc ici de "reprendre le problème" à l'aide de la méthode d'analyse componentielle. Cette autre voie d'accès devrait permettre de confirmer ou d'infirmer le résultat dégagé par B. Couroyer.

INVENTAIRE

On trouve onze fois l'expression הקשה ערפו dans l'AT hébreu : Dt 10.16; 2 R 17.14; Jr 7.26; 17.23; 19.15; Pr 29.1; Ne 9.16-17, 29; 2 Ch 30.8; 36.13. A quoi l'on peut ajouter le texte original de Si 16.11 : וְאַף כִּי אֶחָד מַקְשֶׁה עֹרֶף תְּמַהּ זֶה אִם יִנָּקֶה[1]. HAL signale aussi notre expression en Jb 9.4, mais sous forme elliptique, c'est-à-dire sans עֹרֶף. Certains la décèlent encore, également sous forme abrégée, en Ex 13.15. Dans un passage de style deutéronomiste comme Ex 13.11-16, en effet, on attend עֹרֶף plutôt que לֵב comme complément implicite de קָשָׁה Hi.

A côté de la tournure <u>verbale</u> (raidir la nuque), on trouve une forme <u>nominale</u>, עָרְפְּךָ הַקָּשֶׁה (ta nuque raide) en Dt 31.27, et surtout une forme <u>adjectivale</u>, קְשֵׁה עֹרֶף (litt. raide de nuque) en Ex 32.9; 33.3,5; 34.9; Dt 9.6,13. On notera enfin comment, pour donner plus de force à l'expression, Es 48.4 va jusqu'à en répartir les éléments sur deux stiques : (a) קָשֶׁה אַתָּה (litt. "tu es raide"; TOB : "tu es endurci") et (b) וְגִיד בַּרְזֶל עָרְפֶּךָ "et ta nuque est un tendon de fer[2]".

Une forme abstraite, mais elliptique (sans l'explicitation עֹרֶף) pourrait être enfin décelée en Dt 9.27 : קְשִׁי (raideur) : *Ne prends pas garde à* (litt. "ne te tourne pas vers") *la raideur [de nuque ?] de ce peuple.* Mais le complément implicite pourrait tout aussi bien être לֵב (coeur[3]) ou même רוּחַ (esprit[4]). De toute façon la LXX semble n'avoir ressenti la présence d'aucun complément implicite et se contente de rendre קְשִׁי par σκληρότης.

A ces emplois proprement bibliques de notre expression il sera intéressant de comparer pour finir l'usage qu'en fait la Règle de la Communauté à Qumrân (voir pp. 126-130).

Sous sa forme adjectivale, l'expression apparaît parfaitement stéréotypée : elle qualifie exclusivement עַם, le peuple (d'Israël). Les trois termes en cause se retrouvent alors si étroitement unis qu'ils sont toujours reliés par *maqqef* (־) : עַם־קְשֵׁה־עֹרֶף. Quoiqu'elle soit employée avec plus de souplesse, la forme verbale reste elle aussi assez bien stéréotypée. La racine קשה intervient, en effet, toujours à la forme factitive (Hiphil), la présence ou l'absence de la particule אֵת, exposant de l'accusatif, représentant la seule variation notable dans la forme que revêt notre expression au gré des contextes où elle surgit : cette particule est absente

- -

1   Cité d'après l'édition de F. VATTIONI, Ecclesiastico, Napoli 1968.
2   Il semblerait ainsi qu'au temps du Second Esaïe l'expression soit encore "vive", si l'on ose appliquer à l'expression idiomatique la formule que P. RICOEUR propose pour la métaphore (P. RICOEUR, La métaphore vive, Paris, 1975). La double métaphore qui est probablement à l'origine de notre expression semble encore perçue comme telle par le prophète et ses contemporains. La formule dédoublée d'Esaïe laisserait à penser que l'expression est encore relativement proche de ses origines.
3   Cf. Ex 7.3; Ps 95.8; Pr 28.14.
4   Cf. Dt 2.30.

quand le verbe est au participe (Pr 29.1; Si 16.11)[5] ou à un mode volitif (2 Ch 30.8), ou encore quand l'accusatif (עָרְפְּכֶם, "votre nuque", en Dt 10.16; עָרְפָּם, "leur nuque", en Ne 9.29) précède le verbe[6]. Cette légère variation correspond donc aux exigences de la syntaxe hébraïque.

Le caractère stéréotypé de l'expression étant étabi, reste à démontrer sa nature idiomatique. Celle-ci devient évidente dès qu'on relève que le sens apparent ne correspond plus au registre sémantique des expressions qui lui sont parallèles ou opposées dans les divers contextes où elle apparaît : "circoncire son coeur" (Dt 10.16), écouter (2 R 17.14; Jr 7.26), être méchant (רעע Hi, Jr 7.26), agir avec témérité (זוד Hi, Ne 9.16,29), "endurcir son coeur" (אמץ את לבבו Pi, 2 Ch 36.13) etc. La signification est donc exocentrique, et nous avons bien affaire ici à une expression idiomatique.

LES INTERPRÉTATIONS

Peu éclairantes pour le problème qui nous occupe restent la plupart des **traductions**, qui se contentent de décalquer la formule hébraïque. A titre d'exemple : *raidir le cou* (ainsi BP et BRF en Dt 10.16; TOB pour les textes de Ne et 2 Ch), ou mieux *la nuque* (TOB ailleurs, NSR); en allemand *den Nacken härten* (Luther) ou *versteifen* (RLB en Jr 7.26), en anglais *they stiffened their necks* (NJV en Ne 9).

On ne trouve guère de lumière non plus dans les **versions anciennes**. La LXX opte le plus souvent pour τὸν τράχηλον (τὸν νῶτον en 2 R 17.14) σκληρῦναι, mais en Pr 29.1 et Si 16.11 elle rend notre expression par σκληροτράχηλος, comme elle le fait systématiquement ailleurs pour la forme adjectivale קְשֵׁה עֹרֶף[7]. Pour les traducteurs grecs de Pr et Si, il y avait donc équivalence sémantique entre les formes verbale et adjectivale de notre expression.

Du fait de la parenté linguistique de l'araméen et de l'hébreu, les Tg ont pu se contenter d'un décalque. La traduction qu'ils offrent de notre expression dans sa forme verbale est étonnamment constante : la forme *aphel* de la racine קשה (l'équivalent du קְשֵׁה Hi de l'hébreu) est systématiquement combinée à קְדָל, équivalent araméen de l'hébreu עֹרֶף. Sous sa forme adjectivale en Ex et Dt, notre expression est rendue systématiquement aussi par קְשֵׁי קְדָל (עַם) et sous sa forme

---

5   Voir P. JOÜON 1947, § 121 l. Sauf le cas douteux de Jr 33.22, aucun des exemples attestés de participe employé comme verbe n'est construit avec את.

6   Voir P. JOÜON 1947, § 125 f.

7   Sauf en Ex 32.9, puisqu'elle ignore ce verset du TM. En revanche elle a dû lire notre expression dans la *Vorlage* hébraïque de Ba 2.30.

nominale de Dt 31.27 par קדלך קשיא, décalque *ad verba* de l'hébreu et, comme tel, non utilisable pour éclairer le sens de l'expression idiomatique[8].

La Vg enfin rend en général הקשה ערפו par *indurare cervicem suam*, la variante *indurare cervices suas* (pluriel distributif en Ne 9.16-17, mais non en 9.29) n'introduisant aucune différence quant au sens. On notera que pour Pr 29.1, Vg rend la forme verbale de notre expression par un ablatif de nature adverbiale (*dura cervice*), dans la même ligne que LXX et Tg, qui avaient opté respectivement pour une forme adjectivale (σκληροτραχήλου) ou participiale (מקשי קדליה). De même en Si 16.11, où le grec proposait σκληροτράχηλος, Vg rend l'hébreu מקשי ערף par l'hapax *cervicatus* (obstiné, opiniâtre ?). La forme nominale de notre expression (Dt 31.27) est rendue par *cervicem tuam durissimam*, et la forme adjectivale par *(populus) durae/durissimae cervicis*.

Quant aux versions en français, anglais ou allemand qui proposent un **équivalent fonctionnel** de הקשה ערף, elles balancent, de façon d'ailleurs inégale, entre les idées d'obstination et de rébellion ou d'insubordination.

a) Pour l'idée d'obstination, c'est ainsi qu'on relève, dans les versions allemandes, *halsstarrig* (RLB partout, mais aussi DGN en 2 R 17.14, ou EHS en Si 16.11), *hartnäckig* (EHS en général, mais aussi DGN en Jr 17.23; 19.15) ou *starrsinnig* (DGN en Jr 7.26; 2 Ch 30.8; Si 16.11). Dans les versions anglaises, on trouve surtout *stubborn* (*stubbornness* ou *stubbornly*) principalement en TEV, RSV et REB, et *stiffnecked* surtout en KJV, NIV et NAB, mais on a *obstinacy* chez REB en Ne 9.29 et *obstinate* chez NAB en 2 Ch 30.8. Dans les versions françaises ce type d'interprétation est plus rare. On notera cependant *persister dans son entêtement* (BRF en Pr 29.1) et *s'entêter* (BFC en Ne 9.17; 2 Ch 36.13).

On le constate, en ce qui concerne l'option "obstination", les versions allemandes utilisent *halsstarrig* (depuis Luther), *hartnäckig*, parfois *starrsinnig*. La KJV (sauf en Dt 10.16) marque toujours la différence entre ce que nous avons appelé les formes verbale et adjectivale de l'expression hébraïque. La première est rendue par *(to) harden/stiffen his neck*, la seconde par *stiffnecked*, volontiers repris même pour la forme verbale, mais non de façon constante, par NAB et NJV. Les versions les plus récentes, TEV et surtout REB, recourent volontiers à des termes plus abstraits comme *stubborn(ness/ly)*, voire *obstinate/obstinacy*.

---

8   On pourrait certes admettre que קש קדל est elle aussi une expression idiomatique de l'araméen. Mais M. ZIPOR n'en signale aucune attestation dans l'araméen pré–biblique (TWAT VII, 205–206).

b) L'idée d'insubordination, voire de rébellion, est surtout représentée par les versions nouvelles en langue courante proposées par l'ABU. On trouve dans cette ligne *widerspenstig* dans DGN (Dt 10.16; Pr 29.1), une fois *trotzig* (DGN, mais aussi EHS en Ne 9.16) et même *trotzig die Stirn bieten* (DGN en Ne 9.29). Quant à BFC, elle a opté selon les traducteurs pour des formules comme *se révolter contre [Dieu]* (Dt 10.16), *se montrer rebelle* (2 R 17.14; Ne et 2 Ch; cf. Si 16.11) et la tournure imagée *se cabrer* (Jr).

Quelques cas laissent pressentir l'hésitation du traducteur entre les deux options. Ainsi EHS et BFC en Ne 9.16-17 passent le premier de *trotzig* (récalcitrant) à *hartnäckig*, le second de *se montrer rebelle* à *s'entêter*. La même hésitation se décèle chez BFC entre 2 Ch 30.8 et 2 Ch 36.13, où l'on trouve successivement *se montrer rebelle* et *s'entêter*. Cette même hésitation entre les deux interprétations se manifeste parfois chez les traducteurs par une option pour une traduction double. Ansi REB *stubborn and rebellious* en 2 R 17.14 et BFC *refuser obstinément* en Pr 29.1.

Les versions en usage qui recherchent l'équivalence fonctionnelle ont ainsi choisi une signification inspirée du contexte. Mais, si celui-ci est parfois éclairant pour la signification d'un terme ou d'une expression, il n'est pas déterminant : il limite certes le choix des significations possibles sur l'axe paradigmatique, il ne le conditionne pas. La diversité des solutions proposées pour la signification de הקשה ערפו et de ses formes nominales est un signe incontestable que le sens apparent de l'expression est loin d'être évident et suggère pour celle-ci la présence d'un sens exocentrique

Les **commentaires**, quant à eux, ne s'intéressent guère à notre expression comme telle. La signification de celle-ci semble aller de soi pour la plupart d'entre eux. On ne s'étonnera donc pas que les choix qu'ils font respectivement correspondent aux deux options que nous avons relevées dans les traductions en usage. La même observation peut être faite sur les annotations qu'on trouve en certaines éditions modernes de la Bible. Dans les rares cas où elles se risquent à expliquer la signification de הקשה ערפו, elles le font en référence à l'animal de trait qui refuse le joug[9], interprétation que B. Couroyer a disqualifiée, à notre avis, d'une manière convaincante.

Les **dictionnaires** reflètent les options des versions en usage. Divisés entre eux, ils le sont parfois en eux-mêmes. Ainsi alors que, tant à l'article קשה Hi que sous l'entrée עֹרֶף, GB, BDB et HOL proposent le sens *obstiné* (respectivement *hartnäckig* et *obstination* ou *stubborn*), HAL révèle une certaine incohérence : *s.v.*

_ _

9   Voir le "Glossaire" de NSR ou la note sur Jr 7.26 dans la TOB (édition des Sociétés bibliques).

קָשֶׁה, il interprète הִקְשָׁה עָרְפוֹ au sens de *halsstarrig sein*, mais *s.v.* עָרַף la même expression a comme équivalent *widerspenstig sein*. Dans THAT, A.S. van der Woude semble vouloir combiner les deux interprétations. S'appuyant sur l'étude de Fr. Hesse et se référant à l'image du boeuf qui refuse le joug, il conclut en effet : "Wer sich gegen das Auflegen des Joches sträubt ist *hartnäckig*[10]". En fait il joue sur l'étymologie du mot allemand, celui-ci unissant deux morphèmes qui correspondent respectivement aux éléments constitutifs de l'expression hébraïque. Mais on ne peut en déduire pour autant que l'analogie des formes entraîne *ipso facto* une identité de significations. On a là tous les éléments d'un piège pour traducteurs, piège que Luther déjà semble n'avoir pas déjoué. Selon J. et W. Grimm, en effet, *halsstarrig* est attesté antérieurement au 16ème siècle, concurremment à *halsstark* avec la signification *obstiné* voire *opiniâtre*.

D'où venait ce terme ? Etait-il une forme naturelle de l'allemand ? Ou bien est-il entré dans le vocabulaire du Hochdeutsch à la faveur des traductions bibliques antérieures à celles de Luther effectuées, comme on le sait, sur le texte latin, lequel a régulièrement rendu mot pour mot l'expression hébraïque ? On serait tenté de l'admettre.

Toujours est-il que Luther a trouvé *halsstarrig* dans le vocabulaire disponible et s'est probablement laissé séduire par le parallélisme de structure externe entre la tournure hébraïque et le composé allemand. Rien ne permet d'affirmer cependant que, dans deux langues aussi étrangères l'une à l'autre que l'hébreu biblique et l'allemand, un même référent, en l'occurrence le "raidissement de la nuque", prenne des valeurs figurées identiques.

Quant à l'anglais *stiffnecked,* il semble attesté pour la première fois, si l'on en croit le New English Dictionary, dans la version du NT que Tyndale publia en 1526 : *Ye stiffnecked and of uncircumcised hertes and eares* (Ac 7.51) pour σκληροτράχηλοι. En 1533, Frith[11] semble employer le mot au sens de *refus absurde de se rendre à l'évidence : Yf they be so stiffnecked that they wyl not bow to the Truth.* Mais peu après le mot est attesté au sens d'*obstiné*[12] : *If after fayre handelyng, we draw still stubbornely backward, and (...) continue yet unreasonably stiffe necked, lyke a Horse and Mule whiche have no maner of understandynge* ... Le refus déraisonnable opposé à la vérité ou à un bienfait, s'il se prolonge dans la durée, devient obstination. C'est le sens de *stiff-necked* aujourd'hui. Mais la question se pose de savoir, comme d'ailleurs pour l'allemand

- -

10   M. ZIPOR, dans TWAT VII s.v. קָשֶׁה, 206,208, adopte le même type de démarche : *Die Verbindung von* קָשֶׁה *und* עָרַף *"halsstarrig, widerspenstig" charakterisiert den, der nicht zuhört oder nachgibt.*

11   Disc. Purgat. II.

12   MARY BASSET *in* "More's Works", 1557.

halsstarrig, si l'expression hébraïque הקשה את־ערפו que ce terme veut traduire inclut le composant sémantique de durée.

CORPUS

Le regroupement en corpus linguistiquement homogènes des contextes où figure l'expression הקשה ערף pourrait être simplifié si, avec M. Weinfeld[13], on admettait que cette séquence récurrente est caractéristique de la phraséologie deutéronomiste. Certes on trouve dans les contextes où paraît l'expression un certain nombre de stéréotypes volontiers repris dans la prose dtr. Ainsi[14] :

- autour de **2 R 17.14** : שוב מדרך הרעה ("revenir de sa mauvaise voie", v. 13), attesté encore en 1 R 13.33; Jr 18.11; 25.5; 26.3; 35.15; 36.3,7; עברי הנביאים ("mes serviteurs les prophètes", v. 13), qu'on lit aussi en 2 R 9.7; 17.23; 21.10; 24.2; Jr 7.25; 25.4; 26.5; 29.19; 35.15; 44.4.

- autour de **Jr 7.26** : למן היום אשר יצאו אבותיכם מארץ מצרים ("depuis le jour où vos pères sont sortis d'Egypte", v. 25), attesté encore en Dt 9.7; 1 S 8.8; 2 R 21.15.

- en **Jr 19.15**, הנני מביא רעה על (je vais faire venir le malheur sur), qu'on lit aussi en 1 R 14.10; 21.21; 2 R 21.12; 22.16; Jr 11.11; 19.3,15; 35.17.

- en **Ne 9.16** : שמע אל־מצות יהוה (écouter les commandements de YHWH), attesté aussi en Dt 11.13,27,28; 28.13; Jg 2.17; 3.4; Jr 35.14,18; Ne 9.29.

- en **2 Ch 30.8** : עבד את־יהוה (servir YHWH), déjà présent en Dt 6.13; 10.12,20; 11.3; 13.5; 28.47; Jos 22.5; 1 S 12.14,20,24.

- autour de **2 Ch 36.13** : (v. 12) עשה הרע בעיני יהוה (faire le mal aux yeux de YHWH), qu'on retrouve en Dt 4.25; 9.18; 17.2; 31.29; Jg 2.11; 3.7,12; 4.1; 6.1; 10.6; 13.1; 1--2 R (plus de 30 fois); Jr 7.30; 18.10; 32.30; (v. 13) אמץ את־לבבו (voir plus loin), présent encore en Dt 2.30; 15.7.

Mais deux observations s'imposent ici :
a) Les textes tardifs de Ne et de Ch, même s'ils reprennent volontiers certaines formules dtr, ne doivent pas être imputés à l'école de ce nom.

- -

13 1983, 341.

14 On exclut ici comme non probants pour le cas qui nous occupe les stéréotypes attestés dans un seul livre biblique. Par exemple השכם ושלח (se lever de bonne heure et envoyer = ne pas cesser d'envoyer ou s'appliquer à envoyer), ou איש יהודה וישבי ירושלם (l'homme de Juda et les habitants de Jérusalem) qu'on ne trouve pas en dehors du livre de Jérémie.

b) Le caractère deutéronomiste des discours en prose propres au livre de Jr, et où figure notre expression, est contesté - à notre avis de façon convaincante - par certains auteurs comme H. Weippert[15]. L'originalité de ces passages par rapport à ceux de l'école dtr apparaît dans nombre de clichés qui n'ont aucun correspondant dans les sections dtr des livres historiques[16]. Est-ce à dire pour autant que cette prédication en prose doive être attribuée telle quelle au prophète d'Anatoth lui-même ? On peut hésiter.

Jr 7.21-28 comprend plusieurs clichés propres au livre de Jr. Avec M. Weinfeld on peut relever : דבר ... וצוה (v. 22; cf. 19.5; 26.2), אחור ולא פנים (v. 24; cf. 32.33), השכם ושלח (v. 25; cf. 7.13; 11.7; 25.3-4 etc.), ולא הטו את־אזנם (v. 24,26; cf. 11.8; 17.23; 25.4 etc.), לקח מוסר (v. 28; cf. 17.23; 32.33 etc.). Mais le même passage contient aussi des stéréotypes proprement dtr comme למען ייטב לכם (v. 23; cf. Dt 4.40; 5.16,26 etc.), למן־היום אשר יצאו ... מארץ מצרים עד היום הזה (v. 25; cf. Dt 9.7; 1 S 8.8; 1 R 11.2), עבדי הנביאים (v. 25; cf. 2 R 9.7; 17.13,23 etc.), sans parler de notre expression. C'est dire que, même si la prédication en prose de Jr ne ressortit pas à l'œuvre dtr, les deux styles sont très proches l'un de l'autre.

Le même type d'observation peut être avancé pour **Jr 17.19-27**, qui encadre notre expression au v. 23. A côté de stéréotypes propres aux discours en prose comme הבאים בשערים האלה (v. 20; cf. 7.2; 22.2), לקח מוסר (voir ci-dessus), איש יהודה וישב ירושלם (v. 25; cf. 11.2,9; 18.11 etc.), ישב על כסא דוד (v. 25; cf. 13.13; 22.2,4), מבאים תודה בית יהוה (v. 26; cf. 33.11), on retrouve aussi des deutéronomismes comme השמר בנפשו (v. 21; cf. Dt 4.15; Jos 23.11).

La troisième occurrence de notre expression dans le livre de **Jr** apparaît à la fin du chap. **19**, en conclusion d'un développement que W. McKane analyse comme résultant d'une série de six retouches successives[17]. Les v. 14-15 constituent l'essentiel de la dernière étape de la composition de ce chapitre complexe et forment une transition rédactionnelle avec le chap. 20. Le v. 15 en particulier résumant le message qui précède, on ne s'étonnera pas d'y retrouver sous une forme voisine le הנני מביא רעה על du v. 3.

---

15   1973, 3–25.

16   M. WEINFELD 1983, 352–354, donne une liste de 16 locutions originales qu'on peut rattacher au thème général de la démarche prophétique. H. WEIPPERT, *op. cit.*, compare l'emploi d'une dizaine de locutions dans les discours en prose de Jr et dans les textes dtr.

17   1986, 451–459.

On peut donc considérer Jr 7.26; 17.23; 19.15 comme appartenant à des états de langue assez proches, eux-mêmes proches d'un texte évidemment dtr comme 2 R 17.14.

Dt 10.16, quant à lui, appartient à la seconde introduction du Dt (4.44–11.32) et peut être daté avec M. Weinfeld[18] de la seconde moitié du 7ème siècle. Avec 2 R 17.14 (première moitié du 6ème siècle) et les trois occurrences de Jr (au plus tard la seconde moitié du 6ème siècle) on a un ensemble linguistiquement assez cohérent. Enfin, sur la base de Pr 25.1, qui ouvre l'ensemble de Pr 25--29, on pourra estimer que **Pr 29.1** est peut-être légèrement plus ancien que Dt 10.16, et le joindre à un premier corpus.

Un second corpus, nettement postexilique, sera constitué par les textes qui encadrent notre expression en Ne 9.16,17,19; 2 Ch 30.8; 36.13.

ANALYSE COMPONENTIELLE (Premier corpus)

1. Les contextes littéraires

Dt 10.16. A partir de 9.7, le second discours de Moïse (commencé en 4.45) évoque l'épisode du veau d'or. Ce rappel est développé en trois phases : irritation du Seigneur (קצף Hi, 9.7-8), intercession de Moïse (9.18-29) et pardon accordé au peuple coupable (10.1-11). Moïse enchaîne alors (10.12) sur une parénèse, dont le sens général est esquissé aux v. 12-13 autour de la formule יְרָאָה אֶת־יהוה אֱלֹהֶיךָ (craindre YHWH ton Dieu = reconnaître son autorité). La grandeur et la bonté de Dieu sont évoquées par deux thèmes majeurs : Dieu maître de l'univers (v. 14) et privilège de l'élection d'Israël (v. 15). Ce double argument justifie la parénèse proprement dite, laquelle est condensée au v. 16 en deux formules : "Vous circoncirez le prépuce de votre coeur" et "vous ne raidirez plus votre nuque". La suite du discours (v. 17-18) revient en termes nouveaux aux thèmes de la grandeur et de la bonté de Dieu, thèmes qui justifiaient la parénèse. L'ensemble apparaît ainsi comme une structure chiastique, que l'on peut schématiser ainsi :

A   v. 14-15 Grandeur et bonté de Dieu : maître de l'univers
                    et sujet de l'élection
    B v. 16   parénèse
A'   v. 17-18 Grandeur et bonté de Dieu : Seigneur des seigneurs
                    qui prend soin des petits

- -

18   1972 (1983), 7.

Cette structure donne tout son poids à la parénèse. Le fait qu'Israël est exhorté à ne plus (לֹא עֹד) "raidir la nuque" implique que telle a été jusqu'alors son attitude. Ce "raidissement de la nuque" apparaît donc comme le contre-pied de l'attitude de "crainte de YHWH" réclamée par Dieu comme suite légitime du pardon obtenu par Moïse pour le peuple coupable d'avoir transgressé le deuxième commandement. Dans l'ensemble du contexte de Dt 10.16, le "raidissement de la nuque" s'oppose ainsi à "la crainte de YHWH".

2 R 17.14. Après la notice consacrée à Osée, dernier roi d'Israël (2 R 17.1-6), le livre des Rois développe une interprétation théologique de l'élimination du royaume israélite du nord (v. 7-23). Cette interprétation s'articule en plusieurs développements représentant probablement autant d'interventions successives de rédacteurs deutéronomistes[19]. C'est ainsi que les v. 7-12 soulignent essentiellement que la catastrophe est la conséquence de l'apostasie d'Israël, lequel, en s'adonnant au culte des faux dieux (גִּלֻּלִים, v. 12), a trahi le Dieu qui l'avait libéré. Le développement suivant (v. 13-17) débouche sur la même dénonciation de l'apostasie (v. 15-17), mais caractérise celle-ci comme un refus d'écouter les avertissements des prophètes et de "garder" (שמר, v. 13) commandements et décrets de YHWH. Ce refus d'écouter est mis en rapport avec le "raidissement de la nuque", la non-foi (לֹא הֶאֱמִינוּ, v. 14), le rejet (מאס) des lois divines (חקיו) et de l'alliance (בְּרִית, v. 15).

Jr 7.26. La collection des oracles rythmés de Jérémie est interrompue, en 7.1--8.3, par une longue diatribe en prose. La première partie de cet ensemble (v. 1-15) dénonce ce qu'on pourrait appeler la profanation morale du temple de Jérusalem. La seconde partie (v. 16-20) vitupère le culte rendu par les familles judéennes à la Reine du ciel. La troisième (v. 21-29) débute par un oracle en forme de tora sacerdotale[20] disqualifiant la religion sacrificielle officielle (v. 21-22) et débouche sur le reproche majeur de surdité volontaire à la voix de Dieu (v. 23-28). Le discours des v. 21-24 paraît seul expressément destiné aux contemporains de Jérémie (vos holocaustes, vos sacrifices, etc.) alors qu'il fait référence à la surdité volontaire des pères. La suite (v. 25-28), qui dénonce la même surdité chez les contemporains de Jérémie eux-mêmes, se présente comme une sorte d'aparté entre Dieu et le prophète : il n'est en effet plus question des contemporains de ce dernier qu'à la troisième personne du pluriel (leurs pères, leur envoyer, ils, dis-leur). L'ensemble des v. 1-28 établit donc une analogie entre le comportement des pères et celui des contemporains du prophète. Celle-ci s'exprime en particulier dans le parallélisme assez remarquable des v.24 et 26, parallélisme qui apparaît dans le tableau suivant.

---

19   Voir E. WÜRTHWEIN 1984, ad loc.
20   Voir W. THIEL, *op. cit.*, p. 121 ss.

26	24
ולא שמעו אלי	ולא שמעו
ולא הטו את אזנם	ולא הטו את אזנם
	וילכו במעצות
ויקשו את ערפם	
	בשררות לבם הרע
הרעו מאבותם	
	ויהיו לאחור ולא לפנים

On a déjà noté plus haut la relation de notre expression avec le refus d'entendre ou plutôt d'écouter (נטה אזן Hi : étendre l'oreille = prêter attention[21]), signification privilégiée par B. Couroyer. Le texte de Jr 7 permet d'apercevoir que "raidir la nuque" est en rapport avec un comportement (הלך) délibéré (במעצות), une décision fortement arrêtée (שררות לב) et un refus de répondre (ולא יענוכה, v. 27). Le refus d'écouter, qui est un *leitmotiv* de notre passage (v. 24, 26, 27, 28), est la manifestation extérieure d'un refus plus profond, celui de se laisser instruire par Dieu (לקח מוסר).

Jr 17.23 appartient à une unité littéraire (17.19-23) où W.Thiel[22] décèle une structure de "prédication alternative" familière d'ailleurs à l'école deutéronomiste. Après la formule du messager (כה אמר יהוה, v. 21aα) introduisant les prescriptions concernant le sabbat (v. 21aβ-22), vient une rétrospective sur le comportement des pères (v. 23), puis l'alternative positive (אם שמע תשמעון אלי : "si vous m'écoutez vraiment", v. 24), elle-même suivie d'une promesse de bonheur (v. 25-26). Notre expression appartient donc à la rétrospective, dans laquelle on retrouve plusieurs stéréotypes déjà relevés autour de Jr 7.26 : ne pas écouter (deux fois), ne pas "étendre l'oreille", ne pas recevoir l'instruction de Dieu. Tous gravitent dans l'environnement sémantique de "raidir la nuque".

Jr 19.15 conclut un ensemble complexe (19.1-15), combinant un récit jérémien (la gargoulette brisée, geste prophétique symbolisant la destruction à venir de Jérusalem) et une prophétie de jugement. Notre expression apparaît dans la conclusion de l'ensemble, en liaison[23] avec le thème déjà rencontré "écouter les paroles (de YHWH)". On relèvera ici la relation de finalité négative (לְבִלְתִּי) : raidir la nuque "pour ne pas" écouter mes paroles.

---

21 Et non tendre l'oreille (= chercher à entendre mieux).
22 *op. cit.* p. 204.
23 Et non en parallèle, comme le suggèrent TOB et BFC, par exemple.

Le contexte de **Pr 29.1**, quant à lui, ne contient ni terme ni expression susceptible d'entrer dans le domaine sémantique de עָרְפּוּ הַקְשֵׁה(אֶת־). Mais on distingue clairement que notre expression décrit une réaction négative à la réprimande (תּוֹכָחֹת).

Sous sa forme nominale קְשֵׁה עֹרֶף, l'expression n'est attestée qu'en **Dt 31.27**, où elle apparaît en parallèle avec le substantif מְרִי, pour lequel les dictionnaires s'accordent à proposer *révolte* (DHAB), *rébellion* (BDB) ou *Widerspenstigkeit* (GB, HAL, indocilité ou même opiniâtreté, selon les cas).

Sous sa forme adjectivale enfin, l'expression figure dans tous les cas, on l'a vu, comme élément du complexe עַם־קְשֵׁה־עֹרֶף (un peuple raide de nuque). Ce stéréotype apparaît toujours dans des phrases de type nominal : tu (es)/il (est)/vous (êtes) "un peuple-à-la-nuque-raide". Dans un tel cas, le contexte immédiat est inapte à éclairer la signification de notre expression, car le sens du contexte dépend lui-même du sens de l'expression. Le contexte plus large ne fournit que des indications lointaines. Il n'est pas exact que קְשֵׁה עֹרֶף soit toujours cité en rapport avec l'épisode du veau d'or[24]. En **Dt 9.4**, en effet, c'est à propos du "bon pays que le Seigneur ton Dieu te donne" que notre expression vient souligner le caractère immérité de ce don. קְשֵׁה עֹרֶף apparaît ici comme antonyme de בצדקה (litt. "dans la justice", c'est-à-dire dans une situation ou une disposition qui correspond à la volonté de Dieu). Le contexte large de **Dt 9.13** met notre expression en rapport avec שׁחת Pi ("agir de façon pernicieuse", v. 12), qui se situe plus haut dans la hiérarchie sémantique et n'éclaire donc guère la signification de קְשֵׁה עֹרֶף, lequel décrit un <u>état</u> résultant de l'acte général dénoté par שׁחת Pi. Ce dernier terme est repris, au même v. 12, par סרו מן־הדרך אשר צויתם (ils se sont écartés du chemin que je leur avais prescrit), déjà plus précis, puis par עשׂו להם מסכה (ils se sont fait une statuette-de-métal-fondu), détail qui apporte toute la précision utile sur l'acte incriminé. Mais aucun terme du contexte large ne décrit, parallèlement à קְשֵׁה עֹרֶף, *l'état* du peuple coupable. **Ex 32.9** reprend mot pour mot la formulation de Dt 9.13. Le contexte du v. 8 sort du même moule que Dt 9.12, et les précisions qu'il apporte (veau, prosternement, sacrifices) ne concernent que l'acte même reproché au peuple et non son état. **Ex 33.3,5** et **34.9** enfin ne contiennent non plus aucune indication parallèle ou antithétique à קְשֵׁה עֹרֶף. L'analyse componentielle à effectuer doit donc être entreprise sur les seules formes verbale et nominale de l'expression.

- -

24   Contre M. ZIPOR, *in* TWAT VI, 394.

2. Les traits constants

Comme l'a relevé B. Couroyer[25], notre expression ne s'applique jamais à un animal, mais toujours à une personne physique ou morale (les formes verbale et nominale, même quand elles concernent l'ensemble du peuple, utilisent toujours עֹרֶף au singulier, la forme adjectivale mentionne toujours <u>la</u> nuque du peuple). Dans tous les textes de cette première série, elle décrit une action blâmable, constatée ou redoutée, d'un individu ou du peuple dans son entier.

Les formes verbale et nominale de l'expression dénotent une réaction qu'on pourrait appeler active, la forme adjectivale étant, quant à elle, réservée à décrire l'état d'esprit qui conduit à une telle réaction. Dans tous les cas, l'attitude dénoncée consiste à s'opposer à une parole d'autorité, qui vient en général de Dieu (les prophètes, les commandements), parfois d'un supérieur humain. Elle s'exprime par un refus (d'écouter, de croire, de recevoir instruction ou réprimande), voire un rejet (des lois divines et de l'alliance).

3. Le domaine sémantique

L'examen des contextes a fait apparaître deux types d'items dans l'environnement sémantique de הקשה ערף.

Une première catégorie inclut les items qui apparaissent en **relation d'opposition** avec notre expression, opposition marquée par la négation לא. Selon les points de vue adoptés, la négation porte

- soit sur notre expression elle-même, qui est alors opposée à l'attitude ou à la démarche souhaitée : "circoncision du coeur" (מול את ערלת לבבו, Dt 10.16), ou "crainte de YHWH" (יראה את־יהוה, Dt 10.12),

- soit, à l'inverse, sur les items opposés, qui dénotent alors l'attitude ou la démarche regrettée : שמע ("écouter", 2 R 17.14; Jr 7.26; 17.23; 19.15), נטה אזן hi ("étendre l'oreille" = prêter attention, Jr 7.26; 17.23), לקח מוסר ("recevoir l'instruction", Jr 7.26), ענה ("répondre", Jr 7.27), אמן Hi ("croire", 2 R 17.14), צדקה ("justice" = accord avec la volonté de Dieu, Dt 9.6).

La seconde catégorie inclut les items qui ont avec notre expression un rapport de **convergence** : שחת (agir de façon pernicieuse, Dt 9.12), מרי (indocilité, Dt 31.27), מאס (récuser/rejeter par exemple les lois divines et l'alliance, 2 R 17.15) et הלך במעצות בשררות לבו (expression dont le sens reste à préciser, Jr 7.24). Cette seconde catégorie, directement concurrente de notre expression, est évidemment la

- -

25 *op. cit.* p. 222.

plus utile pour faire apparaître les composants distinctifs de cette dernière. On écartera cependant le premier des quatre items sélectionnés. D'une portée trop générale, en effet, il se situe plus haut   que הקשה ערפו dans la hiérarchie sémantique. Ses composants sont donc tous inclus dans l'ensemble de ceux qui constituent notre expression elle-même. Les composants distinctifs de celle-ci devraient donc apparaître dans une comparaison avec les trois autres items.

3.1 Les trois items de comparaison

מְרִי est un terme qui ne fait guère difficulté. Les בְּנֵי־מְרִי de Nb 17.25 désignent les révoltés de la bande de Coré, Datân et Abiram. Dans sa réprimande à Saül (1 S 15.23), Samuel déclare que l'insoumission (à l'ordre de Dieu) est aussi grave que le péché de divination (חַטַּאת־קֶסֶם). En Es 30.9, le prophète vitupère le peuple révolté (עַם מְרִי), "fils trompeurs qui ne veulent pas (לֹא אָבוּ) écouter l'instruction (תּוֹרָה) du Seigneur". מְרִי enfin est cher à Ezéchiel (14 fois). Chez ce prophète, il concerne toujours la communauté exilée, présentée comme בֵּית־(ה)מְרִי (engeance rebelle), réfractaire à la parole vivante de YHWH. Dans la quasi-totalité de ses occurrences, מרי dénote ainsi une opposition ouverte à la volonté et à l'ordre de Dieu.

מאס (Qal). Passer en revue les 64 occurrences de מאס - sauf les deux cas difficiles de Ez 21.15,18 - permet d'apercevoir qu'il intervient plusieurs fois (2 R 23.27; Es 7.15,16; 41.9; Jr 33.24; Ps 78.67) en opposition à בחר (choisir). Malgré les 15 cas où TOB rend le terme par "mépriser" ou "dédaigner", il ne semble pas nécessaire, au vu des contextes, d'y voir inclus le trait "sentiment de supériorité" qui change le rejet en mépris. Pour l'idée de mépris ou de dédain, l'hébreu dispose notamment des racines בזה, נאץ et שׁוט. Selon les contextes, מאס peut donc être rendu simplement par *récuser* ou *rejeter*. Quand il a l'être humain comme sujet, il a souvent comme objet la parole de YHWH, ses lois (חֻקִּים, 2 R 17.15, ou חֻקּוֹת, Ez 20.24), ses instructions (תּוֹרָה), ses décisions (מִשְׁפָּטִים), l'éducation qu'il donne (מוּסָר), le droit (מִשְׁפָּט) ou Dieu lui-même.

Le troisième item, הלך בְּמֹעֵצוֹת בִּשְׁרִרוּת לִבָּם est de structure complexe.

L'ensemble fait difficulté : même au niveau du texte consonantique, במעצות ne peut pas être considéré comme un état construit sur לִבָּם[26]. D'ailleurs le TM l'a vocalisé comme un état absolu, contrairement à ce qu'il a fait en Mi 6.16 (בְּמַעֲצוֹתָם) ou en Ps 81.13 (בְּמֹעֲצוֹתֵיהֶם). Le terme reste donc sans déterminant (génitif ou pronom suffixe). Il est d'autre part absent de la LXX. C'est

---

26   P. JOÜON 1947, § 129a. On ne saurait avoir une suite d'états construits sur le même terme, comme *במעצות ובשררות לבם.

pourquoi certains commentateurs, depuis Giesebrecht[27], le considèrent comme une glose tirée de Ps 81.13, où l'on trouve effectivement l'association de שרירות לב et de במעצותיהם הלך. Si glose il y a, elle serait moins explicative qu'harmonisante. Mais, selon D. Barthélemy, c'est בשרירות qui pourrait bien être attribué à un glossateur (deutéronomiste). Dans ce cas, le texte avant glose aurait été וילכו במעצות לבם (litt. ils ont marché selon les délibérations de leur coeur). Si l'on s'en tient au texte actuel, malgré son anomalie syntaxique, il faut comprendre בשרירות לבם comme apposition à במעצות.

On retrouve l'association הלך במעצות en Mi 6.16 et Ps 81.13. Mi 6.9-16 est une prophétie de jugement adressée à "la ville" (Jérusalem). Elle s'articule en une accusation (v. 10-12) et une condamnation (v. 13-15), puis s'achève sur une reprise condensée du même schéma accusation-condamnation (v. 16a-16b). L'accusation reproche à la ville d'avoir cultivé lois et pratiques des rois maudits de l'ex-royaume du nord, Omri et Akhab. Cette accusation se ramasse en fin de verset dans la formule וַתֵּלְכוּ בְּמֹעֲצוֹתָם (litt. vous avez marché selon leurs délibérations).

הלך est évidemment employé ici au sens métaphorique fréquent de *se conduire* et מעצות désigne, par processus métonymique, les options morales auxquelles les deux rois incriminés s'étaient délibérément arrêtés. La même structure se retrouve en Ps 81.13, mais appliquée à l'ensemble du peuple d'Israël, auquel il est reproché de ne pas avoir écouté la voix de YHWH (v. 12), bref de n'avoir pas voulu (אבה) de Dieu, mais de s'être conduit "à sa guise" (TOB en Jr 7.24). הלך במעצות, c'est donc *se conduire comme on en a soi-même décidé*, c'est-à-dire selon ses propres normes.

L'autre élément de l'item étudié est (הלך) בשרירות לבם.

Qu'entend l'hébreu par שרירות לב ? C'est une tournure deutéronomique (Dt 29.18), familière surtout aux rédacteurs des passages en prose du livre de Jr[28]. Mais elle figure déjà chez le prophète d'Anatoth lui-même (23.17), et Ps 81.13 en offre encore un écho. שרירות n'apparaît jamais en dehors de la formule שרירות לב. Toujours construit sur לב[29], le mot, de résonance abstraite[30], forme donc avec lui une véritable unité lexicale. Dans la plupart des cas, l'expression est articulée par un בְּ instrumental au verbe הלך employé au sens métaphorique de "se conduire"[31]. L'expression sert donc à qualifier la conduite des personnes prises à partie. Trois fois (Jr 3.17; 9.13; 16.12) l'articulation

_ _

27   Voir D. BARTHÉLEMY, CTAT 2, 516,517.

28   Voir M. WEINFELD 1983, 340.

29   HAL *s.v.* שְׁרִרוּת.

30   Comparer גֵּאוּת (élévation), גָּלוּת (déportation), דְּמוּת (illustration, imitation), מַלְכוּת (royauté), עַבְדוּת (esclavage), עֵדוּת (témoignage), etc.

31   Ainsi en Dt 29.18; Jr 7.24; 11.8; 13.10; 23.17.

avec le verbe הלך se fait à l'aide de אַחֲרֵי, suggérant ainsi l'idée de suite ou de conformité. En Jr 18.12 שררות לב décrit le mode de l'action dénoncée, l'articulation par la préposition בְּ étant sans doute sous-entendue[32]. שררות לב décrit donc un *mode de comportement*. Malgré la TOB en Ps 81.13 (*je les ai renvoyés à leur coeur endurci*) et RLB à toutes les occurrences ci–dessus, cette tournure ne doit pas être assimilée sans plus aux diverses expressions hébraïques de "l'endurcissement du coeur", lesquelles s'expriment par כבד (Q ou Hi) dans les textes dits "yahwistes (J), חזק (Q ou Pi) chez E et P, אמץ Pi chez Dt et Ch, שמן Hi en Es 6.10 ou קשה Hi ailleurs. Parmi les dictionnaires, GB et HAL se contentent de proposer *Verstocktheit des Herzens*, mais sans indiquer de véritable équivalent, BDB (*stubbornness*), F. Stolz[33] (*Verbohrtheit*) et DHAB (*entêtement*), plus précis, s'accordant sur l'idée d'*obstination*. Un rapide sondage effectué d'autre part sur quelques versions bibliques modernes réserve cependant quelques surprises : la plupart ont opté, avec les dictionnaires, pour le sens d'obstination[34], mais BRF lit dans שררות לב la passion (Dt 29.18), les (mauvais) penchants (Jr 3.17), les instincts (Jr 7.24), et l'entraînement (Ps 81.13). La NJV enfin rend méthodiquement שררות לב par *willful(ness)*[35] (*voulu, délibéré*, quand il s'agit d'une action, *obstiné*, quand il s'agit d'une personne).

Les trois options relevées pour שררות לב (entêtement, résolution, penchants) peuvent être différenciées par leurs composants sémantiques distinctifs selon le tableau suivant.

	caractère délibéré	durée	valeur morale
entêtement	+	+	−
résolution	+	−	0
penchants	−	±	±

figure 1

Lesquels de ces composants appartiennent réellement à שררות לב ? Si בשררות est bien une glose de במעצות en Jr 7.24, le *caractère délibéré* figure certainement parmi les composants de שררות לב. C'est ce qui est suggéré en tout cas nettement par le contexte de Ps 81.13, où l'expression est reprise en parallèle par במעצותיהם, et surtout par Jr 18.12, où שררות לב vient en parallèle de מחשבותינו (nos projets/intentions).

En revanche aucun des dix contextes où l'on trouve שררות לב n'implique que cette expression contienne le composant sémantique de *durée*. Si celui–ci est présent dans les énoncés mentionnés, il

---

32   Voir P. JOÜON 1947, § 133 i.

33   *in* THAT I, 865, s.v. לֵב.

34   BP : obstination, TOB : entêtement (exécrable), BFC : stupide entêtement, DGN : eigensinnig, RSV et REB : stubbornly/ness.

35   NJV est une version américaine. D'où l'orthographe "willful" et non "wilful".

y est plutôt induit par la présence récurrente de הלך ("aller" au sens métaphorique de "se conduire").

Ces deux constats suffisent pour écarter les sens de "entêtement" et de "penchants" au profit de résolution. Le test opéré sur le composant "valeur morale" servira de confirmation. שררות לב ne contient pas de composant "valeur morale" (positive ou négative). S'il avait, en effet, une valeur négative, il ne pourrait guère figurer dans un énoncé où le locuteur parle de sa propre שררות לב (Dt 29.18), et ceci sans la moindre marque de regret ! D'autre part Jérémie lui–même (18.12) et les rédacteurs du livre qui porte son nom ont jugé parfois nécessaire de qualifier expressément de *mauvaise* (הרע) la שררות לב qu'ils dénoncent. C'est donc que שררות לב n'appelle pas en soi de jugement moral négatif.

On doit comprendre alors הלך בשררות לב comme signifiant *adopter une conduite délibérée*.

L'ensemble הלך במעצות בשררות לב doit donc être interprété comme désignant une **conduite délibérée, autonome et résolue**.

3.2 Les composants distinctifs

Parmi les registres sur lesquels les trois items sont comparables à הקשה ערפו on peut retenir les critères suivants : opposition à une autorité extérieure, affirmation de soi, valeur morale négative, ce qui permet de différencier les items selon le tableau suivant :

	réaction d'opposition à une autorité extérieure	affirmation de soi	valeur morale négative
מרי	+	−	+
מאס	+	−	−
הלך במעצות בשררות לבו	−	+	−
הקשה ערפו	+	+	+

figure 2

A la différence de מרי et de מאס, mais comme הלך במעצות בשררות לבו, הקשה ערפו implique une *affirmation de soi*. La *valeur morale négative* dont l'expression est incontestablement affectée dans tous les contextes où elle apparaît la rapproche en revanche de מרי. Si l'on examine l'expression sous le critère de durée, on constate que celui-ci affecte différemment les formes verbale et adjectivale. La première, en effet, implique un acte ponctuel, comme מאס, tandis que קשה ערף se réfère à un état, comme מרי. הקשה ערף désigne donc un **geste de résistance à l'autorité accompagné d'une affirmation de soi**. Dans le corpus biblique, l'utilisation de l'expression est limitée au domaine religieux : il s'agit dans tous les cas d'une opposition à l'autorité de Dieu.

SIGNIFICATION

Au terme de l'analyse qui précède, il semble que deux verbes français conviendraient assez bien à rendre la forme verbale de notre expression : selon le niveau de langue adopté, il faudrait choisir entre "regimber" et "se rebiffer". Tous deux sont des métaphores mortes depuis longtemps. **Regimber**, dont le sens originaire était "lutter en jouant des bras et des jambes" en est venu à signifier, pour un animal : "ruer, se défendre sur place au lieu d'avancer" et, au sujet d'une personne : refuser de se soumettre. Dans un registre plus familier, **se rebiffer**, qui évoquait à l'origine un mouvement brusque, désigne aujourd'hui une réaction plus ou moins soudaine et violente.

Quant à la forme adjectivale de notre expression, elle peut être rendue par **rétif** ou **récalcitrant**.

L'EXPRESSION CHEZ NÉHÉMIE ET LE CHRONISTE

On l'a vu, הקשה ערפו se rencontre aussi trois fois dans la prière liturgique qu'on lit en Ne 9 (v. 16, 17, 29), une fois encore dans le discours d'Ezékias exhortant tout le peuple à revenir célébrer la Pâque au temple de Jérusalem selon 2 Ch 30.8, et une nouvelle fois enfin dans la description sévère que le Chroniste propose du règne de Sédécias (2 Ch 36.13). Il faut donc déterminer si, à l'époque d'Esd-Ne et du Chroniste, notre expression a la même valeur que dans la série précédente.

Ne 9.16-17, 29 : après une introduction hymnique (v. 6-8), la prière de confession des péchés consignée au chap. 9 passe successivement en revue les grands moments de l'histoire sainte, en une alternance de rappels des bienfaits dispensés par Dieu à son peuple et des réactions décevantes de ce dernier, jusqu'à la période où il se retrouve esclave dans son propre pays (v. 36-37). Notre expression sert à décrire la réaction impudente des générations passées en réponse aux bienfaits de Dieu, d'abord au temps de la marche au désert (v. 16-17), ensuite à l'époque des Juges (v. 29).

En 9.16, "raidir la nuque" apparaît encadré par deux autres tournures verbales : הֵזִידוּ (זיד Hi) et לֹא שָׁמְעוּ, formant avec elle une suite. La logique de cette suite n'est pas d'ordre synonymique. Outre, en effet, que זיד Hi et לֹא שׁמע n'ont pas de composants sémantiques communs, la forme inversive de וַיַּקְשׁוּ introduit une nuance de succession[36]. Ne 9.16 présente donc trois phases successives de la même action. La suite de ces trois phases est progressive. En aucun cas on ne peut donc, avec B. Couroyer, considérer הקשׁה ערף comme équivalent de לֹא שׁמע. En réalité les trois items se situent, dans la hiérarchie sémantique, à des niveaux de plus en plus bas, c'est-à-dire de plus en plus chargés de composants sémantiques, chacun de ces trois items apportant une précision que le précédent ne contenait pas. Au sens métaphorique, זיד Hi se situe à un niveau de sens plus général et signifie *montrer de l'impudence*[37]. "Raidir la nuque" est un cas particulier d'impudence et "ne pas écouter" un cas particulier fréquent mais non unique[38] de "raidir la nuque".

Ne 9.17 se situe dans le même contexte sémantique, renforçant cependant le constat לֹא שׁמעו (ils n'ont pas écouté) par la précision "ils ont refusé (מאן) d'écouter".

Ne 9.29 enfin décrit l'attitude incriminée des pères comme une réaction (וְהֵמָּה, avec ו adversatif !) contre les adjurations (עוד Hi) que Dieu leur adressait dans l'espoir qu'ils reviendraient (שׁוב) à ses instructions (תורה). Cette réaction est ici aussi qualifiée d'impudence (זיד Hi), elle consiste en désobéissance (לֹא שׁמע) aux commandements, elle est péché (חטא). La liste se termine par une suite de trois formules verbales assez semblable à celle du v. 16, comme on le voit ci-dessous :

9.16	הזידו	ויקשׁו את־ערפם ולא שׁמעו

9.29	ויתנו כתף סוררת וערפם הקשׁו ולא שׁמעו

Seuls les premiers termes diffèrent : à הזידו (ils ont agi avec impudence) correspond ויתנו כתף סוררת (ils ont rendu leur épaule récalcitrante). La logique de la suite qu'on trouve en Ne 9.29b est donc la même que celle de 9.16; elle propose une description progressive de la réaction manifestée par les générations incriminées : attitude générale d'opposition (סרר), plus particulièrement

- -

36 Voir P. JOÜON 1947, § 118. On attendrait aussi un *wayyiqtol* pour le troisième élément de la suite, mais la chaîne étant interrompue par la négation לֹא, le dernier verbe reprend nécessairement la forme *qatal*. Voir B.K. WALTKE et M. O'CONNOR 1990, 546.

37 Dt 1.43; 17.13; 18.20; Ne 9.10.

38 Voir 2 R 17.14 : refus de croire; Jr 7.26 : de recevoir instruction; 7.27 : de répondre et, en anticipant 2 Ch 30.8, d'accepter l'invitation.

"raidissement de la nuque", et plus précisément encore refus d'écouter (לֹא שָׁמַע). Venant après זיד Hi dans la suite progressive du v. 16, הקשה ערפו inclut par conséquent les composants de ce terme plus générique, parmi lesquels certainement le composant "opposition à une autorité extérieure". Suivant d'autre part נתן כתף סררת au v. 29, il inclut les composants de cette expression, parmi lesquels "affirmation de soi". Quant au composant "valeur morale négative", il est induit par le contraste plusieurs fois mis en valeur entre l'action de Dieu et la réaction des générations incriminées; par exemple : Tu ... (ותאמר, v. 15, ou וַתָּעַד, v. 29) ... mais eux (וְהֵם, vv. 16, 29), ou "ils ne se sont pas souvenus des merveilles que tu avais faites pour eux" (v. 17). On peut en conclure que Ne 9.16-17,29 emploie bien notre expression au sens déjà attesté par les textes du premier corpus.

B. Couroyer appuie sa thèse de l'équivalence de sens entre "raidir la nuque" et "ne pas incliner l'oreille" (= ne pas prêter attention) sur le parallélisme que représenterait Za 7.11 avec Ne 9.29b. On a, en effet,

Za 7.11	מִשְּׁמוֹעַ	וְאָזְנֵיהֶם הִכְבִּידוּ	וַיִּתְּנוּ כָתֵף סֹרָרֶת	וַיְמָאֲנוּ לְהַקְשִׁיב
Nb 9.29b	וְלֹא שָׁמֵעוּ	וְעָרְפָּם הִקְשׁוּ	וַיִּתְּנוּ כָתֵף סוֹרֶרֶת	

A וְעָרְפָּם הִקְשׁוּ ("ils ont raidi la nuque", en Ne 9) correspondrait וְאָזְנֵיהֶם הִכְבִּידוּ ("ils ont alourdi [= émoussé] leur ouïe", en français : ils se sont bouché les oreilles). En fait le parallélisme n'est qu'apparent. Ne 9.29b, on l'a vu, est organisé selon un rythme ternaire et suggère ainsi une progression en trois phases dans la description de la surdité volontaire. En revanche Za 7.11 s'articule en un rythme binaire, souligné par l'atnaḥ sous סֹרָרֶת et créant un balancement évident entre les deux expressions du refus d'écouter, le focus portant en 11a sur le refus même (סרר,מאן) et en 11 b sur l'acte d'entendre (הכביד אזניו et מִשְּׁמוֹעַ). On ne peut donc reconnaître de corresponsance membre à membre entre les deux versets comparés, et il ne paraît pas possible en conséquence d'établir une équivalence sémantique directe entre הקשה ערפו et הכבד אזניו. La première de ces deux expressions décrit une attitude plus générale d'opposition, la seconde n'étant qu'un cas particulier de celle-ci.

2 Ch 30.8 Dans le second livre des Chroniques, les chapitres 29--32 sont consacrés au règne d'Ezékias. Après la purification du temple et la restauration du culte sacrificiel (chap. 29), le chapitre 30 raconte la célébration solennelle de la Pâque dans le temple rendu à sa destination. Ezékias y fait convoquer l'ensemble d'Israël. A cet effet, le message qu'il fait lire "de Béer-Shéva jusqu'à Dan" (v. 5) est formulé dans les v. 6b-9. Le thème du retour au Seigneur (v. 6b, 9a) forme le cadre du discours. Le noyau de celui-ci (v. 7-8) s'articule en deux parties antithétiques : une mise en garde (v. 7-8a) et une exhortation (v. 8b). La mise en garde (אַל, vv. 7a, 8a) renvoie d'abord à l'exemple néfaste des générations passées (les "pères") et de la génération contemporaine déportée par les rois d'Assyrie (les "frères"), dont le tort est d'avoir été infidèles (מָעַל). Pour éviter le sort qui a frappé les générations dénoncées ici, les Israélites qui ont survécu à la catastrophe de 721 sont invités à ne pas "raidir la nuque" (v. 8a). הקשה ערפו apparaît donc ici comme sémantiquement subordonné au terme plus générique de מעל, comme on a vu plus haut qu'il l'était à מאן, מאס ou סרר. Ces relations ne sont intéressantes que pour situer le domaine sémantique de הקשה ערפו, non pour faire apparaître les traits distinctifs qui lui sont propres. En revanche, le rapport d'opposition à נתן יד est plus fécond pour identifier le sens de notre expression.

L'expression נתן יד (2 R 10.15; Jr 50.15; Ez 17.18; Lm 5.6; Esd 10.19; 1 Ch 29.24; 2 Ch 30.8) désigne à l'évidence un geste de portée symbolique. Si l'on peut être certain que ce geste est matériellement impliqué par 2 R 10.15 pour Yonadav face à Jéhu, il est évident qu'en plusieurs autres cas l'expression n'est plus employée que pour sa portée symbolique. Ainsi en Lm 5.6, où les survivants de la catastrophe de 587 se plaignent d'avoir à "donner la main" tant à l'Egypte qu'à l'Assyrie. Ainsi encore en Esd 10.19, où les hommes de la communauté "donnent la main" (on ne précise pas à qui) pour renvoyer leurs femmes (étrangères). Ainsi enfin en 2 Ch 30.8, où Ezékias exhorte les Israélites à "donner la main" à YHWH. Dans ces trois cas au moins – mais peut-être aussi en Jr 50.15, où Babylone vaincue doit se résoudre à "donner la main" (au vainqueur) – le sens de l'expression n'est plus que figuré. L'expression fonctionne alors comme une métaphore : au sens premier (le geste) est associée une signification symbolique. Celle-ci fonctionne comme le composant supplémentaire qui reste seul sélectionné dans le processus métaphorique[39].

Ce composant supplémentaire est de nature   culturelle. La portée symbolique d'un même geste, "donner la main" varie considérablement, en effet, d'une culture à une autre. En culture européenne, "donner la main" peut être signe de confiance si c'est le fait d'un enfant aux côtés d'un adulte. Dans le cas de deux adultes, c'est le geste qui peut accompagner la salutation comme signe de reconnaissance. Qu'en est-il en culture hébraïque ? Dans les sept contextes cités, l'expression revêt diverses nuances selon les cas. En 2 R 10.15, le geste intervient comme signe de loyauté (cf. לב ישר) de la part du plus faible, Yonadav, envers le plus fort, Jéhu. En Jr 50.15, l'expression signifie que Babylone accepte sa défaite et se soumet à son vainqueur. Ez 17.18 fait allusion à l'engagement (ברית) que Sédécias avait pris d'être vassal du roi de Babylone, engagement que le prophète lui reproche sévèrement d'avoir rompu. En Lm 5.6, le poète évoque la faiblesse de Jérusalem sollicitant alternativement la protection de l'Egypte et les secours de l'Assyrie. Sous la pression d'Esdras, d'autre part, les Juifs revenus de déportation "donnent la main" pour renvoyer leurs femmes étrangères (Esd 10.19). 1 Ch 29.24 enfin nous ramène à l'intronisation de Salomon : les hauts fonctionnaires, les militaires et même les fils de David, demi-frères de Salomon, "donnent la main sous (תחת) Salomon", c'est-à-dire font acte d'allégeance.

On peut mentionner ici encore plusieurs cas de "main donnée" mentionnés par les livres des Maccabées. (a) 1 M 6.58 (δῶμεν δεξιὰς ...) : apprenant le retour de Philippe, Lysias propose à Antiochus V de "donner la main" aux Juifs qu'il assiège sur le mont Sion. (b) 1 M 11.50 (δὸς ἡμῖν

---

39   Voir E. NIDA 1974, 36; 1975, 126. M. LE GUERN 1973, 18–20, souligne symétriquement la "suspension sémique" qui intervient dans le phénomène métaphorique.

δεξιάς ...) : la population d'Antioche, malmenée par les troupes juives venues au secours de Démétrius II, propose en dernier recours au roi : "Donne–nous la main, et que les Juifs cessent de combattre contre nous." (c) 2 M 11.26 (δοὺς δεξιάς) : Venant de subir une défaite devant les troupes maccabéennes, Lysias est encouragé par Antiochus à envoyer aux Juifs un émissaire et à leur "donner la main" pour faire cesser les troubles[40].

On le voit donc, "donner la main" est un geste symbolique qui doit souligner un *accord*. Selon les cas, cet accord s'exprimera par un gage de loyauté (2 R 10.15; Ez 17.18 ou Esd 10.19) ou par un acte d'allégeance (Jr 50.15; Lm 5.6; 1 Ch 29.24), éventuellement par les deux 2 Ch 30.8.

Si l'on compare נתן יד et הקשה ערפו au niveau de leurs composants sémantiques, on obtient le tableau suivant, qui prolonge la figure 2 (p. 118) :

	réaction d'opposition à une autorité extérieure	affirmation de soi	valeur morale négative
הקשה ערפו	+	+	+
נתן יד	–	–	–

figure 3

Les deux expressions apparaissent ainsi comme parfaitement antithétiques, du moins en ce qui concerne les composants considérés. Or c'est bien comme telles qu'elles apparaissent dans le contexte de 2 Ch 30.8. On peut donc conclure que 2 Ch 30.8 utilise הקשה ערפו dans le même sens que les textes du premier corpus.

La nature et la structure de l'expression נתן יד méritent examen. On a vu que, dénotant à l'origine un geste à forte portée symbolique (2 R 10.15), l'expression ne conservait guère que cette dernière valeur en plusieurs de ses occurrences.
En Jr 50.15; Lm 5.6; Esd 10.19, le sens de נתן יד est devenu complètement exocentrique. On peut donc estimer que ces deux mots ont acquis le statut d'expression idiomatique, Il ne semble cependant pas possible d'y reconnaître une combinaison originelle de deux métaphores ou d'une métaphore et d'une structure métonymique. Ce type d'expression idiomatique pourrait être défini comme geste symbolico–culturel métaphorisé. On reviendra sur ce point.

- -

40   Voir encore 1 M 11.62; 13.45; 2 M 4.34; 12.11; 13.22; 14.19.

2 Ch 36.13 : Dans le dernier chapitre de l'ouvrage du Chroniste, les v. 11-21 traitent du règne catastrophique de Sédécias. Dans cet ensemble, seuls les v. 11-13 sont consacrés *stricto sensu* au dernier roi de Juda. La suite immédiate s'étend sur la corruption des responsables religieux et politiques (v. 14-16), puis sur les conséquences de celle-ci, à savoir les événements dramatiques de 587-586 (v. 17-20). Le jugement sévère porté sur Sédécias au v. 13 fait penser à celui déjà formulé par Ezéchiel (17.18). Le Chroniste développe son appréciation en deux phases. Le v. 13a rappelle d'abord les faits : Sédécias s'est rebellé (מרד) contre Nabuchodonosor malgré le serment (de vassalité) qu'il avait prêté au nom de Dieu. Le v. 13b ensuite, qui nous intéresse plus spécialement ici, est plutôt un commentaire des faits qui viennent d'être rappelés : la rébellion politique de Sédécias n'est que la manifestation de son opposition à la volonté de Dieu. Sédécias, en effet, a "raidi la nuque" et "durci son coeur" (וַיְאַמֵּץ אֶת־לְבָבוֹ), pour ne pas "revenir" (שׁוּב) à Dieu. Avec אמץ את־לבבו notre expression se situe donc en opposition sémantique à שׁוּב אל־יהוה (revenir à YHWH).

Que signifie אמץ את־לבבו ? Les versions bibliques traditionnelles le rendent par "endurcir son coeur". On notera ici d'abord que cette sorte de décalque ne renseigne guère sur le sens de l'expression hébraïque et introduit plutôt une ambiguïté, voire un contresens, suggérant l'idée d'insensibilité, ce qui ne convient pas du tout au contexte. D'autre part le même décalque sert à rendre également d'autres expressions hébraïques comme הכבר את־לבו, qu'on trouve surtout dans les textes dits "yahvistes" de l'Exode[41], ou חזק את־לב פ', plus familier aux textes "sacerdotaux"[42], voire הקשה לבבו (Ps 95.8; Pr 28.14; cf. Ex 7.3) ou même השמן לב־פ' (Es 6.10) et הקשיח לב פ' (Es 63.17). La diversité des formes verbales employées (אמץ Pi, חזק Q ou Pi, כבר Q, Pi ou Hi, קשה Hi, קשח Hi, שמן Hi) et la variété des sujets grammaticaux (le coeur lui-même, la personne du coeur de laquelle il est question, ou YHWH lui-même) ne permettent pas d'identifier ici une forme stéréotypée d'expression idiomatique, même si l'expression "endurcir son coeur" annonce visiblement une combinaison de métaphores. On peut tout au plus parler d'un thème de "l'endurcissement du coeur".

Sous la forme où on la rencontre en 2 Ch 36.13, אמץ את־לבבו est attestée aussi en Dt 2.30 et 15.7. Bien que M. Weinfeld ne la compte pas au nombre des locutions typiques de la phraséologie deutéronomiste, elle est bien stéréotypée.

En Dt 2.30, elle est appliquée à Sihôn, roi de Heshbôn, lequel refuse (לא אבה) le passage à Israël, car YHWH avait "raidi son esprit" (הקשה את־רוחו) et "durci son coeur". Ces deux dernières expressions sont visiblement parallèles, mais on se souviendra qu'il n'existe pas de synonymes

---

41   1 S 6.6 emploie כבר au Pi.

42   Voir aussi Jos 11.20; Ez 2.4.

absolus[43]. הקשה רוחו est un *hapax*. Pour רוח le contexte s'accommode assez bien ici du sens métaphorique *disposition d'esprit*. On peut comprendre alors que YHWH a renforcé, voire suscité les mauvaises dispositions de Sihôn à l'égard d'Israël. Parallèlement אמץ את־לבבו se présente aussi comme une combinaison de métaphores, dans laquelle לב intervient comme siège des intentions et de la volonté. On peut comprendre alors que YHWH a incité Sihôn à *opposer un refus catégorique* à Israël. En somme Dt 2.30 affirme, sous une forme tant soit peu pléonastique, que YHWH a incité Sihôn à rejeter la requête présentée par Israël.

Le contexte de Dt 15.7 est assez différent. Il s'agit ici de l'attitude de l'Israélite à l'égard d'un autre membre de sa communauté. Si ce "frère" est dans le besoin alors que tous sont enfin installés dans le pays promis, l'Israélite comblé est exhorté à ne pas "durcir son coeur" ni à "fermer sa main" (קפץ את־ידו). Les deux locutions, ici encore, sont parallèles mais non réellement synonymes. Comme dans le cas de Dt 2.30, la première est plus générique, la seconde marquant une progression qu'on peut schématiser ainsi : refus – refus de donner (ou de partager).

Il ressort donc de cette brève analyse que אמץ את־לבבו exprime un refus catégorique. Il apparaît aussi que la tournure employée par Dt semble utiliser volontiers une formulation en deux images successives, dont la première indique la tonalité générale, et la seconde apporte l'information qui précise le sens de l'énoncé.

En 2 Ch 36.13, la suite "il raidit la nuque et durcit son coeur" est de même type que celles qu'on trouve en Dt 2.30 ("raidir son esprit" et "endurcir son coeur") et 15.7 ("durcir son coeur" et "fermer sa main"). C'est dire que le terme placé en aval se situe plus bas dans la hiérarchie sémantique. Une comparaison des composants sémantiques respectifs permettrait donc seulement de repérer les composants communs : "réaction d'opposition à une autorité extérieure" et "affirmation de soi". Ces composants que l'on avait isolés pour הקשה ערפו dans les textes du premier corpus figurent dans אמץ את־לבבו et donc dans הקשה ערפו tel que l'emploie le Chroniste. Le composant "valeur morale négative", quant à lui, est induit par le גם qui ouvre le verset en annonçant le scandale d'un parjure (opposition de מרד - se révolter - et de השביע - prêter serment).

Tout laisse donc à penser que le Chroniste utilise lui aussi l'expression "raidir la nuque" au sens qu'attestaient déjà les textes de la première série étudiée. On constate sur ce cas particulier la pérennité du sens des expressions idiomatiques.

L'EXPRESSION CHEZ LE SIRACIDE

La fin de la première section du livre de Ben Sira (1.1--16.23) s'étend sur l'inévitable sort réservé aux impies. Après avoir cité, à titre d'exemple, les cas de

---

43   E. NIDA 1975, 141.

Coré et de ses acolytes (v. 6), des princes de l'antiquité (נסיכי קדם, v. 7[44]), des gens de Sodome (v. 8), des Cananéens (v. 9) et des 600 000 Israélites interdits d'entrée en terre promise selon Nb 1.46 (v. 10), l'auteur formule alors au v. 11 une sorte d'avertissement général à un éventuel "raidissant la nuque" (מקשה ערף, grec σκληροτράχηλος) : "il serait étonnant (תמה) que celui-ci échappât au châtiment (ענקה)."

Dans ce v. 11, מקשה ערף est en position de prédicat. C'est dire qu'au niveau sémantique il existe un rapport d'équivalence entre "le raidissant la nuque" et le "quelqu'un" (אחד) qui constitue le sujet. Dans de pareilles conditions, le contexte immédiat ne fournit aucun indice permettant d'identifier au moins un composant sémantique de מקשה ערף. Le contexte un peu plus large permet cependant d'esquisser un domaine sémantique pour notre expression telle que l'utilise le Siracide vers 180 avant notre ère. Ceux qu'il prend à partie au v. 11 sous l'appellation collective globale de מקשה ערף sont qualifiés de בגדים (infidèles) au v. 4, de רשעים (sans foi ni loi) et de גוי חנף (nation impie) au v. 6, enfin de מורים (rebelles) au v. 7. Le Siracide dénonce encore leur péché (עון) au v. 9 et la prétention de leur coeur (זדון לבם) au v. 10. Il se réfère donc à diverses formes d'opposition religieuse, l'expression מקשה ערף lui servant d'appellation générique pour désigner celui qui, d'une manière ou d'une autre de celles qu'il a évoquées, se dresse contre Dieu. Dans le vocabulaire actif du Siracide, הקשה ערף comporte donc le composant "réaction d'opposition à une autorité extérieure". La condamnation que Ben Sira porte sur tous ces opposants du passé atteste d'autre part la présence pour lui du composant "valeur morale négative". La dénonciation de leur orgueil (גאות, v. 8) et de la "prétention de leur coeur" (זדון לבם, v.10)[45] atteste enfin la présence du composant "affirmation de soi". La présence de ces trois composants distinctifs laisse donc à penser que, sous la plume du Siracide, הקשה ערפו a sensiblement la même valeur que dans les textes canoniques.

RAIDIR LA NUQUE À QUMRÂN

Notre expression se présente encore trois fois dans les textes de Qumrân[46] : 1 QS IV,11; V,5; VI,26, à quoi on pourrait ajouter 1 QS V,26, à condition de le compléter d'après 4 QSd[47].

---

44   Le traducteur grec, ne pouvant identifier ces derniers, les a assimilés aux גְּבֹרִים de Gn 6.4.

45   Ce que le petit-fils de l'auteur rend indûment par σκληροκαρδία, une approximation qui confirme, à notre avis, les limites de sa connaissance de l'hébreu.

46   Selon la concordance de K.G. KUHN.

47   Le texte est cité avec la vocalisation proposée par E. LOHSE 1964.

1 QS IV,11 :   (9) וּלְרוּחַ עַוְלָה ... (11) וּלְשׁוֹן גְּדוּפִים עִוְרוֹן עֵינַיִם וְכִבּוּד אֹזֶן
קוֹשִׁי עֹרֶף וְכִבּוּד לֵב לָלֶכֶת בְּכוֹל דַּרְכֵי חֹשֶׁךְ ...

1 QS V,5 :   (4) ... אֲשֶׁר לוֹא יֵלֶךְ אִישׁ בִּשְׁרִירוּת לִבּוֹ לִתְעוֹת אַחַר לְבָבוֹ
(5) וְעֵינָיו וּמַחֲשֶׁבֶת יִצְרוֹ וְאִם לָמוּל בְּיַחַד עוֹרְלַת יֵצֶר וְעוֹרֶף קָשֶׁה לְיַסֵּד מוֹסַד אֶמֶת
לְיִשְׂרָאֵל ...

1 QS VI,26 :   (25) ... וַאֲשֶׁר יָשֵׁב אֶת (26) רֵעֵהוּ בִּקְשִׁי עֹרֶף יְדַבֵּר בְּקוֹצֶר אַפַּיִם
לִפְרוֹעַ אֶת יְסוֹד עֲמִיתוֹ בְּאַמְרוֹת אֶת פִּי רֵעֵהוּ הַכָּתוּב לְפָנֵיהוּ ...

Les occurrences apparaissent donc toutes dans la Règle de la communauté, toujours sous une forme nominale, soit abstraite (קוֹשִׁי עֹרֶף, raideur de nuque en 1 QS IV,11, ou קְשִׁי עֹרֶף en 1 QS VI,26, qui rappelle la forme adjectivale d'Ex et de Dt), soit d'apparence plus concrète (עוֹרֶף קָשֶׁה, nuque raide en 1 QS V,5 [et 26], comme en Dt 31.27).

1 QS IV,11 appartient à la section qui traite de la doctrine des deux Esprits (1 QS III,13--IV,26), l'Esprit de vérité (אמת) et l'Esprit du mal (עולה)[48]. En 1 QS IV,9-11, le Règle développe une liste de perversions parallèlement à la liste des vertus énumérées en 1 QS IV,3-6. La "raideur de nuque" est mentionnée vers la fin de la liste, après לשׁון גדופים (le discours outrageant), après aussi עורון עינים (l'aveuglement des yeux), כבוד אוזן ("lourdeur d'oreille" = surdité, refus d'écouter) et avant כיבוד לב ("lourdeur du cœur" = refus d'acquiescer). Tous ces termes constituent le domaine sémantique de notre expression telle qu'elle est employée à Qumrân. La mention de l'impureté (טמאה, v. 10) situe la série dans le domaine religieux et justifie l'interprétation de גדופים par blasphème dans les traductions que proposent tant A. Dupont-Sommer[49] que P. Guilbert[50]. D'autre part les termes qui encadrent de plus près קושׁי עורף impliquent tous une opposition volontaire à une évidence ou une autorité extérieure, ce qu'annonçaient déjà, à la ligne 9, des expressions comme גוה (orgueil) et רום לבב ("élévation du coeur" = prétention). L'ensemble du paragraphe enfin, consacré aux diverses perversions induites par l'Esprit du mal, implique pour tous les termes de la liste, donc aussi pour קושׁי עורף, le composant sémantique "valeur morale négative". La première occurrence de notre expression semble donc bien employée par la Règle au sens que lui reconnaissent les textes canoniques.

En **1 QS V,5**, עורף קשׁה apparaît dans un développement consacré aux objectifs de la Règle (V,1-7a) : conduire à une discipline de vie qui définit la

---

48   1 QS III,19.

49   *ad loc. in* La Bible, Ecrits intertestamentaires.

50   *ad loc. in* J. CARMIGNAC et P. GUILBERT, Les textes de Qumrân traduits et annotés, I.

pleine appartenance à la communauté. V,3b-4a énumère les pratiques (לעשות)
positives. En contraste avec cette série, 4b-5a dénonce les comportements
contraires à la Règle : שרירות לב (conduite individualiste[51]), suivre (אחר) ses
propres idées (לבבו), ses désirs (עיניו) ou ses penchants[52] (יצרו). Après quoi (V, 5b),
par un nouveau mouvement de balancier, la Règle revient à l'exhortation positive
en appelant à écarter définitivement ces tendances et pratiques individualistes. Elle
recourt pour cela à la métaphore de la circoncision du coeur comme image de
l'élimination des penchants personnels (יצר) et de la "nuque raide". On le voit, les
trois composants de l'usage classique de הקשה ערפו sont présents ici : opposition à
une autorité extérieure, affirmation de soi et valeur morale négative. Il convient
de relever cependant un certain glissement : dans tous les passages canoniques
étudiés et encore en 1 QS IV,11, l'autorité extérieure à laquelle s'opposait celui qui
"raidit la nuque" était l'autorité divine. En 1 QS V,5, cette autorité divine est
essentiellement représentée par la communauté. Ceux qui "raidissent la nuque"
sont d'abord ceux qui refusent l'autorité de la communauté.

1 QS VI,26, dernière occurrence de notre expression, apparaît dans une
section de la Règle consacrée au tarif des punitions encourues par ceux qui
contreviendraient aux règles de la vie communautaire. L'article 2 de ce petit code
pénal[53] va de la fin de la ligne 25 au début de la ligne 27. Il traite du respect qui
reste dû à un membre plus ancien de la communauté, qualifié de compagnon (רע).
En tant que plus ancien, celui-ci a autorité sur celui qui est inscrit depuis moins
longtemps. Ici la "raideur de nuque" qualifie la réponse (השיב) que le plus jeune
adresse au plus ancien. L'expression est parallèle à קצר אפים (litt. "brièveté des
narines" = impatience, irascibilité). La "raideur de nuque" du jeune impertinent
exprime son indocilité (מרה Hi[54]). Tous les composants sémantiques du sens
classique de הקשה ערף sont donc présents ici : opposition à une autorité
extérieure, affirmation de soi, valeur morale négative. Mais le glissement observé
déjà en 1 QS V,5 s'est accentué ici. Contrairement à ce que l'on a constaté dans les
textes canoniques, l'expression ne semble plus limitée à dénoter une attitude
religieuse d'opposition à Dieu. Le temps de la concurrence entre YHWH et les
dieux étrangers est dépassé. L'opposition à Dieu se manifeste maintenant par une
opposition à l'autorité de la communauté elle-même[55].

- -

51 Plutôt que "l'obstination du coeur", voir plus haut pp. 116–118.

52 L'explicitation (mauvais) proposée par A. DUPONT–SOMMER (*op. cit.*) ne semble pas justifiée.
    Le développement oppose une conduite autonome à une conduite de soumission.

53 Selon le sous–titre proposé par A. DUPONT–SOMMER, *op. cit. ad loc.*

54 Avec E. LOHSE 1964 lire בהמרות plutôt que באמרות, qui pourrait provenir d'une faute de
    dictée.

55 dit la Règle de Qumrân ! On constate une évolution du même genre dans l'emploi
    de ἁμαρτωλοί dans les évangiles synoptiques.

CONCLUSION

B. Couroyer a fait justice de la thèse trop communément répandue et
acceptée sans vérification[56], selon laquelle l'expression עֹרְפוֹ הִקְשֶׁה transposerait,
pour l'être humain, le raidissement par lequel un animal refusait le joug.

Sur deux points essentiels il semble cependant difficile de le suivre dans ses
conclusions.

1) Il n'est pas possible de réduire le sens de עֹרְפוֹ הִקְשֶׁה à "refuser d'écouter".
Nous avons constaté que le refus d'écouter n'était qu'un cas particulier de
l'attitude dénotée par "raidir la nuque"[57]. Dans la hiérarchie sémantique הִקְשֶׁה
עֹרְפוֹ se situe plus haut que refuser d'"écouter" (שמע) ou "d'étendre/incliner l'oreille"
(הטה אזן).

2) Comprendre "raidir la nuque" comme un geste qui en interdit un autre, à
savoir "étendre l'oreille" nous semble relever d'une méconnaissance du caractère
idiomatique tant de l'une que de l'autre expression. Une fois dans l'usage, en effet,
l'expression idiomatique a perdu sa signification étymologique ou littérale au
profit d'une signification globale et exocentrique. Elle ne peut donc plus être
comprise à partir de ses composants.

On retiendra donc pour עֹרֶף הִקְשֶׁה la signification qu'a permis de dégager la
procédure d'analyse componentielle suivie ici, à savoir celui d'une affirmation de
soi s'exprimant par un refus de se soumettre à une autorité extérieure. L'examen
des divers sous-corpus canoniques considérés a permis de constater que cette
signification s'était conservée sans variation notable dans les états de langue
successifs de l'hébreu biblique.

Encore utilisée par Ben Sira au sens de l'hébreu canonique, l'expression telle
qu'elle est employée à Qumrân a conservé ses composants sémantiques mais a vu
se déplacer son champ d'application. Limitée dans son emploi classique au
domaine de la relation personnelle avec Dieu, l'expression est employée dans

- -

56   Le cas n'est pas isolé. Citons pour mémoire l'interprétation de חֶסֶד proposée par N. Glueck
      dans *Das Wort ḥesed im alt. Sprachgebrauche als menschliche und göttliche
      gemeinschaftsgemäße Verhaltungsweise, 1927,* reprise par nombre d'auteurs sans vérification
      pendant des décennies.

57   On a vu plus haut que celui qui "raidit la nuque" peut exprimer ainsi un refus de croire, de
      recevoir instruction ou réprimande, voire de se soumettre aux lois divines ou aux obligations
      de l'alliance.

l'hébreu de Qumrân pour caractériser une relation avec l'autorité religieuse, que celle-ci soit représentée par la Règle communautaire ou par un membre placé plus haut dans la hiérarchie de la communauté. On pourrait dire qu'il y a eu déplacement progressif du *Sitz im Leben* de l'expression originale.

APPENDICE : STRUCTURE DE L'EXPRESSION

L'expression הקשה ערפו est du même type, semble-t-il, que חגר אזר חֲלָצָיו ou מָתְנָיו ("ceindre ses reins" = se mettre en état de faire quelque chose, travail manuel ou déplacement), שים יָד תַּחַת יֶרֶךְ פּ׳ ("mettre la main sous la fesse de quelqu'un" = lui jurer solennellement), מלא יַד פּ׳ ("remplir la main de quelqu'un" = lui donner l'investiture sacerdotale), השליך נַעֲלוֹ עַל ("jeter sa sandale sur" = affirmer un droit de propriété sur), הסתיר פָּנָיו מִן ("cacher son visage" = se désintéresser de), עטה עַל־שָׂפָם ("cacher sa lèvre supérieure" = manifester un sentiment de honte ou de gêne) etc., dont le sens littéral a fini par s'estomper au profit d'un sens symbolique particulier à la culture israélite. L'ensemble fonctionne alors comme une métaphore du geste, puisque seul subsiste le composant supplémentaire propre au milieu culturel qui l'a introduit. Dans la mesure où le sens originel est totalement perdu - ce qui est évident quand l'expression, comme ici, en arrive à désigner une attitude religieuse - on est en droit de parler d'expression idiomatique. Comme נתן יד, rencontré au passage, הקשה ערפו est à considérer probablement comme un geste symbolico-culturel métaphorisé. Dans de tels cas, où il est loisible de reconstituer le processus de métaphorisation, on peut dire que l'on assiste à la naissance d'une expression idiomatique. Mais הקשה ערפו nous parvient à un niveau d'évolution plus avancé, par exemple, que אזר חלציו, c'est-à-dire sémantiquement déjà plus éloigné de sa valeur étymologique.

CHAPITRE VI

SI J'AI TROUVÉ GRÂCE À TES YEUX

Bibliographie

I. LANDE, Formelhafte Wendungen der Umgangssprache im A.T., Leiden, 1949, 95–97.

H.M. ORLINSKY (ed.), Notes on the New Translation of the Torah, Philadelphia, 5731–1970, 28–29.

H.J. STOEBE, in THAT I (1971), 588–591.

D.N. FREEDMAN, J. LUNDBOM, in TWAT III (1977), 26, 29–30.

INVENTAIRE

"Trouver grâce aux yeux de quelqu'un" est la traduction la plus fréquente d'une séquence qu'on relève une bonne quarantaine de fois dans la Bible hébraïque[1] : מָצָא חֵן בְּעֵינֵי פ. A juste titre H. ORLINSKY[2] s'en prend au caractère par trop stéréotypé ("mechanical") de cette traduction. Nous l'avons retenue cependant dans le titre de ce chapitre à cause de son caractère évocateur pour nombre de lecteurs des versions bibliques traditionnelles : sous une telle forme, il est évident que l'on a affaire à une expression pour le moins imagée.

D'un point de vue formel, on peut classer les occurrences de la séquence en trois catégories :

a) l'expression est employée à <u>l'indicatif</u> (ou à l'infinitif construit avec לְ).

b) l'expression est employée dans une proposition <u>conditionnelle</u>. On repérera aux caractères *italiques* les occurrences correspondantes dans la liste ci-après.

c) l'expression est employée à un mode <u>volitif</u> (ou optatif) : cohortatif - singulier en général, mais aussi pluriel en Gn 47.25 - ou jussif (1 S 1.18). Les occurrences de ce type apparaissent en caractères **gras** dans la liste qui suit.

- -

1   Sous l'entrée חֵן, la concordance de Abraham Even–Shoshan indique par erreur Gn 32.5 au lieu de 32.6 et omet Gn 47.29.

2   *op. cit.*, p. 28–29.

Gn 6.8; *18.3*; 19.19; *30.27*; 32.6; 33.8; *33.10*; **33.15**; **34.11**; 39.4; **47.25**; *47.29*; *50.4*; Ex 33.12; *33.13*; 33.13; 33.16; 33.17; *34.9*; Nb 11.11; *11.15*; *32.5*; Dt 24.1; *Jg 6.17*; **1 S 1.18**; 16.22; 20.3; *20.29*; **25.8**; *27.5*; 2 S 14.22; *15.25*; **16.4**; 1 R 11.19; Jr 31.2; Pr 3.4; 28.23; Rt 2.2,10; **2.13**; *Est 5.8*; *7.3*; (*8.5*).

Dans le présent chapitre on se propose d'examiner le type conditionnel אִם(־נָא) מָצָאתִי חֵן בְּעֵינֶיךָ. La forme est assez bien stéréotypée, renforcée dans 11 des 16 occurrences par la présence de la particule déprécative נָא־[3]. Les faibles variations observées reflètent uniquement l'adaptation de la formule au nombre des locuteurs (Nb 32.5 : מָצָאנוּ) ou des interlocuteurs (Gn 50.4 : בְּעֵינֵיכֶם). La seule variation notable est à enregistrer en Est 8.5, où לְפָנַי remplace le בְּעֵינַי attendu.

Le caractère exocentrique du sens de la séquence est moins évident, par exemple en Ex 33.13, où le sens endocentrique paraît suffire après le וְאַתָּה אָמַרְתָּ ... מָצָאתָ חֵן בְּעֵינִי ... du v. 12. Il apparaît mieux en Gn 47.29, où on peut trouver surprenant que Jacob, le père, requière la faveur (חֵן) de son fils, celui-ci, même premier ministre, lui restant subordonné dans la hiérarchie familiale. De même en Gn 50.4, où Joseph s'adresse à la "maison" (l'entourage) du Pharaon. Cette exocentricité du sens apparaît surtout en Nb 11.15, où il est évident que Moïse peut difficilement se référer à la faveur de YHWH en même temps qu'il se plaint à lui de la manière dont il est traité (וְאִם־כָּכָה אַתְּ־עֹשֶׂה לִי) et du triste sort qui est le sien (רָעָתִי).

Les critères de stéréotypie et d'exocentricité du sens paraissent ainsi suffisamment établis pour permettre de considérer la forme אִם(־נָא) מָצָאתִי חֵן בְּעֵינֶיךָ comme une expression idiomatique bien caractérisée.

LES INTERPRÉTATIONS

Au niveau des **versions anciennes**, la **LXX** varie assez peu sa traduction de notre expression par rapport à celle qu'elle propose pour Gn 18.3 : εἰ ἄρα εὗρον χάριν ἐναντίον σου. Selon les relevés de la concordance de Hatch & Redpath, χάρις rend l'hébreu חֵן dans 84 % des cas où le TM emploie ce vocable. Il en est ainsi pour toutes les occurrences de l'expression, sauf en Nb 11.15, où l'équivalent choisi est ἔλεος (pitié, miséricorde)[4]. L'aoriste εὗρον est remplacé par le parfait εὕρηκα en Gn 33.10; 47.29; Ex 33.13; 34.9; Nb 11.15; 1 S 20.29; 27.5, la nuance ainsi introduite concernant plus le lien de l'expression au contexte que le sens de la formule elle-même. On relèvera enfin que le ἐναντίον (σου) de Gn 18.3 fait place, sans changement de sens, à παρὰ (σοὶ) en Nb 11.15, ou ἐνώπιον (σου) en Nb 32.5; Est 5.8;

---

3   La particule est absente dans les deux occurrences de Nb et celles d'Est, ainsi qu'en 1 S 20.29.

4   Et dans le Vaticanus pour Jg 6.17.

7.3, formes grecques sensiblement équivalentes, mais que la traduction servile a repris le dessus avec le sémitisme ἐν ὀφθαλμοῖς (σου) en Jg 6.17; 1 S 20.29; 27.5. Comme la séquence χάριν εὑρίσκω n'est pas attestée hors de la LXX[5], on doit en conclure que les traducteurs grecs ont compris la formule hébraïque non comme une expression idiomatique, mais à partir de ses constituants lexicaux, qu'ils se contentent de décalquer selon le code qu'ils ont adopté. Cela se comprend dans la mesure où, on l'a vu, l'existence d'un sens exocentrique n'est pas toujours évidente dans les emplois de l'expression. Mais la pratique du décalque est trop fréquente dans la LXX pour qu'on puisse y voir ici un cas particulier. Du fait de ses options, l'ancienne traduction grecque ne nous est donc pas d'un grand secours pour élucider le sens précis de l'expression idiomatique étudiée.

La **Vulgate** s'efforce, elle aussi, de restituer la forme de l'hébreu. Elle varie légèrement dans sa façon de rendre בְּעֵינֶי׳ פ : *in oculis tuis* (6×), *in conspectu tuo* (5×), *coram te* (Nb 32.5; Jg 6.17). Mais dans tous les cas qui nous occupent ici, מצא חן est rendu par *invenire gratiam*, séquence qui n'est pas attestée hors de la Vg[6]. Ces constantes étant reconnues, on s'étonne que la forme conditionnelle n'ait été lue ni en Gn 30.27 (où on a, en effet, *inveniam gratiam*, comme si Jérôme avait trouvé dans l'hébreu אמצא חן בעיניך, ni en Nb 11.15 (où on lit *et inveniam gratiam*, comme en Ex 33.13 où ces mots rendent למען אמצא חן בעיניך). Jérôme avait-il sous les yeux en Gn 30.27 et Nb 11.15 un autre substrat hébreu que celui qu'on lit actuellement en TM ? Ou s'agit-il ici d'une accommodation de la traduction devant un texte mal compris ? Etant donné que l'éventuelle variante traduite dans ces deux cas par Jérôme n'est soutenue par aucune attestation externe, il faut sans doute conclure que le sens de l'expression a échappé au saint Docteur, et qu'il était peut-être déjà perdu pour son informateur hébreu.

Compte tenu de leur tendance bien connue à l'amplification, les **Targoums** (O, J et N) suivent eux aussi les règles d'une traduction concordante. Dans cette ligne ils présentent chacun une certaine cohérence. Ainsi Tg O אם כען אשכחית רחמין בעינך en Gn 18.3 est repris sans changement pour Gn 30.27; 33.10; 47.29; 50.4; Nb 11.15; 32.5. La seule variation à enregistrer - outre le passage du verbe au pluriel אשכחנא en Nb 32.5 - est le remplacement de בעינך par קדמך en Ex 33.13; 34.9, ce que le Tg J fait six fois, usant partout lui aussi, pour rendre l'hébreu חן, de רחמין (miséricorde), sauf en Gn 18.3 où l'on lit חינא. Pour les occurrences du Pentateuque, le Tg Neofiti quant à lui présente deux particularités

---

5　LIDDELL & SCOTT 1966, p. 1979a. On la trouve, il est vrai chez Philon (*Legum allegoriae* II, 75 et III, 24), mais comme citation ou référence à Gn 6.8. Cf. l'index de J. Leisegang, vol. VII/1,2 des *Philonis Alexandrini Opera* (ed. L. COHN), Berlin, 1926, 1930.

6　Voir Ch. T. LEWIS, *A Latin Dictionary*, Oxford 1984, 993c.

d'intérêt inégal. En premier lieu il rend בעיניך le plus souvent par בא(נ)פ(י)ך[7], mais surtout il donne systématiquement חן וחסד comme équivalent araméen de l'hébreu חן[8]. Même si les trois Tg ont rendu dans tous les cas le מצאתי hébreu par le parfait Af אשכחית, leurs variations pour le second terme de l'expression (חינא en Tg J Gn 18.3, רחמין ailleurs en Tg O et J, חן וחסד partout ailleurs chez Tg N) ne permettent pas de considérer que l'araméen des *meturgmanin* possédait une expression idiomatique équivalente de l'hébreu אם מצאתי חן בעיניך. Sans doute même faut-il aller jusqu'à estimer que les traducteurs ne reconnaissaient plus dans cette séquence hébraïque le bloc que nous appelons expression idiomatique, indice qu'ils ne connaissaient probablement déjà plus l'hébreu que comme une langue morte. Il n'y a donc guère de lumière à attendre de leur côté pour élucider le sens de l'expression qui nous occupe.

La plupart des **versions modernes**, quant à elles, se contentent elles aussi d'un décalque : "Si j'ai trouvé grâce à tes yeux...". Ce type de traduction stéréotypée est vigoureusement contesté par H. Orlinsky[9] pour son caractère non idiomatique, en particulier pour le rendu de בְּעֵינֶיךָ. "Trouver grâce" ne serait d'autre part une traduction légitime qu'en donnant à "grâce" le sens de "charme", qui est d'ailleurs la première acception inventoriée par HAL pour חֵן. Ce dernier terme, en effet, désigne en général la faveur plutôt que la grâce (que ce soit la grâce divine ou la grâce accordée à un condamné). D'où des traductions comme *If I have deserved your favour* (REB en Gn 18.3), *Do me this favor* (NJV en Gn 50.4), *Tu mir den Gefallen* (DGN en Gn 30.27) ou *Wenn du mich liebst* (DGN en Gn 47.29), à rapprocher de *Si tu as de l'affection pour moi* (BRF et BFC *ibid.*). Citons encore *Dann sei doch so gut [und gib mir ...]* (DGN en Jg 6.17). Une traduction (trop ?) contextuelle est à signaler en Gn 33.10 chez DGN : *Wenn du mir nichts nachträgst*, reprise par BFC : *Si tu ne m'en veux plus.*

Une piste intéressante est ouverte par NJV en Gn 18.3 : *If it please you*, à rapprocher du "s'il te plaît" de BFC en Gn 30.27, du *I beg you* (NJV en Nb 11.15), *Erlaube uns* (DGN en Nb 32.5), *Ich bitte dich* (DGN en 1 S 20.29) et *if you please* (NJV en 1 S 27.5).

Les **commentaires** consultés s'intéressent peu au sens de notre expression, qu'ils interprètent à partir de son sens apparent. Leur intérêt est en général orienté davantage vers les problèmes de composition du texte. Les **dictionnaires** de

---

7   Sauf dans les deux occurrences d'Ex, où il a choisi, comme les autres, קדמיך.
8   Le Tg d'Est 7.3 propose même trois termes : אין אשכחית חנא וחסד ורחמין קדמך.
9   *op. cit.*, p. 28s.

langue[10] enfin mentionnent *s.v.* חן l'expression 'פ בעיני חן מצא, mais n'accordent
pas d'attention particulière aux formes conditionnelle et optative de notre
séquence. Seuls font une place à ces dernières les dictionnaires dits "théologiques" :
THAT[11] et TWAT[12]. Le premier note que "חן *gefunden zu haben ist die
Voraussetzung für das Aussprechen einer Bitte*"; le second que אם מצאתי חן
בעיניך est une manière cérémonieuse de dire "s'il te plaît". Plus de vingt ans avant
ces deux publications, I. Lande[13] avait déjà relevé que la formule מצא חן בעיני
'פ se trouve fréquemment dans un contexte de requête et, à propos de Gn 47.29,
avancé que la formule équivaut à un "s'il te plaît". Reste à savoir si l'analyse
componentielle confirmera cette intuition.

CORPUS

Dans la liste dressée plus haut, quelles occurrences correspondent-elles à un
même état de langue, de telle sorte qu'elles puissent être regroupées en un corpus
linguistiquement cohérent dont les éléments soient comparables ? La réponse à
cette question est singulièrement compliquée en particulier pour les textes du
Pentateuque. On sait en effet que le confortable paradigme élaboré de J.
Wellhausen à M. Noth et G. von Rad est passablement mis à mal depuis quelque
temps. Il est significatif, en effet, qu'un commentaire aussi fouillé que celui de Cl.
Westermann[14] ne se risque pour ainsi dire jamais à dater telle ou telle unité
littéraire qu'il analyse, en particulier pour son "Yahwiste", au demeurant fort
différent du "Yahwiste" célébré par G. von Rad[15] et situé par ce dernier auteur
aux environs de 950 avant notre ère, c'est-à-dire antérieurement au schisme. A
propos de Gn 18.1-16a, Cl. Westermann pense ainsi pouvoir avancer : *Das Motiv
der Sohnesverheißung gehört der Väterzeit an. Damit ist die Möglichkeit
gegeben, daß die Erzählung 18.1-16a in einer älterer Gestalt bis in die Väterzeit
zurückreicht.* Ce qu'il tempère aussitôt après : *Zu dieser älteren Gestalt gehört
die Szene V. 1b-8 nicht notwendig hinzu*[16]. Inversement, à propos du cycle
d'Abraham, on peut lire sous la plume d'A. de Pury : *Il s'avère difficile
d'attribuer ne serait-ce qu'un seul élément de la substance narrative de Gn 12--24
à une tradition indubitablement ancienne*[17]. On reste donc perplexe devant des

- -

10   GB, BDB, HAL, HOL, DHAB.

11   Sous la signature de H.J. Stoebe, *s.v.* חנן.

12   Article חנן signé de Freedman et Lundbom.

13   *op. cit.* p. 96. Il est toutefois surprenant que la séquence, sous ses formes conditionnelle ou
     optative, soit absente du paragraphe intitulé *Formelhafte Ausdrücke für Bitte und Dank* (p.
     105–108).

14   BKAT I/1,2,3, Neukirchen, 1974, 1981, 1982 : 824 + 720 + 303 = 1847 pages !

15   La Genèse (trad. francaise), Genève 1949, p. 20.

16   BKAT I/2, 333.

jugements aussi radicalement antinomiques et l'on réservera en conséquence le cas de **Gn 18.3.**

Gn 30.27 et **33.10** appartiennent à l'histoire de Jacob (-Esaü). Cl. Westermann attribue les deux récits auxquels ils appartiennent (mises à part les amplifications de Gn 30.37-42) à la même unité littéraire[18]. A. de Pury souligne de son côté l'unité structurelle du cycle de Jacob. On admettra donc que les deux passages considérés se réfèrent à un même état de langue. Cela dit, à quelle époque peut-on situer ces deux occurrences ? Os 10.11; 12.3-13 montre que la tradition de Jacob est attestée dans le royaume du Nord au 8ème siècle. Osée connaît en effet l'épisode de Jacob chez Laban (Os 12.13) auquel appartient Gn 30.27, le conflit avec Esaü (Os 12.4a) et le combat avec Dieu (Os 12.4b-5) relaté à la fin de Gn 32, immédiatement avant les retrouvailles avec Esaü (Gn 33). Mais il n'est pas possible de savoir si Osée se réfère à une tradition encore orale ou au contraire déjà portée à l'écrit. Si, avec A. de Pury, on peut "postuler pour l'origine du cycle de Jacob une date prémonarchique[19]", il ne semble pas déraisonnable d'admettre une date largement préexilique pour l'essentiel de l'histoire de Jacob dans sa forme écrite.

Contrairement aux cycles respectifs d'Abraham et de Jacob, l'histoire de Joseph ne constitue, quant à elle, qu'un seul et même grand récit[20]. La tradition sacerdotale, qui y est intimement mêlée (Gn 47.28; 49.28b-33; 50.12-14), n'affecte pas les passages où se trouve notre expression, à savoir **Gn 47.29; 50.4.** On peut donc admettre que, appartenant à la même unité littéraire, Gn 47.29 et 50.4 ressortissent au même état de langue. Les datations proposées par les chercheurs ne sont malheureusement pas compatibles. Pour A. de Pury[21] en effet, qui se réfère aux publications de D.B. Redford[22], de A. Meinhold[23] et de Th. Römer[24], l'histoire de Joseph est "un ensemble littéraire aujourd'hui souvent considéré comme largement postexilique". Mais, alors que A. Meinhold situe le *Sitz im Leben* de l'histoire de Joseph dans la communauté juive exilée, au point d'en rapprocher le genre avec celui du livre d'Esther (*Diasporanovelle*), Cl. Westermann, qui connaît ces travaux[25], relève que l'histoire de Joseph soulève le

- -

17 La tradition patriarcale en Gn 12—35, *in* Le Pentateuque en question, Genève 1989, 262.
18 Son J.
19 *op. cit.*, p. 269.
20 Cl. WESTERMANN, BKAT I/2,15.
21 *op. cit.*p. 260.
22 VT 20, 1970 : une analyse du vocabulaire révèle, selon cet auteur, 52 mots propres à l'histoire de Joseph et à la littérature tardive.
23 ZAW 87, 1975.
24 Foi et Vie 86/3, 1987.

problème du pouvoir exercé par un frère sur ses autres frères (cf. Gn 37.8) et a donc son actualité à l'époque davido-salomonienne plus vraisemblablement qu'au 6ème ou au 5ème siècle. Une divergence aussi criante invite donc à réserver également le cas de ces deux textes propres à l'histoire de Joseph.

C'est le mérite de E. Blum[26] d'avoir montré que l'ensemble Ex 19--24; 32--34 constitue "une composition rigoureusement élaborée", alors même que les meilleurs tenants de l'analyse wellhausenienne renonçaient à y démêler les fils d'un tissu si complexe qu'il résistait aux critères traditionnels de la distinction des sources[27]. On estimera donc que **Ex 33.13; 34.9** ressortissent à un même état de langue.

Elargissant le champ de ses investigations, E. Blum constate dans plusieurs autres passages du Pentateuque, dont **Nb 11**, la récurrence d'un certain nombre de "composants du contenu et du langage". Parmi ceux-ci il relève אֹהֶל מוֹעֵד (Ex 33.7 et Nb 11.16), la descente (ירד) de la colonne de nuée ou de YHWH lui-même à l'entrée de la tente (Ex 33.9 et Nb 11.17,25), le dialogue de YHWH avec Moïse (Ex 33.9 : וְדִבֶּר עִם מֹשֶׁה et Nb 11.17 : וְדִבַּרְתִּי עִמְּךָ) comme interlocuteur privilégié, enfin la présence de Josué comme assistant de Moïse. Ces recoupements de thèmes et de vocables suggèrent qu'en Ex 33--34 et Nb 11 on se trouve en présence d'une même "tradition-composition". E. Blum a montré les rapports de cette composition avec "l'historiographie deutéronomiste". On la situera avec lui "peu après l'exil".

Le texte de Nb 32 est suffisamment complexe pour que M. Noth[28] ait renoncé à opérer une distinction des "sources" traditionnelles. La couleur deutéronomiste du v. 33 ou sacerdotale des vv. 2 et 28 n'affecte pas le reste du chapitre, lequel paraît constitué d'éléments divers, parmi lesquels on peut reconnaître la tradition calébite[29]. Ces difficultés de datation invitent à renoncer à intégrer **Nb 32.5** dans un corpus linguistiquement homogène daté.

Où et comment situer **Jg 6.17** ? Depuis les travaux de W. Beyerlin et de W. Richter[30], on peut admettre que les récits de l'ensemble Jg 3.12--9.55 formaient

- -

25   BKAT I/3, 12.

26   Israël à la montagne de Dieu – Remarques sur Ex 19---24; 32---34 et sur le contexte littéraire et historique de sa composition, *in* Le Pentateuque en question, *op. cit.*, 271 ss.

27   M. NOTH 1948, p. 33, n. 114 : *Auf eine literarkritische Analyse von Ex 33 muß man wohl verzichten.*

28   1966, 204.

29   Voir notre chapitre "Remplir derrière le Seigneur", pp. 176–178.

30   Plusieurs articles signalés dans les Introductions récentes, notamment celle de O. KAISER 1984, 146.

primitivement un "Livre des sauveurs", qui fut incorporé ultérieurement dans la grande historiographie deutéronomiste. L'origine nord-israélite de cet ensemble paraît évidente (les "sauveurs" appartiennent tous à des tribus proprement israélites) et incline à dater celui-ci au moins d'une période antérieure à la disparition du royaume d'Israël. Un indice pourrait pourtant faire hésiter en sens contraire : la présence de la forme שָׁאַתָּה, là où l'on attendrait un אֲשֶׁר אַתָּה en hébreu classique. Le fait est que la distribution de la forme relative -שֶׁ est largement postexilique : sur 136 occurrences relevées par A. Even-Shoshan, 68 sont en effet situées en Qo, 32 en Ct, 21 en Ps, etc. Mais on la trouve aussi quatre autres fois dans Jg 5.7 (2×); 7.12; 8.26 Notamment sa présence dans l'antique "Cantique de Débora" laisse à penser que cette particule a connu aussi un emploi archaïque, au moins dans l'hébreu pratiqué chez les tribus de Joseph (Débora, Gédéon)[31]. L'emploi de -שֶׁ ne pouvant donc être tenu pour un indice de rédaction tardive, on considérera Jg 6.17 comme largement préexilique (à situer de toute façon avant le 8ème siècle).

1 S 20.29 appartient à l'ensemble que les spécialistes désignent aujourd'hui sous l'appellation "Histoire de l'ascension de David". Même si ceux-ci diffèrent dans le détail, la plupart situent la composition de ce grand ensemble littéraire au début de l'époque royale[32]. Ces considérations valent pour **1 S 27.5**, qui appartient au même ensemble.

Les deux (ou trois) autres attestations, **Est 5.8; 7.3; (8.5)** se situent chronologiquement beaucoup plus tard. Selon les auteurs, en effet, la composition du livre d'Esther est à situer au 4ème, au 3ème ou même au 2ème siècle avant notre ère, c'est-à-dire très vraisemblablement après la "coupure linguistique" signalée par E. Blum[33], elle-même postérieure à la composition sacerdotale du Pentateuque.

Si l'on met à part les quatre occurrences qu'il a semblé prudent de réserver étant donné l'incertitude de leur datation, il apparaît que les autres se répartissent en trois groupes distincts :

---

31 Son emploi dans les textes récents signalés plus haut pourrait être alors un archaïsme. J. MARGAIN, Essais de sémantique sur l'hébreu ancien, Paris, 1976, 29–53, 159, a bien montré que -שֶׁ, attesté avant l'exil surtout dans les textes émanant du royaume du Nord, pourrait avoir ainsi une origine dialectale, mais s'est imposé après l'exil, sans doute sous l'influence du דִּי araméen.

32 La majorité avant le schisme, J.H. GRÖNBAEK après, J. CONRAD vers la fin du 9ème siècle. Voir O. KAISER 1984, 160.

33 Israël à la montagne de Dieu, in Le Pentateuque en question, 300.

a) à la période prémonarchique appartiennent vraisemblablement Gn 30.27; 33.10 et Jg 6.17. Ce premier groupe peut être complété par 1 S 20.29; 27.5, d'environ deux siècles plus jeunes. Ces deux groupes sont largement préexiliques. On les considérera comme formant un premier ensemble linguistiquement homogène.

b) Trois textes, légèrement postexiliques, formeront un deuxième ensemble : Ex 33.13; 34.9 et Nb 11.15.

c) Le troisième ensemble est largement postexilique, postérieur même à la "coupure linguistique" signalée plus haut. Ce sont les deux (ou trois) occurrences d'Est 5.8; 7.3; (8.5).

Les résultats obtenus après l'examen de ces trois corpus pourront alors être comparés aux quatre cas réservés : Gn 18.3; 47.29; 50.4; Nb 32.5.

PREMIER CORPUS : ANALYSE COMPONENTIELLE

1. Les contextes littéraires

Gn 30.27 appartient à l'ensemble complexe 30.25-43, qui raconte comment Jacob a dupé Laban. Tout commence par une requête de Jacob à son beau-père : "Laisse-moi rentrer chez moi (avec femmes et enfants)." Jacob justifie cette requête en évoquant le contrat qui le liait à Laban (29.15-27) et qu'il a honoré. Il appuie sa demande en rappelant la qualité (Cl. Westermann), mais sans doute aussi la quantité du travail fourni au service de Laban : כִּי אַתָּה יָדַעְתָּ אֵת־עֲבֹדָתִי אֲשֶׁר עֲבַדְתִּיךָ (v. 26b). La réponse de Laban (v. 27) surprend : elle commence précisément par l'expression idiomatique qui nous occupe présentement : אִם־נָא מָצָאתִי חֵן בְּעֵינֶיךָ, mais l'apodose attendue de cette protase n'est pas au rendez-vous avant le verset suivant. Entre deux, Laban semble détourner la conversation. Il déclare que, par un procédé divinatoire (נחש Pi), il a découvert ceci : c'est grâce (בִּגְלַל) à la présence de Jacob qu'il était l'objet d'une bénédiction particulière de la part de YHWH. Cette aposiopèse[34] ajoutée à la reprise plus ou moins redondante de 28a (וַיֹּאמֶר = il dit) pourrait laisser croire à une interpolation. Mais l'utilité de 27b est précisément de valoriser Jacob, ce qui légitime *a posteriori* l'usage de la formule déférente אם־נא מצאתי חן בעיניך, habituellement employée par un

---

34   Cl. WESTERMANN, *op. cit.*, p. 586.

subordonné à l'égard d'un supérieur[35]. La bénédiction accordée par YHWH à Laban pour l'amour de Jacob place soudain ce dernier bien au-dessus de la condition servile dans laquelle Laban l'avait jusqu'alors tenu. On peut donc considérer que le v. 28b ("Fixe-moi ton salaire") est l'apodose différée de la protase אם־נא מצאתי חן בעיניך.

Il est vrai que l'organisation des éléments constituant les v. 27-28 est parfois interprétée autrement. Ainsi REB rend 27aβ par *I should like to say this*, précédée de BFC (*Ecoute-moi, s'il te plaît*) et de RSV (*If you will allow me to say you*)[36]. Dans cette interprétation l'apodose serait sous-entendue, Laban demandant de manière cérémonieuse à Jacob la permission d'énoncer quelque chose dont ce dernier doit présumer l'importance. Effectivement le v. 27b donne une dimension nouvelle à la relation des deux hommes. Cependant, comme cette déclaration valorise indirectement Jacob, on peut se demander pourquoi tant de précautions. La première interprétation, soutenue d'ailleurs par Cl. Westermann, paraît plus conforme au contexte.

Quoi qu'il en soit, notre expression est employée ici pour accompagner une demande en y mettant les formes. Elle appelle donc, tout en en tempérant la force, un impératif comme נקבה (v. 28). Elle n'est pas employée par Jacob, malgré son rang inférieur, car il réclame un droit, celui que lui confère le contrat désormais rempli. Elle est en revanche employée par Laban, malgré son statut familial et social supérieur, car il se reconnaît désormais débiteur à l'égard de Jacob, instrument de la bénédiction de YHWH.

Le passage étudié ne contient pas de terme ou de séquence plus ou moins synonyme de notre expression. Mais celle-ci s'y oppose aux impératifs "nus" שלחני (laisse-moi partir) et surtout תנה (donne).

La seconde occurrence de notre expression apparaît en **Gn 33.10**, dans le récit des retrouvailles difficiles de Jacob et de son frère Esaü. On sait que le cadet a tout à redouter de cette rencontre. Il a donc pris ses précautions en prélevant sur son troupeau à l'intention de son frère un riche présent (מנחה, 32.14) dont il se fait précéder. Au moment de la rencontre, il manifeste sa sujétion par un septuple prosternement (33.3). Après que les frères ont surmonté leur émotion, le dialogue s'engage et se focalise sur le présent préparé par Jacob. Esaü fait semblant

- -

35   I. LANDE, *op. cit.*, 95; H.J. STOEBE, i, THAT I, 589; D.N. FREEDMAN & J. LUNDBOM i n TWAT III,29.

36   Voir aussi TWAT ill, 2

d'ignorer[37] la destination du cortège de troupeaux qu'il a croisé avant la rencontre. Jacob explique alors son intention : לִמְצֹא חֵן בְּעֵינֵי אֲדֹנִי, "trouver grâce aux yeux de mon seigneur" (33.8), c'est-à-dire en l'occurrence recouvrer les bonnes grâces du frère aîné jadis lésé. La politesse orientale ne perdant pas ses droits[38], Esaü ne peut que refuser, alléguant qu'il ne manque de rien. Et Jacob, de son côté, ne peut qu'insister. Il commence par réfuter poliment le refus de son frère : אַל־נָא, où la particule prohibitive אַל est tempérée par le déprécatif faible נָא. Puis vient l'expression אִם־נָא מָצָאתִי חֵן בְּעֵינֶיךָ, pour obtenir l'acceptation d'Esaü. Elle est immédiatement suivie de וְלָקַחְתָּ מִנְחָתִי מִיָּדִי (= tu accepteras - accepte - ce présent que je t'offre). Ici Jacob, qui est pourtant le donateur, se présente comme demandeur : il cherche à obtenir qu'Esaü accepte le présent préparé à son intention. Notre expression lui sert donc précisément à cette fin. Les v. 10b-11a reprennent en d'autres termes l'argumentation de Jacob, et le v. 11b résume en quelque sorte et conclut le dialogue en trois mots: וַיִּפְצַר־בּוֹ וַיִּקַּח : "il (Jacob) insista auprès de lui et il (Esaü) accepta." C'est le même verbe פצר qui sert à indiquer ailleurs l'insistance de Loth auprès des deux "anges" pour qu'ils acceptent son hospitalité (Gn 19.3), celle du beau-père du Lévite auprès de son gendre pour qu'il prolonge son séjour (Jg 19.7), celle des "fils des prophètes" auprès d'Elisée pour obtenir de lui l'autorisation de partir à la recherche d'Elie disparu (2 R 2.17), celle enfin de Naaman qui voudrait - mais en vain - obtenir d'Elisée qu'il accepte un témoignage matériel de sa gratitude pour la guérison dont il a été l'objet (2 R 5.16).

Jg 6.17. Le chapitre 6 du livre des Juges se présente comme un ensemble narratif complexe. Après une introduction de style deutéronomiste (6.1-10) commence l'histoire proprement dite de Gédéon. L'exégèse traditionnelle distingue, dans le corps du chapitre, deux récits plus ou moins parallèles de la fondation du sanctuaire d'Ofra. Le premier de ces récits (6.11-24) serait lui-même complexe[39], mais de toute façon la frontière des éléments narratifs utilisés dans la composition actuelle n'affecte pas le contexte immédiat de notre expression.

Comme ailleurs, celle-ci trouve sa place dans un dialogue, en l'occurrence entre l'ange de YHWH (v. 11, 12, [20], 21, 22), voire YHWH lui-même (v. 14, 16, 18, 23) et Gédéon. Après la salutation (v. 12-13), d'ailleurs aussitôt discutée par Gédéon, YHWH adresse vocation au héros, et cela en deux phases : 1°) va ... et sauve Israël; 2°) c'est moi qui t'envoie (v. 14). Le dialogue va s'établir alors

- -

37   Selon 32.19, les bergers de Jacob avaient mission d'informer Esaü que ces troupeaux lui étaient destinés comme autant de présents offerts par son frère Jacob.

38   Ces détours rappellent ceux du dialogue d'Abraham et des "fils de Heth" en Gn 23.

39   J.A. SOGGIN 1984, *ad loc.* distingue un récit de la vocation de Gédéon comme "sauveur" (militaire) d'Israël (v. 11b–17) et le récit de la fondation du sanctuaire d'Ofra (v. 11a, 18ss).

successivement à partir de chacune de ces deux phases. Gédéon conteste[40] d'abord son aptitude à sauver Israël (v. 15-16), puis il réclame un signe (אות) que celui qui l'envoie est bien celui qu'il devine, à savoir YHWH lui-même (v. 17ss). Dans sa première réponse (v. 15), Gédéon s'oppose à l'ordre qu'il vient de recevoir, mais il le fait poliment : בִּי אֲדֹנִי (= sauf votre respect), expression déprécative pour s'excuser de ce qu'on dit (Jos 7.8; Jg 13.8)[41], toujours employée selon I. Lande[42] dans le sens du bas vers le haut de la hiérarchie honorifique. Ce trait est commun au אם־נא מצאתי חן בעיניך du v. 13, qui entame la seconde réponse de Gédéon. Il s'agit à présent non plus d'une contestation, mais d'une première requête (montre-moi par un signe), suivie aussitôt d'une seconde demande (ne t'éloigne pas), appuyée quant à elle par אל־נא comme en Gn 33.10.

1 S 20.29. 1 S 20.1--21.1 forme une unité littéraire, même si elle intègre deux versions parallèles du départ définitif de David loin de la cour de Saül. Au deuxième jour de l'absence de David, Saül s'informe des motifs de celle-ci. Jonathan répond à son père dans le sens dont il est convenu avec David (20.6). En 1 S 20.29 il lui répète en termes propres la requête de son ami. Celle-ci est formulée en deux temps. D'abord, après avoir annoncé le sens général de sa démarche (une demande : שַׁלְּחֵנִי נָא = "laisse-moi partir", comme en Gn 30.27), David la justifie par une obligation à laquelle il ne peut se dérober : un sacrifice de famille auquel son frère - qui a autorité sur lui - l'a enjoint de participer. L'articulation avec la seconde partie de la démarche est formulée par וְעַתָּה (= en conséquence), qui introduit logiquement une répétition de la demande : אִמָּלְטָה נָא (un cohortatif : "je voudrais bien m'échapper"). Notre expression idiomatique précède immédiatement cette seconde formulation de la requête. Elle apporte une nuance de déférence, qui vise Saül par Jonathan interposé, mais à laquelle Jonathan a droit lui-même, puisqu'il a fait "entrer David dans une alliance au nom de YHWH" (1 S 20.8). Notons qu'on retrouve ici à l'appui de la requête la particule נָא־ déjà repérée en Gn 33.10 et Jg 6.18, alors que le thème de l'insistance, exprimée en Gn 30.11 par la racine פצר, l'est ici par l'infinitif absolu préposé נִשְׁאֹל נִשְׁאַל ("David a demandé avec insistance", v. 28).

En **1 S 27.5**, David est en pays philistin, réfugié avec sa troupe chez le roi de Gath. Il a encore une requête à formuler : qu'on l'autorise à s'installer avec ses gens dans un bourg de la campagne. Son argument est qu'il vaut mieux pour Akich éviter une cohabitation dans la capitale même. Notre expression

- -

40   Ce qui n'est pas inhabituel dans les récits de vocation ; voir les cas de Moïse (Ex 3.11--4.13) ou de Jérémie (Jr 1.6).

41   Voir JOÜON 1947, § 105c; I. LANDE, *op. cit.*, 16–19.

42   *op. cit.* 16–19.

idiomatique introduit sa requête, apportant la nuance de déférence qui s'impose à l'égard d'un roi.

2. Les traits constants

Les cinq occurrences du premier corpus ont en commun qu'elles font partie d'un discours direct et y accompagnent toutes une requête[43] présentée par un demandeur en situation d'infériorité. D'où la nécessité pour ce dernier d'user de formules de politesse appuyée, comme עַבְדְּךָ ("ton serviteur", Gn 33.6; 1 S 27.5), ou אֲדֹנִי ("mon seigneur", Gn 33.8, Jg 6.15), voire, quand on veut contredire tout en y mettant les formes, בִּי אֲדֹנִי ("sauf votre respect", Jg 6.13,15). Il faut enfin relever que, dans quatre cas (Gn 33.11; Jg 6.18; 1 S 20.29 [2×]), la requête elle-même est formulée par un mode volitif tempéré par le déprécatif נָא־.

3. Domaine sémantique et composants distinctifs

Les contextes examinés invitent donc à intégrer אִם־נָא מָצָאתִי חֵן בְּעֵינֶיךָ dans un domaine sémantique d'expressions de politesse. Notre séquence y côtoie ainsi, on vient de le voir, des tournures comme עַבְדְּךָ et l'interjection בִּי אֲדֹנִי, ainsi que la particule נָא־. Ces quatre items ont en commun d'être des éléments d'un discours direct. Ils diffèrent en revanche quant à leurs rapports respectifs avec trois composants sémantiques :

a) Tous, sauf נָא־[44], impliquent une déférence du locuteur à l'égard de son interlocuteur.

b) Si אִם־נָא מָצָאתִי חֵן בְּעֵינֶיךָ et נָא־ accompagnent une requête, notre expression précède toujours celle-ci, tandis que נָא־ la suit. Le trait "accompagne une requête" n'appartient pas aux autres items.

c) Enfin seul בִּי אֲדֹנִי implique une opposition (polie) du locuteur à son interlocuteur.

Ces constats peuvent se résumer dans le tableau de la page suivante.

- - - - - - - - - - - - - - - - -

43 On écartera donc du domaine sémantique un terme comme פָצַר (Gn 33.11). Bien qu'il accompagne lui aussi une requête (insister pour offrir), il n'entre pas dans un discours direct.

44 Cette particule n'accompagne pas toujours la déférence. On renverra ici à P. JOÜON 1947, § 105c. De toute façon il nous paraît excessif de la rendre par "je te prie". Une formulation atténuée comme "si tu veux bien" ou "veuille..." nous paraîtrait souvent plus adéquate.

	déférence	accompagne une requête	opposition
אס־נא מ' ח' ב'	+	+	−
־נָא	±	+	−
עַבְדְּךָ	+	−	−
בִּי אֲדֹנִי	+	−	+

figure 1

L'expression אס־נא מצאתי חן בעיניך précède donc une requête déférente. Au niveau syntaxique, elle se présente toujours sous forme de protase, mais le composant <u>déférence</u> se retrouve également en quatre cas sur cinq dans l'apodose. Si l'on met à part, en effet, le cas de Gn 30.27, où le rapport de force entre les interlocuteurs est ambigu et où l'apodose n'intervient qu'au verset suivant et sous la forme d'un impératif "nu" (נָקְבָה), dans tous les autres cas l'apodose est exprimée sous une forme injonctive atténuée : cohortatif avec ־נָא en 1 S 20.29 (אִמָּלְטָה נָּא = je voudrais bien m'échapper), jussif impersonnel en 1 S 27.5 (יִתְּנוּ לִי = on pourrait me donner) ou formes *weqataltí* en Gn 33.10 (וְלָקַחְתָּ : "et tu accepteras" = accepte) et Jg 6.17 (וְעָשִׂיתָ לִּי : "et tu feras pour moi" = réalise pour moi). Il n'est pas inintéressant de relever enfin que, lorsqu'il y a anticipation ou répétition de la requête accompagnée par notre expression, les impératifs employés sont tous atténués avec ־נָא. Ainsi קַח־נָא אֶת־בִּרְכָתִי ("veuille accepter mon cadeau", Gn 33.11), אַל־נָא תָמֻשׁ ("veuille ne pas t'éloigner d'ici", Jg 6.18) et שַׁלְּחֵנִי נָא ("veuille me laisser partir", 1 S 20.29).

4. Signification

Il résulte de cette analyse que אִם־נָא מָצָאתִי חֵן בְּעֵינֶיךָ exprime une déférence pour annoncer une requête. Dans les contextes examinés, un simple "s'il te plaît" paraîtra donc par trop plat, même si l'expression est employée dans la situation ambiguë où se trouvent Jacob et Laban (Gn 30.27). אִם־נָא מָצָאתִי חֵן בְּעֵינֶיךָ exige un équivalent plus cérémonieux. Selon les cas le traducteur choisira entre "Je t'/vous en prie"[45], "de grâce", "fai(te)s-moi la grâce de", etc.

DEUXIÈME CORPUS

1. Les contextes littéraires

Peu après l'exil, qu'en est-il de l'expression אִם־נָא מָצָאתִי חֵן בְּעֵינֶיךָ ? Celle-ci apparaît d'abord en **Ex 33.13** dans un dialogue de Moïse avec YHWH au lendemain de l'épisode du veau d'or. Ce dialogue se développe à partir de 32.34b, dont il reprend successivement les deux thèmes. En premier lieu (33.1-4), le fait que YHWH délègue son envoyé (מַלְאָךְ) pour guider Israël vers la terre promise implique que le Seigneur ne sera plus personnellement présent au sein de son peuple. Cette distance que YHWH prend par rapport à Israël est matérialisée désormais par l'implantation de la Tente de la rencontre hors du camp (33.7-11)[46]. Après la description du fonctionnement de cette nouvelle institution, le dialogue reprend à partir du thème de l'envoyé divin. L'argumentation de Moïse est alors en substance la suivante : cet envoyé annoncé, on ne sait rien de lui, alors qu'il existe entre Moïse et YHWH une relation privilégiée, que YHWH a lui-même caractérisée par ces deux expressions au v. 12 : יְדַעְתִּיךָ בְשֵׁם (= je te connais par ton nom) et מָצָאתָ חֵן בְּעֵינָי (= tu bénéficies de ma faveur). C'est précisément cette dernière formule que Moïse reprend au vol (v. 13) pour introduire la requête הוֹדִעֵנִי נָא אֶת־דְּרָכֶךָ (= "fais-moi savoir ton chemin", c'est-à-dire ton projet). Seule la satisfaction de cette requête lui donnera la certitude qu'il bénéficie effectivement de la faveur de YHWH (לְמַעַן אֶמְצָא־חֵן בְּעֵינֶיךָ). Le jeu de balancement auquel se livre le texte entre les diverses formes de la séquence מָצָא חֵן בְעֵינֵי פ׳ (מָצָאתָ, אִם־נָא מָצָאתִי, et אֶמְצָא, voir aussi v. 16-17) pourrait faire douter qu'au v. 13a la forme conditionnelle soit affectée d'un sens exocentrique. On observera toutefois qu'elle sert bel et bien à introduire une requête, elle-même formulée par un impératif atténué par נָא, comme dans les cas examinés du premier corpus. De toute façon, le sens apparent et le sens exocentrique sont ici assez proches.

L'occurrence suivante, **Ex 34.9**, est située dans le même contexte de dialogue entre Moïse et YHWH. Le rendez-vous a lieu cette fois au sommet du Sinaï. A la

---

45   Tel est l'équivalent souvent proposé dans les versions traditionnelles pour le déprécatif נָא. A notre avis une telle traduction surévalue la portée de cette interjection.

46   E. BLUM, *op. cit.*, p. 277.

proclamation des "vertus" de YHWH (v. 6), Moïse prend conscience de la présence divine. Prosterné il formule une requête apparemment sans grand lien avec le contexte immédiat et qui semble vouloir revenir sur la sentence prononcée par YHWH en 33.3. Il la fait précéder par notre expression. On peut relever dans la requête elle-même la nuance de déférence exprimée par l'emploi d'un jussif (au lieu d'un impératif, Moïse s'adresse soudain à YHWH à la troisième personne) tempéré par la particule נָא־ déjà souvent rencontrée.

Nb 11.15 est encore en contexte de dialogue entre Moïse et YHWH. Mais l'atmosphère est cette fois-ci beaucoup plus tendue. M. Noth[47] l'a remarqué, Nb 11 combine deux thèmes : d'une part celui des récriminations du peuple, lassé par la monotonie de la nourriture au désert (toujours de la manne, jamais de viande !), et celui d'une plainte de Moïse, accablé par le poids de la responsabilité qu'il doit porter sur ses épaules. Il ressent cette responsabilité à assumer dans la solitude comme une souffrance que lui inflige YHWH (הֲרֵעֹתָ, v. 11), alors qu'il s'attendait à bénéficier de sa faveur (לָמָּה לֹא־מָצָאתִי חֵן בְּעֵינֶיךָ, v. 11). Moïse développe alors ses motifs de plainte (v. 12-14). Le v. 15 représente la conclusion qu'il tire de ses récriminations.

Ce v. 15 a reçu deux interprétations. "Quelques manuscrits"[48] et le texte samaritain lisent וְאִם מָצָאתִי חֵן בְּעֵינֶיךָ : c'est dire qu'ils marquent, quant au sens, une coupure majeure après הָרֹג. et voient dans le verset un balancement entre deux parties parallèles antithétiques formées chacune d'une protase conditionnelle : (וְאִם... אִם ...) et d'une apodose à un mode volitif (impératif הָרְגֵנִי נָא ou cohortatif négatif אַל־אֶרְאֶה). Dans ces conditions il faudrait comprendre : "Si c'est ainsi que tu me traites, fais-moi mourir pour de bon[49]. Mais si je bénéficie de ta faveur, que je ne voie plus mon triste sort !" Cette interprétation s'accommode pourtant mal du וְ devant la seconde apodose (וְאַל־אֶרְאֶה ...). Les Massorètes ont coupé le texte autrement, marquant par l'atnah la coupure majeure après בְּעֵינֶיךָ. Dans cette lecture, la première protase n'est plus conditionnelle, mais plutôt causale (Puisque ...) et le אם מצאתי חן בעיניך se rattache à הרגני נא הרג comme protase (postposée, si l'on peut dire) de la requête qui vient d'être formulée. Il faut alors comprendre : "Puisque c'est ainsi que tu me traites, fais-moi mourir pour de bon, si je bénéficie de ta faveur, et que (ainsi) je ne voie plus mon triste sort !" Le v. 15b devient alors une sorte de récapitulation de הרגני נא.

- -

47   1966 *ad loc.*.

48   Selon BHS.

49   Infinitif absolu préposé. Cf. JOÜON 1947, § 123.

Dans les deux cas notre expression accompagne une requête. Dans la seconde interprétation cependant, elle ne précède pas celle-ci, comme dans tous les autres cas examinés jusqu'ici, mais la suit. Quoi qu'il en soit, on relèvera dans la formulation de l'apodose les marques déjà observées ailleurs de la déférence : impératif tempéré par נָא et cohortatif.

2. Signification

On l'a constaté, à l'exception de la particule נָא, les contextes du deuxième corpus ne contiennent pas de terme ou de tournure plus ou moins synonyme ou antithétique de notre expression susceptibles de constituer avec elle un domaine sémantique quelque peu étoffé. Mais l'expression s'inscrit dans ces contextes de la même façon que dans ceux du premier corpus. Cela paraît suffisant, nous semble-t-il, pour conclure qu'elle a le même sens dans les textes de la deuxième série et dans ceux de la première.

TROISIÈME CORPUS

Le texte d'Esther se situe, chronologiquement parlant, plus tard, après ce que E. Blum[50] appelle la "coupure linguistique". La mise en évidence du sens de notre expression dans ce livre tardif devrait donc faire apparaître si ce sens a évolué par rapport à la période linguistique précédente.

Est 5.8. Mise au courant des machinations d'Haman pour exterminer et spolier les Juifs, Esther prend le risque de se présenter au roi sans avoir reçu de convocation (4.11,16). Sa démarche muette est cependant agréée, ce qu'exprime la séquence נָשְׂאָה חֵן בְּעֵינָיו (= "elle éveilla sa faveur", 5.2). Cette séquence est à מָצָא חֵן בעיני פ׳ à peu près ce que le mode actif est au mode passif. D'emblée le roi reconnaît dans la démarche d'Esther les préliminaires d'une requête (שְׁאֵלָתֵךְ et בַּקָּשָׁתֵךְ). Il encourage la reine en lui promettant d'exaucer sa demande, fût-elle exorbitante (la moitié de son royaume, 5.3). Esther, prudente et avisée, se contente de prier le roi d'honorer de sa présence, en compagnie d'Haman, le banquet qu'elle va organiser pour lui (5.4). On retrouve dans sa réponse protase אִם (עַל־הַמֶּלֶךְ טוֹב = "si cela convient au roi[51]", plutôt que "s'il plaît au roi" [TOB], 5.4) et apodose au jussif, formule atténuée (יָבוֹא הַמֶּלֶךְ), plutôt qu'à l'impératif.

Le roi a compris qu'Esther différait sa vraie requête. A nouveau il l'invite à la formuler (5.6). Son style redondant (deux fois la question, suivie chaque fois de la promesse de lui donner satisfaction) trahit peut-être son insistance ou sa

---

50   *op. cit.* p. 300.

51   טוֹב qualifie ce qui est approprié à sa destination. Nous renvoyons à la note 30, p. 185 du chapitre "Remplir derrière le Seigneur".

curiosité. Esther hésite à répondre encore (5.7). Finalement elle propose une nouvelle invitation pour le lendemain (5.8). C'est en la présentant qu'elle utilise notre expression idiomatique, sous forme indirecte il est vrai (3ème personne de politesse) en la doublant de la tournure déjà rencontrée en 5.4 : אִם־עַל הַמֶּלֶךְ טוֹב. Quant à la requête proprement dite, Esther la formule au jussif, ce qui s'impose dès lors qu'elle a choisi pour s'adresser au roi la troisième personne de politesse.

On le constate, dans le registre de la requête, fortement marqué par l'emploi parallèle et redondant de בַּקָּשָׁה (5.3,6,7) et de son quasi-synonyme שְׁאֵלָה, la formulation se fait de manière atténuée par un jussif. D'autre part et en comparaison des textes des deux premiers corpus, Est 5.8 n'emploie pas le déprécatif נָא־. En revanche notre expression vient ici en parallèle avec אִם־עַל־המלך טוב, dont le sens endocentrique est évident.

Le second banquet, annoncé en 5.8, est raconté en 7.1–8.2. Le roi, comme le lecteur, attend impatiemment qu'Esther formule sa vraie requête. Sa question, en 7.2, reprend en termes presque identiques celle qu'il avait formulée en 5.6. Quant à Esther, elle révèle enfin ce qu'elle attend du roi : la vie sauve pour elle-même et pour son peuple (**Est 7.3**). Comme dans le cas précédent, elle fait précéder la demande proprement dite par notre expression idiomatique, formulée ici au vocatif et doublée de la tournure parallèle déjà rencontrée "si cela convient au roi" (5.4,8). La requête, quant à elle, est encore au jussif (תִּנָּתֶן־לִי) atténué non par la particule נָא־, mais par l'usage d'un passif (Ni), forme qui permet, comme chacun sait, de ne pas expliciter l'agent de l'action.

La dernière requête d'Esther a débouché sur la condamnation d'Haman et la mise à l'honneur de Mardochée. Mais l'ordre d'exterminer les Juifs n'a pas été levé. **Est 8.5** fait état d'une ultime démarche de la reine pour obtenir que son peuple ait la vie sauve. La requête elle même est simple : יִכָּתֵב ("que soit écrit" = qu'on écrive, jussif Ni impersonnel). La déférence est exprimée par un moyen déjà relevé en 7.3 (jussif passif). On notera une fois encore l'absence de la particule נָא־. La protase, quant à elle, est surchargée de formules de précaution. D'abord la clause de 5.4,8; 7.3 (אִם־עַל־המלך טוב) qui, contrairement aux deux cas déjà rencontrés, précède notre expression idiomatique. Celle-ci présente une légère variante qui n'affecte en rien le sens : on lit לְפָנָיו au lieu du בְּעֵינָיו attendu. Enfin deux autres formules lui viennent en parallèle : וְכָשֵׁר הַדָּבָר לִפְנֵי הַמֶּלֶךְ (= si la chose paraît correcte au roi) et וְטוֹבָה אֲנִי בְּעֵינָיו (= si moi-même [ou ma proposition] agrée au roi). Les quatre formules ont la même fonction et sont quasi équivalentes quant au sens, les deux premières seules étant stéréotypées. Dans ce discours Esther insiste donc fortement sur la déférence qu'elle manifeste au roi.

Le troisième corpus met donc en parallèle diverses formules de politesse accompagnant une requête : à côté de notre expression on peut relever ainsi :

- אִם־עַל־הַמֶּלֶךְ טוֹב (5.4,8; 7.3; 8.5) = si cela convient au roi.
- (אִם) כָּשֵׁר הַדָּבָר לִפְנֵי הַמֶּלֶךְ (8.5) = si cela paraît correct au roi
- (אִם) טוֹבָה אֲנִי בְעֵינָיו (8.5) = si moi-même/ma proposition convient au roi.

On pourrait alors envisager de constituer un domaine sémantique plus particulier que celui du premier corpus, réservé aux seules formules de politesse introduisant une requête. Malheureusement les contextes où ces formules apparaissent ne permettent pas de les opposer deux à deux pour faire ressortir le ou les composant(s) distinctif(s) propre(s) à chacune d'elle. Elles sont employées en effet soit comme substitut de notre expression (ainsi la première en 3.9 et 5.3), soit comme redondance de celle-ci (en 5.8; 7.3; 8.5).

La seule relation qu'on pourrait imaginer d'établir entre elles découlerait de l'application éventuelle d'une particularité stylistique que nous analysons ailleurs[52], à savoir que l'hébreu biblique exprime souvent un renforcement de l'idée à l'aide d'un hendiadys dont le second terme est "moins fort" ou plus générique que le premier. Si cette règle pouvait s'appliquer aux séries de formules attestées en 5.8; 7.3 et 8.5, on saurait que la seconde dans la liste est située plus haut que la première dans la hiérarchie sémantique. Malheureusement l'ordre dans lequel ces formules sont placées n'est pas constant : en 5.8 et 7.3 אִם מָצָאתִי חֵן בְּעֵינֶיךָ précède אִם־עַל־הַמֶּלֶךְ טוֹב, mais en 8.5 l'ordre est inverse. Il faut donc admettre que l'on a affaire à une banale redondance.

Ce troisième corpus n'apporte donc aucun élément nouveau susceptible d'être opposé à אִם מָצָאתִי חֵן בְּעֵינֵי פּ׳ et de permettre éventuellement une analyse componentielle plus fine de l'expression étudiée. On a constaté, en effet, que אִם־עַל־הַמֶּלֶךְ טוֹב ou bien remplace purement et simplement notre expression pour accompagner une requête déférente (Est 3.9; 5.3), ce qui est précisément la fonction de notre expression, ou bien constitue une simple redondance de celle-ci (Est 5.8; 7.3; 8.5). Le livre d'Esther emploie donc אִם מָצָאתִי חֵן בְּעֵינֵי פּ׳ dans le même sens que les deux premiers corpus. On en conclura que son sens n'a guère changé au-delà de la "coupure linguistique". On ne s'étonnera pas de ce constat, dans la mesure où une expression idiomatique est monosémique et donc non susceptible de voir son champ sémantique s'élargir comme la plupart des entrées lexicales.

Cependant l'inflation des formules plus ou moins synonymes, sensible dans Est 5; 7 et surtout 8, donne à penser que notre expression s'est quelque peu banalisée et a perdu de sa force. Sinon il n'aurait pas été nécessaire de la doubler d'une ou même plusieurs expressions de signification pratiquement équivalente.

52　Voir pp. 163–165.

LES OCCURRENCES RÉSERVÉES

Il convient à présent de vérifier si le sens reconnu dans les trois corpus examinés convient aux quatre textes qu'on a dû provisoirement réserver faute d'avoir pu situer l'état de langue auquel ils ressortissaient. Le sens que l'analyse componentielle a dégagé pour les onze autres textes, à savoir "introduire avec déférence une requête", est-il compatible avec les contextes de Gn 18.3; 47.29; 50.4; Nb 32.5 ?

Gn 18.3 : Avec son sens proche-oriental aigu de l'hospitalité, Abraham accueille trois visiteurs inconnus. Il a quelque chose à offrir, mais il sait qu'une offre met le destinataire en position de débiteur, donc d'infériorité. C'est pourquoi il présente son offre comme une requête accompagnée de tous les signes de la déférence. Celle-ci se repère non seulement à son prosternement, mais aussi, dans son discours, à l'emploi de עַבְדֶּךָ (ton serviteur) et du vétitif אַל...תַעֲבֹר (ne t'éloigne pas) atténué par la particule נָא. On retrouve donc ici les éléments de requête et de déférence qui caractérisent l'expression idiomatique dans le premier corpus, et l'on peut dire que Gn 18.3 utilise אִם־נָא מָצָאתִי חֵן בְּעֵינֶיךָ dans le même sens que les occurrences déjà examinées.

En **Gn 47.29**, Jacob transmet à Joseph ses dernières volontés concernant notamment sa prochaine sépulture. Ici les rapports humains ne sont pas les mêmes que dans le cas précédent : c'est un père âgé qui parle à son fils, même si ce dernier est premier ministre. Mais Jacob tient essentiellement à être inhumé dans le tombeau de ses "pères" (47.30). Cela présente une complication évidente. C'est pourquoi sa requête est présentée avec toutes les précautions nécessaires. Lui aussi se présente en situation de débiteur, ce qui apparaît dans l'usage des impératif (שִׂים) ou vétitif (אַל...תִּקְבְּרֵנִי) tempérés par נָא (éléments déjà repérés ailleurs) et dans une phrase comme וְעָשִׂיתָ עִמָּדִי חֶסֶד וֶאֱמֶת (= agis envers moi avec une vraie bonté), où le weqataltí, comme le cohortatif ou le jussif, atténue la force contraignante d'un impératif "nu". La présence de ces éléments de requête et de déférence garantit que Gn 47.29 use de l'expression idiomatique au sens que nous avons dégagé dans le premier corpus.

Gn 50.4. Joseph, s'adressant aux gens de l'entourage du Pharaon אֶל־בֵּית (פַּרְעֹה), leur demande de servir d'intermédiaires pour présenter au roi une requête personnelle, à savoir d'être autorisé à transférer au pays de Canaan la dépouille mortelle de son père. Comme ailleurs, אִם־נָא מָצָאתִי חֵן בְּעֵינֵיכֶם introduit sa demande, laquelle porte la marque de déférence qu'on a déjà relevée ailleurs : volitif (impératif) tempéré par נָא : דַּבְּרוּ־נָא בְּאָזְנֵי פַרְעֹה (veuillez transmettre ce message au Pharaon). Bien que son rang de premier ministre le situe hiérarchiquement au-dessus de ses interlocuteurs, la formule de politesse est rendue nécessaire du fait que Joseph est demandeur d'un service personnel. Tout porte donc à penser que notre expression est employée au sens déjà reconnu dans les autres occurrences, mais qu'elle n'a pas ici la nuance cérémonieuse qu'on a pu déceler par exemple en Gn 33.10 ou Jg 6.17, voire en Gn 18.3. La tournure semble réduite ici à une simple formule de politesse.

En **Nb 32.5** enfin, qui rapporte la démarche des tribus transjordaniennes auprès de Moïse, on retrouve les éléments de la requête et de la déférence, celle-ci étant marquée non par le déprécatif נא־, mais par l'emploi d'une forme passive impersonnelle : יֻתַּן (Pu de נתן = "qu'il nous soit attribué ce pays" אֶת־הָאָרֶץ הַזֹּאת !). Ici aussi la formule אם מצאנו חן בעיניך est employée en un sens affaibli et réduite à une simple formule de politesse.

CONCLUSION

A l'origine אם־נא מצאתי חן בעיניך est certainement une expression du langage de cour. Elle avait donc sa place, par une sorte de transposition métaphorique, dans le dialogue avec Dieu (cas de Moïse et de Gédéon). Mais son emploi s'est certainement "démocratisé" à l'usage. Qu'elle apparaisse, en effet, dans le dialogue de Laban et de Jacob ou de celui-ci avec Esaü, ou même de David avec Jonathan, (sans parler de Gn 50.4 et Nb 32.5) le montre clairement. L'expression s'est sans doute usée au fil des siècles, au point d'avoir besoin, en fin de carrière, d'être doublée de tournures plus ou moins redondantes, comme on l'a constaté dans le livre d'Esther. Mais on peut dire que, même perdant un peu de sa force au cours des âges, elle a conservé l'essentiel de son sens des premières aux dernières occurrences attestées. Elle a ainsi survécu assez longtemps au-delà des circonstances qui l'ont vue naître. On ne s'en étonnera pas, étant donné le caractère à la fois stéréotypé et monosémique des expressions idiomatiques.

Au terme de cette recherche, on peut estimer que l'intuition de I. Lande et de quelques trop rares successeurs[53] était juste. Mais il convenait de la contrôler par une méthode déductive plus rigoureuse.

APPENDICE : STRUCTURE DE L'EXPRESSION

On l'a vu, les sens endo- et exocentrique de אם־נא מצאתי חן בעיניך sont parfois difficiles à départager, comme en Ex 33.13. Il est possible de dire cependant que l'usage est passé du sens endocentrique au sens exocentrique par une sorte de glissement métaphorique global. L'interlocuteur originel étant le roi (ou Dieu), on en est venu à transférer sur l'interlocuteur plus banal le trait supplémentaire que la culture d'alors attribuait au seul monarque absolu, à savoir

- -

53   NJV, DGN, BFC, TWAT *ad loc.*

la liberté d'accorder quelque chose pour quoi le requérant n'a aucun droit à faire valoir.

CHAPITRE VII

PUISSÉ-JE TROUVER GRÂCE À TES YEUX

Bibliographie

A.B. EHRLICH, Randglossen zum hebräischen Bibel 1,
Leipzig, 1908.

H.M. ORLINSKY, Notes on the New Translation of the Torah,
Philadelphia, 1970, 28–29, 139.

H.J. STOEBE in THAT I,
München 1971, 588–591.

D.N. FREEDMAN et J. LUNDBOM, in TWAT III,
Stuttgart, 1977, 30.

INVENTAIRE

Dans l'ensemble des occurrences de la séquence ׳פ בעיני חן מצא, la concordance permet d'isoler un sous-ensemble correspondant à la forme חֵן אֶמְצָא בְּעֵינֶיךָ et à ses variantes au pluriel אֲדֹנִי בְּעֵינֵי חֵן נִמְצָא (Gn 47.25) ou à la troisième personne du singulier בְּעֵינֶיךָ חֵן שִׁפְחָתְךָ תִּמְצָא (1 S 1.18). On peut ainsi constituer la série Gn 33.15; 34.11; 47.25; Ex 33.13; 1 S 1.18; 25.8; 2 S 16.4; Rt 2.2,13.

Mais une concordance comme celle d'A. Even Shoshan use de critères purement formels pour sa classification. On s'aperçoit à l'examen que toutes les occurrences n'ont pas le même statut syntaxique. En Ex 33.13, par exemple, la séquence constitue une proposition finale ou plus probablement consécutive[1] introduite par לְמַעַן. En Rt 2.2, la séquence בְּעֵינָיו חֵן אֶמְצָא constitue aussi une proposition subordonnée, mais relative cette fois, introduite par אֲשֶׁר. Dans les autres cas, notre formule constitue une proposition <u>indépendante</u>, ce qui amène à considérer les formes אמצא, נמצא (Gn 47.25) ou תמצא (1 S 1.18) comme des volitifs, respectivement cohortatifs singulier ou pluriel, et jussif.

- -

1   JOÜON 1947, §§ 168, 169.

Il peut être utile de rappeler ici que le cohortatif n'est pas toujours reconnaissable à sa forme, notamment chez les verbes ל״א et ל״ה. De même la forme jussive ne se distingue pas toujours de la forme *yiqtol*. On se reportera sur ce point à JOÜON 1947, §§ 45, 46 et 169. Ce qui nous intéresse présentement sont les <u>modes</u> cohortatif et jussif.

Dans la liste dressée plus haut, deux cas doivent être encore mis à part. En Gn 34.11 d'une part, אמצא חן בעיניכם pourrait à première vue faire penser à une proposition indépendante au cohortatif, mais cette proposition est en tête de phrase, alors qu'ailleurs (Gn 33.15; 47.25; 1S 1.18; 2 S 16.4) la tournure arrive en fin de phrase, voire de dialogue. En fait, dans le passage considéré, notre séquence constitue une proposition <u>conditionnelle,</u> du modèle de celles qu'on trouve en Mi 7.10; Za 9.5; Ps 40.6; 104.20; 139.8-9; 146.4; Jb 19.18[2]. Dans ces conditions, la tournure considérée est l'équivalent, quant au sens, de אם־נא מצאתי חן בעיניכם[3]. Comme cette dernière séquence, elle précède une demande en soulignant la déférence du demandeur.

Cette valeur conditionnelle de אמצא חן בעיניכם en Gn 34.11 n'a guère été reconnue par les versions bibliques en usage. Citons comme heureuses exceptions TOB (Que je trouve grâce à vos yeux et je vous donnerai ce que vous me direz) et EHS (*Finde ich euer Wohlwollen, dann will ich geben, was ihr auch von mir verlangt*).

L'occurrence de 1 S 25.8 doit être mise à part elle aussi. Certes, וימצאו הנערים חן בעיניך a une structure fort semblable au תמצא שפחתך חן בעיניך de 1 S 1.18. Dans les deux cas, en effet, l'expression est au jussif. Mais outre la présence du ו initial de coordination, on remarquera que, contrairement aux autres cas, le sujet grammatical du verbe מצא ne correspond pas au sujet parlant : David n'utilise pas la séquence au volitif pour parler de lui-même, mais pour recommander ses hommes (ses "gars" נערים), tandis que c'est bien d'<u>elle-même</u> qu'Anne parle à Eli sous la troisième personne שפחתך, de même qu'utilisent l'expression pour eux-mêmes tant Jacob en Gn 33.15, que les Egyptiens en Gn 47.25, Siba en 2 S 16.4 et Ruth en Rt 2.13.

De la série énumérée au début de ce chapitre on ne retiendra donc finalement que cinq occurrences de la séquence אמצא חן בעיניך et de ses variantes, à savoir Gn 33.15; 47.25; 1 S 1.18; 2 S 16.4; Rt 2.13. Ces cinq cas ont en commun, outre la suite bien stéréotypée des éléments et l'emploi de la formule à un mode volitif, le fait que l'expression constitue à elle seule, au niveau

- -

2   JOÜON 1947, § 167a2, relève que "la relation conditionnelle peut être indiquée ... d'une façon légère ...par ... la simple juxtaposition de deux membres ... accompagnée d'une modification grammaticale qui fait ressortir la relation, à savoir le mode volitif."

3   Voir le chapitre précédent.

syntaxique, une proposition indépendante[4], le locuteur y figurant obligatoirement comme sujet grammatical de la phrase.

Ainsi se trouvent définis les traits qui assurent la stéréotypie de la formule. Il n'est pas inintéressant de relever que le statut syntaxique participe lui aussi à la détermination de cette stéréotypie.

Même sans présumer du sens de l'expression ainsi définie, peut-on considérer celui-ci comme exocentrique ? En Gn 33.15 cela paraît tout à fait évident. En 33.8, Jacob a en effet expliqué à son frère que les troupeaux qu'Esaü a rencontrés sur son chemin lui étaient destinés. L'intention de Jacob était de "trouver grâce aux yeux de son frère", c'est-à-dire d'obtenir ses bonnes grâces, de s'assurer de ses bonnes dispositions. En 33.10, Jacob dit à Esaü וַתִּרְצֵנִי (= tu m'as fait bon accueil). רצה apparaît donc ici comme très proche quant au sens de מצא חן בעיני פ', le premier étant au second à peu près ce que l'actif est au passif. Si Jacob peut donc estimer avoir désormais "trouvé grâce aux yeux" d'Esaü, on comprend mal qu'au v. 15 il le souhaite à nouveau. En Gn 33.15 le sens de notre séquence est donc nécessairement exocentrique.

Cette exocentricité du sens de אמצא חן בעיניך apparaît bien devant l'embarras de plus d'un traducteur. La LXX a senti la première l'incongruité qui consiste à faire souhaiter à Jacob quelque chose qu'il détient déjà : Ἵνα τί τοῦτο; ἱκανὸν ὅτι εὗρον χάριν ἐναντίον σου, κύριε. Mais pour maintenir la concordance mot pour mot qui constitue un de ses principes de traduction, elle a sacrifié le volitif אמצא au profit d'un indicatif (εὗρον) et ajouté un élément de sens (ἱκανόν) étranger au texte. Elle a été suivie par un certain nombre de versions modernes, parmi lesquelles TOB (Il me suffit de trouver grâce aux yeux de mon seigneur), BFC (il me suffit d'avoir trouvé bon accueil auprès de toi) ou DGN (*Es genügt mir, wenn du mir auch künftig[5] freundlich begegnest.*

La Vg, elle aussi, trahit son embarras en insérant des éléments étrangers au texte : *non est inquit necesse, hoc uno indigeo ut inveniam gratiam in conspectu domini mei*, (= ce n'est pas nécessaire, mon seul besoin est de trouver grâce à tes yeux).

En Gn 47.25 le même genre de contradiction apparaît entre le sens endocentrique de notre expression et le contexte proche. Comment les Egyptiens, en effet, peuvent-ils dire d'un seul jet à Joseph : "Tu nous as sauvé la vie" et "Puissions-nous bénéficier de ta bienveillance" ? Ici encore l'embarras des traducteurs et les échappatoires qu'ils ont trouvées sont révélateurs du hiatus qui

---

4   Ce fait a clairement été mis en valeur par A.B. EHRLICH 1908, 163s.

5   DGN ajoute un second élément étranger au texte : "à l'avenir".

existe entre sens endocentrique, que la traduction est supposée devoir absolument sauver par respect des mots, et sens exocentrique. La LXX, en proposant εὕρομεν χάριν ἐναντίον τοῦ κυρίου ἡμῶν, traduit comme si sa *Vorlage* contenait מָצָאנוּ חֵן (nous avons trouvé grâce) au lieu de נִמְצָא חֵן (puissions-nous trouver grâce !). La Vg, quant à elle, ne sauve le sens endocentrique optatif de notre expression qu'en transformant la première phrase : *salus nostra in manu tua est* (= notre salut est entre tes mains). C'est dire que le salut des Egyptiens devient hypothétique, soumis au bon vouloir de Joseph, alors que l'hébreu le déclare acquis (הֶחֱיִתָנוּ est une forme *qatal* et a donc le sens d'un parfait). Dans ces conditions, notre expression peut garder son sens optatif : *respiciat nos tantum dominus noster* (= que notre seigneur nous regarde seulement avec faveur !). Pour maintenir le sens endocentrique de la séquence, nombre de versions en usage sont elles aussi contraintes au même genre de distorsion. Citons pour exemple BFC (*Puisque vous nous manifestez votre bienveillance*), EHS (*Wenn wir das Wohlwollen unseres Herrn finden* = si nous obtenons les bonnes grâces de notre maître : l'optatif est transformé en conditionnel !), DGN (*Wenn du damit einverstanden bist* = si tu es d'accord avec notre proposition, nous serons volontiers les esclaves du Pharaon).

Prise en son sens endocentrique, la formule אמצא חן בעיניך surprend aussi en 1 S 1.18 dans la bouche d'Anne, après la réponse que vient de lui faire Eli : "Va en paix, et que le Dieu d'Israël t'accorde ce que tu lui as demandé !" Cette réponse, en effet, n'indique-t-elle pas clairement qu'Anne peut être maintenant assurée de la faveur d'Eli ? Dès lors, pourquoi souhaiter encore expressément cette faveur ? Cette contradiction a une nouvelle fois embarrassé la LXX, qui a jugé bon de la résoudre en rendant l'optatif de l'hébreu par un indicatif aoriste Εὗρεν ἡ δούλη σου χάριν ἐν ὀφθαλμοῖς σου. Anne constaterait en quelque sorte la bienveillance d'Eli. BFC, de son côté, a essayé de conserver le sens endocentrique de l'expression en introduisant dans la réponse d'Anne l'idée d'avenir, étrangère au contexte : "Et toi, y lit-on, garde-moi ta bienveillance." Cette solution, on le verra, est adoptée par d'autres versions dans les occurrences qui restent à examiner. Mais signalons, pour en finir avec 1 S 1.18, un procédé analogue adopté par REB, qui propose *May I be worthy of your kindness*. De telles tentatives de solution par addition d'éléments de sens étrangers au texte montrent bien que le sens endocentrique de l'expression fait difficulté et n'est pas compatible avec le contexte.

En 2 S 16.4, alors que contrairement aux cas précédents la LXX a bien rendu (comme en Rt 2.13) le cohortatif אֶמְצָא par un optatif Εὕροιμι, quelques versions bibliques en usage ont cherché à accorder au contexte le sens endocentrique de l'expression, en introduisant, comme en 1 S 1.18, l'idée d'une durée dans l'avenir. Ainsi TOB (Reste-moi favorable), BFC (garde-moi ta bienveillance), BRF (puissé-je conserver ta faveur !), RLB (*laß mich auch ferner Gnade finden vor dir*), DGN

(*Mögest du mir immer so gütig begegnen*), REB (*May I always find favour with your majesty*, etc.

Ce type de solution part du principe fondamental légitime qu'un texte est cohérent. De telles tentatives révèlent ainsi chez le traducteur le désir pleinement justifié de pratiquer une traduction contextuelle. Mais dans le cas présent, le sens endocentrique de l'expression à traduire est sans rapport avec le contexte. Comme ce sens endocentrique est le seul reconnu par les traducteurs, l'unique moyen pour eux de maintenir la cohérence de l'expression et de son contexte consiste à insérer dans ce dernier un élément compatible, ici l'idée de durée dans l'avenir. Mais le respect dû au texte ne peut s'accommoder d'un tel ajout.

On regrettera en l'occurrence l'absence d'un outil linguistique capable de définir le rapport sémantique exact entre une unité de la chaîne syntagmatique et son contexte. En d'autres termes, que se passe–t–il à la croisée de l'axe syntagmatique et de l'axe paradigmatique ? Répondre à cette difficile question permettrait, à notre avis, un progrès déterminant de la sémantique, et donc aussi de l'exégèse des cas difficiles.

Dans l'immédiat on se contentera de constater l'incompatibilité du sens endocentrique de l'expression étudiée et du contexte où elle apparaît. Preuve évidente que le sens de celle–ci est exocentrique.

Rt 2.13 fait apparaître la même incompatibilité entre le sens endocentrique de אמצא חן בעיניך et le contexte. Dans un premier échange avec Ruth (2.8-9), Boaz a encouragé la jeune femme à glaner dans son champ, il a garanti sa sécurité et lui a donné l'autorisation de boire à la cruche réservée aux moissonneurs. Ruth s'étonne d'avoir ainsi "trouvé grâce aux yeux de Boaz" (v. 10b). Pourquoi, dans ces conditions éprouverait-elle le besoin de souhaiter encore "trouver grâce aux yeux de Boaz" (v 13) ? La contradiction entre le contexte et le sens endocentrique de l'expression montre, une fois de plus, que אמצא חן בעיניך est nécessairement affecté d'un sens exocentrique. Ce résultat est confirmé par les tentatives d'un certain nombre de traducteurs, qui cherchent à harmoniser le rapport avec son contexte de l'expression comprise *a priori* au sens endocentrique. Les solutions proposées sont des deux types déjà observés : ou bien l'optatif אמצא est changé en indicatif, comme dans Vg (*inveni gratiam ante oculos tuos*), ou bien le contexte est chargé d'un élément supplémentaire incluant les composants de durée ou d'avenir. Ainsi BRF (*Puissé-je toujours trouver grâce à tes yeux*), DGN (*Laß mich auch künftig deine Güte erfahren*) ou REB (*I hope you will continue to be pleased with me*).

Pour conclure sur ce point on observera que l'existence d'un sens exocentrique de אמצא חן בעיניך s'impose dans tous les cas, alors que nous avions constaté pour la forme conditionnelle אם־נא מצאתי חן בעיניך que l'exocentricité du sens était nettement moins évidente, du moins dans certains cas. Les deux critères de stéréotypie d'une part et surtout d'exocentricité d'autre part permettent donc de qualifier indiscutablement אמצא חן בעיניך comme expression idiomatique.

LES INTERPRÉTATIONS

Doyenne des **versions anciennes**, la **LXX**, on l'a vu, n'a lu dans אמצא חן
בעיניך qu'une expression à sens endocentrique. Si elle a bien rendu le cohortatif
אמצא par un optatif εὕροιμι en 2 S 16.4 et Rt 2.13, elle s'est sentie obligée ailleurs
d'accommoder le texte. Elle ne peut donc guère éclairer le sens exocentrique de
l'expression.

La **Vg** a recouru aux mêmes procédés que la LXX, mais non aux mêmes
endroits. On n'en attendra donc pas non plus de lumières particulières pour
élucider le sens de notre expression.

Quant aux **Tg**, ils présentent les mêmes caractéristiques que celles que nous
avons relevées dans leur traduction de אם־נא מצאתי חן בעיניך. Ils n'offrent donc
pas d'intérêt pour le sujet qui nous occupe ici.

Parmi les traductions proposées par les **versions modernes**, on ne retiendra
ici que les propositions qui se dégagent du sens endocentrique. Pour Gn 47.25,
REB (*If it please your lordship*) a lu en נִמְצָא־חֵן בְּעֵינֵי אֲדֹנִי une proposition
conditionnelle. A-t-elle accommodé le texte comme l'avait fait la Vg en Gn 30.27
pour אם־נא מצאתי חן בעיניך ? Ou a-t-elle lu une proposition conditionnelle de
forme légère comme celle que nous avons relevée en Gn 34.11 pour אמצא חן
בעיניך? Quoi qu'il en soit, cette interprétation ne s'impose pas ici : on comprend
mal, en effet, que les paysans égyptiens demandent l'assentiment de Joseph pour
s'offrir à la servitude. Depuis que Joseph leur a déclaré קָנִיתִי אֶתְכֶם ... לְפַרְעֹה (v.
23), ils n'ont plus le choix. Tout au plus peuvent-ils donner leur accord au contrat.

En 1 S 1.18 on notera, mais plutôt à titre de curiosité, la solution originale
proposée par DGN : *Hanna verabschiedete sich*. Mais la très idiomatique version
allemande fait ici cavalier seul.

Restent deux types intéressants d'interprétation : le compliment et le
remerciement. La première solution est la plus fréquente. Ainsi *My lord is too
kind to me* (NJV en Gn 33.15), *Your Majesty is most gracious to me* (NJV en 2 S
16.4), *Tu es vraiment trop bon pour moi* (BFC) et *Du bist sehr gütig zu*

mir (EHS) pour Rt 2.13[6]. Quant au remerciement, c'est la solution adoptée par NJV en Gn 47.25 (*We are grateful to my lord*) et BFC en 2 S 16.4 (*Merci, Majesté, de m'accorder cette faveur*)[7].

La plupart des **dictionnaires** de langue consultés (KÖN, GB, BDB, HAL, HOL, DHAB) ne relèvent pas les formes conditionnelle ou optative de la séquence. HAL note cependant pour Gn 47.25; 1 S 16.4; Rt 2.13 que בעיני חן מצא '9 y est *Ausdruck des Dankes* et se réfère à Ehrlich.

Dans ses *Randglossen*[8] en effet et à propos de 'פ בעיני חן מצא en Gn 32.6 A.B. Ehrlich examine le cas particulier de בְּעֵינֶיךָ חֵן אֶמְצָא. Il note que, dans les cas où cette séquence constitue une proposition indépendante, l'expression n'exprime pas une requête ou un souhait, mais *die Versicherung, daß der Redende einen ihm gewordenen gütigen Zuspruch oder eine Wohltat, die ihm der Angeredete bereits erwiesen hat, zu würdigen weiß und in der Zukunft sich Mühe geben will, sich dafür dankbar oder, mehr wörtlich, ihm gegenüber ein gefälliges Wesen zu zeigen.* Il renvoie pour cela à Gn 47.25; 1 S 1.18; 2 S 16.4 et surtout Rt 2.13. Il paraît cependant difficile de le suivre quand il conclut que בְּעֵינֶיךָ חֵן לִמְצֹא en Gn 32.6 est sensiblement une expression de gratitude. Jacob, en effet, qui redoute la rencontre imminente avec Esaü, n'a aucun motif de remercier son frère; il en a en revanche beaucoup plus de vouloir l'amadouer.

Les dictionnaires dits théologiques s'étendent davantage sur les formes conditionnelle et optative de 'פ בעיני חן מצא. Dans THAT[9] H.J. Stoebe observe que "avoir trouvé חן est un présupposé pour l'expression d'une demande" et qu'inversement "une requête exaucée ou un cadeau inattendu permettent de conclure à la présence de חן chez le donateur". Mais l'auteur ne traite à part comme telles ni la forme conditionnelle ni la forme optative de la séquence. Rencontrant d'autre part cette dernière à l'occasion du commentaire qu'il fait de 1 S 1.18[10], il la traduit *Mögest du dich deiner Magd freundlich erinnern* et précise en note qu'il ne peut s'agir d'une expression de remerciement. Il s'oppose ici à Ehrlich et se réfère à I. Lande[11], laquelle classe 'פ בעיני חן מצא dans le paragraphe intitulé "Die Formel des Wohlwollens" et ne mentionne dans son paragraphe "Formelhafte Ausdrücke für Bitte und Dank" ni la forme conditionnelle ni la forme optative de בעיניך חן מצא.

- - - - - - - - - - - - - - - - -

6   Voir aussi NJV pour 1 S 1.18; Rt 2.13 et RSV pour ce dernier passage.

7   Et par exemple aussi par Cl. Westermann dans son commentaire de Gn 47.25.

8   *op. cit.*, p. 163.

9   *s.v.* חנן, I, 589.

10   KAT VIII/1, p. 89.

11   1949.

D.N. Freedman et J. Lundbom[12] sont les seuls, à notre connaissance, à avoir consacré une étude particulière non seulement à la forme conditionnelle de מצא בעיני פ׳ חן mais aussi à sa forme optative. On reste cependant quelque peu surpris de lire sous leur plume que אֶמְצָא חֵן בְּעֵינֶיךָ doit être rendu par un parfait (J'ai vraiment trouvé grâce à tes yeux). Mais ils notent aussitôt après que c'est là un "remerciement orné". Ils reprennent ainsi ou retrouvent l'interprétation proposée quinze ans plus tôt par W. Rudolph pour Rt 2.13[13], que cet auteur traduit franchement par *Ich danke dir, mein Herr*, remarquant dans sa note : "אמצא n'est pas un vœu (LXX), puisque celui-ci est déjà exaucé (v. 10b), mais un constat reconnaissant : "Je trouve effectivement grâce à tes yeux", c'est-à-dire "je te remercie". Il renvoie à Ehrlich et cite, dans la même ligne 1 S 1.18 et 2 S 16.4.

Cet inventaire des interprétations établi, il reste à vérifier si l'analyse componentielle confirmera ou infirmera telle ou telle des propositions recueillies.

CORPUS

Gn 33.15 appartient à la même unité littéraire que 33.10 déjà identifiée au chapitre précédent comme largement préexilique.

Le cas de **Gn 47.25** est plus délicat. Il appartient à une sorte de supplément inséré dans l'histoire de Joseph (47.13-26), et séparant 47.12 de sa suite logique en 47.27. Si l'on admet avec Cl. Westermann[14], qu'il s'agit ici d'un récit indépendant dont le thème est sans rapport direct avec l'histoire de Joseph proprement dite, et si l'on note avec D.B. Redford[15] le caractère tardif du vocabulaire employé, on considérera les v. 13-26 comme un appendice relativement tardif. Sur la date de l'histoire de Joseph elle-même on a vu au chapitre précédent combien les avis divergent. La prudence invite donc à réserver le cas de Gn 47.25.

1 S 1.18 appartient à la première (chap. 1 à 6 [ou 7]) des trois grandes parties du premier livre de Samuel, probablement plus récente que 16–31 et 8–15. Avec H.J. Stoebe on peut l'estimer antérieure à l'intervention deutéronomiste qui affleure au chap. 7. Il semble donc raisonnable de la situer chronologiquement à l'époque royale.

- -

12   TWAT III, 30 (1977).

13   KAT XVII/1–3, 47 (1962).

14   BK I/3, 192–194.

15   A Study of the Biblical Story of Joseph, VTS 20, 1970.

2 S 16.4. L'Histoire de la succession de David, mise en évidence par L. Rost[16], s'étend de 2 S 9[10] à 2 S 20, certains y incluant aussi 1 R 1-2. Même si l'unité de sa composition, tenue longtemps pour évidente, est aujourd'hui contestée, la plupart des spécialistes récents s'accordent à considérer cette grande composition comme antérieure au schisme. Mais d'autres analyses la situent après la séparation des deux royaumes, voire au 9ème siècle. Quoi qu'il en soit, on peut considérer sa date comme largement préexilique. Sa langue appartient à l'hébreu biblique classique.

Rt 2.13. L'ensemble du livre de Ruth, sauf peut-être 4.18-22 qui semble emprunté à 1 Ch 2.5-15, est d'une seule venue. H.W. Hertzberg[17], W. Rudolph[18] et G. Gerleman[19] divergent certes sur la période précise où le livre a pu voir le jour, mais tous trois le considèrent, contrairement à la majorité de leurs devanciers, comme datant de l'époque royale. On les suivra volontiers sur ce point.

En résumé quatre des cinq textes où figure notre expression peuvent donc être considérés comme relevant d'un même état de langue, l'hébreu classique d'avant l'exil : Gn 33.15; 1 S 1.18; 2 S 16.4 et Rt 2.13. Ils constituent donc un corpus linguistiquement cohérent dont les éléments sont susceptibles d'être comparés. Le cas de Gn 47.25 devra être réservé.

ANALYSE COMPONENTIELLE

1. Les contextes littéraires

Le récit des retrouvailles de Jacob et d'Esaü (Gn 33.1-16) forme le cadre où apparaît, déjà au v. 10, la forme conditionnelle de la séquence פ עיני חן מצא. La forme optative בְּעֵינֶיךָ אֶמְצָא־חֵן (**Gn 33.15**) se trouve, quant à elle, dans la seconde partie du récit (v. 12-16). Après la scène de la réconciliation, le moment du départ arrive. Esaü propose à Jacob de faire le voyage à ses côtés. Jacob dit bien être d'accord pour suivre son frère jusqu'à Séïr (v. 14) - il ne le fera d'ailleurs pas ! -, mais il prétexte que sa famille et ses troupeaux sont incapables d'avancer au rythme d'une troupe en armes comme celle d'Esaü. C'est un refus implicite que Jacob oppose à son frère, mais il y met les formes. On notera en effet qu'il revient à la troisième personne pour s'adresser à lui (après avoir usé de la deuxième personne aux v. 10-11) et qu'il lui donne par trois fois du monseigneur (v. 13, 14ab). Esaü insiste en retour pour laisser une escorte à son frère (v. 15), mais Jacob décline l'offre à nouveau, toujours en termes aussi déférents. La suite

---

16   Die Überlieferung von der Thronnachfolge Davids, Stuttgart, 1926.

17   ATD 9, 1954.

18   KAT XVII/1–3, 1962.

19   BKAT XVIII, 1965.

nous avertit que, tandis qu'Esaü regagne Séïr, Jacob, contrairement à ce qu'il avait laissé entendre (v. 14b), se dirige dans la direction opposée, vers Soukkoth. La tournure אמצא חן בעיני אדני se trouve dans la dernière réplique de Jacob, en réponse à l'offre qu'il décline.

La scène racontée en 1 S 1.9-18 se situe au sanctuaire de Silo. Comme dans le cas précédent on est en situation de dialogue. Le prêtre Eli commence par rabrouer Anne, qu'il accuse d'être ivre. Celle-ci lui fait part du chagrin qui la tourmente et qui est la cause de son comportement incontrôlé. Sa réponse contient les éléments classiques de la déférence : אֲדֹנִי (= "mon seigneur", v. 15), et אֲמָתֶךָ (= "ta servante", v. 16). Quand Eli reprend la parole, c'est d'un ton nouveau qu'il s'adresse à elle. "Va en paix et que le Dieu d'Israël t'accorde ce que tu as demandé !" est à la fois intercession et bénédiction. C'est Anne qui clôt le dialogue (**1 S 1.18**) par une simple phrase constituée intégralement de l'expression idiomatique תִּמְצָא שִׁפְחָתְךָ חֵן בְּעֵינֶיךָ (= que ta servante trouve grâce à tes yeux !), où l'on peut relever une nouvelle marque de déférence : "ta servante" pour se désigner elle-même.

2 S 16.4 est situé dans le long épisode de la révolte d'Absalom. Au début de sa fuite, David rencontre Siba, suivi de deux ânes chargés de vivres pour le roi et ses gens. David s'étonne que Mefiboched, le fils de son cher Jonathan, n'ait pas accompagné le régisseur. Siba répond à David que son maître est resté à Jérusalem (avec les partisans d'Absalom) dans l'espoir de recouvrer la royauté sur l'Israël du Nord. Mensonge ou vérité (voir 2 S 19.25-31), le roi en fuite doit bien le croire. Si la chose est exacte, Mefiboched s'est rendu coupable d'une sorte de trahison, étant donné la généreuse fidélité que David avait manifestée à l'unique descendant survivant de son ami Jonathan (2 S 9.1-13). Inversement Siba s'est montré loyal à la place de son maître. Pour punir le traître ingrat et récompenser du même coup le régisseur fidèle, David octroie d'autorité à ce dernier la totalité des biens de Mefiboched (כֹּל אֲשֶׁר לִמְפִי-בֹשֶׁת). Siba clôt le dialogue en déclarant d'abord הִשְׁתַּחֲוֵיתִי (= je suis prosterné [à tes pieds]), c'est-à-dire : "je reconnais que tu as sur moi tous les droits", ce qui est une première marque de déférence. Et d'ajouter : "Puissé-je trouver grâce à tes yeux !", expression prolongée du vocatif אֲדֹנִי הַמֶּלֶךְ, nouvelle marque de déférence. On observera que l'expression אמצא חן בעיניך n'est pas coordonnée mais juxtaposée à השתחויתי, comme une sorte d'apposition. Elle lui est donc plus ou moins synonyme (c'est-à-dire qu'elle a avec elle au moins un composant sémantique commun).

Notre expression en **Rt 2.13** se situe encore dans un dialogue (2.8-13). C'est Boaz qui l'entame (en tant qu'homme et que maître du champ). Il le situe d'emblée dans un registre sinon familier du moins bienveillant et légèrement protecteur en appelant Ruth בִּתִּי ("ma fille", v. 8). Il l'encourage à ne glaner que dans son champ (v. 8aβ-9aα), où la sécurité de la jeune femme est assurée (v. 9aβ), et l'autorise à se désaltérer aux cruches réservées aux moissonneurs.

La réponse de Ruth est à la fois gestuelle et orale (v. 10). D'abord le geste : וַתִּפֹּל עַל־פָּנֶיהָ (= elle se jeta sur sa face) וַתִּשְׁתַּחוּ אָרְצָה (= et elle se prosterna à terre), deux expressions sensiblement équivalentes d'une extrême déférence normalement réservée au souverain ou à Dieu. La parole qui suit (v. 10b) vient d'abord confirmer ce qu'exprimait le prosternement : מָצָאתִי חֵן בְּעֵינֶיךָ (= je bénéficie réellement de ta faveur); mais Ruth s'étonne des raisons de cette faveur (מַדּוּעַ = pourquoi ?); elle ne voit pas ce qui la lui mérite. Boaz répond alors à sa question (v. 11) : cette faveur est en quelque sorte la marque de l'approbation tacite qu'il apporte lui-même à la conduite récente de Ruth, laquelle a poussé la fidélité envers sa belle-mère jusqu'à se couper de ses racines ethniques et familiales. Au v. 12 Boaz émet le vœu que YHWH rende la pareille à Ruth (יְשַׁלֵּם), qu'il la ré-compense pour ce qu'elle a fait et lui accorde un "salaire" (מַשְׂכֻּרֶת) complet. Ce vœu de Boaz s'apparente à une bénédiction. La réponse de Ruth (v. 13) s'articule alors autour de notre expression idiomatique אמצא חן בעיניך. Elle porte les marques de la déférence (שִׁפְחָתֶךָ et אֲדֹנִי), mais surtout elle explicite les bienfaits qui motivent sa réponse : כִּי נִחַמְתָּנִי (= car tu m'as réconfortée) et דִבַּרְתָּ עַל־לֵב שִׁפְחָתֶךָ (= tu as établi avec ta servante une relation positive[20]). Cette seconde justification se situe à un niveau de la hiérarchie sémantique plus haut (donc de sens plus générique) que נִחַמְתָּנִי. C'est en effet un procédé fréquent en hébreu biblique que de renforcer une affirmation par un <u>hendiadys</u> dont le second terme est "moins fort" que le premier[21].

L'hébreu biblique utilise plusieurs types d'un tel renforcement par l'addition d'un élément de sens "moins fort" à un élément de sens "plus fort", ou d'un élément plus générique à un élément plus spécifique.

a) Un premier type est représenté par la séquence לָבִיא (lionne) + כְּפִיר (lionceau) en Es 5.29, ou אַרְיֵה (lion) + כְּפִיר en Am 3.4 ou Ps 17.12. Dans ce type de renforcement les deux termes du <u>hendiadys</u> sont à situer au même niveau de la hiérarchie sémantique, mais ils s'opposent par un composant distinctif, ici jeune *vs* adulte, qui établit une hiérarchie de valeur. De même, par exemple, pour la suite montagnes/collines en Es 2.2 (// Mi 4.1).

---

20   Voir le chapitre que nous avons consacré à cette expression idiomatique, pp. 68-89.

21   Alors que l'hébreu procède ainsi par généralisation, le français procède au contraire par gradation du plus général au plus particulier.

b) dans un second type, le premier terme de la paire est situé plus bas que le second dans la hiérarchie sémantique. C'est dire que, possédant au moins un composant sémantique de plus, son sens est plus spécifique, le second terme apparaissant par comparaison plus générique. Nous donnons ci–après quelques exemples glanés au fil des rencontres :

- פֶּשַׁע אַחֶיךָ וְחַטָּאתָם (Gn 50.1) : révolte + faute
- שָׂשׂוֹן וְשִׂמְחָה (Es 22.13 + 10×) : allégresse + joie
- לֹא יִצְעַק וְלֹא יִשָּׂא (Es 42.2) : crier + élever (la voix)
- הֵילִילִי וּזְעָקִי (Jr 48.20) : hurler + crier
- יִשְׁאֲגוּ...נָעֲרוּ (Jr 51.38) : rugir + gronder
- גְּמֻלוֹת ... שַׁלֵּם (Jr 51.56) : représailles + rendre la pareille
- יָגֵל ... יִשְׂמַח (Ps 14.7) : exulter + se réjouir
- יַבִּיטוּ ... יִרְאוּ (Ps 22.18) : observer + voir
- יָרֹנּוּ וְיִשְׂמְחוּ (Ps 35.27) : jubiler + se réjouir
- אַגִּידָה וַאֲדַבֵּרָה (Ps 40.6) : annoncer + dire
- יָשִׂישׂוּ וְיִשְׂמְחוּ (Ps 40.17 = 70.4) : être débordant de joie + se réjouir
- חֹשֶׁךְ וְצַלְמָוֶת (Ps 107.10) : l'obscurité + l'ombre
- פָּשַׁעְנוּ וּמָרִינוּ (Lm 3.42) : être rebelle + s'opposer
- צָרָה וְיָגוֹן (Ps 116.3) : détresse + chagrin
- etc.

c) Le troisième type de renforcement par <u>hendiadys</u> "plus + moins" consiste à faire suivre le premier terme par la négation de son contraire. Les exemples à citer à l'appui sont <u>très</u> nombreux[22]. On se contentera ici de deux doubles exemples tirés respectivement de Jb 33.9 : זַךְ אֲנִי בְּלִי פָשַׁע (innocent + sans péché) et חַף אָנֹכִי וְלֹא עָוֹן לִי (pur + sans crime) et de Jr 30.19b וְהִרְבִּתִים וְלֹא יִמְעָטוּ (accroître + ne pas amoindrir) et וְהִכְבַּדְתִּים וְלֹא יִצְעָרוּ (donner du poids + ne pas diminuer). Cette négation du contraire constitue une litote, dont on sait qu'elle est une manière affaiblie d'exprimer la pensée. Cette particularité stylistique se retrouve, par "septantisme", jusque dans le grec du Nouveau Testament (Jn 1.3,20; 7.18; 20.27; Rm 7.6; 9.1; 12.14; 1 Tm 2.7 etc.).

Cette figure de style a été signalée par le R.P. Lavergne[23], qui en donne quatre exemples (dont trois empruntés au NT) et par I. Lande[24], laquelle emprunte la plupart de ses exemples à E. König[25].

En Rt 2.13, notre expression sert donc à Ruth pour apprécier formellement le(s) bienfait(s) dont elle vient d'être l'objet de la part de Boaz.

- - - - - - - - - - - - - -

22   Nous en avons relevé plus d'une cinquantaine au fil de travaux antérieurs.

23   L'expression biblique, Paris 1947, 32–33.

24   1949, 60–62.

25   Stilistik, Rhetorik, Poetik in Bezug auf die biblische Literatur, Leipzig 1900.

2. Les traits constants

Dans les quatre cas qui viennent d'être examinés, אמצא חן בעיניך constitue une proposition indépendante (Ehrlich) ou principale en Rt 2.13. C'est dire que l'expression se suffit à elle-même quant au sens. Elle est toujours utilisée dans un discours direct par une personne en situation d'infériorité, d'où diverses marques de déférence qui accompagnent la formule.

Cette situation d'infériorité n'est pas seulement le reflet d'une hiérarchie sociale, mais elle découle de l'octroi d'un bienfait. Notre expression apparaît ainsi toujours comme une réponse à un ou plusieurs bienfaits. C'est avec elle que s'achève le dialogue.

Tous ces traits définissent אמצא חן בעיניך comme une formule de politesse appuyée - c'était déjà le cas de אם־נא מצאתי חן בעיניך - mais contrairement à cette dernière expression, אמצא חן בעיניך n'accompagne pas une requête, elle répond à un bienfait. Elle exprime donc une gratitude, c'est-à-dire la reconnaissance d'un dû. Le bienfait qui vient d'être accepté rend en effet le destinataire redevable envers le destinateur. C'est ce qu'exprime מצא חן בעיני פ׳ à la forme optative.

I. Lande[26] a noté que l'hébreu biblique ne dispose pas de <u>mot</u> pour dire "s'il te/vous plaît". A strictement parler le constat est exact. L'hébreu biblique dispose tout de même de notre expression idiomatique pour exprimer la gratitude. Il est vrai que, sans l'existence d'un autre élément plus ou moins synonyme, il n'est pas possible de constituer avec elle un domaine sémantique de la gratitude. Il faudra donc chercher à inclure אמצא חן בעיניך dans un autre domaine sémantique.

3. Domaine sémantique et composants distinctifs

Dans l'analyse qui précède on a pu dégager plusieurs caractéristiques de אמצא חן בעיניך communes à tous les contextes examinés. Quelques termes cependant, même s'ils n'expriment pas la gratitude cérémonieuse, ne sont pas sans rapport avec notre expression. C'est d'abord השתחויתי (= je suis prosterné) en 2 S 16.4, qu'on retrouve également en Rt 2.10. C'est aussi (יהוה פעלך) ישלם (= "que YHWH te ré-compense [de ce que tu as fait]", c'est-à-dire qu'il te rende en retour ce que tu as donné), en Rt 2.12, à quoi l'on peut ajouter le משכרת (salaire) qui le suit de près et l'explicite de façon quelque peu redondante. Ces termes n'ont pas de rapport entre eux, mais chacun d'eux en a un avec אמצא חן בעיניך et peut constituer avec cette expression un domaine sémantique minimal. Dans les textes étudiés la déférence est si souvent exprimée qu'il est possible de délimiter ainsi un domaine sémantique des formules de politesse. Notre expression s'y retrouve en compagnie de אם־נא מצאתי חן בעיניך (Gn 33.10) et de השתחויתי (2 S 16.4; cf. Rt 2.10).

---

26   *op. cit.* p. 106.

Avec ce dernier terme בעיניך חן אמצא a en commun le composant "reconnaissance", à cette différence près que dans השתחויתי le locuteur reconnaît non pas un bienfait reçu, mais les droits que son vis-à-vis a sur lui. La reconnaissance du bienfait lui-même est réservée à notre expression. בעיניך חן מצאתי אם־נא fait aussi référence à un don, mais celui-ci reste à obtenir. Cette formule ne peut donc contenir le composant "reconnaissance".

Ces observations peuvent être consignées dans le tableau suivant :

	reconnaître (+) vs demander	don (+) vs droit
אם־נא מצאתי חן בעיניך	−	+
השתחויתי	+	−
אמצא חן בעיניך	+	+

figure 1

Avec שִׁלֵּם (restituer) notre expression a en commun le composant "ce qui est dû". Boaz souhaite que YHWH restitue à Ruth ce qu'elle a donné - et qui donc lui est dû. Mais dans בעיניך חן אמצא Ruth se reconnaît elle-même débitrice, tout en restant dans l'incapacité de rendre à Boaz les bienfaits dont elle lui est redevable. C'est la raison pour laquelle elle souhaite que Boaz n'use pas de son droit de créancier. Ces observations peuvent être consignées dans le tableau suivant :

	reconnaître (+) vs rendre (−)	dû (+) vs droit (−)
השתחויתי	+	−
שלם	−	+
אמצא חן בעיניך	+	+

figure 2

On pourrait objecter que le dû correspond à un droit du donateur. Mais quand Siba déclare à David הִשְׁתַּחֲוֵיתִי, il reconnaît les droits que David possède sur lui en sa qualité de roi. Quand lui-même (ou Ruth) déclare אמצא חן בעיניך il reconnaît aussi un droit que son vis-à-vis possède sur lui, non plus en tant que souverain, mais en tant que donateur. Ce droit-là n'est pas institutionnel, il est occasionnel.

SIGNIFICATION

De l'analyse qui précède on peut déduire que, dans le cadre d'une relation déférente, אמצא חן בעיניך inclut plusieurs éléments de signification :

- je te suis redevable d'un bienfait,

- je ne puis te le rendre,

- accorde-moi encore la faveur de ne pas exiger que je m'acquitte.

Les premiers éléments sont implicites, seul le dernier est explicite.

On observera ici que, tout en exprimant une gratitude déférente, notre expression constitue finalement une requête, comme déjà la forme conditionnelle אם־נא מצאתי חן בעיניך. On ne s'étonnera donc pas que tel soit son emploi en Gn 34.11, où elle figure en proposition conditionnelle de forme légère[27].

On peut donc conclure que l'intuition d'Ehrlich quant à la signification de notre expression, reprise, on l'a vu, par quelques traducteurs de versions modernes ou par un commentateur comme W. Rudolph[28], était perspicace, à ceci près cependant que la gratitude cérémonieuse exprimée par notre formule se traduit bel et bien par un vœu, celui de n'être pas tenu de rester redevable. La traduction proposée par W. Rudolph pour Rt 2.13 (*Ich danke dir, mein Herr*) reste cependant insuffisante, à notre avis, dans la mesure où elle ne rend pas le composant "déférence" pourtant bien présent dans tous les cas examinés.

En français on pourrait proposer, selon les cas, un équivalent comme "Je suis confus de tant de bonté" ou l'une des solutions adoptées par NJV, BFC ou EHS telles que nous les avons relevées plus haut.

L'EXPRESSION EN GN 47.25

Il convient à présent de vérifier si la signification de מצא חן בעיני פ׳ sous sa forme optative, telle qu'elle a été dégagée dans le corpus préexilique, est compatible avec le contexte probablement plus tardif de Gn 47.25.

- -

27   JOÜON 1947, § 167; voir plus haut, p. 154.

28   Voir p. 160 du présent chapitre.

Comme dans les autres occurrences déjà examinées, la forme optative de מצא חן
בעיני פ׳ est employée ici en discours direct à la première personne et en fin de
dialogue, pour s'adresser à un personnage situé plus haut dans la hiérarchie sociale.
D'après Gn 47.23-26, Joseph établit un second contrat avec les Egyptiens. Ayant acquis
les paysans et leurs terres au profit du Pharaon, il annonce maintenant aux nouveaux
serfs qu'ils continueront à cultiver le sol. L'Etat percevra 20 % de la récolte, le reste
devant servir à nourrir leurs familles et à fournir la semence en vue de la récolte
suivante. Les clauses pourtant léonines de ce contrat sont accueillies avec soulagement
par les intéressés. Ils y trouvent leur dernière chance de survie : הֶחֱיִתָנוּ, disent-ils à
Joseph (litt. tu nous fais/laisses vivre = "tu nous maintiens en vie", ou mieux "tu nous
rends la vie"). Se considérant, au moins en présence de Joseph, comme bénéficiaires
d'une offre avantageuse, les paysans égyptiens ajoutent נִמְצָא חֵן בְּעֵינֵי אֲדֹנִי, où l'on
retrouve les formes de déférence déjà relevées en Gn 33.15 : emploi de la 3ème
personne pour s'adresser à l'interlocuteur, lui-même qualifié de "mon seigneur".
L'expression est donc utilisée ici aussi comme une réponse à un geste considéré
comme généreux. Réponse déférente à un acte de générosité, c'est en substance ce qui
définissait la signification de notre expression dans les textes préexiliques. On constate
donc que, au moins jusqu'à la "coupure linguistique" mentionnée par E. Blum, אמצא חן
בעיניך n'a pas changé de sens au cours des siècles. Au-delà nous n'avons pas
d'attestation dans les textes canoniques pour en juger.

APPENDICE : STRUCTURE DE L'EXPRESSION

Il n'est pas inintéressant de constater que le passage du sens endocentrique au sens
exocentrique de אמצא חן בעיניך n'est pas sans rapport d'analogie avec l'évolution du
terme qui sert traditionnellement à exprimer la gratitude en français. **Merci** est en
effet issu du latin *merces/edis* ("salaire", "récompense", puis, à basse époque, "faveur",
"grâce que l'on accorde à quelqu'un en l'épargnant"). Le "merci" français signifiait donc
à l'origine, "pitié", "miséricorde", sens que l'on retrouve encore dans la séquence
"demander merci". "Etre à la merci de quelqu'un", c'est être "dans une situation où l'on
dépend entièrement de son bon vouloir[29] ou des caprices de quelqu'un d'autre"[30]. Le
destinataire est redevable à quelqu'un d'autre et ne peut s'acquitter de ce qu'il doit. Il
demande alors "merci". Or c'est la situation même de quiconque est l'objet d'un
bienfait. Pour reconnaître qu'un bienfait accepté met le bénéficiaire à la merci du
donateur, c'est-à-dire en position de dépendance complète vis-à-vis de celui-ci, le

- -

29   חֵן en hébreu !
30   Nous citons ici l'article *merci* du GLLF.

français a réduit la réponse au seul mot essentiel, tandis que l'hébreu a conservé l'intégralité de l'expression. Mais l'évolution du sens est analogue[31].

L'hébreu biblique formule ainsi la gratitude déférente en disant une chose pour en exprimer une autre. On veut dire : "Je te suis redevable et n'ai pas les moyens de te rendre ton bienfait," mais on dit en substance : "Fais-moi (encore) la faveur (de ne pas user de ton droit de créancier)." A certains égards donc notre expression fonctionne comme une ellipse situationnelle, l'interlocuteur pouvant compléter mentalement, à partir du contexte, ce qui est resté implicite.

Mais on constate aussi que les trois éléments de sens mentionnés plus haut sont liés par une relation logique. D'une certaine façon on exprime la conclusion en taisant les prémisses, ce qui apparente notre expression à la structure métonymique.

---

31   On pourrait étendre l'observation à l'italien *grazie* et à l'espagnol *gracias*, tous deux dérivés du latin *gratia*.

CHAPITRE VIII

REMPLIR DERRIÈRE LE SEIGNEUR

Bibliographie

W. BELTZ, Die Kaleb-Traditionen im A.T.
BWANT 98, Stuttgart, 1974.

R. NORTH, Caleb, *in* Diakonía toû Lógou (Mélanges Rinaldi), Bibbia e Oriente (n° spéc.), VIII/4-5, Genova 1966, 167-171.

J. H. PACE, The Caleb Traditions and the Role of Calebites in the History of Israel, Ann Arbor, University Microfilms, 1978.

J. N. POSTGATE, Neo-Assyrian Royal Grants and Decrees,
Studia Pohl, series major 1,
Pontifical Biblical Institute,
Rome, 1969, n° 9:11-20 (10:11-20; 11:11-20).

M. WEINFELD, The Covenant of Grant in the Old Testament and in the Ancient Near East, J.A.O.S., 90 (1970), 184-203.

M. WEINFELD, Deuteronomy and Deuteronomic School, Oxford, 1972 (=1983), pp. 59-116, surtout 74-81.

A la lecture des traductions bibliques en usage, même les plus attentives à appliquer le principe de concordance verbale, il n'est guère possible de repérer l'existence de l'expression מִלֵּא אַחֲרֵי יהוה. Le décalque servile de l'expression hébraïque donné de façon quelque peu provoquante comme titre à ce chapitre, montre bien que celle-ci a perdu son sens apparent. Se trouve exclue ainsi toute tentative de traduction littérale[1]. Le fait suffit à garantir que nous avons bien affaire ici à une expression idiomatique.

Il est vrai que la version d'A. Chouraqui propose en 1 R 11.6 : *il ne remplit pas derrière IHVH*, mais elle n'est pas conséquente, puisqu'on lit ailleurs, pour rendre le même substrat hébreu, *(être) pleinement derrière IHVH*, voire *accomplir derrière IHVH*. Le lecteur ne peut donc pressentir ici la récurrence d'un stéréotype de l'hébreu et guère plus l'existence même de ce stéréotype.

La concordance hébraïque permet d'établir la liste complète des occurrences de l'expression dans l'AT canonique : Nb 14.24; 32.11-12; Dt 1.36; Jos 14.8-9, 14; 1 R 11.6. GB[2] signale en outre Si 46.6, dont le texte hébreu offre en effet : ונגם כי מלא אחרי אל.

LES INTERPRÉTATIONS

La traduction littérale apparaissant donc comme un non-sens, on ne s'étonnera pas que les **versions en usage**, même lorsqu'elles manifestent ailleurs une préférence de principe pour la concordance verbale, aient dû renoncer pour notre cas à un décalque rigoureux. Mais la relativement grande diversité des équivalents proposés révèle l'hésitation de l'exégèse face au problème de la signification de l'expression.

En majorité les versions en usage méconnaissent le caractère exocentrique du sens de notre tournure. Elles s'efforcent, en effet, de rendre chacun pour lui-même les éléments du couple מלא אחרי, quitte à intervertir les catégories sémantiques respectives de מלא et de אחרי, ce dernier devenant le support de l'événement en lieu et place de מלא[3].

C'est ainsi qu'on trouve *suivre sans réserve* (BP d'une manière conséquente, TOB en Dt 1.36 et Jos 14, NAB - *unreservedly* - partout sauf en Jos 14) ou *sans hésitation* (TOB en Nb 14 et 32), voire *sans défaillance* (BJ en Nb 32), *pleinement* (BO, RSV et NSR, laquelle explicite "la voie de Dieu"), *fidèlement* (RLB, sauf en 1 R 11.6) ou *de tout cœur* (NEB en Nb et Dt). L'idée d'*obéissance parfaite* est proposée par BJ (sauf pour Nb 32) et par BFC en

----

1   Sur le concept de traduction littérale et son extrême fragilité, nous renvoyons ici à notre article *La traduction littérale, une statue aux pieds d'argile*, paru dans la revue META, 32/1 (mars 1987), Presses de l'Université de Montréal, pp. 26 ss.

2   *s.v.* מלא Pi.

3   Sur les catégories sémantiques d'Evénement, d'Objet, d'Abstrait et de Relation voir TABER – NIDA, 1971, 34 ss.

1 R 11.6. Relevons enfin l'option de EHS pour Nb et Jos : *treu zum Herrn halten,* garder fidèlement le parti du Seigneur.

A cette série on peut ajouter les propositions isolées de EHS en 1 R 11.6 (*den Herrn vollkommen ergeben sein* = être parfaitement dévoué au Seigneur) ou de DGN en 1 R 11.6 également (*sich ausschließlich an den Herrn halten* = s'attacher exclusivement au Seigneur).

Quelques versions donnent l'impression d'avoir reconnu en מלא אחרי יהוה une expression idiomatique. Au premier rang de celles-ci on ne s'étonnera pas de trouver deux versions juives de notre sélection : BRF (*rester fidèle à l'Eternel*) et NJV (*to remain loyal to the Lord* = rester loyal à l'égard du Seigneur). On peut aussi, malgré leur manque de cohérence interne, mentionner dans cette catégorie les versions récentes qui ont opté pour la traduction par équivalence fonctionnelle : BFC (*rester fidèle* seulement pour Nb 14), TEV (*he has remained loyal to me/the Lord* seulement en Nb 6, mais *faithful* en Dt et *true* en 1 R). DGN enfin propose des équivalents assez complexes : *sich nicht beirren lassen und dem Herrn vertrauen* (Nb et Dt), mais *dem Herrn gehorsam sein/gehorchen und ihm vertrauen* (Jos). Dans la ligne de ces équivalents complexes, on relèvera encore la proposition de REB : *to loyally carry out the purpose of the Lord* pour Jos 14.

Avant de clore cet inventaire, on relèvera que plusieurs versions anglo-saxonnes lisent dans מלא אחרי יהוה l'idée de *loyauté.* Ainsi NJV dans toutes les occurrences, mais aussi TEV et REB pour Nb 14 et 32, REB pour Dt 1, NAB et REB pour Jos 14, NEB et REB pour 1 R 11.

De ce large éventail de propositions on retiendra que les versions bibliques en usage s'accordent pour comprendre מלא אחרי יהוה comme décrivant une relation de subordination (au Seigneur), mais qu'elles divergent fort sur le caractère de cette relation.

Parmi les versions anciennes **la Septante**, sauf en Dt 1.36 et 1 R 11.6, recourt au verbe ἐπακολουθῆσαι (suivre de près), dans lequel il semble bien que ἀκολουθῆσαι (suivre) vise à rendre le אחרי (derrière) de la formule hébraïque, et le préfixe ἐπι- (sur) la qualité de la relation, qualité suggérée dans l'hébreu par מלא. Mais la formule simple ἐπηκολούθησέν μοι ne se trouve qu'en Nb 14.24.

Sans doute le traducteur de Nb 32.11-12 a-t-il jugé cet équivalent insuffisant puisque, tant en amont qu'en aval, il a introduit des précisions supplémentaires :

en aval ὀπίσω (μου/κυρίου), qu'on retrouve aussi en Jos 14.9[4], est pléonastique après ἀκολουθῆσαι, mais apporte une touche de "littéralité" (une préposition rend une préposition); en amont, le préfixe συν- dénote l'harmonie de la relation décrite (συνεπακολουθῆσαι).

Face au même problème, le traducteur de Jos 14 a adopté des solutions différentes : en aval, il insère une explicitation (τῷ προστάγματι [τοῦ κυρίου] : les prescriptions [du Seigneur]), ce qui, en fait, n'ajoute pas au sens. En revanche, il place ἐπακολουθῆσαι sous le régime de προσετέθην/ς (je me suis/tu t'es attaché à), autre manière de rendre la valeur positive de la démarche qu'il a déchiffrée sous notre expression.

C'est en Dt 1.36 que la LXX a le mieux respecté le caractère exocentrique de l'expression hébraïque. Le traducteur, en effet, y propose un sens global : διὰ τὸ προσκεῖσθαι αὐτὸν πρὸς κύριον (du fait qu'il s'est dévoué au Seigneur).

En 1 R 11.6 en revanche, il est évident que le sens de מלא אחרי יהוה a échappé au traducteur. Celui-ci, en effet, rend l'expression exactement comme il l'a fait pour הָלַךְ אַחֲרֵי עַשְׁתֹּרֶת/אֱלֹהִים אֲחֵרִים qu'il lisait deux fois dans le voisinage immédiat, aux v. 5 et 10, et qui dans la phraséologie deutéronomiste se réfère clairement au culte rendu à d'autres divinités. Le traducteur de 1 R 11 a donc confondu les deux expressions, probablement parce qu'il ne comprenait pas (ou plus) le sens de la difficile tournure מלא אחרי יהוה.

Dans les huit occurrences de notre expression[5], les **Targoums** (O ou J, selon les cas) offrent une traduction remarquablement constante. Compte non tenu des variations dues à la conjugaison ou au mode éventuellement négatif de la proposition concernée, c'est dans tous les cas que l'on retrouve en effet la forme bien stéréotypée אשלים בתר דחלתא דייי. On le voit, l'équivalent ainsi proposé par les Tg n'est pas un décalque de l'hébreu : les deux structures ne sont formellement comparables qu'au niveau de la correspondance אחרי/בתר, encore que אחרי ne soit jamais attesté, en hébreu biblique, au sens figuré de *selon*, voire *en (parfait) accord avec*, que R. Le Déaut propose ici pour l'araméen בתר[6]. La différence majeure des deux structures réside dans la présence du mot araméen דחל, équivalent de l'hébreu יִרְאָה (crainte religieuse, respect). Les Tg O et J ont ainsi compris la tournure hébraïque : *agir en parfait accord avec la crainte/le respect dû(e) à YHWH.* Les Tg ont donc jugé utile d'introduire une explicitation. La question reste posée de savoir si celle-ci est légitime, c'est-à-dire si, comme son

---

4   Voir aussi 1 R 11.6, mais après le verbe plus générique ἐπορεύθη.

5   On ne peut compter ici – et pour cause – Si 46.6.

6   Voir R. LE DÉAUT, 1979, *ad* Nb 14.24; 32.11–12; *id.* 1980, *ad* Dt 1.36.

nom l'indique, elle se borne à faire ressortir ce qui est implicite dans le texte à traduire; autrement dit si elle ne fait que préciser ce qui allait sans dire pour le destinataire hébraïsant mais n'allait plus de soi pour l'araméaïsant. La question posée reste ouverte, au moins jusqu'à l'élucidation du sens de מלא אחרי יהוה.

Le Tg Neofiti 1[7] se présente comme plus paraphrastique[8], mais relativement indépendant des Tg classiques. Lui aussi éprouve le besoin d'expliciter au moment de rendre notre expression, mais il le fait à l'aide du mot מימר(א) (parole). On a ainsi ואשלם בתר ממרי (Nb 14.24) et די אשלם ... בתר מימרה דייי en Dt 1.36.

On peut poser la question de savoir si מימר(א) n'est pas employé comme simple substitut du nom divin, ainsi par exemple qu'en Gn 3.10 ou Nb 11.23. La tendance à paraphraser que nous avons relevée chez Tg N 1 incite à penser que tel n'est pas le cas et que מ(י)מר(א) est bien ici une explicitation.

Le fait qu'en Dt 1.36 d'autre part le Tg N 1 insère le gérondif למימר טב entre אשלם et בתר montre qu'il ne considère pas אשלם בתר די' comme un stéréotype à prendre en bloc, mais qu'il traite chacun pour lui-même les mots qui le composent.

Pour les Tg notre expression exprime donc la perfection (אשלם) d'une révérence ou d'une obéissance religieuse, mais elle ne semble pas reconnue comme expression idiomatique proprement dite. Vraisemblablement elle n'est plus comprise de l'interprète.

Sauf en Nb 32.12, la **Vulgate**, quant à elle, propose un équivalent simple pour notre expression : *sequi* ou *secutus est/es/sum Dominum/me*. A première vue Jérôme semble donc avoir reconnu le caractère idiomatique de l'expression. Il est plus probable cependant qu'il a surtout rendu ici le אחרי de l'hébreu, ne retenant de מלא que la fonction sémantique d'événement. En deux occurrences cependant la Vulgate offre une traduction un peu plus étoffée. On lit ainsi en 1 R 11.6 à propos de Salomon *et non adimplevit* (il ne remplit pas [ses obligations ?]) *ut sequeretur Dominum* (de [manière à] suivre le Seigneur). On peut hésiter ici sur la qualité de la traduction. Il est possible, en effet, de ne voir dans la proposition de Jérôme qu'un mouvement de retour à une traduction concordante, *adimplevit ut* cherchant à rendre le מלא de l'expression hébraïque, ce que Vg ne fait pas pour les autres occurrences de l'expression. Celle-ci n'est plus alors reconnue comme fonctionnant de manière globale au niveau sémantique, puisque le traducteur cherche à l'interpréter à partir de tous ses éléments constitutifs. Une

- -

7   Il offre une lacune en Nb 32.11–12.

8   En Nb 14.24, en effet, on lit רוח דקדש עמה au lieu du רוח אוחרי de Tg O et J, ou encore אשלם למימר טב בתר en Dt 1.36, au lieu de la formule simple.

telle interprétation ne peut convaincre, et ce pour deux raisons complémentaires déjà mentionnées. La première est que la valeur étymologique d'une expression idiomatique risquait fort d'être déjà perdue à l'époque où les auteurs bibliques l'employaient; la seconde est que les langues développent des valeurs figurées souvent fort différentes à partir des signifiants respectifs d'un même référent (ici מלא et *(ad)implere* = remplir).

Il est vrai que Ch. T. Lewis[9] distingue un emploi métaphorique de *adimpleo*, au sens d'*accomplir* (une promesse, une prédiction, un devoir), ou de *réaliser*. Il cite précisément à l'appui plusieurs passages de la Vg : Mt 1.22 et Jn 13.18 (pour traduire πληρόω), ainsi que Ga 6.2 (ἀναπληρόω). Si tel est le sens de *adimpleo* en 1 R 11.6, on peut parler de "trouvaille" pour la traduction hiéronymienne de ce texte[10]. On observera toutefois que dans les trois textes néotestamentaires cités par Ch. T. Lewis, l'objet de *adimpleo* est toujours explicité : *quod dictum est, scriptura, legem Christi*. Mais ce n'est pas le cas en 1 R 11.6, où le verbe est employé absolument et où l'on voit mal quel complément peut être sous-entendu. On remarquera aussi que, sur les 9 emplois cités par Ch. T. Lewis, 6 sont propres à la Vg.

En Nb 32.11, la Vg en reste à sa traduction majoritaire *et noluerunt sequi me* (il s'agit des dix autres explorateurs de la Terre Promise), mais au verset suivant, qui introduit le cas particulier de Caleb et Josué, Jérôme propose *isti impleverunt voluntatem meam*, introduisant ainsi trois innovations : contrairement à ce qu'il a fait ailleurs, (a) il renonce ici à rendre אחרי, (b) il traduit מלא et (c) il juge alors nécessaire d'expliciter, à l'exemple des Tg mais dans une direction légèrement différente, *voluntatem meam*. Cette explicitation particulière découle du choix de *implere*, qui réclame en général un complément, de même que pour les Tg la présence de בתר appelait quelque chose comme רחל מימר(א). La même question se pose donc pour la Vg et pour les Tg : cette explicitation est-elle légitime ? La réponse dépend évidemment du résultat de l'analyse restant à mener.

Pour achever l'inventaire des interprétations, il faut mentionner encore dictionnaires et commentaires. Les **dictionnaires** ont évidemment inspiré les choix de la plupart des versions en usage, même si celles-ci se sont parfois efforcées de dépasser les propositions souvent assez sommaires et non argumentées des premiers : *vollkommen anhängen* (KÖN, qui sous-entend לָלֶכֶת) , *wholly follow (YHWH)* (BDB), *treu halten zu* (HAL), *remain loyal to* (HOL), *être fidèle à* (DHAB).

- -

9   A Latin Dictionary, Oxford, 1984, 36b.
10   Nous devons cette suggestion à M. J. de Waard.

Seul TWAT (IV, 879-80), sous la plume de L.A. Snijders, développe quelque peu le problème posé par l'expression מלא אחרי יהוה, non pas cependant pour en élucider le sens, lequel semble ne pas faire problème pour l'auteur[11], mais pour expliciter le complément du verbe מלא, celui-ci n'étant jamais[12] employé ailleurs absolument.

Plutôt que לָלֶכֶת (G.B. KÖN, GRAY, 1912, 159) ou לִהְיוֹת, L.A. Snijders estime qu'il faut expliciter לֵב après מלא et justifie sa proposition par la présence de לב dans certains contextes de notre expression, notamment en Jos 14.8 et 1 R 11.4. On peut objecter que LXX et Tg, voire Vg, ont proposé des explicitations notablement différentes et surtout que de telles tentatives d'explicitation méconnaissent le caractère idiomatique de l'expression.

Le sens de מלא אחרי יהוה ne semble guère non plus préoccuper les **commentaires**, plus intéressés aux problèmes de nature historique ou littéraire que linguistique. Les sens qu'ils proposent se retrouvent dans les versions en usage déjà examinées et sont souvent présentés sans justification. On se contentera donc de relever ici une notation originale : J. de Vaulx[13] permet d'ajouter *suivre jusqu'au bout* à la liste des traductions déjà relevées dans les versions en usage.

LE CORPUS

Les occurrences de notre expression appartiennent-elles au même état de langue ? L'analyse littéraire des passages où elle est attestée, notamment dans le Pentateuque, varie dans ses résultats d'un commentateur à l'autre et trahit la grande complexité de l'histoire littéraire des passages concernés, en particulier dans le livre des Nombres. Toute datation s'annonce dès lors sujette à discussion et par conséquent peu fiable.

A propos de 1 R 11.6, J. Gray[14] avance que l'usage intransitif de מלא avec אַחֲרֵי est à considérer comme un idiotisme deutéronomiste et renvoie aux textes de Nb, Dt et Jos. Cette affirmation paraît toutefois difficile à maintenir telle quelle. S'il est indéniable, en effet, que Nb 14 contient des éléments deutéronomistes, il n'est pas du tout certain que ceux-ci constituent l'environnement immédiat de notre expression. Ainsi, par exemple, l'analyse de Nb 14 proposée par M. Noth[15] discerne en Nb 14.11-25 un ensemble J interpolé en

---

11 *vollständigen Gehorsam leisten, mit ganzem Herzen nachfolgen*, sens correspondant assez bien, selon Snijders, à l'ἐπακολουθεῖν de la LXX et s'accordant correctement, selon lui, au contexte.

12 Sauf dans les cas particuliers de Jr 4.5 et 1 Ch 12.16 (voir p. 188).

13 1972, 174.

14 1970, 278.

15 1966, 96.

11b-23a d'un développement deutéronomiste. Selon Noth, notre expression apparaît au v. 24 dans un environnement J, ce qui contredit l'assertion de J. Gray. La théorie des sources du Pentateuque n'offre donc pas de réponse satisfaisante à la question posée, d'autant plus que quatre occurrences sur huit sont extérieures au Pentateuque. On observe en effet que, sauf celle de 1 R 11.6, toutes les occurrences de מלא אחרי יהוה sont en relation directe ou indirecte avec la figure de Caleb. L'idée s'impose alors que l'expression pourrait bien nous être transmise par une ancienne tradition calébite. L'existence d'une telle tradition était déjà suggérée par M. Noth en 1943[16]. L'idée fut reprise ensuite par H.W. Hertzberg en 1954 pour Jos 14.24; G. von Rad en 1964 pour Dt 1.36, enfin par M. Weinfeld en 1970[17], qui, comme J. Gray[18], range lui aussi l'expression dans la phraséologie deutéronomiste, mais ajoute qu'elle semble avoir son origine dans une tradition relative à la "concession" (*grant*) accordée à Caleb. L'indice le plus évident de l'existence d'une telle tradition calébite indépendante est fourni par Jos 14.12, où on lit תְּנָה־לִּי אֶת־הָהָר הַזֶּה (attribue-moi la montagne que voici) alors que, d'après le v. 6, la requête est censée être prononcée au Guilgal, c'est-à-dire dans la vallée du Jourdain, hors de vue de la montagne en question[19].

Une comparaison synoptique des passages où apparaît notre expression permet non seulement de confirmer l'existence de cette tradition calébite - probablement assez ancienne - mais, à défaut d'en tracer des contours exacts, d'en repérer certains traits caractéristiques récurrents[20] :

	Dt 1	Nb (13)14	Nb 32	Jos 14
השיב דבר את ...	22, 25	(13.26)		7
רגל Pi	24	24 בא שׁמה		7
אחינו המסו את־לב(ב)	28		ויניאו את־לב 9 בני ישׂראל	8
אל־יראה	35	23 יראו	11 יראו	

- -

16   Überlieferungsgeschichtliche Studien, 31–32, 44. M. Noth a repris cette idée d'une façon plus nette dans ses commentaires de Josué (1953) et de Nombres (1966).

17   1972 (=1983), 337. L'auteur y renvoie à son article de 1970, paru dans JAOS 90, 200.

18   1970, 271.

19   Voir M. NOTH, 1953, 85.

20   Une telle comparaison a été esquissée par M. NOTH, 1953, 84.

את־הארץ	35	23	11	
אשר נשבעתי	35	23		
לאבת(יכם)	35	23		
כלב	36	24	12	6, 14
בן־יפנה	36		12	6, 14
הקנזי			12	6, 14
את הארץ אשר דרך־בה	36	24*		9
ולבניו	36	24*		9
מלא אחרי יהוה	36	24	11, 12	8, 9, 14

* = textes présentant une légère variante.

figure 1

On le voit, parmi les traits caractéristiques de cette tradition calébite ancienne, le nom de Caleb et notre expression elle-même sont les éléments les plus constants. Il semble donc permis de considérer les sept occurrences de מלא אחרי יהוה en Nb, Dt et Jos comme appartenant à un même état de langue, celui de la tradition calébite. Cela suffit pour autoriser l'étude comparative synchronique des contextes où elle paraît.

ANALYSE COMPONENTIELLE (Nb, Dt, Jos)

1.1 Contextes littéraires

Après le récit de l'exploration du pays de Canaan, au retour de laquelle la majorité du peuple, malgré l'intervention de Caleb, rejette les risques d'une conquête, **Nb 14** rapporte les suites données par YHWH à ce refus, lequel exprime la défiance du peuple à l'égard de sa promesse. Deux récits successifs traitent de ce même thème : 14.11-25 d'une part, et 14.26-38 de l'autre. Notre expression apparaît dans le premier récit, d'après lequel Caleb est d'avis, seul[21] contre tous, que la conquête doit être tentée puisque, dit-il, "nous en avons parfaitement les moyens" (יָכוֹל נוּכַל לָהּ, 13.30). L'expression מלא אחרי יהוה résume donc son attitude en même temps qu'elle la réfère à YHWH (et à sa promesse). Elle est expliquée par l'expression unique dans l'AT הָיְתָה רוּחַ אַחֶרֶת עִמּוֹ (= il est animé d'un autre esprit). Plus éclairante pour son contenu est sans doute l'opposition où elle se trouve, dans le contexte J, avec נאץ Pi (= "ne pas prendre au sérieux", v. 11a et 23b).

Dans le contexte plus large du développement deutéronomiste que M. Noth[22] distingue en 14.11b-23a, מלא אחרי יהוה s'oppose à לֹא יַאֲמִינוּ (= "ils n'ont pas cru", 14.11b), à נסה Pi (= "mettre au défi", 14.22) et à לֹא שָׁמַע בְּקוֹל יהוה (= "refuser d'écouter YHWH", ibid.)[23]. De l'examen de ce premier contexte où apparaît מלא אחרי יהוה, on peut déjà conclure en première approximation que l'expression décrit **une relation suivie et positive** (confiante, d'après le Dtr) **avec YHWH**.

En **Nb 32**, l'attitude de Caleb est citée par Moïse comme le contre-exemple qu'il oppose aux Gadites et aux Rubénites, lesquels réclament de pouvoir s'installer immédiatement en Transjordanie déjà conquise. Moïse les soupçonne de vouloir ainsi se dérober à la solidarité qui exigerait que les tribus déjà pourvues d'un territoire apportent leur aide à celles qui ont encore à conquérir le leur. Il leur reproche de dissuader les Israélites (נוא את־לב בני ישראל Hi, v. 7), exactement comme les dix explorateurs pessimistes avaient dissuadé le peuple (v. 9, même expression qu'au v. 7) quarante ans plus tôt. Moïse fait allusion à la sanction que Dieu avait alors prononcée contre Israël en prolongeant son séjour errant au désert jusqu'à la disparition de la génération défaillante et il rappelle que seuls Caleb et Josué avaient échappé à cette condamnation, précisément כי מלאו אחרי יהוה (v. 12). Renoncer à participer à la conquête risquerait donc de condamner tout Israël à une nouvelle période d'attente au désert (v. 15).

Le passage n'offre pas d'expression parallèle à celle qui nous occupe, mais il oppose celle-ci à deux aspects de l'option que Moïse incrimine : (a) dissuader (נוא את־לב Hi, v. 7 et 9) le peuple d'entrer dans le pays promis et (b) se détourner du Seigneur (שׁוּב מאחריו, v. 15). Ces données s'accordent bien avec la première évaluation dégagée par l'analyse contextuelle de Nb 14.23-24, mais n'y apportent pas de précision supplémentaire.

- -

21   Dans le second récit, Josué est mentionné à côté de Caleb.
22   1966, 96.
23   Dans le récit parallèle de 14.26–38, c'est le terme de לוּן (protester contre) qui décrit l'attitude
     inverse de celle de Caleb.

Dans le premier discours introductif au Dt, **Dt 1.19--2.1** est une rétrospective de la conquête avortée. C'est Moïse qui le rappelle au moment même où Israël se trouve à nouveau aux portes du pays promis : il s'agit pour le peuple de ne pas retomber dans les mêmes errements que quarante ans plus tôt ! L'attitude de Caleb y est une fois encore opposée à celle de la majorité du peuple. Les reproches formulés par Moïse font apparaître que מלא אחרי יהוה s'oppose d'une part à diverses tournures exprimant le refus (לא אבה = "refuser", v. 26; מרה Hi = "être récalcitrant", v. 26; רגן Ni = "trouver à redire", v. 27) et, d'autre part, à l'expression מסה את־לבב מן Hi (= "décourager de", v. 28; Jos 14.8), qui rappelle le נוא את־לב לבלתי Hi (= dissuader de) de Nb 32.9. On relèvera surtout le reproche du v. 32, אינכם מאמינם ביהוה (= vous n'avez pas eu confiance en YHWH), à rapprocher de לא־יאמינו בי de Nb 14.11b. Il ressort de ce dernier rapprochement que le Dt comprenait notre expression comme impliquant, de la part de Caleb, une relation confiante avec YHWH. מלא אחרי יהוה apparaît donc comme appartenant au même domaine sémantique que אמן Hi. C'est dire que notre expression et אמן Hi ont en commun au moins un composant sémantique.

Avec **Jos 14** commence la description du partage de la Cisjordanie. Après les v. 1 à 5, qui définissent les conditions générales de la répartition des territoires tribaux, et avant le chap. 15, qui pose les jalons des frontières sud, est et nord de Juda, les v. 6-15 sont consacrés au cas exceptionnel du clan de Caleb : celui-ci se voit attribuer la région d'Hébron, non pas, comme pour les autres clans, par tirage au sort (v. 2), mais en vertu d'une promesse ancienne reçue au moment de la conquête avortée. Caleb rappelle en effet l'engagement pris alors par Moïse et ce qui le justifiait : Caleb avait fait son rapport כאשר עם־לבבו (selon sa conscience [TOB], conforme à sa pensée [BFC], tout à fait sincère [BJ], v. 7), tandis que ses compagnons explorateurs décourageaient le peuple (v. 8 = Dt 1.28); lui-même au contraire, "remplit derrière le Seigneur" (v. 8). Cette même expression, qui décrit donc l'attitude globale de Caleb tout au long de l'affaire, revient encore deux fois dans le récit : une fois comme parole de Moïse (v. 9) et une fois encore sous la plume du narrateur lui-même (v. 14). Sa fonction est de justifier la récompense exceptionnelle accordée à Caleb.

Malgré cette triple répétition, Jos 14.6-15 n'apporte pas de précision nouvelle sur le sens de מלא אחרי יהוה.

A l'issue de cette analyse des contextes littéraires, il apparaît donc que les deux contextes les plus éclairants par la présence de termes et d'expressions parallèles ou antithétiques à מלא אחרי יהוה sont ceux de Nb 14 et Dt 1. Mais tous les environnements étudiés, même celui de 1 R 11.6, provisoirement écarté comme étranger à la tradition calébite, situent notre expression dans le domaine religieux et permettent de la comprendre, en première approximation, comme désignant, on l'a vu, une **relation confiante et suivie avec YHWH.**

Pour cerner de plus près le sens de מלא אחרי יהוה et dégager ses composants distinctifs, il convient à présent de définir les contours d'un domaine sémantique de l'expression, au sein duquel on pourra comparer (opposer) les items qui s'y trouvent.

1.2 La "concession", Sitz im Leben de l'expression

On peut déduire du tableau de la figure 1 (pp. 177-178) que la tradition calébite couvre au moins deux épisodes[24], d'ailleurs étroitement liés l'un à l'autre : (a) l'exploration du Sud-Canaan et (b) l'attribution d'Hébron et de ses environs à Caleb et à ses descendants. Notre expression concerne le second épisode, puisqu'elle sert précisément à justifier[25] cette attribution par le comportement exceptionnel de Caleb lors du premier épisode. Elle vise donc à décrire ce comportement passé.

Cette fonction de justification de l'attribution d'un territoire situe le deuxième épisode de la tradition calébite dans la catégorie des "concessions" étudiée par M. Weinfeld[26].

M. Weinfeld distingue au moins deux types d'alliance dans le Proche et le Moyen Orient antiques : (a) un contrat de vassalité stipulant les droits et obligations qui lient suzerain et vassal, et (b) un contrat de concession (*grant*), qui détaille les droits octroyés par un suzerain à son vassal en récompense de ses bons et loyaux services. Il cite notamment une concession accordée par Assourbanipal (668–627) à un certain Balṭaya, son chef des approvisionnements en fourrage : "Balṭaya ..., who ... was devoted to his lord ([ša] libbašu gummuru ana belišu : litt. dont le coeur est entier envers son maître), who served before me in faithfulness (ina mahriya ina kināti izzi[zuma] : litt. qui s'est tenu fidèlement devant moi) and walked in safety (ittalāku šalm[iš]), who grew with a good repute within my palace, and kept guard over my kingship ([iṣ]ṣuru maṣṣarti šarrutiya) ... The fields, orchards and people which he had acquired under my protection and made his own estate, I exempted (from taxes), wrote down and sealed with my royal seal[27]."

La terminologie de la "concession" assyrienne a des équivalents évidents dans le texte biblique notamment quand celui-ci fait référence aux "concessions" accordées notamment à Abraham (une descendance nombreuse qui possédera le pays promis) ou à David (une "maison"), voire à la lignée de Pinhas pour la concession sacerdotale. Dans le cas qui nous occupe, on s'intéressera surtout aux

---

24   N'intervient pas ici la conquête de Qiryath Séfèr (Jos 15.15–19 // Jg 1.11–15).
25   עקב en Nb 14.24; כי en Nb 32.12 et Jos 14.9; יַעַן אֲשֶׁר en Dt 1.36 et Jos 14.14.
26   1972 (=1983), pp. 59–116, notamment pp. 74 ss.
27   Nous citons d'après POSTGATE, 1969, 36.

considérants, la concession proprement dite variant évidemment d'un cas à l'autre. On peut donc regarder les textes suivants comme parallèles, sous ce point de vue, à la concession accordée à Caleb[28].

(a) Concession accordée à Abraham :

Gn 17.1bβ-2[29]

התהלך לפני והיה תמים
ואתנה בריתי ביני ובנך

Gn 26.5

עקב אשר־שמע אברהם בקלי
וישמר משמרתי מצותי חקתי ותורתי

(b) Concession accordée à David :

1 R 2.4

אם ישמרו בניך את־דרכם
ללכת לפני באמת בכל לבבם ובכל־נפשם
לאמר לא יכרת לך איש מעל כסא ישראל

1 R 3.6

כאשר הלך לפניך באמת ובצדקה ובישרת לבב עמך

1 R 8.23
(= 2 Ch 6.14)

שמר הברית והחסד לעבדיך ההלכים לפניך בכל לבם

1 R 8.25
(= 2 Ch 6.16)

לא יכרת לך איש מלפני ישב על־כסה ישראל
רק אם־ישמרו בניך את־דרכם
ללכת לפני כאשר הלכת לפני

1 R 9.4

ואתה אם־תלך לפני כאשר הלך דוד אביך
בתם־לבב ובישר לעשות ככל אשר צויתיך
חקי ומשפטי תשמר

On peut ajouter deux exemples négatifs, Jéroboam I et Abiyam :

1 R 14.8

ואקרע את־הממלכה מבית דוד ואתנה לך
ולא היית כעבדי דוד
אשר שמר מצותי ואשר הלך אחרי בכל־לבבו
לעשות רק הישר בעיני

1 R 15.3

ולא היה לבבו שלם עם־יהוה

---

28   La plupart de ces textes sont signalés par M. WEINFELD, op. cit.
29   La concession est ici anticipée à l'état de promesse.

2 R 20.3 : Au moment de sa maladie, Ezékias demande à Dieu un sursis, ce qui est aussi une forme de concession, temporaire il est vrai.

Pour l'obtenir, le roi met en avant les considérants suivants : התהלכתי לפניך באמת ובלבב שלם
והטוב בעיניך עשיתי

(c) La concession sacerdotale :

Quand l'homme de Dieu démet la lignée d'Eli de la fonction sacerdotale (1 S 2.30), il mentionne les considérants qui n'ont pas été respectés :

אמור אמרתי ביתך ובית אביך יתהלכו לפני עד עולם

Ce texte se réfère probablement à la concession accordée à Pinhas (Nb 25.11-13). C'est à celle-ci que Malachie semble aussi faire allusion en 2.8, lorsqu'il adresse ses reproches aux prêtres :

בשלום ובמישור הלך אתי

Dans cet ensemble, הלך לפני יהוה (הת)הלך, avec ses variantes הלך את־יהוה et הלך אחרי יהוה, apparaît comme un élément récurrent, présent dans tous les contextes de concession. Il est complété, selon les cas, par des expressions constituées autour des verbes שמר, שמע, עשה et des substantifs comme אֱמֶת, לֵב ou des dérivés de la racine ישר.

2. Le domaine sémantique

Il ressort de cet examen du vocabulaire de la concession que le domaine sémantique auquel appartient notre expression contient donc les items suivants désignant :

(aa) le·comportement général

לפני יהוה
{
    הלך 2 R 2.4; 3.6; 8.23,25; 9.4

    התהלך Gn 17.1; 2 R 20.3; 1 S 2.30
}

Voir aussi הלך את יהוה (Ml 2.6) et הלך אחרי יהוה (1 R 14.8).

(ab) le comportement particulier

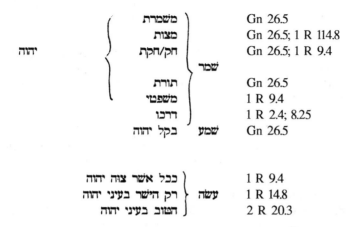

יהוה	משמרת		Gn 26.5
	מצות		Gn 26.5; 1 R 114.8
	חק/חקת		Gn 26.5; 1 R 9.4
	תורת	שמר	Gn 26.5
	משפטי		1 R 9.4
	דרכו		1 R 2.4; 8.25
	בקל יהוה	שמע	Gn 26.5

ככל אשר צוה יהוה		1 R 9.4
רק הישר בעיני יהוה	עשה	1 R 14.8
הטוב בעיני יהוה		2 R 20.3

b) les modalités de ce comportement, à savoir :

(ba)

בכל־לב(ב)ו	1 R 2.4; 8.23; 14.8
לבב שלם עם	1 R 15.3; 2 R 20.3

(bb)

באמת	1 R 2.4; 3.6; 2 R 20.3
בצדקה	1 R 3.6
בישר לבב	1 R 3.6
בישר	1 R 9.4; cf. 1 R 14.8
במישור	Ml 2.6
בשלום	Ml 2.6

Dans l'élément pivot הלך לפני יהוה (הת)הלך, (הת)הלך est employé au sens métaphorique de "parcourir le chemin de la vie". L'expression complète précise que cette vie est vécue en présence de YHWH, c'est-à-dire sous son regard (son contrôle ? son autorité ?). Décrivant le comportement général du bénéficiaire de la concession, cette expression apparaît donc comme assez proche de מלא אחרי יהוה. Mais, contrairement à cette dernière, (הת)הלך לפני יהוה a un sens assez générique. On remarque, en effet, qu'elle a toujours besoin d'être précisée par une indication portant sur le contenu du comportement désigné et/ou sur ses modalités. Ces précisions appelées par (הת)הלך לפני יהוה sont, selon les cas, une observance durable (שמר) des volontés de YHWH, voire une attention portée sur son message (שמע בקל יהוה, Gn 26.5), ou une conformité de l'action (עשה) à sa volonté (ככל אשר צוה יהוה, ou encore רק הישר/הטוב בעיני יהוה[30]).

Quant aux modalités, elles expriment l'intégralité de l'engagement personnel (voir les références données sous "ba"), voire la fidélité ou la fiabilité (אֱמֶת[31]), la droiture (trois dérivés de la racine ישר en 1 R 3.6; 9.4; Ml 2.6), et la conformité à la volonté de YHWH (צרקה).

3. Les composants distinctifs

Comme (הת)הלך לפני יהוה, מלא אחרי יהוה décrit donc le comportement du destinataire de la concession, comportement qui légitime celle-ci. Mais, contrairement à la première expression, מלא אחרי יהוה n'a jamais besoin d'être complété par quelque précision supplémentaire, l'expression se suffit à elle-même. Il faut donc admettre que מלא אחרי יהוה se situe plus bas dans la hiérarchie sémantique et inclut, outre les composants de (הת)הלך לפני יהוה, l'essentiel des compléments d'information qu'appelle systématiquement cette dernière expression. Ces compléments (intégralité de l'engagement personnel, fidélité, droiture) constituent donc les composants distinctifs de מלא אחרי יהוה. Ce résultat peut être représenté par le tableau suivant :

figure 2

SIGNIFICATION

מלא אחרי יהוה implique donc un comportement transparent au regard de YHWH et des modalités affectant positivement ce comportement : engagement

---

30   Le mot טוב qualifie ce qui est conforme à son objet; cf. A. LACOCQUE, 1967, 44s : "L'adjectif טוב … indique la propriété d'un objet de répondre à sa vocation, de parvenir au but de sa création." En Ex 2.2, A.L. traduit : elle vit qu'il (=l'enfant Moïse) était apte …

31   Contrairement aux options de la TOB, nous estimons que חֶסֶד est plutôt *bonté* que *fidélité*, ce dernier terme convenant mieux à אֱמֶ. Mais cette autre option devrait être confirmée par une analyse componentielle comparative de ces deux unités lexicales. Voir aussi H.J. STOEBE in THAT I, 600–621, *s.v.* חֶסֶד, et H. WILDBERGER, *ibid.*, 201–208, *s.v.* אמן; H.J. ZOBEL, *in* TWAT III, 48–71, *s.v.* חֶסֶד et A. JEPSEN *in* TWAT I, 333–341, *s.v.* אמן.

sans réserve, fidélité et droiture du futur bénéficiaire de la concession. Cet ensemble correspond assez bien au concept de **loyauté**[32], dont le dictionnaire de langue[33] définit d'ailleurs ainsi le sens courant : "qui est entièrement fidèle aux engagements pris, qui obéit aux lois de l'honneur et de la probité."

L'EXPRESSION EN 1 R 11.6

1 R 11.1-13 apporte *a posteriori* un jugement négatif sur le règne de Salomon. Le passage est de facture deutéronomiste[34]. Reprenant sans doute l'expression מלא אחרי יהוה de la tradition calébite (Dt 1; Jos 14), le Deutéronomiste l'a appliquée ici d'une manière négative à Salomon. Le problème reste de savoir s'il l'utilise encore au sens qui a été dégagé par l'analyse des textes de la tradition calébite.

L'auteur deutéronomiste articule et commente deux informations concernant respectivement le nombreux harem de Salomon et l'installation de lieux de culte dédiés à des divinités étrangères. Ces options de Salomon sont toutes deux condamnées comme contraires à la volonté de YHWH. L'ensemble du passage peut donc être considéré comme décrivant l'inverse du processus de concession[35] : la trahison de l'alliance (ברית, v. 11) par Salomon entraîne la perte de tous les privilèges dont il avait hérité comme successeur de David.

Au niveau du vocabulaire, l'expression מלא אחרי יהוה se trouve opposée dans le passage à un certain nombre de termes ou d'expressions significatives : נטה את־לב (אחרי אלהים אחרים) Hi ("incliner le coeur vers", v. 3, 4; cf. v. 9); ולא שמר את אשר צוה יהוה ("ne pas garder ce que YHWH a commandé", v. 16), ou encore לא שמרת בריתי וחקתי ("tu n'as pas gardé mon alliance ni mes lois", v. 11). Le tout est classé sous la définition plus générique du v. 6 : ויעש שלמה הרע בעיני יהוה (Salomon fit ce qui est mal aux yeux de YHWH). On retrouve donc ici une partie des items constituant le domaine sémantique de מלא אחרי יהוה dans la langue de la tradition calébite. Tout porte donc à estimer que le Deutéronomiste utilise notre expression au sens traditionnel que l'on a essayé plus haut d'élucider.

---

32 Le résultat de la présente analyse permet *a posteriori* de confirmer et de saluer l'intuition de plusieurs traducteurs anglo-saxons relevée au début de ce chapitre.

33 Le *petit Robert*, s.v. loyal.

34 Voir par exemple M. NOTH 1968, 244; M. WEINFELD 1983, 337.

35 Comparer avec l'annulation des droits sacerdotaux concédés à Eli (1 S 2) ou royaux à Jéroboam I (1 R 14).

L'EXPRESSION EN Si 46.6

Dans "l'éloge des pères" que Ben Sira développe aux chapitres 44 à 50 de son livre, le début du chapitre 46 est consacré à Josué et à Caleb. Quelques remarques préalables s'imposent :

(a) Notre expression sert à commenter, voire à expliquer les <u>hauts</u> <u>faits</u> de Josué. Contrairement aux occurrences canoniques, elle est donc employée hors d'un contexte de concession.

(b) Bien que Caleb soit mentionné à partir du v. 7 et notamment son attitude courageuse au retour de l'exploration de Canaan, c'est à qualifier l'action de <u>Josué</u> que l'expression est utilisée ici. Josué, en effet, a supplanté Caleb dans la tradition sacerdotale (Nb 14.6, à comparer avec 14.25; 32.12 et Dt 1.36; Jos 14.6). Caleb restant cependant associé à Josué, il est intéressant de constater que l'expression conserve ainsi au moins un lien indirect avec la tradition qui en atteste les occurrences les plus anciennes.

(c) Dans sa forme l'expression n'a que légèrement évolué : יהוה a fait place à אל, non pas tant pour éviter que soit cité le nom divin (celui-ci figure dans l'hémistiche immédiatement précédent sous la forme ײַ), que pour prévenir plutôt une répétition dommageable au style de ces sentences bien frappées (מָשָׁל) si chères à Ben Sira (3.29a; 6.35b; 38.33; 44.5b; 47.17a).

A la fin du v. 6, l'auteur recourt donc à notre expression pour expliquer pourquoi Dieu combattait aux côtés de Josué et de ses troupes à l'époque de la conquête. Plusieurs notations, en effet, soulignent au préalable le lien étroit qui attache Josué à Dieu : il mène les combats du Seigneur (v. 3), invoque Dieu le Très-Haut (v.5), Celui-ci l'exauce (v. 5). Aucun de ces éléments ne paraît incompatible avec la signification de מלא אחרי יהוה telle qu'elle ressort de notre analyse des textes canoniques étudiés : c'est la loyauté de Josué à l'égard de Dieu qui lui assure l'appui victorieux dont il bénéficie.

CONCLUSION

L'expression très ancienne semble avoir traversé les siècles sans que se modifie sensiblement la signification que lui reconnaissait l'antique tradition calébite. L'auteur deutéronomiste l'y a récupérée et a su l'utiliser telle quelle hors même du cadre originel de la concession, son *Sitz im Leben* traditionnel. Cet élargissement dans l'emploi de l'expression chez l'auteur deutéronomiste reste cependant très limité, car le sujet de 1 R 11.1-11 est en fait l'annulation d'une concession. En revanche le *Sitz im Leben* traditionnel est complètement perdu de vue à l'époque de Ben Sira, même si l'expression fait encore partie de son vocabulaire actif.

Si, tant que l'hébreu biblique est resté langue vivante, l'expression מלא אחרי יהוה a relativement bien conservé sa signification originelle, il semble que celle-ci se soit complètement perdue après la dernière attestation que nous en avons. Le petit-fils de Ben Sira, en effet, ne la comprend plus, non plus que les traducteurs de la LXX, ni même ceux des Tg. On garde l'impression d'assister sur ce point particulier au passage de l'hébreu biblique du statut de langue vivante à celui de langue morte.

APPENDICE : STRUCTURE DE L'EXPRESSION

Des deux éléments constitutifs de מלא אחרי יהוה, le second fonctionne incontestablement comme métaphore. Le premier, מלא, est évidemment l'élément-pivot. En dehors de notre expression, il n'est que très rarement employé absolument. Sur 111 attestations de מלא Pi, en effet, on ne relève que deux cas d'un tel emploi : Jr 4.5 d'abord, dans la tournure קראו מלאו, où notre terme apparaît en forme postposée avec valeur adverbiale[36], 1 Ch 12.16, ensuite, où il est combiné avec על au sens intransitif de "déborder". On laissera de côté les cas de Es 23.2 et de Ps 17.14 affectés de problèmes textuels.

Dans notre expression, מִלֵּא apparaît donc privé de ses composants sémantiques habituels. C'est là un phénomène propre à l'usage métaphorique. On pourrait donc conclure que מלא אחרי יהוה résulte, à l'origine, d'une combinaison de deux métaphores. Ce n'est cependant pas la seule possibilité. On a vu p. 176 que certains auteurs supposent une ellipse de ללכת, להיות, voire לב. La diversité de ces conjectures rend prudent.

Sur la base de l'araméen on pourrait imaginer une forme primitive comme מְלָא מָקוֹם אַחֲרֵי י׳, qui aurait été l'objet d'une ellipse par euphémisme (tabou positif), ce qui est un phénomène fréquent[37]. Mais l'histoire du français "dès potron minet/jaquet"[38] suggère aussi que מלא אחרי יהוה peut très bien résulter d'une (ou plusieurs) déformation(s) phonétique(s), auquel cas la forme originelle de l'expression risque fort d'être perdue à jamais et sa structure impossible à déterminer, du moins dans l'état actuel de nos connaissances. Une telle éventualité ne saurait surprendre, étant donné l'origine particulièrement ancienne de l'expression.

- - - - - - - - - - - - - - - - -

36 Voir P. JOÜON 1947, 534.
37 Cette suggestion nous a été faite par M. J. de Waard.
38 Voir pp. 236–237.

CHAPITRE IX

šub šebut

Bibliographie

E. BAUMANN, שׁוּב שְׁבוּת, Eine exegetische Untersuchung, ZAW 47, 1929, 17–44.

W. BEYERLIN, "Wir sind wie Träumende", Studien zum 126. Psalm, SBS 89, Stuttgart, 1978, 41–42.

BEN YASHAR – ZIPOR, in TWAT VII, 1992, 958–965.

R. BORGER, Zu שׁוּב שְׁבוּת/ית, ZAW 66, 1954, 315–316.

J.M. BRACKE, šub šebût : A Reappraisal, ZAW 97, 1985, 233–244.

Fr. DELITZSCH, Die Lese- und Schreibfehler im AT, Berlin, Leipzig 1920, 57.

E. DIETRICH, שׁוּב שְׁבוּת, Die endzeitliche Wiederherstellung bei den Propheten, BZAW 40, 1925.

H. DONNER – W. RÖLLIG, Kanaanäische und aramäische Inschriften, Wiesbaden 1966[2], 1968[2], 1969[2].

A. DUPONT-SOMMER, Les inscriptions araméennes de Sfiré, Paris 1958.

A.B. EHRLICH, Randglossen zur hebräischen Bibel II, Leipzig 1909 (= Hildesheim, 1968), 337.

G. FOHRER, Studien zur atl. Prophetie, BZAW 99, 1967, 461.

A. GUILLAUME, Hebrew and Aramaic Lexicography, A Comparative Study, Abr Nahrain 3, 1961–62, 8.

L. GULKOWITSCH, Die Bildung von Abstraktbegriffen, Leipzig 1931, 121–122.

H.A.L. s.v. שְׁבוּת, 1990.

W.L. HOLLADAY, The Root šubh in the O.T., Leiden 1958, 110–114.

E. KÖNIG, Hebräisches und Aramäisches Wörterbuch zum AT, Leipzig 1931.

A. LEMAIRE – J.M. DURAND, Les inscriptions araméennes de Sfiré et l'Assyrie de Shamshi–ilu, Genève–Paris, 1984.

E. PREUSCHEN, Die Bedeutung von שׁוּב שְׁבוּת im Alten Testament, ZAW 15, 1895, 1–74.

J.A. SOGGIN, in THAT II, 1976, 886–888.

I. WILLI–PLEIN, šwb šebwt, eine Wiedererwägung, ZAH 4, 1991, 55–71.

UN DÉFI À RELEVER

La relativement longue bibliographie ci-dessus[1] en témoigne déjà : la séquence שׁוּב שְׁבוּת a intrigué et continue d'intriguer les générations successives d'hébraïsants. Les propositions avancées par des chercheurs plus anciens ne semblent donc pas avoir convaincu ceux qui ont repris le problème après eux. Est-on en droit pour autant de parler d'échec de ces recherches, au moins avant les dernières en date ? Un tel diagnostic serait prématuré. Mais en reprenant le problème à nouveaux frais on ne peut se dissimuler que l'issue reste incertaine.

Les difficultés intrinsèques de la formule, méticuleusement reprises par I. Willi-Plein (transitivité de שׁוּב ? Nature grammaticale et fonction syntaxique de שְׁבוּת ? Présence ou absence de la *nota accusativi* אֵת (n.a.), nombreux cas de Qeré-Ketib qui affectent la graphie de la séquence) font problème pour déterminer la structure de l'expression. Mais on peut aussi se demander si l'analyse componentielle sera elle-même partout applicable : des contextes comme ceux de Jr 48.47; 49.6,39 laissent perplexe. L'expression שׁוּב שְׁבוּת y détermine, en effet, le sens de tout l'énoncé où elle figure. Aucun élément du contexte ne permet alors de la situer dans un domaine sémantique autre que très générique, du genre "action de YHWH pour une communauté humaine".

La **stéréotypie** de la séquence paraît peu assurée. La combinaison des deux principaux termes de celle-ci, en effet, est loin de se présenter de façon unifiée : l'élément verbal est le plus souvent au Qal (Q), mais parfois au Hifil (Hi). Parmi ces derniers cas, certains sont indiscutables de par la présence de la préformante ה (Jr 33.7; Lm 2.14), d'autres ne peuvent être reconnus comme tels que par la présence de la *mater lectionis* ʾ (Jr 32.44; 33.11; 49.6; Ez 39.25), d'autres enfin ne sont lus comme Hi que par la vocalisation massorétique du Qeré (Qr) (Jr 33.26; 49.39; Jl 4.1), le Ketib (Kt) invitant au contraire à lire un Qal.

---

1   Elle ne prétend pas à l'exhaustivité. On trouvera d'autres titres dans HAL et dans TWAT VII
     s.v. שְׁבוּת, ainsi que chez les auteurs cités.

A la suite des formes Hi on ne s'étonnera pas de trouver la *n.a.*, puisque la forme factitive-causative introduit un facteur de transitivité. Mais la *n.a.* est absente de Lm 2.14. En revanche elle étonne avec l'emploi de שׁוּב Q.

L'élément nominal enfin se présente lui aussi de manière variable : souvent שְׁבוּת, qui n'apparaît jamais en dehors de sa liaison avec שׁוּב Q ou Hi, parfois שְׁבִית (Ez 16.53aα)², lequel, contrairement à שְׁבוּת, est employé une fois (Nb 21.29) hors liaison avec שׁוּב et en parallèle à פְּלֵיטִים (rescapés). Dans un certain nombre de cas les *Naqdanim* ont jugé bon de corriger les *matres lectionis* du texte consonantique par le système Qr/Kt. Ainsi שְׁבִית se voit corrigé huit fois en שְׁבוּת (Jr 29.14; 49.39; Ez 16.53aβγb; 39.25; Jb 42.10; Lm 2.14), tandis qu'à l'inverse שְׁבוּת est corrigé trois fois en שְׁבִית (So 2.7; Ps 85.2; 126.4). On ne peut se défendre ici d'une impression générale de flottement dans la vocalisation massorétique, particulièrement sensible en Ez 16.53, où des trois occurrences de שְׁבִית, en dépendance strictement parallèle du même וְשַׁבְתִּי initial, les deux dernières sont corrigées en שְׁבוּת par un Qr, mais non la première ! Le contexte ne permet d'avancer aucune explication de ces traitements différents d'une même forme.

L'ensemble des combinaisons attestées de שׁוּב (Q/Hi) et de שְׁבוּת/ית, y inclus la présence ou l'absence de la *n.a.*, est résumé dans le tableau de la page suivante.

---

2   En Ez 16.53b, on a même une forme plurielle, שְׁבִיתַיִךְ, mais le texte est mal assuré : un certain nombre de manuscrits et de versions ont lu שְׁבִיתֵךְ (d'après BHS).

Références	שׁוב Q	שׁוב Hi	n.a.	שְׁבוּת	שְׁבִית
1 Dt 30.3	×		+	×	
2 Jr 29.14	×		+	Qr	Kt
3 Jr 30.3	×		+	×	
4 Jr 30.18	×		−	×	
5 Jr 31.23	×		+	×	
6 Jr 32.44		×	+	×	
7,8 Jr 33.7		×	+	××	
9 Jr 33.11		×	+	×	
10 Jr 33.26	Kt	Qr	+	×	
11 Jr 48.47	×		−	×	
12 Jr 49.6		×	+	×	
13 Jr 49.39	Kt	Qr	+	Qr	Kt
14 Ez 16.53aα	×		+		×
15 Ez 16.53aβ			+	Qr	Kt
16 Ez 16.53aγ			+	Qr	Kt
17 Ez 16.53b	LXX		(−)		×
	וְשַׁבְתִּי				plur.
18 Ez 29.14	×		+	×	
19 Ez 39.25		×	+	Qr	Kt
20 Os 6.11	×		−	×	
21 Jl 4.1	Kt	Qr	+	×	
22 Am 9.14	×		+	×	
23 So 2.7	×		−	Kt	Qr
24 So 3.20	×		+	plur.	
25 Ps 14.7	×		−	×	
26 Ps 53.7	×		−	×	
27 Ps 85.2	×		−	Kt	Qr
28 Ps 126.4	×		+	Kt	Qr
29 Jb 42.10	×		+	Qr	Kt
30 Lm 2.14		×	−	Qr	Kt
31 Ps 126.1 cj	×		+		LXX

figure 1

On constate ainsi que la forme שׁוב (את-)שְׁבוּת est statistiquement dominante. En revanche la forme שׁוב Hi + שְׁבִית n'est attestée que deux fois (Ez 39.25; Lm 2.14), et encore le Kt שְׁבִית a-t-il été corrigé dans les deux cas par Qr en שְׁבוּת, bien que la combinaison הֵשִׁיב את-שְׁבִית soit la seule, compte non tenu du contexte, à suggérer un sens endocentrique (faire revenir la captivité/les captifs) -

si tant est que שְׁבִית soit dérivé de שׁבה (emmener comme prise de guerre), ainsi que l'indique HAL. Etant donné le flottement constaté plus haut dans la vocalisation massorétique des deux termes de la séquence, il semble avisé de faire abstraction de la vocalisation et de **s'en tenir au texte consonantique**, sans oublier que la copie manuelle a certainement entraîné des confusions occasionnelles entre ו et י.

On peut alors délimiter plusieurs séries :

1°) שׁוב שבות (sans *n.a.*) : Jr 30.18; 48.47; Os 6.11; So 2.7; Ps 14.7 = 53.7; 85.2.

2°) שׁוב את־שבות : Dt 30.3; Jr 30.3; 31.23; 33.26; Ez 29.14; Jl 4.1; Am 9.14; Ps 126.4.

3°) שׁוב את־שבית : Jr 29.14; 49.39; Ez 16.53aαβγ; Jb 42.10; [Ps 126.1 LXX].

4°) השׁיב את־שבות : Jr 32.44; 33.7 (2×), 11; 49.6.

5°) השׁיב (את־)שבית : Ez 39.25; Lm 2.14.

Deux occurrences restent hors classement : Ez 16.53b (lu וְשַׁבְתִּי avec la LXX) et So 3.20, qui emploient tous deux des formes plurielles de שבות/ית.

Chacun de ces groupes correspond à une forme bien stéréotypée. On pourra vérifier ultérieurement si deux ou plusieurs de ces formes ont la même valeur sémantique, auquel cas la stéréotypie de la tournure devra être considérée comme relative.

En ce qui concerne **l'exocentricité** du sens, celle-ci apparaît comme bien établie pour שׁוב שבות. Un premier indice est indirectement fourni par l'abondance de la bibliographie consacrée au sujet : si en effet le sens endocentrique était évident, la tournure n'aurait pas donné lieu à autant de recherches. Mais on tablera surtout sur le fait que שְׁבוּת n'est jamais attesté en dehors d'une liaison syntagmatique avec שׁוב (Q ou Hi). L'absence de valeur sémantique apparente de שבות est un gage certain que la séquence où elle apparaît a bien un sens exocentrique. On a ici un phénomène comparable à celui qu'on rencontre dans des expressions françaises comme "avoir la berlue", "prendre la poudre d'escampette", "être en goguette", "courir le guilledou", "à la queue leu leu", "il y a belle lurette que" etc., où les mots soulignés n'ont pas ou plus de valeur sémantique autonome et apparaissent exclusivement dans les expressions citées. Ils n'ont de valeur que comme parties intégrantes de l'expression idiomatique où ils figurent. Tout porte à croire qu'il en est de même pour l'hébreu שבות dans שׁוב שבות, et que l'on tient là une variété particulière d'expression idiomatique, dans laquelle le sens endocentrique apparent est totalement perdu.

Il n'est pas possible d'en dire autant de שְׁבִית, employé une fois comme complément du verbe נתן en Nb 21.29, peut-être au sens de שְׁבִי ("prisonniers de guerre" ou "déportés"). Cette valeur sémantique autonome de שְׁבִית pourrait expliquer le glissement שבות --> שבית dans les Kt/Qr de So 2.7; Ps 85.2; 126.4, même si les contextes respectifs ne suggèrent pas nécessairement l'idée d'un retour des déportés.

Un indice supplémentaire d'exocentricité du sens de la séquence est l'emploi apparemment transitif de שוב Q, surtout dans les cas où il est accompagné de la *n.a.* Cette anomalie a intrigué depuis longtemps les chercheurs. Un tel emploi transitif de שוב (factitif ou causatif), est accepté encore, il est vrai par BDB (*s.v.* שוב, § 9) ou par HAL (*s.v.* שוב § 6).

HAL précise même : «(= hif.)» et cite à l'appui Ps 85.5 comme *am sichersten* à côté de cas *weniger sicher*. Cependant la forme שׁוּבֵנוּ doit être rapprochée de יְבוֹאָנוּ (Es 28.15) et considérée avec JOÜON 1947, § 125 b comme accusatif d'objet affecté. Voir aussi JOÜON-MURAOKA 1991, § 125 ba, et déjà E. KÖNIG 1897, 8–9, ainsi que WALTKE – O'CONNOR 1990, 304. Il faut alors traduire non pas "fais-nous revenir" (TOB), mais "reviens à nous". Le Tg de Ps 85.5 a d'ailleurs lu תוב לותנא. Voir enfin M. BOGAERT, Les suffixes verbaux non accusatifs dans le sémitique nord–occidental et particulièrement en hébreu, *in* Bibl. 45, 1964, pp. 220–247. La transitivité de שוב est tellement improbable que la barayta Megillah 29a[3] interprète ainsi Dt 30.3 : "...le Saint – béni soit–il !– revient avec" les déportés. C'est dire que את est compris non comme *n.a.*, mais comme préposition au sens de avec. Cette exégèse est reprise au Moyen–Age par un commentateur comme Rachi : «LE SEIGNEUR TON DIEU REVIENDRA (ושב) AVEC TES CAPTIFS. Il aurait dû être écrit והשיב (au factitif) "Il fera revenir". Nos Rabbins en ont déduit que la Présence divine réside avec Israël au milieu de la détresse de l'exil, s'il est permis de s'exprimer ainsi. Il a fait inscrire Sa propre délivrance pour le jour de leur délivrance. Il reviendra avec eux» (Le Pentateuque [...] accompagné du commentaire de Rachi traduit en français par J. Bloch, E. Munk, I. Salzer, E. Gugenheim, tome V, le Deutéronome, Paris 1975, 2ème édition).

Cette transitivité de שוב a été contestée, à notre avis de façon convaincante, par E.L. Dietrich[4], puis W. Holladay[5], suivis par les travaux plus récents de I. Willi-Plein et Ben Yashar - Zipor.

Il apparaît donc qu'au moins sous les formes שוב (את-)שבות/ית on a bel et bien affaire à une (ou plusieurs ?) expression(s) idiomatique(s).

- - - - - - - - - - - - - - - - - - - -

3   Citée par I. WILLI-PLEIN, p. 55.
4   *op. cit.* p. 33.
5   *op. cit.* p. 110–114.

LES INTERPRÉTATIONS

Les **versions anciennes**, suivies d'ailleurs par de nombreux chercheurs plus récents, ne semblent guère faire de différence quant au sens entre les diverses formes de la séquence. Mais elles varient dans leur manière de la rendre d'une occurrence à l'autre. Ben Yashar - Zipor[6] ont bien inventorié les trois sens proposés par les versions anciennes. On renvoie donc ici à leur travail, en se contentant pour mémoire de rappeler que, entre ces trois sens ([a] ramener les exilés, [b] changer la condition et [c] changer d'avis, se repentir), la LXX balance entre les sens [a] et [b][7]. Le Tg palestinien est plus cohérent (partout le sens [a] sauf en Lm 2.14[8], où le sens proposé est [c] (תיובתא). La Vg enfin interprète 19 fois dans le sens [a], 10 fois dans le sens [b] (avec les mots *conversio, reversio, restitutio*) et une fois dans le sens [c] (avec l'étrange *Dominus quoque conversus est ad pœnitentiam Iob* de Jb 42.10). Cette variété de traductions proposées montre qu'au tournant de notre ère la séquence n'était déjà plus comprise comme un tout et que les traducteurs de l'Antiquité cherchaient à en retrouver le sens à partir des unités lexicales qui la composent, hésitant souvent[9] à déduire שבות/ית de שבה (emmener comme prise de guerre) ou de שׁוב (revenir).

Autant que nous ayons pu le constater sur la douzaine de **versions modernes** consultées[10], les traducteurs plus récents ont renoncé au sens [c]. On trouve d'abord, en effet, le classique *ramener les captifs*, adopté encore occasionnellement dans la TOB pour les Psaumes, mais qui constitue la traduction de base pour des versions comme BP, BRF, voire BJ[11]. Dans la plupart des cas les versions en usage aujourd'hui ont adopté le sens [b], avec des nuances variables : *changer la destinée* (TOB en Dt 30.3) ou *le sort* (BFC en Jr 30.3), *das Geschick* (RLB et EHS en Jr 30.18) ou *das Schicksal* (DGN en Jr 31.23) *wenden*. Plus précise, l'idée de *restauration* (TOB en Jr 48.47; BFC en Ez 16.53) ou de *rétablissement* (BC d'une manière remarquablement cohérente pour une traduction confiée à une pluralité de traducteurs; BJ en Os 6.11; Jl 4.1; Am 9.14; BFC en Ez 16.53, par exemple). C'est ce dernier sens qui est adopté de façon très

6   Dans TWAT VII, 961.

7   Respectivement 19 et 4 fois, le texte manquant en Jr 33.26; 48.47; 49.6. La traduction approximative proposée pour Jb 42.10 (ὁ δὲ κύριος ηὔξησεν τὸν Ιωβ) constitue évidemment un cas particulier.

8   Et non en Dt 30.3, comme l'indiquent par erreur BEN YASHAR - ZIPOR.

9   Ce n'est pas le cas des Tg, qui considèrent de façon assez constante (seule exception Lm 2.14) que שבות/ית dérive de שׁבה.

10   TOB, BFC, BP, BRF, BJ; RLB, EHS, DGN; REB, NJV, RSV.

11   BP et BRF font exception pour Jb 42.10 et Lm 2.14. C'est aussi le sens [a] que BJ a adopté pour les occurrences du livre de Jr, sauf en 30.18, où on trouve *rétablir*.

cohérente par les versions anglo-saxonnes (RSV, NJV et REB) sous la forme *to restore the fortunes.*

Ces diverses interprétations reflètent évidemment les solutions qu'ont proposées les chercheurs depuis plus d'un siècle. Plusieurs études largement étoffées marquent en effet autant de jalons dans l'histoire de l'interprétation de שוב שבות. Dès le milieu du siècle dernier, en effet, H. Ewald[12] proposait de comprendre cette séquence au sens de *jemandes Wendung, d.h. Schicksal, wenden.* Une quarantaine d'années plus tard E. Preuschen propose comme sens de notre séquence *changer la captivité,* d'où *ramener de captivité.* Pour E.L. Dietrich[13], qui se situe dans la ligne tracée par Ewald, שוב שבות est un terme technique de l'eschatologie prophétique, qui exprime la *restauration* d'un état antérieur de bonheur. E. Baumann se rattache plutôt à la ligne jalonnée par E. Preuschen et s'appuie sur Ps 126.4; 86.2 et Ez 16.53 pour conclure que שוב שבות désigne *l'annulation par Dieu d'une sentence d'emprisonnement.* Il n'a guère été suivi dans cette direction. Adoptant une méthode d'analyse purement contextuelle sur laquelle on reviendra plus loin, J.M. Bracke aboutit à la conclusion que שוב שבות se réfère, comme l'a bien vu E.L. Dietrich, à un acte de *restitutio in integrum,* mais sans la nuance eschatologique qu'y avait vue ce dernier auteur.

Mentionnons enfin I. Willi-Plein[14], dont l'étude essentiellement étymologique et grammaticale conclut que שוב שבות désigne un *retour* (de YHWH) à une situation ou à une résolution antérieure, conclusion à laquelle arrivent également Ben Yashar - Zipor dans leur article du TWAT[15].

Tout au long de cette recherche deux méthodes se développent, de façons parfois complémentaires mais le plus souvent antinomiques. La plus représentée est l'analyse étymologique[16]. On peut s'étonner que celle-ci n'ait pas été abandonnée après 1961, date où J. Barr publia cet avertissement pourtant étayé de nombreux exemples et référé à des linguistes éprouvés : "L'étymologie n'est pas ... un guide permettant d'accéder à la valeur sémantique des mots dans leur usage courant; c'est à partir de l'usage courant et non à partir de la dérivation que cette valeur doit être établie[17]." Un tel avertissement n'a guère été entendu, ce qui

---

12   Jahrbuch der biblischen Wissenschaft, 5, 1853.

13   *op. cit.,* p. 36–37

14   *op. cit.,* 71.

15   VII, 958–965.

16   Elle existe déjà chez Ewald, mais elle est reprise avec des résultats parfois contradictoires par toutes les études mentionnées, sauf celle de Bracke. A propos de שבות E.L. Dietrich note cependant (*op. cit.,* p. 10) : *Es handelt sich um ein Abstraktum, dessen Sinn festzustellen die Etymologie allein nicht genügt.*

compromet fortement la portée des travaux récents qui continuent de chercher dans son étymologie le sens de שבות/ית et dans l'analyse des rapports syntaxiques de שוב et de שבות la clé sémantique de la séquence.

Dans la mesure où שוב שבות est reconnue comme expression idiomatique, il est vain de vouloir approcher son sens à partir de ses composants lexicaux. Certes l'analyse étymologique et syntaxique est loin d'être sans intérêt. Elle peut permettre éventuellement de se faire une idée de la structure de l'expression idiomatique à son origine. Mais en aucun cas elle ne donne accès au sens exocentrique de celle-ci. D'autant plus que la forme de l'expression a fort bien pu varier selon des lois purement phonétiques, comme en français "il y a belle heurette que" a pu devenir "il y a belle lurette que" lorsque les locuteurs de l'expression ne connaissaient plus que son sens exocentrique.

L'autre analyse est contextuelle. Elle est exploitée déjà, concurremment à la précédente chez Ewald. On la retrouve de même en bonne place chez E.L. Dietrich, ce qui donne au travail de ce chercheur une probabilité beaucoup plus grande d'approcher la valeur sémantique de notre expression. Elle acquiert enfin le droit à l'exclusivité chez J.M. Bracke, dont les conclusions rejoignent, en les tempérant, celles de E.L. Dietrich : שוב שבות désigne une *restitutio in integrum*.

Certes l'examen du contexte n'est pas absent chez I. Willi-Plein, mais il ne sert guère qu'à tenter d'élucider les composants lexicaux de la séquence et donc à reconstituer un sens endocentrique de l'expression, sens que l'auteur définit comme étant *das Rückgängigmachen eines vergangenen Geschehens oder Entschlußes*[18]. L'article de Ben Yashar - Zipor[19] attribue à la séquence (sous forme Qal), mais sans véritable démonstration, le sens d'un *retour de YHWH à son peuple*. On peut objecter que ce retour de YHWH est en général exprimé par le verbe simple שוב (Nb 10.36; Jl 2.14; Am 3.9; Za 1.3; Ml 3.7; Ps 6.5; 85.7; 2 Ch 30.6), parfois accompagné de la préposition אל. On se demande alors pourquoi le même signifié a besoin d'un autre signifiant. L'intérêt de l'article nous paraît résider plutôt dans la liste qu'il dresse des divers termes que les contextes situent en parallèle à l'expression étudiée : נתן, נשא פנים, רפא, מצא Ni, פקד, רצה, רחם Pi, בנה, נתן ישועה, לשם ולתהלה. Mais tous ces termes ressortissent-ils au même état de langue ? C'est ce qu'il eût été nécessaire à notre avis de vérifier préalablement.

----

17   The Semantics of Biblical Language, p. 131 de la traduction française, Paris, 1971.

18   *op. cit.*, 71.

19   *op. cit.*, 964.

Pour appliquer une méthode d'analyse synchronique, il convient à présent d'examiner, dans chacune des cinq séries formellement homogènes délimitées plus haut, quelles occurrences peuvent être considérées comme relevant d'un même état de langue. Dans chaque série ces occurrences sont malheureusement trop dispersées pour qu'on puisse recourir au critère d'appartenance à une même unité littéraire. Il faudra donc se contenter du critère de datation, malgré tout ce qu'il présente d'aléatoire.

A

שוב שבות

Les textes de la première série

Jr 30.18; 48.47; Os 6.11; So 2.7; Ps 14.7 = 53.7; 85.2

CORPUS

Jr 30.18. Le chap. 30 du livre de Jérémie est jalonné de formules qui marquent en principe un début ou une fin d'oracle : la formule du messager (כה אמר יהוה, v. 5,12,18) ou la formule oraculaire (נאם יהוה, v. 17,21, par exemple). On peut ainsi isoler les oracles 30.12-17 et 30.18-20, ce dernier contenant l'expression qui nous occupe.

Après P. Volz, W. Rudolph[20] a bien montré "l'authenticité" jérémienne des oracles des chap. 30--31, oracles concernant Israël au sens restreint, c'est-à-dire le royaume du Nord. Il situe à l'époque de Josias l'oracle qui nous intéresse ici, entre la reconquête des territoires de Samarie et de Galilée d'une part, et la mort du roi d'autre part, c'est-à-dire entre les années 622 et 609. Cette lecture et cette datation impliquent que les mentions de Juda (30.3,4) ou de Sion (30.17) sont secondaires. Si on hésite à attribuer au prophète d'Anatoth ces quelques références à Juda et à Sion, on pourra admettre avec J. Bright[21] que rien n'oblige à descendre plus bas que le milieu de la période exilique. De toute façon, entre le dernier quart du 7ème siècle et la première moitié du 6ème on peut estimer que l'état de langue n'a pas dû varier notablement.

Jr 48.47 apparaît à la fin du long chapitre consacré au destin de Moab. Son absence de la **LXX** incite à considérer ce verset comme une addition

---

20 1958, 175.
21 1981, 285.

relativement tardive. Selon Fl. Josèphe[22] le raid babylonien de 582 en Palestine (Jr 52.30) aurait affecté aussi Ammon et Moab. Ceux-ci connurent peut-être ultérieurement une restauration temporaire à laquelle ferait allusion le v. 47, mais selon J. Bright[23] les deux peuples devaient être peu après victimes d'une invasion de tribus arabes du désert, qui les aurait définitivement rayés de la carte. W. Rudolph constate cependant qu'un texte tardif comme Es 24–27, qu'il date de la fin du 4ème siècle, vitupère encore Moab (25.10b-11). Jr 48.47 ne saurait donc être situé avant le second quart du 6ème siècle. Il est probablement plus tardif.

La principale difficulté présentée par **Os 6.11b**, tant pour la datation que pour l'interprétation, tient à la question de savoir à quoi se rattache notre expression, qui constitue la seconde partie du verset. L'ensemble 5.8–7.16 est formé de petites unités kérygmatiques articulées par le style et/ou le thème[24]. Les commentateurs s'accordent à considérer 7.1a comme dû à un interpolateur judéen, mais ils diffèrent sur l'extension de cette interpolation. Pour H.W. Wolff, l'intervention se limite à 6.11a. Mais E. Jacob[25] l'étend à l'ensemble du v. 11, et W. Rudolph[26] y inclut 7.1a. Si l'on observe que 7.1, contrairement à la disposition typographique adoptée par BHS, et compte non tenu du *zaqef parvum* sur שֹׁמְרוֹן, peut être lu comme un ensemble de trois vers de rythme identique 2 + 3, il faut alors admettre que 6.11b se rattache à 6.11a. Deux possibilités sont alors à considérer : (1) L'addition judéenne se limite à גַּם יְהוּדָה, qui se rattache fort bien, comme la LXX l'a compris, à la glose de 6.10b. Dans ces conditions 6.11aβb constitue un vers 3 + 3 qu'il n'est pas *a priori* impossible d'attribuer à Osée et qui conclurait l'oracle après 6.10a. (2) Ou bien l'addition judéenne, effectuée en deux phases comme le suppose H.W. Wolff, inclut tout le v. 11, car 11b, du fait de la relation בְּ, ne peut avoir de signification autonome. La première possibilité doit être écartée, car la métaphore eschatologique de la moisson apparaît chez des prophètes plus tardifs (Jr 51.33, cette dernière référence datant sans doute de la fin de l'exil) et n'entre guère dans la perspective habituelle du prophète Osée. On admettra donc ici que la (ou les) glose(s) judéenne(s) inclu(en)t l'ensemble du v. 11, rien n'interdisant, semble-t-il, de la considérer comme préexilique (cf. Jl 4.13). Les Massorètes ont

- -

22   Antiq. X,IX,7 : «La cinquième année qui suivit la dévastation de Jérusalem, c'est-à-dire la vingt-troisième du règne de Nabuchodonosor, ce prince marche contre la Cœlésyrie, l'occupe et fait la guerre aux Ammanites et aux Moabites. Puis, ayant réduit ces peuplades en son pouvoir, il envahit l'Egypte.» (Œuvres complètes de Flavius Josèphe, traduction de Julien WEILL, Paris 1926).

23   1981, 323.

24   H.W. WOLFF 1961, 136.

25   1965, 56.

26   1966, 143.

donc eu raison de marquer par un *sof pasuq* la coupure entre 6.11b et 7.1a, et la *petuḥa* qui sépare les deux versets est justifiée.

En **So 2.7** notre expression apparaît à la fin de la strophe consacrée aux Philistins (2.4-7) dans l'ensemble d'oracles (2.4-15) qui passent successivement en revue les adversaires de l'ouest, de l'est, du sud et du nord de Juda. Les commentateurs s'accordent à voir dans les v. 7a,c une interpolation exilique (ou postexilique).

Ps 14.7 (= 53.7). Par sa parenté avec la situation à laquelle se réfère le début du livre d'Habacuc, le Ps 14 peut être situé avec H.J. Kraus dans la dernière période préexilique (fin du 7ème siècle). Mais le v. 7 doit-il être considéré comme une addition ultérieure ? Le Ps 14 suit le même schéma général que Ha 1 et Ps 12, par exemple :

v. 1b-4   : plainte (cf. Ha 1.2-4; Ps 12.2-5)
v. 5   : retournement de situation (cf. Ha 1.5-10; Ps 12.6)
v. 6   : dénonciation (cf. Ha 1.11).

Il paraît donc normal que cette suite, de nature probablement liturgique, s'achève par un vœu (v. 7), parallèle à la prière de Ha 1.12-17 ou Ps 12.8-9. La mention מִצִיּוֹן fait cependant hésiter. Ailleurs, en effet, מִצִיּוֹן accompagne généralement une bénédiction (Ps 128.5; 134.3) ou un vœu (Ps 20.3; 110.2), donnant par l'emploi du jussif l'impression que celui qui parle se trouve lui-même à Sion. En Ps 14.7 il s'agit aussi d'un vœu, qui appelle le salut (יְשׁוּעָה), mais formulé d'une manière dubitative : ... מִי יִתֵּן = Ah ! si ...[27]. Il pourrait donc être formulé loin de Sion (cf. Ps 137.1), résidence de YHWH, de qui l'on attend le salut. Dans ces conditions, le v.7 serait à dater de l'exil. Mais même alors la distance linguistique reste faible entre la date de l'addition et la date où le Psaume a dû voir le jour.

En **Ps 85.2**, si l'on s'en tient au texte consonantique, il faut lire le Kt שׁבת שְׁבות יעקב et non שׁבת שְׁבית יעקב. C'est dire que l'événement positif auquel le début du Ps fait référence n'est pas nécessairement le retour des exilés. Un autre argument de H. J. Kraus et de A.A. Anderson pour une date postexilique est l'appellation "Jacob" pour désigner le peuple de Dieu. Familière au Deutéro-Esaïe, elle inclinerait à considérer le Ps 85 comme postérieur aux écrits du prophète de la consolation d'Israël. En fait l'appellation est plus ancienne. On la trouve déjà chez Osée (10.11; 12.3) en des passages qu'on ne peut retirer au prophète. Elle est encore attestée chez Amos (7.2,5) ou son "école", de quelques décennies plus jeune (6.2; 8.7), chez Esaïe (8 fois) ou Michée (8 fois), donc en des temps largement

---

27   Une autre expression idiomatique. Voir p. 50, n° 90.

préexiliques. L'argument de Kraus et d'Anderson n'est donc pas déterminant. Et l'on pourrait très bien admettre avec I. Willi-Plein[28] que rien dans le texte ou le contenu du Psaume ne permet de démontrer qu'il a vu le jour après l'exil. Comme prière liturgique, il devait pouvoir convenir à d'autres situations difficiles consécutives à une délivrance récente mais partielle. Comme le pense H.J. Kraus, il a pu servir après les premiers retours d'exilés. Mais rien n'empêche que des situations analogues n'aient pas permis de l'employer avant l'exil, par exemple après la mort de Josias. Quoi qu'il en soit, entre la fin de l'époque royale et la période 539-520 la distance linguistique reste faible.

En résumé, les six textes où figure notre expression peuvent s'être constitués aux environs du 6ème siècle, avec une possibilité pour Jr 48.47 d'avoir vu le jour plus tard, avant la fin du 5ème siècle. C'est dire qu'à l'intérieur de ce laps de temps relativement restreint il est possible de les considérer comme relevant d'un état de langue à peu près stable, et que les textes retenus peuvent être comparés. On les considérera donc comme formant un seul corpus.

ANALYSE COMPONENTIELLE

1. Les contextes littéraires

Jr 30.18. Notre expression apparaît dès le début de l'oracle 30.18-21, comme une sorte de sommaire de l'action que YHWH s'apprête (הִנְנִי) à entreprendre.

Cette action porte sur les "tentes de Jacob" (אָהֳלֵי יַעֲקוֹב). *Jacob* est ici une désignation métonymique du peuple d'Israël (l'ancêtre est nommé pour ses descendants, comme par exemple en 30.10a, où le parallélisme indique bien l'équivalence Jacob = Israël). L'Israël ainsi désigné est le royaume du Nord, comme cela apparaît clairement en 31.5,6,15,18,20, textes contemporains de l'oracle 30.18-21. "Les tentes" sont une appellation métonymique des habitations (מִשְׁכְּנוֹת), comme l'indique le parallélisme étroit de 18aα et 18aβ, confirmé par le parallélisme plus large de 18a et 18b.

L'action de YHWH annoncée par notre expression va porter sur "la ville" (עִיר) et sur "la maison en dur" (אַרְמוֹן), qui sont ici probablement des appellations génériques. Dans le parallélisme complexe qui caractérise le v. 18, parallélisme à la fois horizontal (aα // aβ, bα // bβ) et vertical (a // b), l'expression שׁוּב שְׁבוּת est en correspondance avec רחם Pi (montrer de l'affection, 18a) et, en 18b, avec les racines בנה (= bâtir) et ישׁב (= être assis, être situé).

----

28   *op. cit.*, 58–59. Il va de soi qu'on ne saurait ici, sans pétition de principe, invoquer la présence de שׁוּב שְׁבוּת comme signe d'une datation tardive.

On sait d'autre part que l'hébreu biblique n'explicite pas toujours le composant "à nouveau". C'est ainsi, par exemple, qu'en Jr 1.10, après la série נתשׁ (= déraciner), נתץ (= renverser), אבד Hi (= faire périr) et הרס (= démolir), les verbes בנה (=bâtir) et נטע (= planter) sont implicitement chargés du composant "à nouveau" et doivent être traduits "rebâtir" et "replanter". Dans le cas de Jr 30.18, ce composant est implicitement contenu dans les pronoms-suffixes de תִּלָּהּ (= son tell) et de מִשְׁפָּטוֹ (= son [site] traditionnel). Ce même composant réapparaît d'ailleurs au v. 20 dans כְּקֶדֶם (= comme autrefois) et implicitement au v. 21aαβ dans la qualification du prince qui régnera sur le peuple une fois que celui-ci aura retrouvé son cadre de vie : וְהָיָה אַדִּירוֹ מִמֶּנּוּ וּמֹשְׁלוֹ מִקִּרְבּוֹ יֵצֵא (= son prince sera de chez lui [le peuple], son souverain sortira de son [du peuple] milieu), par opposition au temps présent, où le pouvoir est détenu par un roi étranger. On revient donc, dans ce domaine aussi, à une situation antérieure. Ce composant "à nouveau" apparaît donc comme un élément sémantique récurrent de l'oracle. Dans la mesure où l'expression שׁוב שׁבות, placée en tête de cet oracle, annonce de façon globale les thèmes qu'il va développer ensuite, on doit admettre qu'elle contient ce composant sémantique "à nouveau".

Jr 48.47, on l'a déjà noté, n'est compréhensible que si l'on connaît préalablement la signification de l'expression שׁוב שׁבות. Le contexte immédiat n'est donc ici d'aucun secours. Le contexte plus large (48.41-46) se suffit à lui-même, puisque 48.47 est une addition postérieure. Le seul lien entre 48.47 et ce qui précède est le ו de וְשַׁבְתִּי. Il annonce un futur (*weqataltí*) qui, en opposition aux accomplis précédents, implique une coordination adversative (mais). On sait donc que l'action divine désignée par notre expression s'oppose à la situation catastrophique décrite aux v. 40-46, mais on ne peut préciser davantage.

On a vu plus haut que **Os 6.11b** doit être rattaché non à ce qui suit (7.1aα) mais à ce qui précède (6.11a). Or ce qui précède est grevé de plusieurs complications : gloses parfois difficiles à délimiter et problème textuel. 6.10b est vraisemblablement déjà une glose, qui reprend 5.3b. Pour 6.11a, H.W. Wolff émet l'hypothèse d'une glose judéenne insérée en deux phases successives : en un premier temps aurait été inséré גַּם־יְהוּדָה, que la LXX rattache d'ailleurs à 6.10bβ, puis, en un second temps, שָׁת קָצִיר לָךְ serait venu compléter cette première insertion. Mais la LXX rend ces mots par Ἄρχου τρυγᾶν σεαυτῷ, soit en accommodant sa traduction pour supprimer la tension entre la 3ème personne שָׁת et la 1ère personne des verbes qui précèdent, soit en lisant שָׁת קְצֹר לָךְ (= prépare-toi à moissonner pour toi). Quoi qu'il en soit, le contexte de שׁוב שׁבות est ici des plus réduits. D'une part, en effet, les dimensions de l'addition où l'expression figure sont fort restreintes; d'autre part la seule relation logique avec ce qui précède est une relation temporelle de concomitance. Le contexte de Os 6.11b n'est donc guère éclairant pour la signification de l'expression שׁוב שׁבות.

L'addition qui introduit notre expression en **So 2.7** comprend les cinq premiers mots et les six derniers du verset. L'introduction de בֵּית יְהוּדָה en 7a change la référence du sujet des verbes יִרְעוּן (= ils mèneront paître) et יִרְבָּצוּן (= ils se reposeront). Primitivement il s'agissait des bergers (רֹעִים, v. 6); dans le texte actuel il s'agit des gens de Juda. Ce sont ces derniers qui, dans la seconde partie de l'addition, constituent évidemment la référence des pronoms-suffixes compléments du verbe פקד (= s'occuper de) et de l'expression verbale שׁוב שבות. Le contexte même restreint de notre expression met donc celle-ci en parallèle avec le verbe פקד. Les deux désignent ainsi une action de YHWH dont les gens de Juda sont l'objet. Le régime transitif de פקד indique que l'intervention correspondante de YHWH est positive et doit être comprise comme "intervenir pour" (par opposition à פקד + ב ou עַל, intervenir contre). Enfin la désignation des bénéficiaires de cette action comme שְׁאֵרִית בֵּית־יְהוּדָה (= ce qui reste de la "maison" de Juda) situe la promesse de 2.7b au-delà d'une catastrophe - sans doute celle de 587 - à laquelle ont échappé ceux qui vont être l'objet de l'intervention divine. Est donc implicitement présent ici un composant "retour à un état antérieur" ou "à nouveau", comme en Jr 30.18. La question reste non (encore) résolue de savoir comment פקד et שׁוב שבות, qui ont évidemment des composants sémantiques communs, se situent l'un par rapport à l'autre dans la hiérarchie sémantique. Le sens assez général de פקד inviterait à présumer une signification plus spécifique pour שׁוב שבות. Mais la règle stylistique du *hendiadys* de renforcement, déjà rencontrée dans l'étude de אמצה חן בעיניך[29], suggérerait au contraire que שׁוב שבות se situe plus haut que פקד dans la hiérarchie sémantique. Cependant la règle en question n'étant pas absolue, la question reste ouverte jusqu'à la fin de l'analyse.

Ps 14.7 (= 53.7). Ce Psaume se réfère à une situation d'oppression subie par le "peuple de YHWH" (v. 4), appellation qui recouvre une partie seulement d'Israël, la "race juste" (דּוֹר צַדִּיק), par opposition à la fraction dominante des נְבָלִים (= "insensés", v. 1) et des פֹּעֲלֵי אָוֶן (= "malfaisants", v. 4). Un retournement de situation est annoncé, plutôt que constaté, au v. 5, et פָּחֲדוּ (= trembler) doit être compris comme un parfait prophétique. L'accusation du v. 6a montre bien, d'autre part, que la situation d'oppression se prolonge. Dans ces conditions l'aspiration exprimée au v. 7 est à sa place : elle appelle le salut (יְשׁוּעָה) en référence aux déclarations de 5b et 6b, lesquelles annoncent que YHWH a pris le parti du malheureux (עָנִי, v. 6b). La יְשׁוּעָה (= secours, salut) espérée et demandée apportera un juste changement de la situation. Le בְּ par lequel débute 7aβ établit la concomitance (cf. Os 6.11) de l'action divine désignée par שׁוב שבות et de la

---

29   Chap. VII, 163–164.

יְשׁוּעָה espérée. On notera que son caractère bénéfique est encore souligné par les verbes גיל (= être dans l'allégresse) et שׂמח (= se réjouir)[30].

La première partie (v. 2-4) du **Ps 85** se réfère à un événement heureux qui, là encore, a corrigé une situation compromise dans laquelle se trouvait le peuple d'Israël, désigné ici (comme en Jr 30.18) sous l'appellation Jacob. Cette situation anormale est décrite par les mots עָוֹן (= tort, crime [du peuple de YHWH]) et חַטָּאת (= faute) au v.3, et par les termes עֶבְרָה et חֲרוֹן אַף (= "la colère" [de YHWH] au v.4). Mais le péché du peuple a été "enlevé" (נשׂא) par YHWH et "couvert" (כסה Pi). Corrélativement YHWH a "ramassé" (אסף) sa colère, c'est-à-dire l'a fait disparaître, et il est revenu (שׁוב) de son indignation. Or le grand retournement de situation détaillé dans les v.3-4 est annoncé de façon globale par les deux stiques parallèles du v.2 : (a) רָצִיתָ אַרְצֶךָ (= tu as montré ta faveur à ton pays) et (b) שַׁבְתָּ שְׁבוּת יַעֲקֹב. Les deux formes verbales au *qatal* (accompli) montrent que c'est là un fait acquis et non pas attendu dans un avenir eschatologique.

D'autre part la faute et la colère divine évoquées aux v. 3-4 impliquent que cette phase de relation orageuse entre YHWH et son peuple devait être précédée d'une phase plus détendue, en sorte que la faveur évoquée par le v. 2 dans רצית est une faveur retrouvée. On devrait donc pouvoir traduire le premier stique de ce verset : "Tu as à nouveau montré ta faveur à ton pays." Comme en Jr 30.18-21, l'élément "à nouveau" est un composant sémantique récurrent dans le Ps 85[31], mais il est ici clairement explicité par le retour du verbe שׁוב (= "revenir", v. 5, 7, 9) et par des expressions comme נשׂא עָוֹן (= enlever le crime) ou כסה חטאת (= couvrir la faute). C'est dire que ce composant est certainement inclus dans l'expression שׁוב שׁבות, étant donné la valeur de programme que confère à celle-ci sa place en tête du Psaume, où elle intervient en parallèle intéressant avec רצה I (= avoir plaisir à).

2. Les traits communs
Les six contextes examinés permettent de dégager les traits récurrents suivants de l'expression :

1°) שׁוב שׁבות désigne toujours une action <u>de YHWH</u>.

2°) Celle-ci affecte toujours une <u>communauté humaine</u> (le peuple de Dieu, les gens de Juda, Jacob, Moab), soit dans sa personne morale soit dans ses biens.

- -

30   On observe une fois encore ici la succession, dans l'ordre, du plus spécifique et du plus générique.

31   Voir I. WILLI–PLEIN, art. cit., 58.

3°) Elle intervient dans une action de détresse. On notera cependant ici que le contexte de Os 6.11 est trop restreint pour fournir cette dernière précision.

3. Domaine sémantique et composants distinctifs

Quatre contextes où apparaît notre expression sont plus étoffés et mettent שוב שבות en relation sémantique avec quelques verbes (et un substantif verbal, יְשׁוּעָה = "salut", en Ps 14.7a), qui indiquent tous une réaction divine face à la grave situation où se trouve la communauté humaine qui va en être l'objet. C'est d'abord רחם Pi (= montrer de l'affection) et בנה (= re-bâtir) en Jr 30.18. So 2.7 met notre expression en parallèle avec פקד (= s'occuper de, intervenir pour). En Ps 14.7 l'action qu'elle désigne est concomitante du salut (יְשׁוּעָה). Enfin Ps 85.2 met שוב שבות en parallèle à רצה I (= éprouver du plaisir à) et en rapport thématique avec le verbe שוב (= revenir). Bien qu'il n'entre pas dans le domaine des réactions divines face à la détresse d'une communauté humaine, le כְּקֶדֶם (= "comme autrefois", Jr 30.20) explicite un thème majeur de l'oracle de Jr 30.18-21 et doit être considéré comme un composant sémantique de notre expression.

Parmi les termes du domaine sémantique ainsi constitué, une première distinction doit être faite entre שוב שבות, פקד, בנה, יְשׁוּעָה et שוב d'une part, qui désignent des réactions actives, et d'autre part רחם Pi et רצה I, qui désignent des réactions affectives. On notera d'ailleurs que בנה et même יְשׁוּעָה impliquent une intervention dont les effets ont un aspect matériel.

Dans un autre registre, שוב שבות, רחם Pi, פקד (transitif), יְשׁוּעָה et רצה I ont en commun le composant "favorable", les items comme בנה et שוב ne comportant pas ce composant, non plus d'ailleurs que le composant inverse "défavorable"; ils sont en quelque sorte neutres sous ce rapport.

Quant au composant "à nouveau", il est présent dans notre expression, ainsi que dans בנה de Jr 30.18, et dans שוב (Ps 85.5,7), mais absent dans les autres items.

L'ensemble de ces observations peut se résumer dans le tableau de la page suivante, où le sigle + indique la présence du composant correspondant, le sigle ± sa présence ou son absence selon les cas, le sigle - son absence, et le sigle ≠ la présence du composant de sens inverse.

	Références	action vs affect	incid. matér.	favorable	à nouveau
שוב שבות		+	+	+	+
רחם Pi	Jr 30.18	≠	−	+	−
פקד	So 2.7	+	±	+	−
בנה	Jr 30.18	+	+	−	±
יְשׁוּעָה	Ps 14.7	+	+	+	−
רצהו	Ps 85.2	≠	−	+	−
שׁוב	Ps 85.5,7	+	−	−	+

figure 2

SIGNIFICATION

Ces résultats devraient permettre à présent de vérifier le bien-fondé des diverses solutions avancées jusqu'ici par les chercheurs qui ont abordé le problème du sens de שוב שבות. La signification traditionnellement affectée à l'expression, à savoir "ramener les captifs", n'est pas compatible avec le composant "incidence matérielle". De toute façon le thème est étranger à plus d'un contexte où elle figure, notamment So 2.7; Ps 14.7, voire Ps 85.2.

"Changer la destinée" ou "le sort" est trop générique. Même si l'on admet, en effet, que ce changement est implicitement favorable, la proposition ne rend pas justice au composant "à nouveau".

"Lever la contrainte (judiciaire)", qui est la proposition de E. Baumann, ne contient au mieux qu'implicitement les composants "favorable" et "à nouveau". Mais surtout elle introduit un composant juridique complètement étranger aux contextes considérés.

Enfin l'interprétation proposée par Ben Yashar - Zipor, selon qui שוב שבות désignerait un retour de YHWH, méconnaît à notre avis les composants "action à incidence matérielle".

C'est l'interprétation proposée par E.L. Dietrich, confirmée notamment par le travail de J.M. Bracke, qui s'accorde au mieux avec les résultats de l'analyse qui vient d'être faite. On arrive donc à la conclusion que שוב שבות désigne l'action par laquelle YHWH rétablit une situation heureuse perdue. Seule une telle signification rend en effet justice aux composants que nous avons dégagés : action divine, incidence matérielle, favorable, à nouveau.

B
שוב את־שבות
Les textes de la deuxième série
Dt 30.3; Jr 30.3; 31.23; 33.26; Ez 29.14;
Jl 4.1; Am 9.14; So 3.20; Ps 126.4

CORPUS

Lesquels de ces neuf textes sont-ils comparables ? Une première démarche visant à déterminer les limites des contextes, leur date probable ou mieux, si possible, l'appartenance littéraire voire linguistique des unités où apparaît la séquence devrait permettre un (ou plusieurs) regroupement(s) en corpus homogène(s).

En **Dt 30.3**, שוב את־שבות apparaît au cœur d'une grande unité introduite d'abord en 28.69 comme "Paroles de l'alliance ... au pays de Moab" et en 29.1 comme un discours de Moïse. L'unité s'achève en 30.20, puisque 31.1 introduit un nouveau discours de Moïse. La section 30.1-10 présuppose à l'évidence les graves événements de 587. Exilique (G. von Rad 1964, O. Kaiser 1984) ou postexilique (E.L. Dietrich, *op. cit.*, I. Willi-Plein, *op. cit.*) ? Le שָׁמָּה (= là-bas) de 30.1 semble impliquer que le destinataire du discours n'est plus en exil. Plus intéressante que la date, probablement postexilique, est la langue dans laquelle est exprimée 30.1-10. Les index dressés par M. Weinfeld[32] permettent d'y repérer un certain nombre de tournures typiquement deutéronomistes :

- בכל הגוים אשר הדיחך יהוה אלהיך שמה (= chez toutes les nations où YHWH ton Dieu t'aura banni) : v. 1; cf. v. 4 et nombreux parallèles en Jr.

- השיב אל לב (= "se remémorer", ou "réfléchir" [TOB]) : v. 1.

- -

32   1983, 320–365.

- בכל לבבך ובכל נפשך (= de tout ton cœur et de toute ton âme) : v. 2, 6, 10.

- אשר אנכי מצוך היום (= que je te commande aujourd'hui) : v. 2, 8.

- ושב וקבצך מכל־העמים אשר הפיצך יהוה אלהיך (= il reviendra te rassembler de chez tous les peuples où YHWH ton Dieu t'a dispersé) : v. 3.

- בקצי השמים (= aux extrémités des cieux) : v. 4.

- etc.

On peut donc situer Dt 30.3 dans la seconde moitié du 6ème siècle.

Le contexte littéraire de **Jr 30.3** n'occupe que les v. 1 à 3. Il est amorcé par la formule rédactionnelle הדבר אשר היה אל ירמיהו מאת יהוה (= Parole qui advint à Jérémie de la part de YHWH), qu'on retrouve en 7.1; 11.1; 18.1; 21.1; [25.1]; 32.1; 34.1,8; 35.1; 40.1; 44.1. Au v. 4 une autre formule introductive annonce les oracles jérémiens sur l'Israël du Nord. Les v. 1-3 peuvent donc être considérés comme l'introduction générale de l'ensemble 30--31. Le v. 3b, qui annonce le rapatriement d'Israël est formulé, selon W. Rudolph[33], dans la langue de "la source C" (S. Mowinckel), laquelle rapporte les discours de Jérémie dans un style proche de la phraséologie deutéronomiste. J. Bright[34] préfère y voir un exemple de la prose rhétorique typique de la fin du 7ème siècle et du début du 6ème. On n'entrera pas ici dans ce débat, d'ailleurs repris et approfondi dans des travaux comme ceux de W. Thiel[35] et H. Weippert[36], l'essentiel étant de situer l'expression qui nous occupe. Dater cette introduction du 6ème siècle paraît raisonnable.

La formule du messager au v. 23 et la formule oraculaire au v. 27 délimitent la brève unité où apparaît notre expression en **Jr 31.23**. Il s'agit d'un texte en prose, dont la paternité jérémienne est contestée[37]. L'intérêt porté à Juda et à Jérusalem (désignée non pas nommément mais par les expressions parallèles נוה־צדק et הר הקדש) invite à attribuer ces versets à un judéen de la période exilique, J.Bright[38] précisant même qu'aucun élément n'oblige à descendre plus bas que le milieu de l'exil.

---

33   1958, 173.
34   1982, LXXI.
35   1978 et 1981.
36   1973.
37   W. RUDOLPH 1958, 182.
38   1982, 285.

L'ensemble 33.14-26, absent de la LXX, est fort probablement une addition assez tardive, ce que confirme l'intérêt porté aux prêtres lévitiques (33.18,21). **Jr 33.26** appartient à la dernière section de cet ensemble (33.23-26), que P. Volz situe à l'époque de Malachie (fin du 6ème siècle), et W. Rudolph assez nettement plus tard, à celle d'Esdras et Néhémie (deuxième moitié du 5ème siècle).

Ez 29.14. Les deux dates annoncées respectivement en Ez 29.1 et 29.17 délimitent 29.1-16 comme formant un tout. Ce morceau est jalonné d'expressions typées : la formule du messager (v. 3, 8, 13), et la "formule de reconnaissance", chère à Ezéchiel : וְיָדְעוּ כִּי אֲנִי יהוה (= "ils sauront que je suis YHWH", v. 6a, 9a, 16b). On peut reconnaître ainsi trois sections : 29.1-6a, 6b-9a, 9b-16. W. Zimmerli a bien montré qu'on avait là une suite cohérente[39], peut-être résultat d'un enrichissement progressif de 29.1-6a, effectué en deux étapes. Le premier oracle est daté de l'hiver 588-587. Le troisième, 29.9b-16, s'y réfère directement, d'abord en reprenant les termes de l'accusation portée contre le Pharaon (9b renvoie à 3b), ensuite en annonçant le jugement divin (10a) par la même formule qu'au v.3a. Mais le jugement ainsi introduit concerne en fait l'Egypte tout entière (voir déjà 29.2) et non plus le seul Pharaon. Le prophète annonce une sorte de désertification (30.7), qui durera 40 ans, et une déportation des Egyptiens (12b; cf. 30.23,26). Ces reprises de formulation et ce glissement dans le sujet traité invitent à voir en 29.9b-16 un développement secondaire, qu'on peut attribuer avec W. Zimmerli à une sorte d'"école d'Ezéchiel", laquelle travaillait sur un texte prophétique déjà fixé par écrit, et à laquelle il faut sans doute attribuer la constitution du livre sous sa forme actuelle[40]. La dernière phase du travail rédactionnel de cette école est l'introduction de l'ensemble 40--48. Celle-ci ne peut être qu'antérieure à la reconstruction du temple. Il semble donc raisonnable de situer 29.9b-16 dans le deuxième ou le troisième quart du 6ème siècle.

Jl 4.1. L'éventail des dates proposées pour le livre de Joël s'étend du 9ème siècle à la fin du 4ème[41]. Jl 4.2 fait état d'une importante dispersion des exilés, ce qui explique un certain éloignement des événements de 587. Compte non tenu des additions (surtout 4.4-8 et 18-21), il faut admettre, avec les commentateurs récents, l'unité du livre, en particulier de ses deux parties : chap. 1--2 et 3--4. Si l'on remarque d'une part que 1.9,14,16 présuppose le temple en usage et abritant le service divin, on doit alors envisager que Joël ne pourrait être intervenu avant 515. D'autre part l'allusion aux murailles de Jérusalem en 2.7-9 impliquerait qu'il faut même le situer après l'époque de Néhémie, c'est-à-dire au plus tôt dans la seconde moitié du 5ème siècle.

- -

39   1969, 705–706.

40   W. ZIMMERLI 1969, 107*.

41   Voir O. KAISER 1984, 292 n.

Am 9.14. Les formules eschatologiques de 9.11 (בַּיּוֹם הַהוּא = en ce jour-là) et
9.13 (הִנֵּה יָמִים בָּאִים = un temps va venir où), doublées respectivement par la
formule oraculaire de 9.12b et la formule d'authentification (אָמַר יהוה אֱלֹהֶיךָ = dit
le Seigneur ton Dieu) délimitent deux oracles à la fin du livre d'Amos : 9.11-12 et
9.13-15. Notre expression figure au milieu du second. Après la formule introductive
de 13aα, 13aβ et 13aγ d'une part, 13bα et 13bβ d'autre part peuvent être lus en
parallèle. De même après וְשַׁבְתִּי אֶת־שְׁבוּת עַמִּי יִשְׂרָאֵל, la suite du v. 14 peut être lue
en trois stiques 2 + 2, à savoir 14aβ, 14aγ et 14b. H.W. Wolff fait remarquer que
9.14aβγ reprend les termes et les thèmes de 5.11aβb, mais en annulant le jugement
formulé dans ce dernier passage. Le v. 15 enfin est en prose. Il reprend le JE divin
du v. 14 ainsi que le thème de la (re)plantation (נטע), mais en l'appliquant
métaphoriquement aux habitants du pays. Tant par le style que par le contenu,
9.13-15 ne s'accorde guère avec le message du prophète du 8ème siècle et, suivant
R. Martin-Achard[42], on admettra ici que Am 9.13-15 constitue une addition
exilique au livre du prophète de Teqoa. Ce passage aurait bien sa place au 6ème
siècle.

Ps 126.1,4. Si l'on s'en tient au texte massorétique, le v. 4 est la seule
occurrence de שׁוּב אֶת־שְׁבוּת dans le Ps 126. Le texte du début du v. 1, en effet,
fait problème. La LXX l'a rendu de la même façon (ἐπιστρέφειν/ψαι τὴν
αἰχμαλωσίαν + Génitif) que Os 6.11; Jl 4.1; Am 9.14; So 3.20; Ps 14.7; 126.4.
Indifférente à la présence ou à l'absence (Os 6.11; Ps 14.7) de la *n.a.*, elle traduit
ainsi dans tous les cas l'hébreu שׁוּב (אֶת־)שְׁבוּת. Si tant est qu'on puisse tabler sur
sa cohérence interne, elle devrait avoir lu au v. 1 la *Vorlage* בְּשׁוּב יהוה אֶת־שְׁבוּת
צִיּוֹן au lieu du TM בְּשׁוּב יהוה אֶת־שִׁיבַת צִיּוֹן. Il est vrai que HAL, qui renvoie à W.
Beyerlin[43], estime que le texte massorétique est correct. Ce dernier auteur[44], en
effet, prend en considération une forme identique (שׁיבת) à la ligne 24 de
l'inscription araméenne gravée sur la stèle III de Sfiré (8ème siècle)[45].

Le texte de l'inscription est lacunaire. La partie qui nous intéresse est וכעת השבו אלהן שיבת
[... בית אבי. A. Dupont-Sommer, suivi par H. Donner – W. Röllig la traduit ainsi : "et maintenant
les dieux ont effectué la restauration de la mai[son de mon père ...]". Le sens serait précisément
celui de l'hébreu שׁוּב שׁבות. On observera cependant que, même si la reconstitution de la partie
manquante est correcte, l'araméen emploie ici une forme Hafel du verbe שׁוּב.

---

42   1984, 69–70.
43   1977.
44   *ibid.*, 41.
45   A. DUPONT–SOMMER 1958; H. DONNER–W. RÖLLIG 1966, 1968, 1969 *ad loc.*

Averti des pièges constitués par les innombrables "faux amis" de l'anglais et du
français par exemple, on restera plutôt réservé, jusqu'à plus ample informé, sur ce
rapprochement d'expressions propres à l'araméen ancien et à l'hébreu biblique[46].
Sur ce point on peut partager les réserves de Ben Yashar - Zipor[47]. Il semblerait
surprenant, en effet, que le Ps 126, dont la cohérence interne ne peut être niée,
exprime le même signifié aux v. 1 et 4 sous des formes aussi différentes. On
admettra donc que la LXX avait bien lu - sinon bien traduit - le v. 1 sous la
forme בשוב יהוה את־שבות ציון, et que le texte consonantique a été victime d'une
double faute de copiste : une confusion graphique du ו et du י, ainsi qu'une
métathèse du ב et du ו/י. On considérera que notre expression est
vraisemblablement attestée deux fois dans le Ps 126.

Interprétant le début du Ps comme se référant au retour des exilés - tout en
le traduisant *Als Jahwe wandte Zions Geschick* - H.J. Kraus[48] rapproche la
situation qui a pu faire naître ce Ps de celle à laquelle font référence le
Trito-Esaïe et Aggée : la réalité vécue après la libération fut décevante, surtout
après les promesses proclamées par le Deutéro-Esaïe. Selon Kraus le Ps 126 a donc
sa place après l'exil. W. Beyerlin[49] cherche de son côté à déterminer d'abord
quand le nom de Sion a pu désigner - par processus métonymique - la
communauté fidèle qui s'y rattache. C'est chez le Deutéro-Esaïe qu'il retrouve les
attestations les plus anciennes de cet usage. Il montre ensuite que c'est dans les
dernières années de l'époque royale et pendant l'exil que le peuple de Dieu a
exprimé ses plaintes face aux railleries méprisantes dont il était l'objet de la part
des גוים (les "nations" = les païens), railleries auxquelles fait indirectement allusion
le v. 2b. Ces observations le conduisent à dater le Ps 126 de la période de l'exil.
On le suivra volontiers sur ce point.

Mis à part Jl 4.1, que nous avons situé dans la deuxième moitié du 5ème
siècle, et surtout Jr 33.26, dont la datation est grevée d'incertitude, on constate que
les six autres textes de la série doivent vraisemblablement être datés du 6ème
siècle et peuvent donc constituer un corpus linguistiquement cohérent. Les
résultats auxquels l'analyse componentielle devrait permettre d'arriver pourront
être alors testés sur les deux contextes mis en réserve.

_ _

46   Comme du rapprochement établi par H. CAZELLES dans son article : L'expression šubh šebhut
      viendrait–elle de l'accadien d'Assarhaddon ? (GLECS 9, 1961, 57–60).

47   TWAT VII, 965.

48   BKAT XV/2, 1978, 1032s.

49   *op. cit.*, 42 ss.

ANALYSE COMPONENTIELLE

1. Les contextes littéraires

Dt 30.3. Malgré l'étrange formule du v. 1 "Quand seront venues sur toi toutes ces choses, la bénédiction et la malédiction", la situation à laquelle se réfère la section 30.1-10 est bel et bien la malédiction (קְלָלָה, cf. 29.26), sous laquelle Israël s'est placé en abandonnant (עזב, 29.24) l'alliance (בְּרִית) conclue (כרת, 29.11) avec lui par YHWH.

On notera ici une variation dans le vocabulaire par rapport à 29.9–20. Dans cette dernière section, la malédiction qui menace les transgresseurs de l'alliance est désignée comme אָלָה (29.11, où l'on retrouve l'expression idiomatique עבר...באלה, 13,18,19,20). A partir de 29.21, elle est désignée comme קְלָלָה (29.26; 30.1). Mais à partir de 30.6 on retrouve אָלָה (30.7). On a peut-être l'indice de différentes couches littéraires, ce qui invite à limiter le contexte immédiat de Dt 30.3 à 30.1–5, voire à 29.21—30.5.

Cette malédiction, qui est l'effet de la colère de YHWH (אַף et חֵמָה, 29.22,23,26,27), se traduit par la stérilité du pays (29.21-22), un arrachement (נתש, 29.27) de la communauté infidèle à sa terre et son expulsion (שלך = jeter) vers un autre pays (29.27), "comme c'est le cas aujourd'hui".

Chez le peuple ainsi traité un tel désastre doit provoquer une prise de conscience (וַהֲשֵׁבֹתָ אֶל־לְבָבְךָ, 30.1) et l'amener à revenir (שוב) à YHWH. Ce retour à YHWH est en quelque sorte un retour à une relation normale, qui consiste à écouter (שמע, 30.2) enfin sérieusement (בְּכָל־לְבָבְךָ וּבְכָל־נַפְשֶׁךָ) ce que dit YHWH. A ce retour sincère YHWH répondra alors par une intervention que décrit précisément l'expression שוב אֶת־שְׁבוּת en faveur d'Israël. Cette intervention est explicitée dans la suite par plusieurs termes : "il te montrera son affection" (רחם Pi) et "à nouveau il te rassemblera" (וְשָׁב וְקִבֶּצְךָ), ce dernier bienfait étant repris au v. 4 et complété au v. 5 par une promesse de retour au pays qu'occupaient (ירש) les générations antérieures (אָבוֹת) ainsi que par l'annonce d'une prospérité (טוב Hi) et d'une croissance démographique supérieures à celles des générations d'avant la catastrophe.

Le contexte de **Jr 30.3**, malgré ses dimensions plus restreintes, associe lui aussi notre expression à un retour (שוב Hi) au pays que Dieu avait donné aux générations d'avant la catastrophe et à une réinstallation des Israélites dans ce pays où ils seront chez eux (ירש).

Bien que **Jr 31.23** appartienne à une addition concernant Jérusalem et Juda, le contexte de שוב אֶת־שְׁבוּת ne doit pas être limité aux seuls versets correspondants (31.23-26). Dans la mesure, en effet, où cette addition veut étendre à Juda ce que Jérémie disait de l'Israël du Nord, elle se réfère *ipso facto* aux oracles jérémiens qui la précèdent. En formulant notre expression, l'interpolateur renvoie donc à des données comme celles des v. 20 (רַחֵם אֲרַחֲמֶנּוּ = je lui montrerai toute mon affection), 21 (שׁוּבִי = reviens) ou 22 (בָּרָא יהוה חֲדָשָׁה = YHWH crée du nouveau). Quant au contexte immédiat, on relèvera le עוֹד (= encore), la séquence "on tirera encore ..." étant liée à notre expression par une relation de concomitance exprimée par בְּ.

Ez 29.14 appartient à la seconde moitié (v. 13-16) du troisième oracle (9b-16) de l'ensemble 29.1-16. Ce troisième oracle commence par une accusation brève portée contre le Pharaon (29.9b) en des termes empruntés à 29.3b. Puis vient la sentence (v. 10a), elle aussi formulée au moyen de termes repris du premier oracle (v. 3a). A partir du v. 10b cette sentence concerne non plus le Pharaon lui-même, mais l'Egypte, dont elle annonce la ruine générale et la désertification pour une durée de quarante ans, la population égyptienne devant être dispersée (פוץ Hi) parmi les nations (בַּגּוֹיִם) et répandue (זרה Pi) dans les pays (בָּאֲרָצוֹת). La seconde partie de l'oracle détaille ce que YHWH fera après la parenthèse de quarante ans. Il rassemblera (קבץ Pi, v. 13) les Egyptiens exilés et les fera revenir (שׁוּב Hi, v. 14aβ) au pays du Sud (פַּתְרוֹס), sur leur territoire d'origine (אֶרֶץ מְכוּרָתָם). Notre expression apparaît ici au second rang des trois interventions de YHWH. Celles-ci ne sont d'ailleurs pas indépendantes les unes des autres, elles représentent plutôt autant d'aspects d'une même action : קבץ Pi (= rassembler), שׁוּב אֶת־שְׁבוּת, et שׁוּב Hi (= faire revenir au pays d'origine). L'idée d'un retour à une situation antérieure affleure au moins trois fois dans les v. 13-14. D'abord dans la mention de la fin des 40 ans de châtiment (v. 13), puis dans la racine שׁוּב (= "revenir", v. 14), enfin dans le terme מְכוּרָה (= origine) associé à אֶרֶץ (= pays).

מְכוּרָה, terme propre à Ezéchiel, se retrouve encore en 16.3, mais au pluriel, en parallèle à מֹלְדֹת (= naissance) et en 21.35, également au pluriel, où, comme ici, il qualifie le pays de naissance.

Am 9.14. L'oracle des v. 13-15 prend d'emblée une couleur eschatologique. C'est ce qu'indique non seulement la formule הנה ימים באים (= des jours vont venir où ...), mais aussi la surprenante image de 13aβγb. Normalement, en effet, les labours ne peuvent être menés à bien en Palestine qu'après les pluies d'automne, la moisson ayant lieu environ six mois plus tôt. D'autre part la vendange et la vinification se font en septembre, tandis que les semailles ont lieu après les labours[50]. C'est l'illustration d'une prodigieuse fertilité de la terre. Cette abondance est illustrée par l'hyperbole du v. 13b, en des termes parfois identiques à ceux de Jl 4.18.

A partir du v. 14, qui débute avec notre expression, la description du bonheur eschatologique est menée en contraste avec la situation présente : villes dévastées (עָרִים נְשַׁמּוֹת) et arrachement (נתש Ni, v. 15; cf. Jr 1.10) des habitants de leur sol (אֲדָמָה). L'intervention divine désignée par שׁוּב אֶת־שְׁבוּת est détaillée dans le contexte immédiatement suivant. בנה doit être compris comme re-bâtir, sans doute aussi נטע comme planter à nouveau. Surtout les bénéficiaires de cette intervention de YHWH jouiront enfin du résultat de leur peine : ils pourront occuper (ישׁב) les villes reconstruites et profiter des produits de leurs vignes ou de leurs jardins. C'est précisément l'inverse du jugement prononcé en Am 5.11, jugement qui s'était dramatiquement concrétisé pour Israël, auquel Amos s'adressait, mais aussi pour Juda, destinataire des deux oracles 9.11-12, 13-15. Reprenant enfin le mot-crochet (re)planter, le v. 15 l'applique par métaphore aux habitants du pays béni par YHWH : réimplantés dans leur pays, ils n'en seront plus (עוֹד) arrachés - sous entendu : comme ils l'ont déjà été et le restent jusqu'à présent. Le composant sémantique "à nouveau" affleure donc à maintes reprises dans les v. 14-15, soit implicitement (v. 14), soit explicitement, comme on vient de le voir au v. 15. Sous ce rapport le second oracle (v. 13-15) est bien dans la ligne du premier, notamment du v. 11, qui annonce le redressement (קום Hi) de la cabane écroulée (נפל) de David, le relèvement (קום Hi) de ses ruines (הֲרִסֹות) et sa reconstruction (בנה) comme jadis (כִּימֵי עֹולָם).

Ps 126.1 (LXX),**4.** Comme ailleurs שׁוּב אֶת־שְׁבוּת désigne ici une action (עשׂה, v. 2,3) de YHWH. Celle-ci affecte la communauté croyante, qui se désigne elle-même par l'appellation de nature métonymique צִיֹּון (= Sion). Dans la première partie du Psaume (v. 1-3), l'intervention de YHWH est décrite par ses effets concomitants (בְּ). En premier lieu elle provoque des rires (שְׂחֹוק) de joie (רִנָּה v. 2, et שִׂמְחָה v. 3). Ensuite elle suscite un étonnement admiratif chez les païens, qui confessent : "C'est une grande chose que YHWH a faite (הגדיל) pour eux" (v. 2b), et la communauté reprend à son compte cette réaction admirative (v. 3). Enfin, l'intervention de YHWH tranche tellement avec la situation vécue par la communauté croyante, que celle-ci croit rêver (חלם, v. 1). Ce retournement de situation est bien exprimé, à la fin du Psaume, par l'image du paysan, dont la joie au moment de la moisson contraste avec la peine que lui ont imposée les travaux préparatoires (v. 5-6).

_ _

50   Voir, par exemple, H.W. WOLFF, BKAT XIV/2, 407.

Au v. 4 la communauté demande pour elle-même cette intervention bienfaisante de YHWH. Elle la met alors en comparaison (elliptique) avec les oueds (אֲפִיקִים) du Négueb.

Pour apprécier cette comparaison il convient de déterminer le *tertium comparationis*. Celui–ci ne peut être correctement déterminé que d'après l'usage culturel propre à l'AT. Parmi les 18 attestations de אָפִיק dans l'AT, quatre paraissent éclairantes pour élucider la comparaison elliptique de Ps 126.4. En Jl 1.20 le prophète fait appel à YHWH : la sécheresse qui sévit est alarmante : les אֲפִיקִים sont à sec (יבשׁ) et les pâturages comme brûlés par le feu. Jl 4.18 décrit au contraire la situation bienheureuse des derniers temps : l'eau coule (הלך) dans tous les ruisseaux de Juda.

Le Psalmiste du Ps 42, quant à lui, compare son ardent désir de retrouver la présence divine dans le sanctuaire à la soif d'une biche altérée qui aspire (ערג) à trouver de l'eau dans le lit du ruisseau. Mais c'est dans la plainte de Jb 6.15–20 que l'image paraît la plus éclairante pour la question posée ici. Job s'y plaint de ses "frères" (אַחִים) qui l'ont déçu (בגד) : ils ont "passé" (עבר) comme le lit (אָפִיק) de l'oued (נַחַל). Gonflé d'eau au printemps (v. 16), celui–ci est vide à la saison sèche. L'espoir des caravaniers qui comptaient y trouver encore un peu d'eau est cruellement déçu, et cette déception annonce leur perte (אבד).

Dans l'AT la métaphore de l'oued fonctionne donc à partir du contraste entre les deux situations extrêmes : le lit d'un oued est destiné à recueillir de l'eau, mais la majeure partie du temps il est à sec.

Le *tertium comparationis* de l'image choisie au v. 4 est à chercher dans l'alternance lit rempli/lit à sec. Alors que dans Jb 6.15 le lit vide est source de déception, en Ps 126.4 le lit plein de l'oued est image d'espoir. La comparaison explicite donc ici de manière indirecte le retour espéré à une situation favorable perdue. Elle marque implicitement la présence du composant "à nouveau" déjà observé ailleurs.

2. Les traits communs

Les divers contextes examinés dans cette deuxième série font apparaître pour l'expression שׁוב את־שׁבות les mêmes traits que ceux repérés dans l'expression de forme minimale שׁוב שׁבות. On ne doit pas s'en étonner, même si, pour la rigueur méthodologique, les deux formes voisines ont dû être examinées séparément.

Le composant "à nouveau" est récurrent, sous diverses formes, dans tous les contextes examinés : שׁוב (Q ou Hi, 4×), עוֹד (2×), כִּימֵי עוֹלָם, מְבוּרָה, חֲרָשָׁה, כַּאֲפִיקִים, בַּנֶּגֶב. On le retrouve aussi sous-entendu dans les verbes בוא Hi (= [r]amener), בנה (= [re]bâtir), נטע (= [re]planter), ישׁב (= habiter [à nouveau]) et ירשׁ (= [ré]occuper).

Le composant "action (divine)" est présent dans בנה et נטע, mais aussi dans קבץ Pi (= "rassembler", 2 ×), et dans trois racines non encore rencontrées dans la série précédente : ברא (= "créer", Jr 31.22), גדל Hi (= "réaliser une grande chose", Ps 126.2,3) et קום Hi (= "[re]dresser", Am 9.11).

Enfin le caractère favorable de שוב את־שבות est confirmé - comme d'ailleurs pour la forme sans *n.a.* - par רחם Pi (= "montrer de l'affection", 2 ×), mais aussi par טוב Hi (= faire prospérer) et שמח (= se réjouir).

3. Domaine sémantique et composants distinctifs

Dans le domaine sémantique des actions divines, on peut élargir la comparaison de שוב את־שבות avec de nouveaux items, comme ברא ou הגדיל Cette comparaison est présentée dans la figure 3 ci-après, où le sigle + indique la présence d'un composant, le sigle - son absence, et le sigle ±, sa présence facultative.

	incidence matérielle	favorable	à nouveau
שוב את־שבות	+	+	+
ברא	+	−	−
הגדיל	−	+	+
בנה	+	−	±

figure 3

SIGNIFICATION

La signification de שוב את־שבות dans les six textes de la deuxième série apparaît ainsi identique à celle de l'expression sous sa forme simple de la première série : **rétablir une situation heureuse**. Reste à vérifier si cette signification convient aussi aux deux textes probablement plus tardifs qui avaient été réservés.

LES OCCURRENCES RÉSERVÉES

En **Jr 33.26** l'expression שוב את־שבות apparaît à la fin de l'oracle 33.22-26, introduit quant à lui par la formule récurrente ויהי דבר יהוה אל ירמיהו (voir déjà 28.12; 29.30; 32.26; 33.1; 34.12 etc.) et limité en 34.1 par cette autre formule introductive הדבר אשר היה אל־ירמיהו מאת יהוה. L'oracle s'en prend à ceux qui estiment caducs les engagements de YHWH envers les deux familles

(מִשְׁפָּחֹות) israélites - vraisemblablement Israël et Juda, plutôt que les familles respectives de Lévi et de David. Le v. 26[51] commence par une question rhétorique négative, où la négation est introduite par la particule מִן devant מְקַחַת (= קחת + מן). C'est dire que le כִּי par lequel commence 26b a valeur adversative[52], correctement rendue par la TOB. On constate donc que שׁוב את-שׁבות en parallèle avec רחם Pi comme en Dt 30.3 et Jr 31.23, est opposé, sémantiquement parlant, à מאס I (= rejeter avec mépris) et à "renoncer à choisir" (מְקַחַת). Autrement dit il est en parallèle sémantique avec "accueillir, choisir". Etant donné que "Jacob" et la dynastie davidique sont des grandeurs disparues au moment où Jr 33.14-26 est rédigé, on a dans ce refus divin de leur élimination définitive une expression implicite du composant "à nouveau", caractéristique de l'expression שׁוב את-שׁבות dans les textes déjà examinés. Mais le contexte est ici trop restreint pour éclairer davantage le sens de l'expression. Ce dernier trait et le parallèle avec רחם Pi, déjà relevé pour les occurrences datables du 6ème siècle donnent à penser que l'expression est employée ici au sens qui a été dégagé pour la majorité des occurrences de la deuxième série.

En **Jl 4.1**, c'est le sens de l'expression qui détermine celui de l'énoncé tout entier, comme en Jr 48.47. Ici encore ce n'est pas le contexte qui éclaire l'expression, mais celle-ci qui éclaire le contexte. Il est vrai que, comme en Dt 30.3 et Ez 29.13-14, on trouve שׁוב את-שׁבות en relation avec קבץ Pi. Mais, à la différence de ces deux cas, l'objet de קבץ Pi n'est pas le même que celui de שׁוב את-שׁבות : le rassemblement annoncé concerne en effet toutes les "nations", tandis que le שׁוב את-שׁבות de YHWH affecte Juda et Jérusalem. Faute d'éclairage contextuel de l'expression idiomatique, on en est réduit à essayer le sens dégagé ailleurs. On constate alors que le sens <u>rétablir</u> est compatible avec l'énoncé de Jl 4.1, mais on ne peut dire plus.

- -

51   On peut se demander *a priori* si le v. 26 est correctement traduit par la TOB : "Est-ce que je
      rejetterais la descendance de Jacob et <u>de</u> mon serviteur David ?" Selon JOÜON 1947 § 129a, en
      effet, זֶרַע (= descendance) ne peut être construit sur plus d'un *nomen rectum*, du moins en
      hébreu classique. En principe il faudrait traduire : "la descendance de Jacob et mon serviteur
      David". On remarquera en effet au v. 22 la séquence אֶת-זֶרַע דָּוִד עַבְדִּי וְאֶת-הַלְוִיִּם. JOÜON
      1947, § 129b reconnaît il est vrai des exceptions à cette règle dans l'hébreu des époques
      postérieures. Cependant le pronom-suffixe singulier de מִזַּרְעֹו s'accorde mal aux deux objets
      du verbe מאס, et l'on peut poser la question de savoir si וְדָוִד עַבְדִּי n'est pas une addition
      ultérieure mal intégrée à la phrase. La même observation peut d'ailleurs être faite pour Jl 4.1,
      où l'état construit שׁבות a un double *nomen rectum*.

52   JOÜON 1947, § 172 c.

C
שׁוּב אֶת־שְׁבִית
Les textes de la troisième série
Jr 29.14; 49.39; Ez 16.53aαβγ; Jb 42.10

CORPUS

Jr 29.14 appartient à la lettre adressée par Jérémie aux déportés de 597. Le corps de cette lettre commence en 29.4 par la formule du messager et s'achève au v. 23 par la formule oraculaire. La composition de cette lettre est assez complexe, deux thèmes y étant entremêlés. Le premier traite du sort des déportés (v. 4-7). Il est interrompu aux v. 8-9 par une exhortation à ne pas se laisser abuser par les (faux) prophètes qui sévissent parmi eux (la coupure est marquée au v. 8 par une nouvelle occurrence de la formule du messager). Le premier thème reprend au v. 10, réintroduit par la formule du messager, et se développe jusqu'au v. 14. Le thème des faux prophètes, interrompu lui-même à la fin du v. 9 par la formule oraculaire, reprend au v. 15 puis, au-delà de l'ensemble 16-19 qui traite des gens restés au pays, il est repris à partir des v. 20 et suivants à propos du cas particulier de deux hommes que Jérémie conteste, Akhab et Sédécias.

L'ensemble 29.10-14 où figure notre expression prend donc la suite des v. 4-9, qui cherchent à aider les premiers déportés à traverser leur épreuve dans les meilleures conditions. En contraste avec cette première partie de la lettre axée sur la situation présente des déportés, les v. 10-14 ouvrent une perspective d'avenir au-delà de la déportation. Le v. 14 s'y rattache thématiquement, mais deux indices donnent à penser qu'il est une addition tardive[53]. En premier lieu il est absent de la **LXX**, ensuite il se réfère à une dispersion des exilés dans un grand nombre (כָּל) de nations et de lieux, ce qui n'était pas encore le cas pour les premiers déportés. Jr 29.14 date donc sans doute de la période perse et serait ainsi sensiblement contemporain de Jr 33.26.

Jr 49.39. L'énoncé du v. 39 n'est intelligible que si l'on connaît préalablement le sens de שׁוּב אֶת־שְׁבִית, cas déjà rencontré pour certains textes des précédentes séries (Jr 48.47; Jl 4.1). Il est donc inutile de chercher à situer l'état de langue auquel se rattache le dernier verset de Jr 49. Le cas de Jr 49.39 doit donc être réservé.

Ez 16.53 est grevé d'un problème textuel dans sa seconde partie. Le TM וּשְׁבִית שְׁבִיתַיִךְ surprend à plus d'un égard. La séquence ressemble à un superlatif,

---

53   Il ne semble pas possible de suivre ici W. THIEL 1981, 16.

qui fait penser par exemple à שִׁיר הַשִּׁירִים (= Cantique des cantiques), מֶלֶךְ
מְלָכִים ("Roi des rois", Es 26.7) ou צְרִי עֲדָיִים ("beauté suprême", Ez 16.7), mais on ne
voit pas que שְׁבִית, si tant est qu'il désigne les exilés, soit susceptible de
comparaison, comme la qualité d'un poème, la puissance d'un roi ou la beauté
d'une femme. D'autre part, si on lit שְׁבוּת avec le Qr, comme dans les cas
immédiatement précédents de Sodome et de Samarie, c'est-à-dire si on le rattache
comme dans ces deux cas au וְשַׁבְתִּי initial, on se demande pourquoi il n'est pas
précédé de la n.a. comme dans les trois cas précédents. Enfin on s'étonnera de la
forme plurielle de l'avant dernier mot du verset שְׁבִיתַיִךְ. Sans doute les
Naqdanim se sont-ils trouvés devant un texte déjà détérioré, qu'ils ont vocalisé
tant bien que mal pour lui trouver encore un sens. Il est probable que le texte
comportait primitivement וְשַׁבְתִּי שְׁבוּתֵךְ. Telle pourrait avoir été la *Vorlage* de la
LXX, mais on sait d'autre part cette version tout à fait capable d'accommoder sa
traduction dans les cas difficiles. On conclura donc comme ceci sur ce problème
textuel : Si l'on s'en tient au TM, Ez 16.53b n'atteste pas l'expression, même sous sa
forme simplifiée שׁוּב שְׁבִית (sans n.a.), qui n'est d'ailleurs attestée comme telle nulle
part ailleurs. Si on adopte au contraire la *Vorlage* présumée de la LXX, וְשַׁבְתִּי
שְׁבִיתֵךְ, malgré l'absence de la n.a., se présente en parallèle syntaxique (mais non
stylistique) des trois occurrences de l'expression en Es 16.53a. Mieux vaut donc ne
pas tenir compte d'Ez 16.53b.

Le TM de Ez 16.53 b est coté "C" par CTAT/3, c'est-à-dire comme "probable avec un coefficient de
doute considérable". C'est néanmoins à ce texte, sous sa forme Qr ou Kt indifféremment, que le
comité chargé de trancher s'est arrêté. Il n'est pas certain, en effet, que la LXX ait lu ושבתי là où
le TM propose ושבית. En effet, l'ἀποστρέψω par lequel commence la traduction du v. 53 b peut
très bien être une répétition de l'explicitation jugée déjà nécessaire par la LXX pour la traduction
du v. 53aβγ. Dans ces conditions il n'y aurait pas d'autre texte attesté que le texte consonantique
ultérieurement vocalisé tant bien que mal par les *Naqdanim*. Il faut alors, selon D. Barthélemy qui
rapporte le débat, considérer ושבית שביתיך comme une "explicitation stylistique", que CTAT/3
propose de comprendre comme ceci : "une captivité, (qui est) ta captivité."

Cette solution paraît difficilement recevable pour au moins deux raisons :
a) Elle n'explique pas la forme plurielle totalement inattendue שביתיך.
b) Elle implique que שׁוּב שבות/ית ne fonctionne ici, au plan sémantique, que comme une
expression à sens endocentrique, ce qui soulève, on l'a vu, de graves problèmes. Seule la forme
שבית peut revendiquer à la rigueur le statut de signifiant (cf. Nb 21.19), mais non la forme שבות,
qui a pourtant été choisie (sans raison discernable) comme Qr pour ses 2ème, 3ème et 4ème
occurrences dans le verset, mais non pour la première. Surtout la solution proposée par CTAT/3
implique un sens transitif pour ושבתי, ce qui, on l'a vu (p. 194) est contesté, à juste titre nous
semble-t-il, par nombre de spécialistes anciens et récents. Il est vrai que le style même de Ez 16.53
semble favoriser cette sorte d'éclatement de l'expression idiomatique, sensible en 53 aβ et 53 aγ, où
le TM sous-entend deux fois ושבתי. Les traducteurs de la LXX, en l'explicitant en 53 aγ, comme
l'a relevé CTAT/3, n'avaient-ils pas précisément ressenti cette difficulté ?

En conclusion de ce bref excursus, on constatera donc que la solution proposée par CTAT/3 ne lève pas les ambiguïtés de Ez 16.53 b et ne résout pas les contradictions du TM, ce qui justifie l'option prise ici de ne pas tenir compte de Ez 16.53 b pour l'étude de l'expression שוב שבות.

Cela étant il convient de situer l'expression étudiée. Elle apparaît ici pour la première fois dans le livre d'Ezéchiel, à l'occasion de reproches que le prophète adresse à Jérusalem pour son ingrate infidélité à l'égard de YHWH. La ville est personnifiée sous les traits d'une enfant abandonnée que YHWH a trouvée, adoptée, soignée, éduquée, aimée, épousée (16.8 : "j'ai étendu sur toi le pan de mon manteau"[54]). Mais la jeune femme a mal tourné : ingratitude, infidélité, prostitution. La première partie du chapitre se déroule comme un réquisitoire (16.15-34); celui-ci est suivi de la sentence (16.35-43). En 16.44 se greffe un développement annexe, qui compare Jérusalem, toujours personnifiée de la même manière, à deux sœurs, Samarie et Sodome (16.44-58). Le v. 45b, qui reprend les images du v. 3b (Ton père était un Amorite, ta mère une Hittite) montre que ce développement est très probablement secondaire. D'un autre côté 16.42 implique que l'exécution du jugement prononcé n'a pas encore eu lieu, donc que le premier développement du thème est antérieur à la catastrophe de 587. Au contraire, plusieurs traits de 16.44-53 semblent impliquer que le châtiment de l'infidèle est réellement survenu. Ainsi 16.52 : שְׂאִי כְלִמָּתֵךְ (= "porte ton déshonneur", 2 ×), mais aussi 16.58 : אֶת־זִמָּתֵךְ וְאֶת־תּוֹעֲבוֹתַיִךְ אַתְּ נְשָׂאתִים (= c'est toi qui les portes, [le poids de] ta conduite scandaleuse et [le poids] de tes abominations). On doit donc considérer 16.44-58 comme postérieur à 587[55], sans doute de peu.

Jb 42.10. Il paraît raisonnable de considérer avec S. Terrien[56] et nombre d'autres chercheurs que le poème de Job s'est développé à partir du thème d'un conte populaire déjà existant, dont on retrouve l'essentiel dans le prologue et l'épilogue actuels. La langue de ces deux parties en prose est tout à fait classique, et on peut la situer à l'époque royale.

- - - - - - - - - - - - - - - - - - - -

54   Voir p. 48, n° 66.
55   W. ZIMMERLI 1969, 365.
56   1963, 16.

Dans cette série, trois textes sont donc à examiner pour שׁוּב אֶת־שְׁבִית, l'un probablement préexilique (Jb 42.10), l'autre exilique (Ez 16.53), le troisième très certainement postexilique (Jr 29.14). En l'absence d'une histoire de la langue biblique, qui permettrait peut-être de considérer des textes aussi chronologiquement dispersés comme relevant malgré tout d'un même état de langue, et compte tenu du nombre trop restreint d'occurrences dans cette troisième série, il ne sera pas possible de délimiter un corpus suffisant de textes linguistiquement homogènes. Chacun de ces trois contextes devra être examiné pour lui-même.

ANALYSE COMPONENTIELLE

שׁוּב אֶת־שְׁבִית en **Jr 29.14**. Bien qu'il ait été ajouté ultérieurement aux v. 10-13, le v. 14 (à partir de נְאֻם יהוה) n'est pas sans rapport avec le paragraphe qu'il vient compléter. Après avoir exhorté les premiers déportés à prendre leurs dispositions pour traverser le mieux possible une épreuve qui s'annonce longue (v. 4-7), la lettre attire leur attention sur l'au-delà de cette épreuve. YHWH en effet tiendra la promesse (וַהֲקִמֹתִי אֶת־דְּבָרִי הַטּוֹב) qu'il leur a faite de les ramener (שׁוּב Hi) dans "ce lieu", c'est-à-dire à Jérusalem. Les projets (מַחֲשָׁבֹת) qu'il a conçus pour eux sont des projets de bien-être et de bonheur (שָׁלוֹם)[58]. Au-delà des 70 ans de l'épreuve, YHWH interviendra (פקד, v. 10) en faveur des déportés. Les v. 12-13 décrivent alors leur relation retrouvée avec YHWH, qui leur donne donc un avenir d'espérance (אַחֲרִית וְתִקְוָה). C'est précisément cette heureuse perspective que le v. 14 veut étendre, au-delà des déportés de 597, à tous les exilés. וְשַׁבְתִּי אֶת־שְׁבִיתְכֶם apparaît donc comme une sorte de résumé de tout ce que YHWH s'apprête à faire pour les déportés, notamment en rassemblant (קבץ Pi) les exilés et en les ramenant (שׁוּב Hi) au lieu d'où il les avait déportés - cette dernière notation reprenant celle du v. 10b.

On retrouve donc ici, en rapport avec שׁוּב אֶת־שְׁבִית, plusieurs des termes déjà rencontrés dans l'environnement sémantique de שׁוּב (אֶת־)שְׁבוּת, à savoir : שׁוּב Hi (= faire revenir), פקד (= s'occuper de, intervenir pour), קבץ Pi (= rassembler), mais aussi quelques termes nouveaux comme דָּבָר טוֹב (= promesse), שָׁלוֹם (= bien-être), תִּקְוָה (=espérance). Tous signalent et confirment la présence des composants majeurs repérés dans שׁוּב (אֶת־)שְׁבוּת, à savoir : "action de YHWH", "favorable", "à nouveau", et tendent donc à montrer que שׁוּב אֶת־שְׁבִית n'est qu'une variante formelle de שׁוּב (אֶת־)שְׁבוּת. On remarquera à ce propos que la recherche antérieure avait assimilé *a priori* - peut-être à la suite des versions anciennes - les formes en שְׁבִית et שְׁבוּת. En bonne méthode il convenait cependant, semble-t-il, de

---

58   שָׁלוֹם וְלֹא לְרָעָה (= bonheur et non malheur) : encore un exemple de litote de renforcement (voir p. 163–164).

refuser tout *a priori* et de traiter séparément les deux formes, quitte à constater *a posteriori* leur équivalence sémantique.

Ez 16.53 doit être examiné, on l'a vu, dans le cadre de 16.44-58. Par rapport à Sodome et à Samarie, ses deux cités-sœurs, Jérusalem s'est conduite encore plus mal. Par comparaison les deux sœurs paraissent "justes" (צדק), c'est-à-dire en accord avec la volonté divine. C'est notre expression qui, au v. 53, décrit alors l'action que YHWH s'apprête à entreprendre concernant Sodome, Samarie et leurs "filles" (les agglomérations qui en dépendent). Cette action divine inclura Jérusalem pour que, dans une aussi peu recommandable compagnie, celle-ci découvre sa propre déchéance.

Si l'on part du principe méthodologique que l'on ignore *a priori* le sens de שׁוב את־שׁבית en Ez 16.53, on ne trouve guère qu'au v. 55 les éléments qui éclairent son sens. Il s'agit en l'occurrence de la séquence שׁוב לְקַדְמָתוֹ (= revenir à son état antérieur). Dans שׁוב את־שׁבית, le sujet de l'action est YHWH, tandis que Sodome, Samarie (et Jérusalem) sont l'objet de cette action. Dans שׁוב לקדמתו, l'objet devient sujet. Cette dernière expression est donc à שׁוב את־שׁבית ce que le passif est à l'actif. Le sens de notre expression est ainsi clairement explicité : שׁוב את־שׁבית signifie "ramener à son état antérieur".

On retrouve donc ici trois des composants sémantiques essentiels dégagés dans l'analyse de שׁוב (את־)שׁבות, à savoir "action", "sujet divin" et "à nouveau".

Il y manque en revanche le composant "favorable", qui avait été pourtant repéré dans <u>toutes</u> les occurrences de שׁוב (את־)שׁבות et dans le שׁוב את־שׁבית de Jr 29.14. Si l'on admet, par anticipation, que ces deux types de séquence sont des variantes de la même expression idiomatique, on doit se demander si le composant "favorable" est réellement constitutif de l'expression. Le sens de l'expression en Ez 16.53 pourrait donc être plus neutre qu'il n'apparaît en Jr 29.14. **Rétablir** serait un équivalent français suffisant ici, plutôt que "rétablir une situation heureuse", qui s'est imposé dans tous les autres cas considérés.

Jb 42.10, on l'a vu, doit être lu dans le cadre du récit en prose, mais le contexte immédiatement précédent traite des "amis" de Job et n'éclaire pas l'action de YHWH définie par l'expression שׁוב את־שׁבית איוב. Le v. 10 ajoute וַיֹּסֶף יהוה אֶת־כָּל־אֲשֶׁר לְאִיּוֹב לְמִשְׁנֶה (= YHWH ajouta au double tout ce que possédait Job). כָּל־אֲשֶׁר לְאִיּוֹב renvoie à 1.10,12 et désigne les biens dont Job a été privé par l'épreuve à laquelle il a été soumis. Cette restitution "au double" s'explique à notre avis à partir de la règle énoncée en Ex 22.8, où celui qui a causé la perte d'un bien appartenant à autrui devra restituer (יְשַׁלֵּם) au prochain lésé deux fois

(שְׁנַיִם) le montant du préjudice, c'est-à-dire une fois en réparation de la perte subie et une seconde fois pour le dédommagement[59].

Cependant, sans connaître *a priori* le sens de שׁוּב אֶת־שְׁבִית - ce qui est méthodologiquement nécessaire - il est difficile de savoir si 42.10b explicite l'expression idiomatique ou présente une action complémentaire de YHWH en faveur de Job. La structure de 42.10a est telle que le sens de l'énoncé dépend de celui de l'expression. Il ne paraît donc pas possible d'utiliser à coup sûr le contexte de Jb 42.10 pour éclairer le sens de שׁוּב אֶת־שְׁבִית. Inversement le sens "rétablir", qui a été déduit de l'analyse de Ez 16.53 convient fort bien ici. Si on l'adopte, il apparaît que 42.10b n'est pas une explicitation de l'expression, mais apporte un complément d'information.

PREMIÈRES CONCLUSIONS

Il ressort des analyses qui précèdent que les trois séquences שׁוּב שׁוּב שְׁבוּת, שׁוּב אֶת־שְׁבית et אֶת־שְׁבוּת ont la même signification. On peut donc considérer qu'elles représentent trois formes d'une seule et même expression idiomatique, dont le sens est "rétablir".

Le sens apparent (endocentrique) est totalement perdu, mais son sens exocentrique se maintient à travers les diverses formes qu'elle revêt. Ces formes peuvent être le résultat de déformations purement phonétiques[60], ou d'influences de nature syntaxique. L'expression désignant en effet une action qui affecte toujours un objet - lequel est désigné par un génitif construit sur שְׁבות/ית - on comprend le besoin ressenti d'introduire un indice de transitivité, sous forme de la *n.a.*, surtout après un verbe intransitif comme שׁוּב. Quant à la variante שְׁבות/שְׁבית, elle peut avoir des motifs graphiques, les scribes ayant confondu parfois le ו et le י. Elle peut aussi être due à l'influence d'un contexte qui conjugue expressément le rétablissement annoncé avec un retour des exilés, ce qui évoque par assonance un terme comme שְׁבִי (= ce qui est emmené comme prise de guerre) et peut avoir induit un glissement phonétique de שְׁבות en שְׁבית.

---

59 C'est dans le même sens, semble-t-il, qu'il faut comprendre des passages comme Es 40.2; 61.7 et Jr 16.18, ces deux derniers textes utilisant, comme Jb 42.10, le terme מִשְׁנֶה (= le double).

60 Comme en français "il y a belle heurette que" est devenu "il y a belle lurette que". Un glissement comparable peut être observé par exemple pour le terme מַעֲשֵׂר (= dîme). Comme l'a montré N. AIROLDI (La cosiddetta "decima" israelitica antica, *in* Bibl. 55, 1974, 179–210), מעשׂר dérive d'une racine cananéenne (ugaritique) עשׂר signifiant "offrir un festin". C'est après l'exil que le terme a été rattaché à la racine hébraïque עשׂר (= dix) et a pris le sens arithmétique "un dixième".

Constante quant au sens malgré une stéréotypie relative de la forme, l'expression idiomatique l'est aussi dans le temps. Sous ses trois formes elle est attestée pendant trois siècles environ, du 7ème au 5ème, avec une densité maximale d'attestation au 6ème siècle, la forme simple paraissant en moyenne légèrement antérieure à la forme munie de la *n.a.* Mais le sens ne s'est pas modifié, pas même affaibli comme on avait pu le remarquer pour l'expression אם־נא מצאתי חן בעיניך, que le livre d'Esther emploie de façon quelque peu banalisée[61]

L'exemple de שוב שבות le montre mieux que d'autres : plus que la stéréotypie la permanence du sens reste un des traits les plus caractéristiques de l'expression idiomatique. Ce point important sera repris dans la conclusion du présent chapitre.

Restent à examiner à présent les cas où le verbe שוב est employé dans la formule au mode factitif (Hi), introduisant par là un autre signe de transitivité.

D

השיב את־שבות

Les textes de la quatrième série

Jr 32.44; 33.7 (2 ×),11; 49.6

CORPUS

Ce type de formulation est propre au livre de Jérémie.

Jr 32.44. Le chap. 32 rappelle comment Jérémie, en plein siège de Jérusalem, alors qu'il est détenu dans la cour de garde du palais, exerce son droit de rachat sur un champ situé à Anatoth en Benjamin. Après une introduction rédactionnelle (32.1-6a), on trouve un récit autobiographique (32.6b-25), dans lequel Jérémie rapporte l'achat du champ (32.6b-15), puis la prière qu'il adresse à YHWH (32.16-25).

La suite n'appartient plus au récit autobiographique. La réponse de YHWH à la prière du prophète est introduite en effet par une formule qui nomme Jérémie.

Au v. 26 nombre de versions modernes et de commentateurs lisent avec la LXX וַיְהִי דְבַר יהוה אֵלָי (= il y eut une parole de YHWH pour moi). Mais la leçon du TM a été lue par les principales

----

61   Voir chap. VI, p. 149.

versions anciennes : Aq., Sym., Vg., Syr., Tg. Elle est donc mieux attestée. On relèvera avec D. Barthélemy[62] que dans deux autres cas (Jr 35.12 et 36.1) la LXX a rendu le TM אֶל יִרְמְיָהוּ comme ici par πρός με, ce qui pourrait bien révéler une accommodation de la traduction.

La seconde partie ainsi introduite est un discours de YHWH, qui répond à la prière de Jérémie. Ce discours divin est coupé trois fois par la formule du messager (32.28,36,42), ce qui fait de l'ensemble non seulement une réponse à Jérémie (v. 27), mais aussi un message à transmettre, ou plutôt trois : 32.28-35, 36-41, 42-44. Alors que le premier de ces oracles annonce le jugement qui va atteindre Jérusalem et le justifie par un long réquisitoire (v. 29-35), le deuxième ouvre une perspective de retour et de conversion, et le troisième, qui est d'ailleurs le seul à se référer à l'acte prophétique de Jérémie (v.43-44, cf. v. 9-12,25), développe la valeur hautement symbolique de ce geste qui promet un retour à la paix et à une vie normale.

Le v. 42 se réfère d'abord à la situation du moment où l'oracle est formulé. Le *qatal* (accompli) הֵבֵאתִי (= j'ai fait venir) laisse entendre que "tout ce grand malheur" est déjà survenu. Il pourrait s'agir encore du siège de Jérusalem et de son issue fatale certaine (32.24-25), mais l'accumulation de כָּל (= tout) et de גְּדוֹלָה (= grand) fait plutôt penser à la prise de Jérusalem et aux violences qui l'ont suivie. Les v. 42-43 seraient donc postérieurs - mais probablement de peu - à 587.

Le v. 44 est considéré par W. Rudolph[63] comme une addition, car ce verset n'ajoute rien qui ne soit déjà dit en 43, et 44b est inutile après 42. Observons que cette addition - si addition il y a - n'aurait guère de sens après 538 (édit de Cyrus) et qu'elle a vraisemblablement sa place dans le deuxième quart du 6ème siècle. Il importe de souligner que, quel que soit le statut du v. 44, celui-ci est étroitement rattaché à ce qui précède, et que le contexte immédiat de הֵשִׁיב אֶת־שְׁבוּת est constitué par les v. 42-44.

Jr 33.7,11. Le chapitre 33, sur lequel s'achève le "livre de la consolation"[64] est introduit au v. 1 par une notice rédactionnelle qui reprend les termes de 32.1. Une formule introductive identique se retrouve en 33.19 et marque la fin d'un premier ensemble d'oracles, délimités par la formule du messager (33.2,4,10,12,17) et, au v. 14, par la formule eschatologique הִנֵּה יָמִים בָּאִים (= des jours vont venir où...) renforcée par la formule oraculaire. L'expression הֵשִׁיב אֶת־שְׁבוּת apparaît respectivement dans le deuxième (33.4-9) et le troisième (33.10-11) de ces oracles.

- -

62   CTAT 2, 696.
63   1958, 195.
64   J. BRIGHT 1981, LVIII.

La situation à laquelle se réfère 33.4-9 est un désastre déjà évident concernant les immeubles de la ville. S'agit-il encore des horreurs du siège (cf. סֹלְלוֹת = les rampes d'assaut) ou déjà des résultats de l'assaut final, des pillages, des incendies et des massacres (voir les *qatal* הִכֵּיתִי = "j'ai frappé", et הִסְתַּרְתִּי = "j'ai caché") ? Au regard de l'évolution linguistique la question est de peu d'importance. Avant ou après 587, la situation décrite prend place au début du 6ème siècle.

Le troisième oracle (33.10-11) se réfère, semble-t-il à un stade plus tardif du désastre : les villes et les villages sont désertés. Le vocabulaire utilisé est celui de la couche C du livre de Jérémie[65]. On y retrouve en effet la formule קוֹל שָׂשׂוֹן וְקוֹל שִׂמְחָה קוֹל חָתָן וְקוֹל כַּלָּה (= cris d'allégresse et de joie[66], du jeune marié et de sa jeune épouse), qui fait écho à 7.34; 16.9 et 25.10. On y retrouve aussi la séquence מְבִאִים תּוֹדָה בֵּית יהוה (= apportant des acclamations à la maison de YHWH), déjà rencontrée en 17.26. On doit donc situer ces versets un peu plus tard, sans doute, vers le 2ème ou le 3ème quart du 6ème siècle.

Jr 49.6, qui conclut l'oracle sur Ammon, ne pourra guère être exploité, étant donné que הָשִׁיב אֶת־שְׁבוּת y apparaît sans contexte, l'expression y constituant à elle seule la totalité de l'énoncé, lui-même clairement séparé de tout ce qui précède par un וְאַחֲרֵי־כֵן (= et/mais après cela). D'autre part, le v. 6, absent de la LXX, est très probablement une addition relativement tardive. Date-t-elle pour autant de l'époque hellénistique, comme le suggère W. Rudolph[67] ?

Les trois premiers textes (Jr 32.44; 33.7,11) apparaissent donc très proches dans le temps et peuvent être considérés comme relevant d'un même état de langue. En Jr 49.6, beaucoup plus tardif, on devra cependant se borner à vérifier si le sens dégagé dans l'étude des trois premiers est encore compatible avec l'énoncé.

ANALYSE COMPONENTIELLE

1. Les contextes littéraires

Jr 32.44. Même considéré comme une addition, le v. 44 n'a de sens que rattaché à ce qui précède. Le dernier oracle du chap. 32 annonce un tournant radical dans le destin de "ce peuple". YHWH revendique sa responsabilité dans le grand malheur qui a frappé le pays et la population du Juda, mais il usera du même pouvoir pour susciter la situation nouvelle qu'il annonce maintenant. Dans ce pays dévasté et dépeuplé, actuellement soumis à l'occupation ennemie, on

- -

65 M. WEINFELD 1983, 353–354, après S. MOWINCKEL.

66 Nouvel exemple d'un renforcement de l'idée par hendiadys "plus + moins"; voir chap. VII, p. 163–164.

67 1958, 267.

pourra de nouveau procéder au rachat de champs. C'est dire que la vie y redeviendra normale.

L'expression השיב את־שבות apparaît au milieu de l'oracle comme une sorte de sommaire de l'action annoncée par YHWH. Il incorpore donc le composant "action", qui est bien attesté par la forme factitive Hi מֵבִיא (= faisant venir) et qui s'oppose à דֹּבֵר (= parlant), le sujet divin étant clairement marqué de son côté par אָנֹכִי (= moi). D'autre part l'aspect favorable de l'action est explicité par הַטּוֹבָה (= "le bien", v. 42). Un composant "à nouveau" est induit enfin par la référence insistante (v. 43-44) à l'acte prophétique de Jérémie exerçant son droit de rachat alors que la situation est à ce point désespérée qu'un tel geste est totalement dépourvu de sens, sauf pour quelqu'un à qui YHWH fait découvrir une espérance au-delà du désastre.

Jr 33.7. Le v. 6 marque un tournant dans le déroulement de l'oracle 33.4-9. Les v. 4-5 formaient en effet une sorte de diagnostic établissant le constat des dégâts irréparables causés par la guerre - encore en cours ou fraîchement terminée - dans les habitations et la population elle-même. Mais le v. 6 apporte une promesse de cicatrisation des plaies (אֲרֻכָה) et de guérison (רְפָא). Puis vient au v. 7 notre expression, appliquée à Juda et à Israël. Elle y est mise en parallèle explicatif avec la racine בנה (= construire) affecté de la précision כְּבָרִאשֹׁנָה (= comme autrefois). La suite (v. 8) décrit le processus de l'action divine comme une purification (טהר Pi) des crimes commis naguère par les coupables et un pardon (סלח). En revanche le עֲתֶרֶת du v. 6 - qui est un *hapax* - est de sens trop incertain pour être utilisé ici. L'oracle conclut enfin sur l'honneur qui reviendra à l'auteur de ce renouveau, lorsque les païens découvriront les bienfaits (טוֹבָה 2×) et la plénitude de bien-être (שָׁלוֹם) qu'il aura accordée aux siens.

Jr 33.11. Contrairement au cas précédent, où השיב את־שבות avait la place d'un sommaire des diverses interventions de YHWH en faveur de Juda et d'Israël, l'expression apparaît ici à la fin de l'oracle comme une sorte de résumé des interventions divines en faveur des gens de Juda et de Jérusalem. השיב את־שבות est la seule expression verbale qui dénote expressément l'action divine. Dans toute la suite de l'oracle celle-ci est implicite et se trouve indirectement induite par le contraste entre la situation désastreuse du moment (v. 10) et les divers aspects du bonheur promis (v. 11), le passage de l'une à l'autre ne pouvant être conçu ni progressivement ni spontanément, mais seulement produit par une intervention extérieure, celle du locuteur divin par excellence. Le composant "favorable" est, quant à lui, fortement souligné par les termes שָׂשׂוֹן (= allégresse) et

שִׂמְחָה (= joie)⁶⁸, ירה II (= acclamer), טוֹב (= bon), חֶסֶד (= bonté). Enfin le composant "à nouveau" est fortement mis en valeur par עוֹד (= encore, v. 10) et כְּבָרִאשֹׁנָה (v. 12) déjà rencontré en 33.7. Le destinataire de הֵשִׁיב אֶת־שְׁבוּת est ici le pays (הָאָרֶץ), ce qu'il faut comprendre au sens métonymique, c'est-à-dire comme désignant le contenu du pays, agglomérations et population.

2. Les traits constants

Il est intéressant de relever que les composants inventoriés des expressions שׁוּב (אֶת־)שְׁבוּת et שׁוּב אֶת־שְׁבִית se retrouvent tous en הֵשִׁיב אֶת־שְׁבוּת : "action", "spécifique de YHWH", "favorable" et "à nouveau" sont tous explicités dans les contextes examinés, quoique avec des densités respectives différentes.

3. Domaine sémantique et composants distinctifs

Un domaine sémantique des "actions de YHWH" peut être défini pour les trois contextes examinés en Jr 32 et 33. Y figurent, à côté de הֵשִׁיב אֶת־שְׁבוּת, des items comme בנה (= bâtir), déjà rencontré comme sémantiquement proche de שׁוּב (אֶת־)שְׁבוּת, mais surtout des items nouveaux comme רפא (= "guérir", au sens métaphorique), סלח (= pardonner) et טהר Pi (= purifier). Ceux-ci permettent donc d'affiner tant soit peu l'analyse en distinguant une action de YHWH de nature matérielle ou de nature morale, les deux aspects nous paraissant présents dans רפא du fait de son emploi métaphorique. La comparaison peut être synthétisée dans le tableau suivant, où le sigle + note la présence d'un composant, et le sigle - son absence.

Nouvel exemple d'un hendiadys de renforcement, le plus spécifique (שָׂשׂוֹן) étant renforcé par le plus générique (שִׂמְחָה). Voir chap. VII, 163–164.

	aspect matériel	aspect moral	à nouveau
השיב את־שבות	+	–	+
בנה	+	–	–*
רפא	+	+	+
טהר	–	+	+
סלח	–	+	–

figure 4

* : En Jr 33.7 le composant "à nouveau" n'est pas implicite en בנה comme il l'est par exemple en Jr 30.18, mais explicité en בָּרִאשֹׁנָה.

SIGNIFICATION

השיב את־שבות désigne donc une action spécifique de YHWH, qui a des effets plus matériels que moraux et qui consiste à ramener son objet - en général une population, mais aussi son habitat et/ou ses moyens d'existence - à un état antérieur favorable. Comme on l'a relevé plus haut, cette signification apparaît identique à celle qui avait été définie pour שוב (את־)שבות/ית, les contextes considérés ici permettant mieux cependant de repérer que l'intervention divine ainsi désignée a des incidences matérielles.

Cette identité de signification a des conséquences intéressantes sur lesquelles on reviendra dans la conclusion finale du présent travail. On notera pour l'instant que les spécialistes qui ont étudié la séquence שוב שבות et ses variantes ont le plus souvent admis *a priori* cette équivalence sémantique. Même si l'intuition recommandait cette assimilation, la démonstration nous a semblé indispensable, au moins d'un point de vue méthodologique.

E

הֵשִׁיב אֶת־שְׁבִית
Les textes de la cinquième série
Ez 39.25; Lm 2.14

Ez 39.25 doit d'abord être situé. En 39.17 la formule d'interpellation וְאַתָּה
בֶּן־אָדָם (= et toi, mon garçon [litt. "fils d'homme"]) est renforcée par la formule du
messager. Celle-ci, bien qu'elle soit employée ici directementt par YHWH à
l'intention de son porte-parole, annonce un message à transmettre, dont elle
constitue déjà l'introduction. D'autre part l'introduction datée placée en 40.1
implique que le développement amorcé en 39.17 s'achève en 39.29. A l'intérieur de
39.17-29, la formule oraculaire du v. 20 marque la fin du discours d'invitation au
grand festin. La suite (39.21 ss) n'est pas introduite. Elle contient donc le discours
divin, mais sur le thème nouveau de la connaissance du sens ultime des grands
événements évoqués dans tout ce qui précède et concernant tant les nations
qu'Israël : v. 21 (les nations verront), 22 (Israël connaîtra), 28 (ils [= les Israélites]
connaîtront). En 39.21-22 c'est le sort des <u>nations</u> qui doit éclairer (a) les nations
elles-mêmes sur l'auteur du jugement dont elles ont été l'objet et (b) Israël sur la
seigneurie de son Dieu. En 39.23-29 c'est le sort d'<u>Israël</u> qui doit éclairer (a) les
nations sur l'auteur du jugement dont elles ont été l'objet (v. 23-24) et (b) Israël
sur la seigneurie de son Dieu. Les v. 21-29 forment donc un tout structuré[69].

Les v. 23-24 situent cet ensemble après le départ de "la maison d'Israël" pour
l'exil (גלה), et la rupture exprimée par וָאַסְתִּר פָּנַי מֵהֶם (=je leur ai caché mon
visage[70]) fait indirectement allusion à la déportation de 587. D'un autre côté, à
partir du v. 25 les verbes qui décrivent l'intervention divine aboutissant au retour
des exilés sont au *weqataltí* consécutif au *yiqtol* אָשִׁיב et dénotent par conséquent
une réalisation encore à venir des promesses formulées. Cette perspective n'a de
sens qu'avant l'édit de Cyrus (538). En conclusion, même si 39.21-29 est une
amplification ultérieure du message d'Ezéchiel, ce passage a sa place
approximativement dans le second quart du 6ème siècle.

Lm 2.14 appartient à la deuxième lamentation, dont les v. 6-9 font une
allusion évidente à la prise de Jérusalem, puis à l'incendie du temple et du palais
royal ainsi qu'au démantèlement des murailles. Le temps de la catastrophe ne doit
pourtant pas être loin, car on ne semble pas s'être encore habitué à la disette (v.
12), une fois épuisés les restes de vivres qui avaient échappé au pillage. On peut

- -

69   On ne peut donc suivre ici ni la TOB ni BFC, qui introduisent un sous-titre avant le v. 23.
70   Voir p. 53, n° 109.

donc considérer Lm 2 comme antérieur de quelques décennies à Ez 39.21-29. Les survivants sont encore sous le coup du drame qu'ils ont vécu.

ANALYSE COMPONENTIELLE

Les deux seules attestations de l'expression הֵשִׁיב (אֶת־)שְׁבִית, même sensiblement contemporaines au regard de l'état de langue, constituent un corpus bien étroit pour établir un domaine sémantique susceptible d'éclairer le sens de cette expression. C'est dire qu'ici les résultats de l'analyse risquent d'être entachés d'incertitude.

Ez 39.25 appartient, on l'a vu, à l'ensemble 39.21-29, qui s'articule en deux volets de longueur inégale, tous deux dominés par le thème de la reconnaissance de la seigneurie de YHWH. Les v. 21-22 se réfèrent à l'histoire des nations qui vient de s'achever dans le grand festin de cadavres offert aux mangeurs de charogne. L'effet escompté est d'amener les survivants des nations à reconnaître en YHWH l'auteur de ce jugement. Les Israélites, quant à eux, doivent reconnaître que YHWH, juge des nations, est leur Dieu.

Les v. 23-29 suivent le même schéma, mais en référence à l'histoire d'Israël. La catastrophe récente qui a frappé le peuple infidèle (מַעַל, v. 23) doit amener les nations à y reconnaître un jugement de YHWH sur son peuple. Mais dans l'histoire de ce peuple s'amorce un tournant : עַתָּה (= maintenant). Ce tournant est marqué précisément par l'expression הֵשִׁיב אֶת־שְׁבִית, qui se trouve explicitée dans la suite par les verbes רחם Pi (= "montrer de l'affection", v. 25), שׁוב Po (= "ramener", v. 27) et קבץ Pi (= "rassembler", v. 27). On retrouve donc ici - sans trop s'en étonner - tous les composants sémantiques repérés dans שׁוב (אֶת־)שְׁבות/ית et הֵשִׁיב אֶת־שְׁבות, à savoir :

(a) "action divine" (שׁוב Po, קבץ Pi),
(b) "favorable" (רחם Pi, et aussi שָׁפַכְתִּי אֶת־רוּחִי = j'aurai répandu mon esprit).
(c) "à nouveau", par les allusions du v. 26 à la situation antérieure à la catastrophe : "quand ils habitaient en sécurité (לָבֶטַח) sur leur sol" ou "sans personne pour les inquiéter" (וְאֵין מַחֲרִיד).

On conclura donc que הֵשִׁיב אֶת־שְׁבִית signifie, comme les séquences des quatre premières séries, que YHWH rétablit une situation antérieure compromise.

Lm 2.14. La deuxième lamentation se présente comme un poème acrostiche. Malgré ce caractère artificiel, elle s'articule en plusieurs parties de thème homogène :

v. 1-9   : le malheur de Sion a pour auteur YHWH
v. 10-13 : l'accablement de ceux qui restent
v. 14-17 : causes et conséquences du malheur présent
v. 18-22 : la plainte de Sion.

L'expression שְׁבִית הֵשִׁיב (sans *n.a.*) apparaît dans la troisième partie, mais dans le contexte assez restreint du seul v. 10. Parmi les causes du désastre, le poète dénonce la faillite des prophètes, qui n'ont pas rempli leur mission d'avertissement. Les visions qu'ils avaient - et rapportaient comme révélations de YHWH, sans contenu authentique (וְתָפֵל שָׁוְא), n'étaient que de la poudre aux yeux (וּמַדּוּחִים שָׁוְא). Ils ont donc trahi leur mission, qui était de démasquer (גלה Pi) le crime (עָוֹן) de Sion. S'ils avaient correctement rempli leur office, ils auraient provoqué … l'action décrite par notre expression. Le contexte où cette dernière apparaît ne permet pas de préciser davantage, car aucun verbe ou expression verbale ne lui est coordonné ou subordonné. Le v. 14aβ n'est compréhensible que si l'on connaît préalablement le sens de l'expression.

Si l'on admet que שְׁבִית הֵשִׁיב a ici le même sens que la forme voisine (avec *n.a.*) de Ez 39.25, on constate que le sujet de l'expression verbale n'est pas YHWH, comme on le voit en ce passage et en <u>toutes</u> les occurrences de שׁוּב שְׁבוּת/ית(את-) ou de שְׁבוּת את- הֵשִׁיב, mais les prophètes. Cette anomalie suggère que l'expression est employée ici d'une manière elliptique. Est alors sous-entendue une proposition comme "s'ils avaient démasqué ton crime, tu aurais renoncé à ta conduite et YHWH aurait (rétabli ta situation)."

CONCLUSION

L'analyse a donc permis de dégager une signification unique et constante pour les stéréotypes suivants : שׁוּב את-שְׁבוּת שׁוּב, שׁוּב את-שְׁבִית הֵשִׁיב, שְׁבוּת שׁוּב, את-שְׁבוּת et שְׁבִית(-את) הֵשִׁיב, à savoir "rétablir une situation heureuse".

Ce constat doit être nuancé. A propos d'Ez 16.53a on a observé en effet que rien, dans le contexte correspondant ne permettait de conclure à la présence du composant "favorable", pourtant régulièrement présent partout ailleurs.

La question se pose donc de savoir si ce composant a bien sa place parmi ceux qui constituent שׁוּב שְׁבוּת et ses variantes. C'est dire que la méthode d'analyse employée ici a sans doute encore besoin d'être affinée. A l'exception d'Ez 16.53, tous les contextes examinés attestent en effet la présence du composant "favorable". Mais ce composant, étranger au contexte de Ez 16.53, est-il réellement constitutif de l'expression étudiée ?

Dans tous les autres cas examinés on a répondu positivement à cette question, sur la base d'une sorte d'évidence. Cependant cette évidence n'est–elle pas trompeuse ? Pour le savoir, il faudrait connaître de façon précise quels liens de nature sémantique existent entre un élément de la chaîne syntagmatique – en l'occurrence ici l'expression שוב שבות ou l'une de ses variantes – et les autres éléments de cette chaîne.

On retrouve ici avec le même regret l'absence d'un outil linguistique qui permette d'analyser les rapports sémantiques précis qu'un élément donné possède avec les autres éléments constituant ce qu'il est convenu d'appeler son contexte.

Il y a donc tout lieu de penser que l'on a affaire ici à une seule et même expression idiomatique, dont la stéréotypie est relative, nettement moins assurée en tout cas que pour les autres expressions de même nature examinées au cours du présent travail. Cette identité de signification a été le plus souvent admise sans examen par les chercheurs qui ont étudié la séquence. A posteriori on constate que leur intuition était juste, mais il importait de s'en assurer d'une manière méthodique.

Cette permanence de signification d'une expression idiomatique malgré de légères variations de forme est un caractère déterminant sur lequel on reviendra dans la conclusion générale. Pour שוב שבות en particulier nous arrivons à une conclusion exactement inverse de celle de Preuschen[71], qui notait en substance au début de son étude : l'expression a une histoire; il est donc a priori admissible que les morceaux les plus récents puissent contenir une nuance.

En ce qui concerne la structure de l'expression, il faut reconnaître qu'en l'état actuel des connaissances elle ne peut plus être retrouvée. Le sens endocentrique de l'expression paraît définitivement perdu. שְׁבוּת, en effet, n'a plus de sens en lui-même, puisqu'il n'apparaît que dans la séquence שוב שבות ou ses formes apparentées.

On peut en revanche reconnaître les raisons qui ont pu faire évoluer la forme de base (שוב שבות) vers les autres. L'expression sous sa forme simple est, on l'a vu, l'équivalent d'une forme verbale transitive. Or שוב est intransitif et l'objet affecté par l'action est toujours désigné par un génitif construit sur שְׁבוּת. Il est donc assez probable que ce sens transitif de l'expression a attiré la n.a., même si celle-ci détonne après un verbe notoirement intransitif comme שוב. C'est pour la même raison, semble-t-il, que le qal שוב s'est transformé en Hi השיב, qui est le mode factitif/causatif, donc transitif par excellence.

- -

71   op. cit., 3.

Le glissement שבות --> שבית enfin peut s'expliquer par le fait que le rétablissement annoncé par l'expression a parfois coïncidé avec le retour de l'exil. Il n'est pas surprenant dès lors que שבות, mot[72] sans signifié, ait été tiré vers une forme phonétiquement voisine, à savoir שְׁבִית, qui évoquait par assonance שְׁבִי (la prise de guerre), terme qui pouvait, par glissement métonymique, s'appliquer aux déportés.

Une dernière remarque pour terminer. Compte non tenu des variations de forme mentionnées plus haut, l'expression est attestée majoritairement au 6ème siècle avant notre ère. Les attestations les plus anciennes se lisent probablement en Jr 30.18; Os 6.11 et Jb 42.10, qu'il faut situer sans doute à la fin de l'époque royale. Les plus tardives sont Jr 29.14; 33.26; 48.47; Jl 4.1, qui semblent postexiliques, et surtout Jr 49.6, qui pourrait dater du 4ème siècle. C'est dire que la vie de l'expression fut relativement brève. En tout cas son sens exocentrique était totalement perdu à l'époque où la LXX a commencé de voir le jour (3ème siècle pour le Pentateuque) et, bien entendu pour les autres versions anciennes comme les Tg ou la Vg, plus tardives encore. Il n'est donc pas étonnant que שוב שבות ne figure plus au vocabulaire des écrits de Qumrân[73].

---

72 On n'ose pas l'appeler "signifiant", puisqu'il n'a plus de signifié.
73 BEN YASHAR – ZIPOR *in* TWAT VII, 965, et I. WILLI–PLEIN, *op. cit.*, 68, note 61. Nous n'avons pu cependant consulter les microfilms des écrits non publiés.

CONCLUSIONS

On est en mesure à présent de jeter un regard rétrospectif sur la démarche entreprise et sur son objet. C'est dire d'abord qu'il convient d'essayer de prendre une vue d'ensemble des expressions idiomatiques et d'examiner en quoi l'étude qui a été consacrée à quelques-unes d'entre elles permet d'affiner l'idée qu'on s'en faisait au départ. C'est dire aussi qu'il est temps d'amorcer une réflexion à la fois critique et prospective sur la méthode d'analyse componentielle qu'on a choisi d'appliquer pour déterminer leur signification.

On parlera donc ici non de conclusion mais de conclusions.

*

LES EXPRESSIONS IDIOMATIQUES

Le **sens exocentrique** est absolument constitutif de l'expression idiomatique, même si celle-ci n'en détient pas l'exclusivité, puisqu'elle partage cette particularité notamment avec les unités complexes et avec les composés sémantiques.

En revanche la **stéréotypie de la forme** est un trait relatif. Compte non tenu des variations exigées par leur adaptation à la personne et au nombre de leur sujet ou de leur objet, certaines des expressions idiomatiques examinées restent parfaitement stéréotypées. C'est le cas de אֶמְצָא חֵן בְּעֵינֶיךָ et de מִלֵּא אַחֲרֵי יהוה par exemple. Mais le plus souvent l'expression idiomatique présente des variations formelles plus ou moins sensibles. Ainsi le תְּצַלֶּנָה שְׁתֵּי אָזְנָיו de 2 R 21.12 ne se retrouve identiquement ni en 1 S 3.11 (תְּצִלֶּינָה) ni en Jr 19.3 (absence de שְׁתֵּי). De légères variations de forme sont également repérables pour הִקְשָׁה אֶת־עָרְפּוֹ, que 2 Ch 30.8 écrit sans *n.a.* "Si j'ai trouvé grâce à tes yeux" est presque toujours rendu par אִם־נָא מָצָאתִי חֵן בְּעֵינֶיךָ, mais la particule déprécative נָא־ est absente en 1 S 20.29 ainsi que dans le livre d'Esther, où l'on trouve même en 8.5 אִם־מָצָאתִי חֵן לְפָנָיו. Quant à שׁוּב שְׁבוּת, l'expression est attestée sous cinq formes, qui combinent présence ou absence de la *n.a.*, graphies שְׁבוּת ou שְׁבִית et conjugaison Qal ou Hifil de שׁוּב.

Si la forme de l'expression peut tolérer quelques variations, la **signification**, quant à elle, est et reste **monosémique**. C'est dire que, contrairement aux entrées lexicales, elle ne s'enrichit pas au fil du temps d'acceptions nouvelles qui se grefferaient sur le tronc commun par dérivation, métaphore ou métonymie. Tout au plus a-t-on pu observer pour une expression comme אִם־נָא מָצָאתִי חֵן

בעיניך une légère banalisation de l'emploi à la période tardive de l'hébreu biblique (Esther), banalisation révélée par l'emploi juxtaposé de formules redondantes. On peut noter encore qu'à Qumrân הקשה ערפו qualifie non plus l'opposition directe à la volonté divine, mais l'opposition à l'autorité de la communauté religieuse. De tels glissements restent cependant de l'ordre de la nuance et n'affectent pas profondément la signification fondamentale de l'expression idiomatique.

Le cas de דבר על-לב chez le Chroniste est intéressant. Tout porte à penser que cet auteur tardif n'emploie plus la séquence au sens exocentrique de l'hébreu classique, mais qu'il la voit comme une combinaison de deux métaphores, lui conférant ainsi un nouveau sens endocentrique. Il est vrai que dans ces conditions דבר על-לב a cessé d'être expression idiomatique.

Par son sens strictement monosémique l'expression idiomatique fonctionne donc comme un terme technique de signification unique et invariante. On relèvera surtout que cette signification unique perdure telle quelle à travers les variations de forme. La chose est particulièrement sensible dans le cas de שוב שבות, pour laquelle le sens apparent totalement perdu a sans doute favorisé les glissements morphologiques examinés dans le chapitre consacré à cette expression.

Dans מלא אחרי יהוה chaque terme de l'expression est une unité lexicale qu'on peut trouver ailleurs dans d'autres emplois. C'est la combinaison apparemment incongrue de ces éléments (usage intransitif de מלא [=remplir], conjonction inattendue de ce verbe avec אַחֲרֵי [= derrière]) qui crée le non-sens endocentrique de l'expression. Dans שוב שבות l'exocentricité du sens est encore accentuée par le fait que שְׁבוּת n'a pas – ou plus – de signifié, ou qu'elle n'est pas – ou plus – un signifiant.

Cette permanence de signification à travers les variations de forme qu'elle peut subir est un trait particulièrement intéressant de l'expression idiomatique. Le sens paraît avoir préexisté à la forme actuelle de l'expression. Il est tout à fait probable qu'au départ il n'y avait qu'un sens endocentrique. Ce sont notamment les variations de la forme qui ont en quelque sorte créé l'expression idiomatique.

L'exemple du français *dès potron minet* ou *dès potron jaquet* (dès le point du jour) semble révélateur à ce sujet. Selon toute vraisemblance on tient là deux déformations du bas latin *paucum trans mediam noctem* (peu après minuit) et *paucum trans jam quietem* (alors qu'on vient à peine de prendre du repos)[1]. Mais ce sens (hyperbolique) pour "de très bonne heure" se maintient quand la forme latine n'est plus comprise et que les locuteurs continuent d'employer ces formules sans plus connaître leur origine. C'est à ce stade que la forme de tel ou tel élément de la formule peut être attirée vers des consonances voisines, qui ont sur elle l'avantage d'être identifiées par le vocabulaire en usage. Dans l'exemple ci–dessus, les premiers mots se déforment en *poistron* (postérieur) et les derniers respectivement en *minet* (petit chat) et *jaquet* (écureuil)[2]. On peut dire alors que l'expression idiomatique est née. Peu importe dès lors les changements ultérieurs de forme (poistron --> poitron --> potron et même patron), puisque les éléments de l'expression idiomatique sont dépourvus de signification propre. Le sens s'est transféré au niveau de l'expression entière, il est devenu exocentrique et désormais inaliénable jusqu'à la disparition de l'expression.

Des expressions comme מלא אחרי יהוה ou שוב שבות représentent donc un stade avancé dans l'évolution de l'expression : la variation phonétique a fait entièrement disparaître tout sens endocentrique. Mais la plupart des expressions idiomatiques inventoriées dans notre chapitre I ont encore un sens apparent (endocentrique). Elles se situent donc à un stade différent de leur évolution. Dans la mesure où leur structure peut être reconstituée - comme par exemple pour הֵסִיךְ אֶת־רַגְלָיו (= se couvrir les pieds), qui est une cascade de deux métonymies de l'effet pour la cause, ou pour פרש כְּנָפוֹ עַל־ (= prendre pour épouse), qui résulte d'un double processus métaphorique[3], on peut estimer qu'on est encore proche de la valeur étymologique de l'expression. Mais pour les séquences totalement dépourvues de sens endocentrique il est sans doute impossible de reconstituer l'histoire de l'expression, tant le corpus vétérotestamentaire est restreint et tant on ignore (encore) les antécédents linguistiques de l'hébreu biblique.

On tient ici une différence majeure entre l'expression idiomatique et le composé sémantique, tous deux affectés cependant d'une signification exocentrique. Alors que l'expression idiomatique véhicule une signification unique et constante du début à la fin de son histoire, un composé sémantique comme עַם הָאָרֶץ voit au contraire sa signification évoluer considérablement au fil du temps[4], tandis que sa forme reste strictement inchangée.

Cette permanence du sens exocentrique à travers les variations formelles qui peuvent affecter l'expression idiomatique semble à première vue remettre en question l'exigence posée au départ d'une étude rigoureusement synchronique : si

– –

1   Nous renvoyons à E. MOUSSAT 1952, 21–27.
2   C'est à ce stade que se greffent aujourd'hui encore de prétendues étymologies populaires tout à fait discutables, soutenues pourtant par C. DUNETON 1978, 165–166, le "petit Robert" et même le GLLF *s.v.* potron : «trop joli pour être honnête», écrit E. MOUSSAT, *op. cit.*
3   Voir chap. I, pp. 24–25.
4   Voir p. 38

la signification de l'expression idiomatique est à ce point permanente, était-il nécessaire de ne l'étudier que dans un corpus de textes relevant du même état de langue ? On reviendra plus loin sur ce point à propos de la méthode, mais on peut déjà observer qu'à ce stade de la recherche cette exigence de rigueur était indispensable. On ne pouvait, en effet, préjuger du résultat; la permanence du sens exocentrique devait être d'abord prouvée et non simplement postulée. On peut estimer que c'est à présent chose faite à partir des quelques cas particuliers, assez divers au demeurant, que l'on a analysés ici.

*

Un autre problème se pose à propos des expressions idiomatiques, celui de leur **classement**.

On peut distinguer, on l'a vu plus haut, celles qui ont totalement perdu tout sens endocentrique de celles qui ont encore un sens apparent, lesquelles, semble-t-il, sont plus proches de leur origine que les premières. Mais un tel classement serait-il opérationnel ? On peut en douter. Il n'aboutirait, en effet, qu'à un classement historique, qui répartirait les expressions idiomatiques selon leur degré d'évolution. D'ailleurs celui-ci peut-il être déterminé à coup sûr ? Rien ne permet de le penser, du moins dans l'état actuel de nos connaissances. De plus l'échelle des degrés ne comporterait guère que deux niveaux et ne regrouperait que des ensembles de grandeurs très inégales.

Un autre classement pourrait s'effectuer sur la base du rapport que les expressions idiomatiques entretiennent avec leur contexte. Une première série, assez restreinte, contient des expressions constituant un énoncé autosuffisant. Ainsi אִישׁ לְאֹהָלָיו (= sauve qui peut !), בִּי אֲדֹנִי (= sauf votre respect), דָּמוֹ בְרֹאשׁוֹ (= qu'il subisse les conséquences de son crime !), אֶמְצָא חֵן בְּעֵינֶיךָ (= je suis confus de tant de bonté), וִיהִי מָה (= quoi qu'il en soit), קְרַב אֵלֶיךָ (= ?, Es 65.5). Les autres, en beaucoup plus grand nombre, sont utilisées comme éléments d'un énoncé plus large au sens duquel elles contribuent. C'est ici qu'il faut mentionner la catégorie particulière des expressions idiomatiques conditionnelles, comme בוא אל ou ראה פְּנֵי, dont l'existence comme expressions à sens exocentrique est conditionnée par le contexte et/ou l'emploi syntaxique (voir pp. 25-26). On peut observer que les deux groupes ainsi constitués sont de tailles trop disparates pour offrir un classement satisfaisant.

Aucun de ces classements n'est pleinement satisfaisant. Peut-on concevoir alors un classement selon la signification ? On a vu au chap. I que les expressions idiomatiques appartiennent parfois à la classe sémantique des abstraits, mais le plus souvent à celle des événements. Il serait donc concevable de les classer selon le champ conceptuel auquel elles appartiennent. Dans son ouvrage *Componential*

Analysis of Meaning, E.A. Nida[5] dresse la liste des *semantic domains* - que nous préférons appeler "champs conceptuels"[6] - entre lesquels il est possible de répartir les unités lexicales du vocabulaire grec du NT. Cette liste est reprise et complétée dans le *Greek-English Lexicon of the New Testament*, édité sous la direction de J.P. Louw et E.A. Nida[7]. La liste des 45 champs conceptuels (§§ 13-57) consacrés aux "événements" de la classification sémantique semble cependant avoir été établie sur une base logique plus occidentale et moderne que proprement biblique. Comment la culture biblique - hébraïque en l'occurrence - classait-elle l'ensemble de l'expérience humaine ? Certainement autrement que l'Occident moderne. Une taxonomie comme celle de Gn 1, pour les éléments de ce que nous appelons aujourd'hui la nature, ou celle qu'on trouve en Lv 11 pour les animaux, ne correspond guère à celle qu'on établit de nos jours sur la base d'une logique scientifique. Quelle était la vision du monde, de la personne humaine, de la société, etc., partagée par les locuteurs de l'hébreu biblique ? C'est seulement après avoir répondu à ce genre de questions qu'il serait possible de dresser une liste adéquate des champs conceptuels entre lesquels répartir les unités sémantiques qui correspondent à l'ensemble de l'expérience propre à la société israélite. Faute de disposer encore de ce cadre, il paraît prématuré de chercher un classement des expressions idiomatiques selon leur signification.

On peut envisager alors un classement effectué à partir de la structure des expressions idiomatiques : double métaphore comme פָּרַשׂ כְּנָפוֹ עַל אִשָּׁה (n° 66), ou double métonymie comme הֵסִיר אֶת־רַגְלָיו (n° 129), voire combinaison d'une métaphore et d'une métonymie comme דִּבֶּר עַל־לֵב (n° 30) ou bien encore תְּצַלֶנָה שְׁתֵּי אָזְנָיו (n° 8). Un tel classement n'est applicable évidemment qu'aux expressions qui ont conservé un sens apparent. A ces trois catégories on peut ajouter celle des gestes à portée symbolico-culturelle, comme אֵזֹר חֲלָצָיו (n° 9) ou חֻגֹר מָתְנָיו (n° 38), הִסְתִּיר (n° 87), voire הִשְׁלִיךְ נַעֲלוֹ עַל (n° 53), מִלֵּא יַד פ׳ (n° 61), שִׂים יָדוֹ תַּחַת יֶרֶךְ פ׳ פָּנָיו מִן (n° 109), עָטָה עַל־שָׂפָם (n° 91), dans lesquelles seule la valeur symbolique du geste est retenue, et qui fonctionnent donc comme une sorte de métaphore du geste, le symbole exprimé étant seul considéré et le geste lui-même passant à l'arrière-plan. Symétrique en quelque sorte de cette dernière catégorie, אָמְצָא חֵן בְּעֵינֶיךָ fonctionne globalement quant à elle comme une métonymie et pourrait représenter un cinquième type d'expression idiomatique. Il va de soi que les expressions dépourvues de tout sens apparent ne peuvent être classées ici et devraient constituer un groupe à part.

- -

5   1975/1, 178–186.

6   Voir p. 61.

7   United Bible Societies, 1988.

L'exocentricité de la signification globale a donc plusieurs origines possibles : elle peut résulter de la combinaison de deux métaphores, de deux métonymies ou d'une métaphore et d'une métonymie. Elle peut aussi provenir de la valeur symbolique attribuée dans la culture locale (en l'occurrence celle de l'Israël biblique) à tel geste conventionnel, même et surtout si celui-ci n'est plus en usage. Elle peut être due enfin à une déformation phonétique qui a fait disparaître toute signification endocentrique.

On peut dire en résumé que les expressions idiomatiques constituent une catégorie particulière de locutions, caractérisée par l'existence d'une signification exocentrique. Cette catégorie comprend elle-même plusieurs types, dont les rapports peuvent être schématisés dans le tableau qui suit, lequel pourrait servir de base à un classement de ces expressions idiomatiques.

LOCUTIONS			
sens endocentrique		sens exocentrique (expressions idiomatiques)	
non figuré	figuré	sens apparent	pas de sens apparent
type מָה לִּי וָלָךְ	type חָרָה אַפּוֹ (p.27)	2 métaphores type פָּרַשׂ כְּנָפוֹ עַל	type שׁוּב שְׁבוּת
		2 métonymies type הֵסִיר אֶת־רַגְלָיו	
		1 métaphore + 1 métonymie type דִּבֶּר עַל־לֵב	
		métaphore globale du geste, type הִשְׁלִיךְ נַעֲלוֹ עַל	
		métonymie globale, type אָמְצָא חֵן בְּעֵינֶיךָ	

REGARD CRITIQUE ET PROSPECTIF SUR LA MÉTHODE

1. Faut-il maintenir l'exigence d'une étude synchronique ? Dans la mesure où l'expression idiomatique conserve une signification unique et inchangée pendant sa durée de vie, on peut s'interroger sur la nécessité d'imposer à l'analyse componentielle portant sur ce type d'expression l'exigence d'une comparaison synchronique à l'intérieur d'un corpus linguistiquement homogène. Une telle exigence serait certes superflue si tous les items du domaine sémantique défini autour de l'expression à étudier étaient eux aussi des expressions idiomatiques. On imagine que ce doit être exceptionnellement le cas. On prendra donc garde notamment au fait que les unités lexicales en général et les composés sémantiques en particulier ne jouissent pas de la même permanence de signification que l'expression idiomatique. Le composé sémantique עַם הָאָרֶץ déjà rencontré en est un bon exemple[8]. A plus forte raison si le domaine sémantique inclut des unités lexicales dont les acceptions recensées par les dictionnaires sont susceptibles de correspondre à une évolution sémantique dans le temps, certaines d'entre elles pouvant fort bien tomber en désuétude à telle ou telle époque. Dans l'étude d'autres expressions idiomatiques on ne pourra donc pas se dispenser de l'étape au cours de laquelle on établit un corpus de textes relevant du même état de langue.

On a déjà eu l'occasion de le souligner, ce travail serait grandement facilité si l'on disposait d'une histoire de l'hébreu biblique, ou si les dictionnaires situaient dans le temps ou du moins dans des corpus cohérents les acceptions qu'ils recensent pour telle ou telle entrée lexicale, au lieu de traiter l'hébreu biblique comme un seul corpus linguistiquement cohérent. Pour l'ensemble de l'hébreu ancien, J. Margain[9] a défini quelques synchronies, essentiellement celles des périodes préexilique/exilique, postexilique et michnique. Peut-être pourrait-on distinguer dans la première synchronie, des sous-ensembles comme l'hébreu antique (Jg 5), l'hébreu du Nord (traditions éphraïmiques, Osée ...), la prose classique, et l'hébreu poétique.

*

---

8   Voir chap I. p. 38.
9   1976, pp. 2–3.

2. Rapports avec le contexte. La deuxième phase de l'analyse componentielle consiste à situer l'expression étudiée dans son contexte littéraire. Elle doit fournir deux séries d'informations :

En premier lieu permettre d'apercevoir les constantes qui apparaissent d'un contexte à l'autre, et de mettre en évidence une première série de composants récurrents de l'expression dans les contextes où elle apparaît.

En second lieu elle doit permettre de repérer un certain nombre d'unités sémantiques en rapport de parallélisme ou de complémentarité avec l'expression étudiée, c'est-à-dire de délimiter un domaine sémantique à l'intérieur duquel il sera loisible d'opposer les items pour faire apparaître leurs composants distinctifs.

Ce rapport de l'expression idiomatique - ou de n'importe quelle unité sémantique d'ailleurs - avec son contexte ne va pas sans poser plus d'un problème.

(a) En premier lieu, ce rapport n'est pas toujours exploitable. On a constaté en effet, à propos de שׁוּב שְׁבוּת et de ses variantes par exemple, qu'en Jr 48.47; 49.6,39 la signification de l'expression commande la signification de l'énoncé tout entier. Autrement dit il y a un sens (directionnel) qu'on peut schématiser ainsi :

$$\text{expression} \dashrightarrow \text{contexte}$$

Dans un tel cas le contexte ne peut pas éclairer l'expression à déchiffrer. Pour élucider la signification de celle-ci, il faut se référer à d'autres occurrences, où les rapports de signification entre l'expression étudiée et son contexte sont bi-directionnels. D'une part, en effet, l'expression contribue comme dans le premier cas au sens de l'énoncé où elle figure, mais d'autre part le contexte lui apporte - ou révèle - une partie de sa signification. On a alors un schéma de ce type :

$$\text{expression} \longleftrightarrow \text{contexte}$$

Ce type de rapport bi-directionnel est le seul qui permette d'éclairer la signification d'une expression - ou d'une unité lexicale - à élucider, dans la mesure où l'aspect utile pour l'analyse componentielle est en fait le schéma :

$$\text{expression} \longleftarrow \text{contexte}$$

(b) Ce premier constat révèle un second type de problème posé par le rapport unité sémantique / contexte : en quoi consiste ce rapport ? Dans les analyses qui ont été menées sur les quelques expressions retenues, ces rapports ont été traités comme relevant d'une certaine évidence. Dans l'étude de שׁוּב שְׁבוּת par exemple, c'est par un jugement largement intuitif que l'on a estimé que cette séquence avait des composants sémantiques communs avec רחם Pi, פקד, בנה, יְשׁוּעָה, רצה I et שׁוּב. Il est vrai qu'on ne disposait pas d'un autre moyen. Mais ce jugement approximatif et donc provisoire ne peut satisfaire, même s'il est juste au demeurant. On touche ici du doigt l'absence - souvent regrettée au cours du présent travail - de l'outil linguistique qui permettrait de définir clairement les rapports d'une unité sémantique avec son contexte. Disposant d'un tel outil, on pourrait répondre de façon précise à des questions comme : "Quel rapport existe-t-il entre tel élément de la chaîne syntagmatique et tel autre de la même chaîne ?" ou "Pourquoi tel élément de la chaîne syntagmatique est-il permutable avec telle unité sémantique et non pas avec telle autre ?"

A propos de la première question, il est bien évident qu'il faudra faire appel aux relations syntaxiques[10]. Mais il est fort probable aussi que la découverte de tels rapports fera apparaître l'importance déterminante des composants sémantiques communs aux unités sémantiques reliées dans un même contexte. Un tel outil serait des plus utiles pour l'exégèse des passages difficiles, pour la détermination d'au moins une partie de la signification de maints *hapax* et, d'une façon plus générale des acceptions encore mal cernées ou difficiles à traduire de certaines entrées lexicales[11], ou encore pour élucider ce qu'on appelle information implicite, enfin pour contrôler une traduction.

Ch. Taber et E.A. Nida[12] ont déjà abordé ce problème des relations orientées qui président à l'organisation de la chaîne syntagmatique. Mais dans leur travail les éléments de cette chaîne sont représentés uniquement par leur classe sémantique : E (événement), O (objet), A (abstrait), R (relation). Une analyse des relations orientées mettant en jeu les composants sémantiques des éléments de la chaîne syntagmatique permettrait, semble-t-il, de faire apparaître de façon plus fine la structure sémantique d'un énoncé et de comprendre les interactions qui définissent en fin de compte le sens de celui-ci. En particulier elle devrait permettre de mieux cerner la signification d'une unité sémantique encore plus ou moins bien élucidée, en faisant apparaître par exemple les significations à exclure (items non substituables), voire le type de composants sémantiques seuls compatibles avec ceux du contexte.

- -

10   La syntaxe est elle aussi porteuse de sens. Voir E.A. NIDA 1975/1, 27–28, ou J. DE WAARD &
     E.A. NIDA 1986, 121–137.
11   On pense particulièrement ici à certains termes abstraits comme צְדָקָה, חֶסֶד, אֱמֶת ou קָרוֹשׁ,
     si difficiles à traduire de façon satisfaisante.
12   1971, 41–42; voir aussi E.A. NIDA 1975/2, 155–159.

En ce qui concerne la seconde question posée plus haut, on peut aussi la formuler ainsi : "Que se passe-t-il à la croisée de l'axe syntagmatique et de l'axe paradigmatique ?" Il est fort probable qu'à ce point aussi apparaîtra l'importance déterminante des composants sémantiques des unités en jeu. Il deviendra alors possible de déterminer de façon raisonnée les diverses acceptions d'une même entrée lexicale, la plupart de celles-ci étant susceptibles de plusieurs significations qui se sont greffées au fil du temps sur le tronc commun par dérivation ou extension figurée[13].

Il est évident que la mise au point d'un tel outil linguistique sortait du cadre fixé à la présente étude. Ce pourrait être l'objet ... d'une autre thèse.

*

3. **Du connu à l'inconnu ?** Une dernière réflexion critique sur la méthode suivie doit être introduite ici. Au départ de l'étude de telle expression idiomatique, on a posé en principe que sa signification était encore à découvrir. Certes des travaux antérieurs avaient déjà conduit à des propositions d'interprétation, mais leurs bases semblaient parfois fragiles (démarche plus intuitive que démonstrative), voire contestables (recherche d'un sens endocentrique, référence privilégiée à l'étymologie). Il fallait donc trouver une autre voie d'accès. La méthode employée ici visait à faire apparaître les composants sémantiques de l'expression idiomatique étudiée. A cette fin on a fait valoir des oppositions entre l'expression de signification présumée inconnue et d'autres items ressortissant au même état de langue et constituant avec elle un domaine sémantique. On a donc comparé l'inconnu, à savoir la signification de l'expression idiomatique, au connu ou plutôt au présumé tel. Les acceptions d'unités lexicales confrontées à l'expression étudiée sont en effet définies par des dictionnaires dont les bases lexicographiques sont discutables : importance indûment accordée à l'étymologie pour établir le sens de base[14], classement apparemment arbitraire des acceptions inventoriées, absence d'indications sur les grands corpus auxquels appartiennent les acceptions de telle entrée lexicale. C'est dire qu'à l'intérieur du domaine sémantique, où l'on compare les items qui le constituent, on éclaire l'inconnu par le relativement connu. Les résultats auxquels on est parvenu dans cette étude doivent donc être considérés comme approximatifs et provisoires. Une meilleure certitude quant à la signification des diverses unités sémantiques de l'hébreu biblique ne peut être acquise qu'à la suite d'approximations successives opérant en chaîne.

*

- -

13   Voir E.A. NIDA 1975/1, 121 ss.

14   Voir par exemple l'article שׁכם Hi dans HAL IV, 1383 a.

4. D'autres applications de l'analyse componentielle ou **De nouveaux champs de recherche**. En choisissant d'appliquer l'analyse componentielle aux expressions idiomatiques on s'est à certains égards grandement facilité la tâche. Le caractère monosémique de ces expressions a permis de les traiter comme des blocs, dont la signification unique et invariante est informée, mais non déterminée, par le contexte[15]. Il en va tout autrement des entrées lexicales, dont la plupart sont polysémiques, c'est-à-dire susceptibles de revêtir diverses significations selon le contexte. Il est certain par exemple que l'entrée lexicale *langue* n'a pas la même signification dans les trois énoncés suivants : "se mordre la langue", "délier la langue de quelqu'un" et "parler la langue de Shakespeare". C'est le contexte seul qui permet de comprendre qu'il s'agit dans le premier cas de l'organe charnu que chacun possède dans la bouche, dans le second cas de l'organe de la parole et dans le troisième d'un système d'expression et de communication. Dans chacun de ces cas c'est le contexte qui détermine quelle acception de l'entrée lexicale "langue" il convient de sélectionner pour que l'énoncé ait un sens. Ce phénomène de polysémie est universel, il concerne l'hébreu biblique comme toute autre langue, et rien ne s'oppose à ce que l'analyse componentielle soit appliquée aussi aux diverses acceptions de telle ou telle entrée lexicale.

Encore faut-il d'abord déterminer ces acceptions avec précision. Ce devrait être possible, on l'a vu, quand on aura plus clairement élucidé les rapports sémantiques organisant la chaîne syntagmatique d'une part et ceux que fait apparaître la croisée des axes syntagmatique et paradigmatique d'autre part. Ainsi différenciée de ses voisines, telle acception d'une entrée lexicale doit pouvoir être soumise à l'analyse componentielle au même titre qu'une expression idiomatique, puisqu'elle aussi est monosémique. Une difficulté qu'il faudra surmonter tient au fait qu'une même forme, celle de l'entrée lexicale, est susceptible de plusieurs significations (les acceptions), alors que pour l'expression idiomatique, une forme parfois variable reste affectée à une signification unique. Une autre difficulté découle du fait que toutes les acceptions d'une même entrée lexicale ne sont pas nécessairement contemporaines. Au fil du temps les mots s'enrichissent de nouvelles significations et s'appauvrissent de certaines autres tombées en désuétude. L'analyse componentielle appliquée aux diverses acceptions d'une entrée lexicale devra donc satisfaire absolument aux exigences de l'étude synchronique.

Après l'utilité de l'analyse componentielle pour la révision du lexique, on relèvera aussi le secours qu'elle peut apporter pour vérifier l'exactitude d'une traduction. Quand le traducteur hésite entre plusieurs équivalents d'un terme ou

---

15   Sans quoi il eût été impossible de les déchiffrer.

d'une expression idiomatique de l'hébreu (ou du grec) biblique, il aura tout avantage à procéder par comparaison de deux analyses componentielles : celle du terme original et celle des équivalents entre lesquels il hésite. Etant donné, par exemple, la variété des suggestions avancées par les chercheurs ou les versions en usage pour l'hébreu דבר על־לב[16], une telle confrontation eût été d'un intérêt certain pour faire apparaître ce que ces suggestions doivent à la subjectivité de ceux qui les avancent. On retrouve d'ailleurs une fois de plus par ce biais le problème non encore résolu de la relation d'une unité sémantique avec son contexte, relation souvent ressentie et traitée d'une manière seulement intuitive par chercheurs ou traducteurs. Ce type de contrôle de la traduction par analyse componentielle des diverses interprétations proposées a d'ailleurs été utilisé ici même pour éliminer deux significations proposées à שְׁרִרוּת לֵב[17]. Il va de soi que la méthode peut être appliquée à toute traduction proposée pour une unité lexicale, une unité complexe, un composé sémantique ou une expression idiomatique quelconque.

*

On le voit donc : l'étude consacrée à un objet relativement limité, à savoir les expressions idiomatiques de l'hébreu biblique, débouche sur un large programme d'applications et surtout de recherches. La lexicographie de l'hébreu biblique en particulier, mais aussi l'exégèse biblique des passages difficiles devraient en être les premiers bénéficiaires, mais le programme de recherches esquissé ici est applicable à d'autres langues. On souhaite aux chercheurs qui s'y engageront d'y trouver le même stimulant et les mêmes satisfactions que l'auteur de ces lignes.

---

16   Voir p. 68.
17   Voir p. 116–118.

ÉLÉMENTS DE BIBLIOGRAPHIE

Textes

Biblia Hebraica, ed. R. KITTEL, Stuttgart, 1945.

Biblia Hebraica Stuttgartensia, ed. K. ELLIGER et W. RUDOLPH, Stuttgart, 1984.

Novum Testamentum Græce, NESTLE-ALAND, Stuttgart, 1979[26].

Septuaginta, ed. A. RAHLFS, Stuttgart, 1949.

*

D. BARTHÉLEMY – J.T. MILIK, Discoveries in the Judaean Desert I, Qumran Cave I, Oxford, 1955.

J. CARMIGNAC – P. GUILBERT, Les textes de Qumrân traduits et annotés, I : Règle de la Communauté, Règle de la Guerre, Hymnes, Paris, 1961.

J. CARMIGNAC, E. COTHENET et H. LIGNEE, Les textes de Qumrân traduits et annotés, II Règle de la congrégation, Recueil des bénédictions etc., Paris, 1963.

A. DIEZ MACHO, Neophyti 1, t. 1–6, Madrid, 1968–1979.

L. DIEZ MERINO, Targum de Salmos, Madrid, 1982.

H. DONNER – W. RÖLLIG, Kanaanäische und aramäische Inschriften, Bd. 1 : Texte, Bd. 2 : Kommentar, Bd. 3 : Glossare, Indizes, Tafeln, Wiesbaden, 1966, 1968, 1969.

A. DUPONT-SOMMER, Les inscriptions araméennes de Sfiré, stèles I et II, Paris, 1958.

A. DUPONT-SOMMER, Les écrits esséniens découverts près de la mer Morte, Paris, 1964[3].

A. DUPONT-SOMMER et M. PHILONENKO (sous la direction de), La Bible, Ecrits intertestamentaires, Paris, 1987.

R. LE DÉAUT, Targum du Pentateuque, t. I à IV, Coll. Sources Chrétiennes, Paris, 1978–1980.

R. LE DÉAUT, J. ROBERT, Targum des Chroniques, t. I (Introduction et traduction), t. II (Texte et glossaire), Rome, 1971.

E. LOHSE, Die Texte aus Qumran, Hebräisch und Deutsch, München, 1964.

C. MONDÉSERT, Philon d'Alexandrie (Les Œuvres de), 2. Legum Allegoriæ, Paris, 1962.

PHILONIS ALEXANDRINI opera quæ supersunt, vol. I, ed. Leopoldus COHN, Berlin 1896.

PHILO OPERA, Indices Philonis Alexandrini opera, Composuit Ionnes LEISEGANG, Berlin, 1926, 1930.

A. SPERBER, The Bible in Aramaic, t. I–IVa, Leiden, 1959, 1962, 1968.

Versions bibliques récentes

La Bible du Centenaire (BC), Paris, 1928–1947.

La Bible, L'Ancien Testament I et II, Bibliothèque de la Pléiade (BP), Paris, 1956, 1959.

La Bible, traduite du texte original par les membres du Rabbinat français (BRF), Paris, 1973[2].

La Bible de Jérusalem, Nouvelle édition entièrement revue et augmentée (BJ), Paris, 1973[3].

La Bible, Traduction française sur les textes originaux, par E. OSTY avec la collaboration de J. TRINQUET (BO), Paris, 1973.

La Sainte Bible, Nouvelle Version Segond Révisée (NSR), Pierrefitte, 1978[5].

La Bible, Ancien et Nouveau Testament, Traduite de l'hébreu et du grec en français courant (BFC), Pierrefitte, 1982.

La Bible d'Alexandrie (BA), LXX, Paris, 1986 ss.

La Bible, Traduction Œcuménique (TOB), Paris, 1988[2].

*

Einheitsübersetzung der Heiligen Schrift (EHS), Stuttgart, 1980.

Die Bibel im heutigen Deutsch (DGN), mit den Spätschriften des Alten Testaments, Stuttgart, 1982.

Die Bibel, nach Martin Luthers Übersetzung (RLB), Stuttgart, 1984.

*

The Bible, Revised Standard Version (RSV), London, 1975[23].

Holy Bible, New International Version (NIV), New York, 1978.

Good News Bible, with Deuterocanonical Books/Apocrypha, Today's English Version (TEV), New York–London, 1979.

Tanakh, A New Translation of THE HOLY SCRIPTURES, According to the Traditional Hebrew Text (NJV), Philadelphia, New York, Jerusalem, 5746, 1985.

The New American Bible (NAB), Catholic Book Publishing Co., New York, 1986.

The Revised English Bible (REB), with Apocrypha, Oxford, Cambridge, 1989.

Ouvrages de référence

a) Bible et disciplines parabibliques

D. BARTHÉLEMY, Critique textuelle de l'Ancien Testament (CTAT), O.B.O. Fribourg & Göttingen, 50/1 (Livres historiques), 1982 ; 50/2 (Is, Jr, Lm), 1986 ; 50/3 (Ez, Dn, les Douze Prophètes), 1992.

D. BARTHÉLEMY – RICKENBACHER, Konkordanz zum hebräischen Sirach, Göttingen, 1973.

BAUER – LEANDER, Historische Grammatik der hebräischen Sprache des Alten Testaments, Halle, 1922 (Hildesheim, 1962).

W. BAUMGARTNER, (Dritte Auflage neu bearbeitet von) B. HARTMANN, E.I. KUTSCHER, J.J. STAMM, Z. BEN-HAYYIM, Ph. REYMOND, Hebräisches und aramäisches Lexikon zum Alten Testament (HAL), Leiden, 1967, 1974, 1983, 1990.

G.J. BOTTERWECK und H. RINGGREN (herausgegeben von), Theologisches Wörterbuch zum Alten Testament (TWAT), I–VII, Stuttgart. Berlin, Köln, Mainz, 1973 ss.

C. BROCKELMANN, Hebräische Syntax, Neukirchen 1956.

F. BROWN, S.R. DRIVER, C.A. BRIGGS, A Hebrew and English Lexicon of the Old Testament (BDB), Based on the Lexicon of W. GESENIUS, Oxford, 1966.

H. CAZELLES (sous la direction de), Introduction critique à l'Ancien Testament (ICAT), Paris, 1973.

C.I.B. (sous la direction de), Dictionnaire Encyclopédique de la Bible (DEB), Turnhout, 1987[2].

G.H. DALMAN, Aramäisch-neuhebräisches Handwörterbuch zu Targum, Talmud und Midrasch, Göttingen, 1938.

A.B. EHRLICH, Randglossen zur hebräischen Bibel, 1-7, Leipzig, 1908-1914 (Hildesheim, 1968).

A. EVEN-SHOSHAN, A New Concordance of the Bible, Jerusalem, 1988.

W. GESENIUS' Hebräisches und aramäisches Handwörterbuch über das Alte Testament, bearbeitet von F. BUHL (GB), Unveränderter Neudruck der 1915 erschienenen 17. Auflage, Berlin, Göttingen, Heidelberg, 1949.

GESENIUS – KAUTZSCH – BERGSTRÄSSER, Hebräische Grammatik, Leipzig, 1909, (= Hildesheim, 1985).

W.L. HOLLADAY, A Concise Hebrew and Aramaic Lexicon of the Old testament (HOL), Leiden, 1971.

M. JASTROW, A Dictionary of the Targumim, the Talmud Babli and Yerushalmi, and the Midrashic Literature, I-II, New York, 1950.

E. JENNI, Lehrbuch der hebräischen Sprache des Alten Testaments, Basel, Frankfurt-am-Main, 1981[2].

E. JENNI – C. WESTERMANN, Theologisches Handwörterbuch zum Alten Testament (THAT), I und II, München, Zürich, 1971, 1976.

P. JOÜON, Grammaire de l'hébreu biblique, Rome 1947[2].

P. JOÜON – T. MURAOKA, A Grammar of Biblical Hebrew, Coll. Subsidia Biblica 14/I, II, Roma, 1991.

O. KAISER, Einleitung in das Alte Testament, Gütersloh, 1984[5].

F.E. KÖNIG, Historisch-komparative Syntax der hebräischen Sprache, Leipzig, 1897.

F.E. KÖNIG, Hebräisches und aramäisches Wörterbuch zum Alten Testament (KÖN), Leipzig, 1931 (= 1986).

K.G. KUHN, Konkordanz zu den Qumrantexten, Göttingen, 1960.

M. LAMBERT, Traité de grammaire hébraïque, Paris, 1938.

J.P. LOUW – E.A. NIDA (editors), Greek-English Lexicon Based on Semantic Domains (GEL), New York, 1988.

G. MAYER, Index Philoneus, Berlin, 1974.

R.A. PERREAU – M.J. LANFORD, Lexique américain–français de la langue idiomatique, Paris, 1972.

R. RENDTORFF, Das Alte Testament, Eine Einführung, Neukirchen, 1983.

Ph. REYMOND, Dictionnaire d'Hébreu et d'Araméen Bibliques (DHAB), Paris, 1991.

W. SCHNEIDER, Grammatik des biblischen Hebräisch, München, 1978³.

B.K. WALTKE – M. O'CONNOR, An Introduction to Biblical Hebrew Syntax, Winona Lake (Indiana), 1990.

F. ZORELL, Lexicon hebraicum et aramaicum Veteris Testamenti, Roma, 1968.

b) Linguistique

J. BARR, The Semantics of Biblical Language, London, 1961. Traduction française sous le titre Sémantique du langage biblique, Paris, 1971.

C. BROOKE-ROSE, A Grammar of Metaphor, London, 1958 (= 1970).

W.L. CHAFE, Meaning and the Structure of Language, Chicago, 1970.

J. DUBOIS (et alii), Dictionnaire de linguistique, Paris, 1973.

J. DUBOIS – C. DUBOIS, Introduction à la lexicographie : le dictionnaire, Paris, 1971.

O. DUCROT – T. TODOROV, Dictionnaire encyclopédique des sciences du langage, Paris, 1972.

C. DUNETON, La puce à l'oreille, Anthologie des expressions populaires avec leur origine, Paris, 1978.

C. DUNETON, Le bouquet des expressions imagées, Paris, 1990.

A.J. GREIMAS, Sémantique structurale, Paris, 1966.

R. JAKOBSON, Essais de linguistique générale, I et II, Paris, 1963, 1973.

F. GAFFIOT, Dictionnaire illustré Latin-Français, Paris, 1934.

P.G.W. GLARE, Oxford Latin Dictionary, Oxford, 1988.

GRAND LAROUSSE DE LA LANGUE FRANÇAISE (GLLF), Paris, 1971-1978.

J. und W. GRIMM, Deutsches Wörterbuch, Leipzig, 1877.

P. GUIRAUD, Les locutions françaises, coll. Que sais-je ? n° 903, Paris, 1967[3].

P. GUIRAUD, La sémantique, Coll. Que sais-je ? n° 655, Paris, 1969[6].

M. LE GUERN, Sémantique de la métaphore et de la métonymie, Paris, 1973.

Ch. T. LEWIS, A Latin Dictionary, Oxford, 1984.

H.G. LIDDELL - R. SCOTT, A Greek-English Lexicon, Oxford, 1966[9].

J.-C. MARGOT, Traduire sans trahir, Lausanne, 1979.

A. MARTINET (sous la direction de), Le langage, Encyclopédie de la Pléiade, Paris, 1968.

G. MATORÉ, Dictionnaire du vocabulaire essentiel, Paris, 1963.

G. MOUNIN, Les problèmes théoriques de la traduction, Paris, 1963.

G. MOUNIN (sous la direction de), Dictionnaire de la linguistique, Paris, 1974.

G. MOUNIN, article Sémantique in ENCYCLOPÆDIA UNIVERSALIS, Paris, 1972.

G. MOUNIN, Clés pour la sémantique, Paris, 1972.

G. MOUNIN, Linguistique et traduction, Bruxelles, 1976.

E. MOUSSAT, Ce que parler veut dire, Coll. Prototype, n°s 2, 6, 8, 9, 11, 12, Paris, 1952, 1954, 1958, 1960.

E.A. NIDA, Componential Analysis of Meaning, The Hague, Paris, 1975/1.

E.A. NIDA, Exploring Seamantic Structures, München, 1975/2.

E.A. NIDA - Ch. TABER, The Theory and Practice of Translation, Leiden, 1969. (Traduction Française sous le titre : La traduction, théorie et méthode, [voir plus bas, sous Ch. TABER]).

E.A. NIDA, J.P. LOUW, A.H. SNYMAN, J.V.W. CRONJE, Style and Discourse, Cape Town, 1983.

B. POTTIER (sous la direction de), Le langage, Coll. Les dictionnaires du savoir moderne, Paris, 1973.

M. RAT, Dictionnaire des locutions françaises, Paris, 1957.

P. RICŒUR, La métaphore vive, Paris, 1975.

P. ROBERT, Dictionnaire alphabétique et analogique de la langue française (Petit Robert), Paris, 1967.

ROBERT – COLLINS, Dictionnaire Français-Anglais, Anglais-Français, Paris, London, Glasgow & Toronto, 1982.

SACHS-VILLATTE, Grand dictionnaire Langenscheidt Allemand-Français, Paris, 1979.

F. de SAUSSURE, Cours de linguistique générale, Paris, 1973.

Ch. TABER – E.A. NIDA, La traduction, théorie et méthode, Londres, 1971.

J. de WAARD – E.A. NIDA, From One Language to Another, Functional Equivalence in Bible Translating, Nashville, 1986.

Commentaires

S. AMSLER, Amos, in CAT XI a, Neuchâtel, 1965.

A.A. ANDERSON, The Book of Psalms, I, II, London, 1972.

A. BARUCQ, Le livre des Proverbes, Paris, 1964.

M. BIČ, Trois prophètes dans un temps de ténèbres, Sophonie, Nahum, Habaquq, LD 48, Paris, 1968.

R. BOLING, Judges, AB 6 A, New York, 1975.

C.A. BRIGGS, A Critical and Exegetical Commentary on the Book of Psalms, vol. I–II, ICC, Edimburgh, 1906, 1907.

J. BRIGHT, Jeremiah, AB 21, New York, 1981[16].

P. BUIS – J. LECLERCQ, Le Deutéronome, SB, Paris, 1963.

E.F. CAMPBELL Jr., Ruth, A New Translation with Introduction and Commentary, AB 7, New York, 1975.

B.S. CHILDS, Exodus, A Commentary, OTL, London, 1974.

M. COGAN – H. TADMOR, II Kings, AB 11, New York, 1988.

A. CONDAMIN, Le livre de Jérémie, EB, Paris, 1936[3].

P. DHORME, Les livres de Samuel, EB, Paris, 1910.

P. DHORME, Le livre de Job, EB, Paris, 1926[2].

S.R. DRIVER, A Critical and Exegetical Commentary on Deuteronomy, ICC, Edimburgh, 1902.

W. EICHRODT, Der Prophet Hesekiel, ATD 22/1,2, Göttingen, 1959, 1966.

K. ELLIGER, Das Buch der zwölf Kleinen Propheten II, Nahum, Habakuk, Zephanja, Haggai, Sacharja, Maleachi, ATD 25, Göttingen, 1956[3].

K. ELLIGER, Deuterojesaja, BKAT XI/1, Neukirchen, 1978.

G. GERLEMAN, Ruth, das Hohe Lied, BKAT XVIII, Neukirchen, 1965.

G. GERLEMAN, Esther, BKAT XXI, Neukirchen, 1973.

R.P. GORDON, 1–2 Samuel, A Commentary, Exeter, 1986.

J. GRAY, I–II Kings, OTL, London, 1970[2].

H. GUNKEL, Genesis übersetzt und erklärt, HKAT I/1, Göttingen, 1901.

W.R. HARPER, Amos and Hosea, ICC, Edimburgh, 1904.

H.W. HERTZBERG, Die Bücher Josua, Richter, Ruth übersetzt und erklärt, ATD 9, Göttingen, 1954.

H.W. HERTZBERG, Die Samuelbücher, ATD 10, Göttingen, 1956, 1982[6].

W.L. HOLLADAY, A Commentary on the Book of Jeremiah, 2 vol., Philadelphia, Minneapolis, 1986, 1990.

A. van HOONACKER, Les douze Petits Prophètes, EB, Paris, 1908.

E. JACOB, Osée, in CAT XI a, Neuchâtel, 1965.

E. JACOB, Esaïe 1–12, CAT VIII a, Genève, 1987.

P. JOÜON, Ruth, Commentaire philologique et exégétique, Rome, 1924 (= 1953).

O. KAISER, Der Prophet Jesaja/Kap. 1–12, ATD 17, Göttingen, 1960.

O. KAISER, Der Prophet Jesaja/Kap. 13–39, ATD 18, Göttingen, 1973.

C.A. KELLER, Joël, Abdias, Jonas, in CAT XI a, Neuchâtel, 1965.

C.A. KELLER, Nahoum, Habacuc, Sophonie, in CAT XI b, Neuchâtel, 1971.

H.J. KRAUS, Klagelieder (Threni), BKAT XX, Neukirchen, 1960^2.

H.J. KRAUS, Psalmen, 1–59, 60–150, BKAT XVI/1-2, Neukirchen, 1978^5.

A. LACOCQUE, Le devenir de Dieu, Coll. Encyclopédie universitaire, Paris, 1967.

E. LEVINE, The Aramaic Version of Ruth, Analecta Biblica 58, Rome, 1973.

A. MAILLOT – A. LELIÈVRE, Les Psaumes, I, II, III, Genève, 1972^2, 1966, 1969.

R. MARTIN-ACHARD, Amos, Genève, 1984.

P.K. McCARTER Jr., I Samuel, II Samuel, AB 8-9, New York 1980, 1984.

W. McKANE, A Critical and Exegetical Commentary on Jeremiah, vol. 1 (Jr 1–25), ICC, Edimburgh, 1986.

F. MICHAELI, Les livres des Chroniques, d'Esdras et de Néhémie, CAT XVI, Neuchâtel, 1967.

J.A. MONTGOMERY, A Critical and Exegetical Commentary on the Books of Kings, ICC, Edimburgh, 1951.

E.W. NICHOLSON, The Book of the Prophet Jeremiah, t. I (1–25), t. II (26–52), Cambridge, 1973, 1975.

M. NOTH, Das Buch Josua, HAT 7, Tübingen, 1953^2.

M. NOTH, Das zweite Buch Mose, ATD 5, Göttingen, 1959.

M. NOTH, Das vierte Buch Mose, ATD 7, Göttingen, 1966.

M. NOTH, Könige (1–16), BKAT IX/1, Neukirchen, 1968.

O. PLÖGER, Sprüche Salomos, BKAT XVII, Neukirchen, 1984.

O. PROCKSCH, Die Genesis übersetzt und erklärt, KAT 1, Erlangen, 1924.

RACHI, Le Pentateuque, accompagné du commentaire de Rachi, sous la direction de M. le Rabbin E. MUNK, vol. 1–5, Paris, 1972–1979.

G. von RAD, Das erste Buch Mose, ATD 2–4, Göttingen, 1950²–1953. Traduction française sous le titre : La Genèse, Genève, 1968.

G. von RAD, Das fünfte Buch Mose, ATD 8, Göttingen, 1964.

H. RINGGREN, Sprüche, in ATD 16, Göttingen, 1962.

W. RUDOLPH, Esra und Nehemia, HAT 20, Tübingen, 1949.

W. RUDOLPH, Chronikbücher, HAT 21, Tübingen, 1955.

W. RUDOLPH, Jeremia, HAT 12, Tübingen, 1958².

W. RUDOLPH, Das Buch Ruth, das Hohe Lied, die Klagelieder, KAT XVII/1–3, Gütersloh, 1962.

W. RUDOLPH, Hosea, KAT XIII/1, Gütersloh, 1966.

W. RUDOLPH, Joel, Amos, Obadja, Jona, KAT XIII/2, Gütersloh, 1971.

W. RUDOLPH, Micha, Nahum, Habakuk, Zephanja, KAT XIII/3, Gütersloh, 1975.

R.B.Y. SCOTT, Proverbs, Ecclesiastes, AB 18, New York, 1965.

J. SKINNER, A Critical and Exegetical Commentary on Genesis, ICC, Edimburgh, 1951².

H.P. SMITH, A Critical and Exegetical Commentary on the Books of Samuel, ICC, Edimburgh, 1899.

J.A. SOGGIN, Le livre de Josué, CAT V a, Neuchâtel, 1970.

J.A. SOGGIN, Le livre des Juges, CAT V b, Genève 1987.

J. STEINMANN, Le livre de Job, LD 16, Paris, 1955.

H.J. STOEBE, Das erste Buch Samuelis, KAT VIII/1, Gütersloh, 1973.

F. STOLZ, Das erste und zweite Buch Samuel, Zürich, 1981.

C.H. TOY, A Critical and Exegetical Commentary on the Book of Proverbs, ICC, Edimburgh, 1914.

J. de VAULX, Les Nombres, SB, Paris, 1972.

P. VOLZ, Der Prophet Jeremia, KAT X, Leipzig, 1928.

P. VOLZ, Jesaia II, KAT IX,2, Leipzig, 1932, (Hildesheim, 1974).

R. VUILLEUMIER, Michée, in CAT XI b, Neuchâtel, 1971.

M. WEINFELD, Deuteronomy 1--11, AB 5, New York, 1991.

A. WEISER, Der prophet Jeremia, ATD 20-21, Göttingen, 1952, 1955.

A. WEISER, Das Buch der zwölf Kleinen Propheten, I (Hosea, Joel, Amos, Obadja, Jona, Micha), ATD 24, Göttingen, 1959³.

C. WESTERMANN, Das Buch Jesaja, Kap. 40--66, ATD 19, Göttingen, 1966.

C. WESTERMANN, Genesis, BKAT I/1-3, Neukirchen, 1974, 1981, 1982.

H. WILDBERGER, Jesaja 1--12, 13--27, 28--39, BKAT X/1-3, Neukirchen, 1972, 1978, 1982.

H.W. WOLFF, Dodekapropheton 1, Hosea, BKAT XIV/1, Neukirchen, 1961.

H.W. WOLFF, Dodekapropheton 2, Joel, Amos, BKAT XIV/2, Neukirchen, 1969.

H.W. WOLFF, Dodekapropheton 4, Micha, BKAT XIV/4, Neukirchen, 1982.

E. WÜRTHWEIN, Die Bücher der Könige, ATD 11/1-2, Göttingen, 1977, 1984.

W. ZIMMERLI, Ezechiel, BKAT XIII/1, XIII/2, Neukirchen, 1969.

Etudes et monographies

A.G. AULD, Joshua, Moses and the Land, Edimburgh, 1980.

W. BELTZ, Die Kaleb-Traditionen im A.T., BWANT 98, Stuttgart, 1974.

W. BEYERLIN, "Wir sind wie Träumende", Studien zum 126. Psalm, SBS 89, Stuttgart, 1978.

P.M. BOGAERT (éd.), Le livre de Jérémie, le prophète et son milieu, les oracles et leur transmission, BEThL 54, Leuven, 1981.

D. BOURGUET, Des métaphores de Jérémie, EB NS 9, Paris, 1987.

F.M. CROSS, Canaanite Myth and Hebrew Epic, Harvard, 1973.

F. DELITZSCH, Die Lese- und Schreibfehler im AT, Berlin, Leipzig, 1920.

P. DHORME, L'emploi métaphorique des noms de parties du corps en hébreu et en akkadien, Paris, 1923.

E.L. DIETRICH, Die endzeitliche Wiederherstellung bei den Propheten, BZAW 40, 1925.

W. DIETRICH, Prophetie und Geschichte. Eine redaktionsgeschichtliche Untersuchung zum deuteronomistischen Geschichtswerk, FRLANT 108, Göttingen, 1972.

H.J. FABRY, article לב in TWAT IV, 430–431.

G. FOHRER, Studien zur alt. Prophetie (1949–1965), BZAW 99, 1967.

P. GRELOT, Documents araméens d'Egypte, LAPO 5, Paris, 1972.

L. GULKOWITSCH, Die Bildung von Abstraktbegriffen, Leipzig, 1931

M. HARL, G. DORIVAL, O. MUNNICH, La Bible grecque des Septante, Paris, 1988.

H.J. HERMISSON, Sprache und Ritus im altisraelitischen Kult, WMANT 19, Neukirchen, 1965.

S. HERRMANN, Jeremia, der Prophet und die Verfasser des Buches Jeremia, BEThL 54, Leuven, 1981.

F. HESSE, Das Verstockungsproblem im Alten Testament, BZAW 74, Berlin, 1955.

W.L. HOLLADAY, The Root šubh in the O.T., Leiden, 1958.

P. HUMBERT, La logique de la perspective nomade chez Osée et l'unité d'Os 2,4–22, FS K. MARTI, BZAW 41, 1925.

E. JACOB, Théologie de l'Ancien Testament, Neuchâtel, 1968[2].

E. KÖNIG, Stilistik, Rhetorik, Poetik in Bezug auf die biblische Literatur, Leipzig, 1900.

I. LANDE, Formelhafte Wendungen der Umgangssprache im Alten Testament, Leiden, 1949.

F. LANGLAMET, Ahitofel et Houshaï. Rédaction pro-salomonienne en 2 S 15—17 ?, in Studies in Bible and the Ancient Near East, in FS S.E. LOEWENSTAMM, Jerusalem, 1978.

F. LANGLAMET, Affinités sacerdotales, deutéronomiques, élohistes dans l'histoire de la succession (2 S 9—20; 1 R 1—2), in FS H. CAZELLES, Neukirchen, 1981.

R. LAUHA, Psychophysischer Sprachgebrauch im AT, I Emotionen, AASF 35, Helsinki, 1983.

P. LAVERGNE, L'expression biblique, Paris, 1947.

R. LE DÉAUT, Le thème de la circoncision du coeur (Dt 30,6; Jr 4,4) dans les versions anciennes (LXX et Tg) et à Qumrân, VTS 32, Leiden, 1980.

J. MARGAIN, Essais de sémantique sur l'hébreu ancien : monèmes fonctionnels et autonomes, modalités, Paris, 1976.

R. MEYER, Bemerkungen zur syntaktischen Funktion der sogenannten Nota Accusativi, in FS K. ELLIGER, Neukirchen, 1973.

W.L. MORAN, Les lettres d'El-Amarna, Traduction française, F.D. COLLON et H. CAZELLES, LAPO 13, Paris, 1987.

S. MOWINCKEL, Zur Komposition des Buches Jeremia, Kristiania, 1914.

R.D. NELSON, The Double Redaction of the Deuteronomic History, JSOT S 18, Sheffield, 1981.

M. NOTH, Überlieferungsgeschichtliche Studien, Halle 1943 = Tübingen 1973[3].

M. NOTH, Überlieferungsgeschichte des Pentateuch, Stuttgart, 1948.

H.M. ORLINSKY, Notes on the New Translation of the Torah, Philadelphia, 1970[3].

J.H. PACE, The Caleb Traditions and the Role of Calebites in the History of Israel, Ann Arbor (University Microfilms), 1978.

R. PÉTER-CONTESSE, Quels animaux Israël offrait-il en sacrifice ? Etude de lexicographie hébraïque, in Studien zu Opfer und Kult im A.T. (A. Schenker, ed.). Coll. Forschungen zum A.T., Tübingen, 1992.

K.F. POHLMANN, Die Ferne Gottes. Studien zum Jeremiabuch, BZAW 179, Berlin, 1989.

J.N. POSTGATE, Neo–Assyrian Royal Grants and Decrees, Studia Pohl, series major 1, Rome, 1969.

A. de PURY (éd.), Le Pentateuque en question, Genève, 1989.

G. von RAD, Théologie de l'Ancien Testament, Traduction Française, t. I et II, Genève, 1963, 1967.

Ph. REYMOND, L'eau, sa vie et sa signification dans l'Ancien Testament, VTS 6, Leiden, 1958.

L. ROST, Die Überlieferung von der Thronnachfolge Davids, BWANT 6, Stuttgart, 1926.

G. SEITZ, Redaktionsgeschichtliche Studien zum Deuteronomium, BWANT 93, Stuttgart, 1971.

R. SMEND, Das Gesetz und die Völker, Ein Beitrag zur deuteronomistischen Redaktionsgeschichte, in Probleme biblischer Theologie, FS G. von RAD, München, 1971.

E. SOLLBERGER – J.P. KUPPER, Inscriptions royales sumériennes et accadiennes, LAPO 3, Paris, 1971.

W. THIEL, Die deuteronomistische Redaktion von Jeremia 1—25, WMANT 41, Neukirchen, 1973.

W. THIEL, Die deuteronomistische Redaktion von Jeremia 26—45, WMANT 52, Neukirchen, 1981.

Ph. TRIBBLE, Texts of Teror. Literary–Feminist Readings of Biblical Narratives. Ouvertures to Biblical Theology, Philadelphia, 1985[2]

R. de VAUX, Les institutions de l'Ancien Testament, I – II, Paris, 1958, 1960.

T. VEIJOLA, Die ewige Dynastie, David und die Entstehung seiner Dynastie nach der deuteronomischen Darstellung, Helsinki, 1975.

J. VOLLMER, Geschichtliche Rückblicke und Motive in der Prophetie des Amos, Hosea und Jesaja, BZAW 119, Berlin, 1971.

B. WAMBACQ, Le mariage de Ruth, in Mélanges Eugène Tisserand, vol. 1, Studi e Testi 231, Citta del Vaticano, 1964.

M. WEINFELD, Deuteronomy and the Deuteronomic School, Oxford, 1972 (= 1983).

H. WEIPPERT, Die Prosareden des Jeremiabuches, BZAW 132, Berlin, 1973.

H.W. WOLFF, Menschliches. Vier Reden über das Herz, den Ruhetag (...), München, 1971.

H.W. WOLFF, Anthropologie des Alten Testaments, München, 1973. Trad. française, Genève, 1974.

Articles

N. ADRIANI, Some Principles of Bible Translation, TBT 14, 1963.

E. BAUMANN, שׁוֹב שְׁבוּת, Eine exegetische Untersuchung, ZAW 47, 1929.

P. BOCCACCIO, I termini contrari come espressione della totalità in ebraico, Bibl. 33, 1952.

R. BORGER, Zu שׁוֹב שְׁבוּת/ית, ZAW 66, 1954.

J.M. BRACKE, šûb šᵉbut : A Reappraisal, ZAW 97, 1985.

B. COUROYER, "Avoir la nuque raide" : ne pas incliner l'oreille, RB 88/2, 1981.

G. FISCHER, Die Redewendung דבר על לב im AT. Ein Beitrag zum Verständnis von Jes 40,2,
Bibl. 65/2, 1984.

A.J. GREIMAS, Idiotismes, Proverbes, Dictons, Cahiers de lexicologie , 1960/2.

A. GUILLAUME, Hebrew and Arabic Lexicography, A Comparative Study III, *in* Abr-Nahrain 3,
1961–62.

A.M. HONEYMAN, Merisms in the Bible, JBL 71, 1952.

E. JENNI, Zwei Jahrzehnte Forschung an den Büchern Josua bis Könige. Das deuteronomistische
Geschichtswerk, ThR, NF 27, 1961.

P. JOÜON, Locutions hébraïques avec préposition על devant לב et לבב, Bibl. 5, 1924.

H.W. JÜNGLING, Richter 19, ein Plädoyer für das Königtum, AnBibl 84, Rome, 1981

L. KOEHLER, Archäologisches, Hebräische Gesprächsformen, ZAW 40, 1922.

G. LAMBERT, Lier-délier, L'expression de la totalité par l'opposition de sens contraires, Vivre et
Penser (RB) 3, 1944.

F. LANGLAMET, David et la maison de Saül, RB 86 (1979), 87 (1980), 88 (1981).

F. LANGLAMET, David, fils de Jessé, RB 89, 1982.

J. LOEWEN, Non-literal Meanings, I : How to recognize them and use them effectively in
translation, TBT 26, 1975.

J. LOEWEN, Non-literal Meanings, II : What makes them so difficult to translate ? TBT 26, 1975.

J. LOEWEN, Non-literal Meanings, III : Practical Suggestions for Translators, TBT 27, 1976.

J. MARGAIN, Aspects de la critique biblique ancienne, ETR 67/1, 1992.

J. MARGAIN, Observations sur 1 Chroniques XXII à propos des anachronismes linguistiques dans la Bible, SEMITICA XXIV, 1974.

A. MASSART, L'emploi égyptien de deux termes opposés pour exprimer la totalité,   Mélanges Robert, Paris, 1957.

A. NEHER, Le symbolisme conjugal : expression de l'histoire dans l'Ancien Testament, RHPR 34, 1954/1.

S. NIDITCH, The "Sodomite" Theme in Judges 19--20 : Family, Community and Social Desintegration, CBQ 44, 1982.

R. NORTH, Caleb in Diakonía toû Lógou, Bibbia e Oriente (n° spéc.) VIII/4-5, Genova, 1966.

R. PETER-CONTESSE, La structure de 1 S 1--3, TBT 27, 1976.

E. PREUSCHEN, Die Bedeutung von שְׁבוּת שׁוּב im Alten Testament, ZAW 15, 1895.

A.N. RADJAWANE, Das deuteronomistische Geschichtswerk, ThR, NF 38, 1974.

Ph. de ROBERT, 1 S 3 : Une vocation prophétique ? Foi et Vie, Cahier Biblique 23, 1984.

H. RUSCHE, Das menschliche Herz nach biblischen Verständnis, Bibel und Leben 3, 1962.

P.P. SAYDON, Meanings and Use of the Particle אֵת , VT 14, 1964.

J.L. SKA, La sortie d'Egypte dans le récit sacerdotal (Pg) et la tradition prophétique, Bibl. 60, 1979.

F. THUREAU-DANGIN, Un acte de donation de Marduk-Zâkir-Šumi, Revue d'assyriologie et d'archéologie orientale 16, 1919.

H. van den VEEN, The Use of Literary or Poetic Language in Poetic Parts of the Bible, TBT 3, 1952.

J.L. VESCO, La date du livre de Ruth, RB 74, 1967.

A. VIELHAUER, A Glimpse into the Workshop of a Bible Translator, TBT 7, 1956.

J. de WAARD, Do you use "clean language" ?, Old Testament Euphemisms and their Translation, TBT 22/3, 1971.

J. de WAARD, Biblical Metaphors and their Translation, TBT 25, 1974.

M. WEINFELD, The Period of the Conquest and of the Judges as seen by the Earlier and the Later Sources, VT 17, 1967.

M. WEINFELD, The Covenant of Grant in the Old Testament and in the Ancient Near East, JAOS 90/2, 1970.

I. WILLI-PLEIN, ŠWB ŠBWT – eine Wiedererwägung, ZAH 4, 1991.

INDEX DES PRINCIPAUX PASSAGES BIBLIQUES CITÉS

Gn 3.8 : 40; **4.5** : 53; **6.8** : 133; **8.21** : 40; **11.10** : 41; **17.1** : 184; **17.1-2** : 183; **17.17** : 36; **18.3** : 47, 133, 137, 151; **18.11** : 36; **19.19** : 133; **19.31** : 36, 44, 45; **20.4** : 44; **23.12-13** : 39; **24.2,9** : 48; **24.42** : 45; **24.45** : 70 (n); **25.8,17** : 44; **26.5** : 183, 185, 186; **29.14** : 36; **30.27** : 47, 133, 137, 140, 145, 146; **31.2,5** : 33; **31.20** : 49; **31.35** : 33; **32.6** : 133; **32.21** : 33, 49; **32.31** : 54; **33.6** : 144; **33.8** : 133, 144, 156; **33.10** : 33, 47, 133, 137, 141, 143, 145, 156, 166, 169; **33.11** : 145; **33.15** : 47, 133, 154, 155, 156, 161, 162, 169; **34.3** : 69, 72, 73, 74-75, 78, 81, 87 (n), 89; **34.11** : 47, 133, 154, 155; **34.20** : 45; ; **35.11** : 46; **35.29** : 44; **39.4** : 133; **39.10** : 42; **39.14** : 26; **40.13,19,20** : 55; **41.1** : 41; **41.44** : 56; **42.6** : 39; **42.28** : 48; **43.3** : 33; **43.5** : 33; **44.21** : 52; **44.23** : 33; **45.6** : 41; **46.30** : 33; **47.9** : 47; **43.23-26** : 169; **47.25** : 47, 132, 133, 154, 155, 156, 160, 161, 168; **47.29** : 48, 133, 137, 151; **48.11** : 33; **49.27** : 24; **49.29** : 44; **49.33** : 44; **50.1** : 165; **50.4** : 47, 133, 137, 151, 152; **50.21** : 45, 69, 72, 75, 78, 81, 82.

Ex 2.11 : 46; **3.1** : 38; **4.27** : 38; **6.25** : 97; **7.14** : 125; **10.13** : 40; **10.19** : 40; **10.28** : 33; **10.29** : 33; **11.7** : 47; **12.11** : 30, 31; **13.15** : 104; **18.5** : 38; **21.6** : 102; **23.1** : 48; **24.13** : 38; **24.14** : 35 : **27.21** : 37; **28--29** : 97; **28.29-30** : 89; **28.41** : 47; **29.9,29,33,35** : 47; **29.18,25,41** : 40; **29.20** : 102; **29.44** : 97; **30.12** : 55; **32.9** : 104, 114; **33.3,5** : 104, 114; **33.7-11** : 37; **33.11** : 54; **33.12** : 133; **33.13** : 47, 133, 138, 146, 152, 154; **33.16** : 133; **33.17** : 133; **34.6** : 35; **34.9** : 47, 104, 114, 133, 138, 146; **35.21,26** : 49; **36.2** : 49.

Lv 4.27 : 39; **12.6** : 36; **14.10** : 36; **16.29,31** : 52; **16.32** : 47; **18.14** : 44; **19.15** : 33; **19.16** : 52; **19.32** : 33; **20.2,4** : 39; **20.4** : 52; **21.10** : 47; **23.27,32** : 52; **26.26** : 50.

Nb 1.2,49 : 55; **1.46** : 127; **3.3** : 47; **4.2,22** : 55; **6.14** : 36; **6.25** : 42; **11.11** : 133; **11.15** : 133, 147; **11.23** : 54; **12.8** : 53; **13.26** : 178; **13.30** : 180; **14.4** : 56; **14.6** : 188; **14.9** : 39; **14.11** : 180; **14.18** : 35; **14.22** : 180; **14.23,24** : 178, 179, 180; **14.24** : 50, 172, 182 (n); **14.25** : 188; **15.27** : 36; **17.23** : 37; **17.25** : 116; **18.2** : 37; **20.11** : 39; **20.24** : 44; **21.4** : 55; **21.29** : 192; **22.31** : 43; **24.4,16** : 43; **25.11,13** : 184; **26.2** : 55; **27.13** : 44; **29.7** : 52; **30.3** : 53; **30.13** : 38; **30.14** : 52; **31.2** : 44; **31.49** : 55; **32.5** : 133, 138, 152; **32.9,11** : 178; **32.11-12** : 50, 172, 175, 176, 179; **32.12** : 180, 182 (n), 188; **32.24** : 53; **32.50** : 44.

Dt 1.17 : 53; **1.19--2.1** : 181; **1.22,24,25,28,35** : 178; **1.35,36** : 179; **1.36** : 50, 172, 174, 175, 178, 182 (n), 188; **2.30** : 109, 125, 126; **3.11** : 38; **4.15** : 110; **4.25** : 109; **4.40** : 110; **5.4** : 54; **5.16,26** : 110; **6.13** : 109; **8.3** : 38; **8.14** : 49; **9.4** : 114; **9.6,13** : 104; **9.7** : 109, 110; **9.12** : 115; **9.13** : 114; **9.18** : 109; **9.27** : 104; **10.12,20** : 109; **10.16** : 103, 105, 111, 115; **11.3** : 109; **11.13,27,28** : 109; **13.5** : 109; **15.7** : 109, 126; **16.19** : 53; **17.2** : 109; **17.20** : 49; **21.27** : 104; **22.14** : 44; **23.1** : 45; **23.24** : 38; **24.1** : 133; **24.15** : 51; **25.5** : 44; **27.20** : 45; **28.13** : 109 : **28.30** : 42; **28.47** : 109; **29.18** : 117, 119; **30.3** : 193, 194, 195, 208, 213, 218; **31.17** : 82; **31.27** : 104, 114, 115; **31.29** : 109; **32.36** : 36; **34.10** : 54.

Jos 2.19 : 45; **6.26** : 84; **7.10** : 143; **7.12** : 52; **10.21** : 47; **14.6** : 188; **14.6,8,9** : 179; **14.7-8** : 178; **14.8-9,14** : 50, 172, 177, 181; **14.9** : 182 (n); **14.12** : 178; **14.14** : 179, 182(n); **14.24** : 178; **22.5** : 109; **23.11** : 110; **23.14** : 36, 45.

Jg 2.10 : 44; **2.11** : 109; **2.17** : 109; **3.4**; 109; **3.7,12** : 109; **3.24** : 25, 29,56; **4.1** : 109; **5.18** : 47; **6.1** : 109; **6.15** : 144; **6.17** : 47, 133, 138, 142, 145; **6.18** : 145; **6.22** : 54; **8.28** : 55; **9.2** : 36; **9.24** : 46; **9.33** : 28; **10.6** : 109; **10.16** : 55; **11.36** : 53; **12.3** : 49; **12.6** : 63; **13.1** : 109; **13.8** : 143; **15.8** : 48; **16.16** : 55; **17.5,12** : 47; **18.5** : 45; **18.19** : 48; **18.25** : 43; **19.3** : 45, 69, 72, 73, 75, 78-79, 81, 82, 87.

1 S 1.13 : 70; **1.15** : 51; **1.18** : 132, 133, 154, 155, 157, 161, 163; **2.1** : 55, 56; **2.10** : 55; **2.27-36** : 96, 97; **2.30** : 184; **2.31** : 45, 97; **2.34** : 97; **2.35** : 97; **3.1-19** : 96; **3.11** : 93, 96, 99, 235; **3.11-14** : 96; **3.12** : 96; **3.19** : 96; **4.20** : 50; **8.8** : 109, 110; **9.6** : 45; **10.7** : 28; **12.14,20,24** : 109; **13.11** : 91; **12.3** : 52; **14.33-34** : 43; **15.23** : 116; **16.22** : 133; **17.16** : 57; **19.5** : 49; **20.2** : 36; **20.3** : 133; **20.19** : 47; **20.29** : 133, 139, 143, 145, 236; **20.31** : 35; **22.18-20** : 97; **23.16** : 46; **24.4** : 25, 29, 56; **25.8** : 28, 133, 154, 155; **25.22,34** : 40; **25.25** : 49; **25.36** : 26; **27.5** : 47, 133, 139, 143, 144; **28.21** : 26, 49.

2 S 3.13 : 33; **5.1** : 36; **7.16** : 98; **8.1** : 50; **11.1** : 26; **12.5** : 35; **12.24** : 26; **13.23** : 41; **14.14** : 51; **14.22** : 133; **14.24** : 33; **14.28** : 33, 41; **15.6** : 49; **15.25** : 133; **15.37** : 40; **16.4** : 47, 133, 154, 155, 157, 159, 160, 162, 163, 166; **16.16** : 40; **18.3** : 49; **18.22** : 50; **19.8** : 45, 69, 70, 72, 75, 79, 81, 89; **19.13-14** : 36; **19.29** : 38; **22.17** : 39.

1 R 1.15 : 26; **2.2** : 45; **2.4** : 96, 183, 185; **2.16,17,20** : 54; **2.26-27** : 97; **2.26** : 38; **2.33** : 56, 97; **2.33,37** : 45; **3.6** : 183, 185, 186; **3.11** : 43; **4.5** : 40; **5.5** : 45; **8.19** : 46; **8.20** : 96; **8.23** : 183, 185; **8.25** : 183; **8.31** : 43; **9.4** : 183, 185, 186; **9.8** : 100 (n); **11.2** : 110; **11.4** : 177; **11.4,8** : 185; **11.6** : 50, 172, 174, 175, 177, 187; **11.19** : 133; **12.15** : 96; **13.33** : 109; **14.8** : 183, 184, 185; **14.9** : 57; **14.10** : 36, 40, 95,109; **15.3** : 183, 185; **15.25** : 41; **16.8** : 41; **16.11** : 40; **17.22** : 84; **18.32** : 84; **18.46** : 30; **19.8** : 38; **21.21** : 36, 40, 95, 109; **22.52** : 41.

2 R 2.4 : 184; **3.6** : 184; **3.1,19,25** : 39; **4.29** : 30, 31, 46; **5.7** : 36; **8.23,25** : 184; **9.1** : 30, 31, 45; **9.4** : 184; **9.7** : 109, 110; **9.8** : 36, 40; **10.10** : 96; **10.15** : 48, 123, 124; **10.21** : 53; **11.14,18** : 39; **12.5** : 50; **12.18** : 54; **14.8,11** : 54; **14.26** : 36; **15.23** : 41; **16.15** : 39; **17.13,23** : 110; **17.14** : 103, 105, 107, 109, 111, 112, 115; **17.15** : 115, 116; **17.23** : 109; **18.24** : 54; **18.25** : 36; **19.21** : 51; **19.27** : 36; **20.3** : 184, 185; **21.5** : 95; **21.6** : 95; **21.10** : 95, 109; **21.12** : 43, 91, 92, 95, 96, 98, 99, 109, 236; **21.15** : 109; **21.16** : 53; **21.24** : 39; **22.16** : 109; **22.30** : 39; **23.27** : 116; **24.2** : 109; **24.14** : 39; **25.19** : 33; **25.27** : 55.

És 2.2 : 164; **5.14** : 53; **6.2** : 29; **6.10** : 125; **7.15,16** : 116; **8.1** : 38; **8.3** : 44; **9.13** : 36; **10.18** : 36; **11.5** : 52; **11.15** : 51; **13.2** : 51; **16.14** : 41; **19.16** : 51; **21.16** : 41; **22.13** : 165; **23.2** : 189; **23.2-3** : 39; **28.15** : 195; **30.1** : 50; **30.9** : 116; **30.21** : 94; **32.3** : 94; **35.3** : 46; **35.5** : 94; **36.9** : 54; **36.12** : 36; **37.22** : 51; **38.17** : 57; **40.2** : 45, 69, 72, 73, 76, 79, 81, 82, 87, 224 (n); **41.9** : 116; **41.13** : 46; **41.22** : 49; **42.2** : 165; **45.1** : 54; **45.23** : 53; **48.3** : 53; **48.4** : 38, 104; **48.8** : 94; **48.9** : 44; **48.49** : 21; **49.2** : 54; **50.2** : 54; **50.8** : 35; **51.16** : 54; **52.10** : 47; **55.11** : 53; **57.4** : 56; **58.3,5** : 52; **58.9** : 44; **59.1** : 54, 94; **61.7** : 224 (n); **63.17** : 125; **65.5** : 55, 238; **65.6** : 46; **65.17** : 50.

Jr 1.10 : 84, 203; **1.17** : 16 (n), 30, 31, 43; **1.18** : 39; **2.27** : 52; **3.12** : 53; **3.16** : 50; **3.17** : 117; **4.5** : 189; **4.6** : 95; **5.3** : 46; **6.19** : 95; **7.2** : 110; **7.13** : 110; **7.13,25** : 57; **7.21,28** : 110; **7.24** : 115, 118; **7.25** : 109; **7.26** : 103, 105, 109, 111, 112, 115; **7.30** : 109; **7.31** : 50; **9.13** : 117; **9.19** : 94; **11.2,9** : 110; **11.7** : 57, 110; **11.8** : 110; **11.11** : 95, 109; **11.20** : 28; **13.13** : 110; **13.22** : 56; **13.24** : 40; **16.12** : 117; **16.18** : 223 (n); **17.10** : 28; **17.19-27** : 110; **17.23** : 103, 110, 111, 113, 115; **18.9** : 84; **18.10** : 109; **18.11** : 109, 110; **18.12** : 118; **19** : 110; **19.3** : 43, 91, 92, 93, 96, 98, 99, 101, 109, 235; **19.4** : 95; **19.5** : 50, 95, 110; **19.13** : 95; **19.15** : 95, 103, 109, 111, 113, 115; **20.12** : 28; **22.2** : 110; **22.2,4** : 110; **23.14** : 46; **24.5** : 82; **24.6** : 52; **25.3-4** : 57, 110; **25.4** : 109, 110; **25.5** : 109; **25.9,18** : 98; **26.2** : 110; **26.3** : 109; **26.5** : 57, 109; **28.3,11** : 41; **29.14** : 192, 193, 194, 219, 222, 223; **29.19** : 57, 109; **30.3** : 193, 194, 213; **30.18** : 193, 194, 199, 202, 203, 204, 206, 207, 209; **30.20** : 206; **31.2** : 133; **31.19** : 48; **31.21** : 50; **31.23** : 193, 194, 209, 213, 218; **32.4** : 53; **32.18** : 46; **32.25** : 50; **32.30** : 109; **32.33** : 52, 57, 110; **32.42** : 95, 215; **32.44** : 191, 193, 194, 225, 227; **33.7** : 191, 193, 194, 226, 227; **33.11** : 110, 191, 193, 194, 226, 228; **33.24** : 116; **33.26** : 191, 193, 194, 210, 212, 217; **34.3** : 53; **34.14,18** : 109; **34.19** : 39; **35.14-15** : 57; **35.15** : 109; **35.17** : 95, 109; **36.3,7** : 109; **36.18** : 55; **37.2** : 39; **39.16** : 95; **42.15,17** : 54; **44.4** : 57, 109; **44.12** : 54; **44.17** : 53; **44.21** : 39, 50; **45.5** : 95; **48.20** : 165; **48.39** : 52; **48.47** : 191, 193, 194, 199, 200, 202, 203, 235; **49.6** : 191, 193, 194, 227; **49.6,39** : 191, 243; **49.39** : 191, 192, 193, 193, 194, 219; **50.15** : 48, 123, 124; **51.13** : 39; **51.33** : 200; **51.37** : 98; **51.38** : 165; **51.50** : 50; **51.56** : 165; **51.64** : 95; **52.25** : 33; **52.30** : 200; **52.31** : 55.

Éz 3.7,8,9 : 38; **4.7** : 47; **4.16** : 50; **5.16** : 50; **7.17** : 44; **7.20** : 40; **7.27** : 39; **13.22** : 46; **14.13** : 50; **16.3** : 214; **16.8** : 25, 29, 49; **16.53** : 192, 193, 194, 219, 223, 233; **17.5,8** : 39; **17.13** : 43; **17.18** : 48, 123, 124; **18.6** : 44; **19.10** : 39; **20.24** : 116; **20.35** : 54; **21.8-9** : 36; **21.12** : 44; **21.15,18** : 116; **21.17** : 48; **21.26** : 35; **21.35** : 214; **22.26** : 52; **22.29** : 39; **23.35** : 57; **26.19** : 39; **27.26** : 39; **27.36** : 100 (n); **29.14** : 193, 194, 210, 214, 218; **31.5** : 39; **31.10** : 49; **31.15** : 39; **32.13** : 39; **33.4** : 45; **36.3** : 50; **37.5** : 84; **38.10** : 50; **39.25** : 191, 192, 193, 194, 231, 232, 233; **44.5** : 49; **45.22** : 39; **46.13** : 36; **47.12** : 39.

Os 2.16 : 45, 69, 76, 79, 81; **4.8** : 51; **6.11** : 193, 194, 200, 203, 204; **9.4** : 38; **10.11** : 201; **12.3** : 201; **13.6** : 49; **14.3** : 45.

Jl 1.20 : 215; **2.13** : 35; **4.1** : 191, 193, 194, 210, 212, 218; **4.13** : 200; **4.18** : 215, 216.

Am 1.1 : 41; **2.9** : 36; **3.4** : 164; **5.11** : 215; **6.2** : 201; **7.2,5** : 201; **8.7** : 201; **9.4** : 52; **9.14** : 193, 194, 211, 214.

Ab 15 : 56.

Jon 4.2 : 35.

Mi 2.7 : 55; **3.7** : 51; **4.1** : 164; **4.4** : 45; **6.16** : 116, 117; **7.10** : 155; **7.16** : 48.

Na 1.3 : 35; **3.5** : 56.

Ha 1.2-11 : 201; **3.15** : 39; **3.16** : 93, 102.

So 2.7 : 192, 193, 194, 195, 201, 204, 206, 207; **2.15** : 51; 100 (n); **3.20** : 193.

Ag 2.4 : 39.

Za 2.4 : 55; **2.13** : 51; **3.20** : 45; **7.5** : 39; **7.11** : 49, 122; **9.5** : 155; **11.8** : 55.

Ml 2.6 : 184, 185, 186; **2.8** : 184.

Ps 4.7 : 35; **5.10** : 46; **7.10** : 28; **10.4** : 38; **12.2-6** : 201; **13.4** : 42; **14.7** : 165, 193, 194, 201, 204, 206, 207; **17.8** : 36; **17.10** : 46; **17.12** : 164; **17.14** : 189; **18.3** : 16 (n); **18.17** : 39; **19.9** : 42; **20.3** : 201; **22.8** : 51, 53; **22.18** : 165; **24.4** : 51; **25.1** : 51; **26.2** : 28; **26.9** : 43; **27.2** : 43; **29.23** : 39; **31.17** : 42; **32.6** : 39; **34.16** : 94; **35.13** : 52; **35.16** : 47; **35.19** : 51; **35.21** : 56; **35.27** : 165; **36.10** : 43; **37.12** : 47; **38.11** : 42; **40.6** : 155, 165; **40.17** : 165; **42.15** : 51; **44.4** : 35; **46.6** : 98; **48.14** : 50; **49.3** : 36; **49.20** : 43; **50.17** : 57; **53.7** : 193, 194; **60.10** : 17, 51; **62.11** : 50; **67.2** : 42; **70.4** : 165; **74.17** : 36; **75.5-6** : 55; **77.20** : 39; **78.67** : 116; **79.12** : 46; **80.4,8,20** : 42; **81.13** : 116, 117; **83.3** : 55; **85** : 205; **85.2** : 192, 193, 194, 195, 201, 206, 207; **85.5** : 195; **85.5,7** : 206, 207; **86.4** : 51; **86.15** : 35; **89.16** : 35; **89.18,25** : 55; **89.35** : 38; **92.11** : 55; **95.8** : 125; **103.8** : 35; **104.20** : 155; **105.16** : 50; **107.10** : 165; **107.23** : 39; **108.10** : 17, 51; **109.25** : 51; **110.2** : 201; **112.9** : 55; **112.10** : 47; **116.3** : 165; **119.18** : 43; **119.109** : 49; **119.131** : 53; **119.135** : 42; **125.1** : 98; **126.1** : 193, 194, 211, 215; **126.4** : 192, 193, 194, 195, 211, 215; **128.5** : 201; **130.2** : 94; **131.1** : 52; **132.10** : 54; **134.3** : 201; **135.17** : 94; **137.1** : 201; **139.2** : 36; **139.3** : 36; **139.8-9** : 155; **140.12** : 37; **143.8** : 51; **144.7** : 39; **144.13** : 45; **145.8** : 35; **146.4** : 155; **148.14** : 55.

Jb 1.8 : 49; **2.3** : 49; **3.16,20** : 43; **4.3** : 46; **4.12** : 94; **5.7** : 35; **6.15-20** : 216; **7.17** : 50; **7.19** : 44; **9.4** : 104; **10.15** : 55; **12.11** : 94; **13.13** : 50; **13.14** : 21, 44, 49; **16.4** : 51; **16.9** : 47; **16.10** : 53; **19.18** : 155; **19.20** : 57, 92; **19.22** : 56; **21.4** : 55; **21.5** : 48; **22.8** : 53; **22.21** : 83; **27.23** : 100 (n); **29.23** : 53; **30.11** : 56; **30.19** : 165; **31.21** : 51; **38.3** : 30, 31; **33.9** : 165; **33.26** : 33; **34.3** : 94; **36.13** : 44; **38.3** : 43; **40.4** : 48; **40.7** : 30, 31, 43; **42.10** : 192, 193, 194, 221, 223.

Pr 1.11 : 44; **2.16** : 46; **3.4** : 133; **6.13** : 51; **6.24** : 46; **7.5** : 46; **10.10** : 51; **12.6** : 44; **14.29** : 35; **15.18** : 35; **16.15** : 35; **16.18** : 38; **16.32** : 35; **19.11** : 21, 44; **19.18** : 51; **22.17** : 50; **22.34** : 35; **23.6** : 36; **24.23** : 53; **25.22** : 16 (n), 24, 45; **27.14** : 57; **27.23** : 50; **28.14** : 125; **28.21** : 53; **28.22** : 36; **28.23** : 46, 133; **28.27** : 52; **29.1** : 103, 105, 107, 111, 114; **29.11** : 48; **29.13** : 42; **29.22** : 37; **30.13** : 52; **31.17** : 31, 32.

Rt 2.2,10 : 133, 154; **2.10** : 82, 166; **2.12** : 166; **2.13** : 45, 47, 69, 76, 79, 81, 82, 84, 88, 133, 154, 155, 157, 158, 159, 160, 162, 164, 165, 166, 168; **3.9** : 25, 29, 49.

Ct 8.6 : 89; **8.7** : 39.

Qo 1.8 : 94; **8.1** : 42; **9.10** : 28; **10.11** : 35.

Lm 2.14 : 191, 192, 193, 194, 231, 232; **2.15** : 51; **2.16** : 47, 100 (n); **2.17** : 55; **2.18** : 36; **3.42** : 165; **3.63** : 36; **4.21** : 35; **5.6** : 48, 123, 124.

Est 2.12-14 : 27; **3.9** : 150; **5.3** : 150; **5.8** : 133, 139, 148, 150; **7.3** : 133, 139, 149, 150; **7.5** : 50; **8.5** : 133, 139, 150, 236; **8.11** : 52; **9.16** : 52.

Dn 1.10 : 33; **9.6** : 38; **9.17** : 42; **11.12** : 49; **11.17-18** : 54.

Esd 3.3 : 39; **6.22** : 46; **9.1,2,11** : 39; **9.8** : 42; **10.19** : 48, 123, 124.

Ne 2.18 : 46; **6.9** : 46; **9.16-17** : 103, 107; **9.16** : 105, 109, 120, 121, 122; **9.17** : 35, 56, 120, 121, 122; **9.26** : 57; **9.29** : 49, 103, 105, 109, 120, 121, 122; **9.30** : 39; **10.29,31,32** : 39; **10.30** : 43.

1 Ch 11.1 : 36; **12.16** : 189; **24.2-3** : 97; **25.5** : 55; **25.8** : 36; **27.33** : 40; **29.24** : 48, 123, 124.

2 Ch 6.9 : 46; **6.14** : 183; **6.16** : 183; **6.22** : 43; **6.40** : 94; **6.42** : 54; **13.9** : 47; **20.3** : 54; **25.17,21** : 54; **30.8** : 48, 103, 105, 107, 109, 122, 123, 124, 236; **30.22** : 45, 69, 72, 76, 84; 85; **32.4** : 39; **32.6** : 45, 69, 70, 72, 76, 84, 85; **32.26** : 38; **36.13** : 103, 105, 107, 109, 125, 126; **36.15** : 57.

Deutérocanoniques

1 M 6.58 : 123; **11.50** : 123.

2 M 11.26 : 124.

Si 3.29 : 188; **6.35** : 188; **16.11** : 104, 105; **33.26** : 55; **38.33** : 188; **44.5** : 188; **46.6** : 188; **47.17** : 188.

Qumrân

1 QS IV,11 : 127, 128; **V,5** : 127, 128; **VI,26** : 127, 129.

Nouveau Testament

Mt 8.12 : 35; **13.38** : 35; **23.15** : 35.

Mc 2.19 : 16, 35.

Lc 1.69 : 16; **9.51** : 38, 46; **10.6** : 35; **16.8** : 35.

Jn 1.3,20 : 165; **7.18** : 165; **12.36** : 35; **20.27** : 165.

Ac 2.30 : 16.

Rm 7.6 : 165; **9.1** : 165; **12.14** : 165; **12.20** : 16.

Ep 2.2 : 17.

1 Th 5.5 : 35.

1 Tm 2.7 : 165.

1 P 1.13 : 16.

1 J 3.17 : 16.

PRINCIPAUX AUTEURS CITÉS

N. AIROLDI : 224 (n).

A.A. ANDERSON : 201, 202.

M. AYMÉ : 22

A. BALTAYAN : 21 (n).

J. BARR : 13 (n), 197.

D. BARTHÉLEMY : 78 (n), 97 (n), 117 (n), 220 (n), 226.

E. BAUMANN : 190, 197.

W. BELTZ : 171.

BEN YASHAR : 190, 195, 196, 197, 198, 207, 212, 235 (n).

W. BEYERLIN : 138, 190, 212.

G. BIENAIMÉ : 88 (n).

E. BLUM : 64 (n), 138, 139, 146 (n), 148, 169.

M. BOGAERT : 195.

R. BORGER : 190.

D. BOURGUET : 73.

J.M. BRACKE : 190, 197, 198, 208.

J. BRIGHT : 199, 200, 209, 226 (n).

E.E. CAMPBELL : 69, 73, 80.

J. CARMIGNAC : 128 (n).

H. CAZELLES : 212 (n).

W.L. CHAFE : 34 (n).

A. CHOURAQUI : 172.

J. CONRAD : 139 (n).

B. COUROYER : 103, 107, 113, 115, 121, 122, 130.

F.M. CROSS : 96.

G. DALMAN : 30 (n).

R. LE DÉAUT : 174.

F. DELITZSCH : 190.

P. (E.) DHORME : 41 (n), 89, 93 (n), 100 (n).

E.L. DIETRICH : 190, 195, 197, 198, 208.

W. DIETRICH : 75.

J. DONATO : 22 (n).

H. DONNER : 190, 211.

G. DORIVAL : 87 (n), 88 (n).

S.R. DRIVER : 70.

J. DUBOIS : 25 (n).

C. DUNETON: 14, 33 (n), 238 (n).

A. DUPONT-SOMMER 128, 129 (n), 190, 211.

A.B. EHRLICH : 17, 154, 156 (n), 160, 166, 168, 190.

A. EVEN-SHOSHAN : 63 (n), 132 (n), 139, 154.

H. EWALD : 197, 198.

H.J. FAVRY : 72 (n), 75 (n), 81.

G. FISCHER : 69, 70, 71, 72, 81 (n).

F. FRANÇOIS : 68 (n).

G. FOHRER : 190.

D.N. FREEDMAN : 76, 132, 136 (n), 141 (n), 154, 161.

G. GERLEMAN : 76 (n), 162.

A. GIDE : 66.

N. GLUECK : 130 (n).

J.GRAY : 92, 177, 178.

A.J. GREIMAS : 14, 22 (n).

J.H. GRÖNBAEK : 139 (n).

P. GUILBERT : 128.

A. GUILLAUME : 190.

P. GUIRAUD : 13, 15.

L. GULKOWITSCH : 190.

V. HAMP : 30 (n), 32 (n).

H.W. HERTZBERG : 76 (n), 162, 178.

Fr. HESSE : 103, 108.

W. HOLLADAY : 71, 190, 195.

P. HUMBERT : 69, 81 (n).

E. JACOB : 200.

R. JAKOBSON : 23 (n), 68 (n), 90 (n).

A. JEPSEN : 186 (n).

M. JOUHANDEAU : 22.

P. JOÜON : 22 (n), 28 (n), 64 (n), 69, 70, 89, 90, 105 (n), 116 (n), 118 (n), 121 (n), 143 (n), 144 (n), 147 (n), 154 (n), 155 (n), 168 (n), 189 (n), 195, 218 (n).

O. KAISER : 75 (n), 76, 139 (n), 208, 210 (n).

C.A. KELLER : 94, 100 (n).

K. KOCH : 40 (n).

E. KÖNIG : 17, 41 (n), 165, 190, 195.

H.J. KRAUS : 201, 202, 212.

K.G. KUHN : 127 (n).

A. LACOCQUE : 39 (n), 76 (n), 186 (n).

G. LAMBERT : 36 (n).

I. LANDE : 17, 41 (n), 132, 136, 141 (n), 143, 152, 160, 165, 166.

F. LANGLAMET : 75.

R.P. LAVERGNE : 41 (n), 165.

M. LE GUERN : 23 (n), 25, 71, 90 (n), 123 (n).

E. LEVINE : 88.

Ch.T. LEWIS : 176.

G. LIEDKE : 94 (n).

J.A. LOEWEN : 16.

E. LOHSE : 127 (n), 129 (n).

J.P. LOUW : 16, 60, 240.

J. LUNDBOM : 132, 136 (n), 141 (n), 154, 161.

H. LUSSEAU : 76 (n).

J. MARGAIN : 139 (n), 242.

R. MARTIN-ACHARD : 211.

W. McKANE : 95 (n), 98 (n), 110.

A. MEINHOLD : 137.

F. MICHAELI : 76 (n).

G. MOUNIN : 68 (n).

E. MOUSSAT : 13, 238 (n).

S. MOWINCKEL : 95, 209, 227 (n).

MURAOKA : 195.

A. de MUSSET : 66.

A. NEHER : 69, 81 (n).

G. de Nerval : 66.

E.A. NIDA : 16, 18, 23, 32 (n), 34, 34 (n), 37, 57, 60, 67 (n), 68 (n), 78 (n), 89 (n), 101 (n), 102, 123 (n), 126 (n), 172 (n), 240, 244 (n), 245 (n).

R. NORTH : 171.

M. NOTH : 100 (n), 136, 138, 147, 177, 178, 180, 187 (n)

M. O'CONNOR : 121 (n), 195.

H.M. ORLINSKY : 132, 135, 154.

J.H. PACE : 171.

R.A. PERREAU - M.J. LANGFORD : 21.

R. PÉTER-CONTESSE : 91.

B. POTTIER : 18, 22 (n), 60, 61 (n).

J.N. POSTGATE : 171, 182.

E. PREUSCHEN : 191, 197, 234.

A. de PURY : 64 (n), 136, 137.

RACHI : 89, 195.

G. von RAD : 74, 136, 178, 208.

M. RAT : 13.

D.B. REDFORD : 137, 161.

R. RENDTORFF : 64 (n), 75, 76 (n), 96 (n).

Ph. REYMOND : 39 (n).

W. RICHTER : 138.

P. RICŒUR : 104 (n).

Ph. de ROBERT : 91, 96.

W. RÖLLIG : 190, 211.

Th. RÖMER : 137.

L. ROST : 64, 75, 162.

W. RUDOLPH : 72, 76, 87, 94, 95, 100(n), 161, 162, 168, 199, 200, 209, 210, 226, 227.

F. de SAUSSURE : 88 (n).

L.A. SNIJDERS : 177.

J.A. SOGGIN : 71, 75 (n), 142 (n), 191.

H.J. STOEBE : 132, 136 (n), 141 (n), 154, 160, 161, 186 (n).

F. STOLZ : 118.

Ch. TABER : 16, 60 (n), 67 (n), 89 (n), 102 (n), 172 (n), 244.

S. TERRIEN : 221.

W. THIEL : 95, 97 (n), 98 (n), 112 (n), 113, 209, 219 (n).

Ph. TRIBBLE : 69.

F. VATTIONI : 104 (n).

J. de VAULX : 177.

R. de VAUX : 39 (n), 74.

T. VEIJOLA : 75, 96, 97.

P. VOLZ : 76, 199.

J. DE WAARD : 16, 18, 25 (n), 41 (n), 60 (n), 68 (n), 78 (n), 244 (n).

B.K. WALTKE : 121 (n), 195.

W. von WARTBURG : 13.

M. WEINFELD : 64, 75 (n), 85 (n), 95, 96 (n), 97, 99 (n), 109, 110, 111, 117 (n), 125, 171, 178, 182, 183, 187 (n), 208, 227 (n).

U. WEINREICH : 3, 68.

H. WEIPPERT : 95, 110, 209.

J. WELLHAUSEN : 74, 136.

C. WESTERMANN : 24 (n), 40 (n), 74, 75, 136, 137, 140, 160 (n), 161.

H. WILDBERGER : 186 (n).

I. WILLI-PLEIN : 17 (n), 191, 195, 197, 198, 202, 205 (n), 208, 235 (n).

H.W. WOLFF : 76, 81, 200, 203, 215 (n).

A.S. van der WOUDE : 108.

E. WÜRTHWEIN : 75, 96, 112 (n).

W. ZIMMERLI : 100 (n), 210, 221 (n).

M. ZIPOR : 106 (n), 108 (n), 114 (n), 190, 195, 196, 197, 198, 207, 212, 235 (n).

H.J. ZOBEL : 185 (n).

TABLE DES MATIÈRES

Abréviations et sigles   8

INTRODUCTION   11

I - DÉFINITIONS ET INVENTAIRE   21
     Des problèmes de traduction   21
     Expressions idiomatiques   22
     Sens apparent et sens exocentrique   24
     Stéréotypie   29
     Univocité de l'expression idiomatique   32
     Trois critères de repérage   34
     Autres types d'expressions à sens exocentrique   34
         1. Les unités complexes   34
         2. Les composés sémantiques   36
     Expressions idiomatiques de l'hébreu biblique   41

II - MÉTHODE   60
     Composants sémantiques   60
     Domaine sémantique   62
     Une analyse synchronique   62
     Une analyse componentielle   63
         1. Délimitation d'un corpus   63
         2. Contexte et domaine sémantique   65
         3. Les composants distinctifs   65
         4. Signification et traduction   67
     Conclusion   68

III - PARLER SUR LE CŒUR   69
     Une expression idiomatique   69
     Le problème du sens   70
     Corpus   74
     Analyse componentielle   78
         1. Les contextes littéraires   78
2. Les traits constants   80
         3. Domaine sémantique   82
             3.1 Les items de comparaison   82
             3.2 Les composants distinctifs   83
     Signification   84
     L'expression chez le Chroniste   84
         1. Contextes   84
         2. Composants sémantiques   85
         3. Domaine sémantique   86
     Conclusion : une expression tombée en désuétude   87
     Appendice : Structure de l'expression   89

IV - LES OREILLES LUI TINTERONT   91
     Un problème de traduction   91
     Est-ce une expression idiomatique ?   93
     Corpus   95
     Analyse des contextes   96

Domaine sémantique   99
    1. Les items de comparaison   99
    2. Les composants distinctifs   100
Signification   101
Appendice : Structure de l'expression   101
V - RAIDIR LA NUQUE   103
Inventaire   103
Les interprétations   105
Corpus   109
Analyse componentielle (Premier corpus)   111
    1. Les contextes littéraires   111
    2. Les traits constants   115
    3. Le domaine sémantique   115
        3.1 Les trois items de comparaison   116
        3.2 Les composants distinctifs   119
Signification   120
L'expression chez Néhémie et le Chroniste   120
L'expression chez le Siracide   126
Raidir la nuque à Qumrân   127
Conclusion   130
Appendice : Structure de l'expression   131

VI - SI J'AI TROUVÉ GRÂCE À TES YEUX   132
Inventaire   132
Les interprétations   133
Corpus   136
Premier corpus : analyse componentielle   140
    1. Les contextes littéraires   140
    2. Les traits constants   144
    3. Domaine sémantique et composants distinctifs 144
    4. Signification   146
Deuxième corpus   146
    1. Les contextes littéraires   146
    2. Signification   148
Troisième corpus   148
Les occurrences réservées   151
Conclusion   152
Appendice : Structure de l'expression   152

VII - PUISSÉ-JE TROUVER GRÂCE À TES YEUX !   154
Inventaire   154
Les interprétations   159
Corpus   161
Analyse componentielle   162
    1. Les contextes littéraires   162
    2. Les traits constants   166
    3. Domaine sémantique et composants distinctifs 166
Signification   168
L'expression en Gen 47.25   168
Appendice : Structure de l'expression   169

VIII - REMPLIR DERRIÈRE LE SEIGNEUR   171
Les interprétations   172
Le corpus   177

Analyse componentielle (Nb, Dt, Jos)   179
    1.1 Contextes littéraires   179
    1.2 La "concession", *Sitz im Leben* de l'expression   182
    2. Le domaine sémantique   184
    3. Les composants distinctifs   186
  Signification   186
  L'expression en 1 R 11.6   187
  L'expression en Si 46.6   188
  Conclusion   188
  Appendice : Structure de l'expression   189

IX - šub šebut   190
  Un défi à relever   191
  Les interprétations   196
  A. שוב שבות : Les textes de la première série   199
  Corpus   199
  Analyse componentielle   202
    1. Les contextes littéraires   202
    2. Les traits communs   205
    3. Domaine sémantique et composants distinctifs   206
  Signification   207
  B. שוב את שבות : Les textes de la deuxième série   208
  Corpus   208
  Analyse componentielle   213
    1. Les contextes littéraires   213
    2. Les traits communs   216
    3. Domaine sémantique et composants distinctifs   217
  Signification   217
  Les occurrences réservées   217
  C. שוב את שבית : Les textes de la troisième série   219
  Corpus   219
  Analyse compnentielle   222
  Premières conclusions   224
  D. השיב את שבות : Les textes de la quatrième série   225
  Corpus   225
  Analyse componentielle   227
    1. Les contextes littéraires   227
    2. Les traits constants   229
    3. Domaine sémantique et composants distinctifs   229
  Signification   230
  E. השיב את שבית : Les textes de la cinquième série   231
  Analyse componentielle   232
  Conclusion   233

CONCLUSIONS   236
  Les expressions didomatiques   236
    Propriétés   236
    Un classement ?   239
  Regard critique et prospectif sur la méthode   242
    1. Faut-il maintenir l'exigence d'une étude synchronique ?   242
    2. Les rapports avec le contexte   243
    3. Du connu à l'inconnu   245
    4 Nouveaux champs de recherche   246

Eléments de bibliographie 248

Index des principaux passages bibliques 265

Index des principaux noms d'auteurs 271

ACHEVÉ D'IMPRIMER
EN OCTOBRE 1995
PAR L'IMPRIMERIE
DE LA MANUTENTION
A MAYENNE
N° 364-95

DATE DUE			
			Printed in USA